■ 本书为2022年度浙江省哲学社会科学规划后期资助课题成果

课题编号：22HQZZ26YB

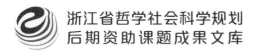

浙江省哲学社会科学规划
后期资助课题成果文库

礼正在恰好处

朱子之礼学思想探究

杨根东　著

ZHEJIANG UNIVERSITY PRESS
浙江大学出版社
·杭州·

图书在版编目（CIP）数据

礼正在恰好处：朱子之礼学思想探究 / 杨根东著.
杭州 ：浙江大学出版社，2025.2. -- ISBN 978-7-308-
25653-7

Ⅰ．B244.75；K892.9

中国国家版本馆 CIP 数据核字第 2025S95A76 号

礼正在恰好处：朱子之礼学思想探究

杨根东　著

责任编辑	吴　庆	
责任校对	吴心怡	
封面设计	项梦怡	
出版发行	浙江大学出版社	
	（杭州市天目山路 148 号　邮政编码 310007）	
	（网址：http://www.zjupress.com）	
排　　版	浙江大千时代文化传媒有限公司	
印　　刷	杭州高腾印务有限公司	
开　　本	710mm×1000mm　1/16	
印　　张	16.75	
字　　数	274 千	
版 印 次	2025 年 2 月第 1 版　2025 年 2 月第 1 次印刷	
书　　号	ISBN 978-7-308-25653-7	
定　　价	78.00 元	

目　录

绪　言

一、研究之缘起

在传统儒家文化中，乃至于在中国传统文化中，朱熹①的地位之高与影响力之大，恐怕没有几人能与之相匹敌。钱穆先生曾经如此评价朱子，称"前古有孔子，近古有朱子"②。可以说，钱穆先生对朱子的称赞无以复加，看似夸大其词，不过从历史的实际影响力来看，也确乎如此。而朱子的《仪礼经传通解》和《家礼》这两部礼学著作，尤其是《家礼》，对近世中国后期（元明清时期），甚至对近世东亚各国的政治实践与社会生活都产生了广泛而深远的影响。叶纯芳教授曾经在《朱熹礼学基本问题研究》一书的前言中说："元明至清代前期，礼学即以朱熹为宗。"③由此可见，朱子礼学影响之深远。

然而，不管是关于朱子哲学思想的研究，还是专门对《朱子家礼》以及《仪礼经传通解》的礼学研究，其成果固然很多，但是，很少能够将朱子的礼学思想置于其完整的思想体系中加以考察。换言之，朱子是如何将礼学主张与其哲学思

---

① 按，朱熹（1130—1200），字元晦，又字仲晦，号晦庵，晚称晦翁。祖籍徽州（今属江西），出生于福建尤溪，并长期在崇安、建阳一带讲学，所以传统上称其学派为"闽学"，又称之为"考亭学派"。为行文方便，本书以下皆以朱子称之。

② "在中国历史上，前古有孔子，近古有朱子，此两人，皆在中国学术思想史及中国文化史上发出莫大声光，留下莫大影响。旷观全史，恐无第三人堪与伦比。……朱子崛起南宋，不仅能集北宋以来理学之大成，并亦可谓其乃集孔子以下学术思想之大成。此两人，先后矗立，皆能汇纳群流，归之一趋。自有朱子，而后孔子以下之儒学，乃重获新生机，发挥新精神，直迄于今。"见钱穆：《朱子学提纲》，《朱子新学案》第1册，九州出版社2011年版，第1—2页。

③ 叶纯芳、乔秀岩编：《朱熹礼学基本问题研究》，中华书局2015年版。

想有机地结合在一起,朱子又是如何在其礼学思想的基础之上制定出合乎世俗生活的具体的礼仪规范,目前学界对这些问题的研究虽然有了一些新的成果,但总体说来,还是有很多具体而重要的问题有待我们作进一步的探讨和研究。在吾妻重二先生的研究专著《朱熹〈家礼〉实证研究》的"编后记"中,吴震先生也说:"不得不说,作者由此一问题意识("儒学思想如何制度化的问题"—— 笔者按)出发,展开《家礼》的实证研究就具有非常深远的学术意义。以往中国的哲学史或思想史研究学者,往往比较容易偏向于对一般思想问题的关注,相反对于儒学思想如何制度化、生活化乃至世俗化等问题却缺少必要的关心与扎实的研究,以至于对自身文化传统中的礼仪行为模式的了解常常落于'习焉不察'的境地。"①吴震先生的这段话充分说明了研究朱子礼学的重要意义,同时也足以证明本书研究之重要性与必要性。

就现实意义而言,在丰富的传统礼仪文化资源基础之上构建新的礼仪规范,这已经是不少学者的共识。因为通过文明礼仪规范的施行,可以使得人们的行为方式更加文明,有助于提高人们的道德水准,从而使社会更加有序而和谐。而以《家礼》之深远影响,足以说明朱子在面对佛老的挑战之下,成功重建了新的礼仪规范。因此,我们研究朱子礼学思想的主要目的,就是期望从朱子重建礼学的成功经验之中获得一些启发,尤其是关于当今社会如何建构新的礼仪规范这一方面的启迪。

二、研究文献述评

(一)最新研究成果简介

关于朱子礼学的研究文献比较多,已经有不少学者对其研究状况作了介绍。其中,有两位学者的研究综述值得一看。殷慧在其博士论文《朱熹礼学思想研究》的第一章"绪论"部分,对国内外研究状况作了综述。② 而冯兵教授在其2011年发表了《我国近年来朱子礼乐思想研究述评》③一文中已对此前的研究成果作了详尽综述。那么本书在这里就详人所略、略人所详,对2011年之后的主要研究成果作一简要介绍。

---

① [日]吾妻重二著,吴震编:《朱熹〈家礼〉实证研究》,华东师范大学出版社2012年版,第418页。
② 参见肖永明、殷慧:《朱熹礼学研究综述》,载《朱子学刊》,2010年第一辑。
③ 冯兵:《我国近年来朱子礼乐思想研究述评》,《渭南师范学院学报》第26卷,2011年第5期。

1.《朱熹〈家礼〉实证研究》

该书的作者是日本学者吾妻重二先生,编者是吴震先生,由华东师范大学出版社于 2012 年出版。全书分为两个部分,第一部分是"研究篇",收录了作者所撰写的有关《家礼》的七篇研究论文;第二部分是"文献篇",收录了一篇题为《宋版〈家礼〉校勘本》的文献研究性文章,这篇文章主要是对宋版的《朱子家礼》进行了校勘,内容翔实,考证精确。在"中文版序言"中,本书的作者吾妻重二先生认为,《家礼》一书作为"冠婚丧祭"之"礼仪"的实施手册,自宋代以来便产生了巨大的影响。但是,学界以往的研究对于《家礼》所具有的这一影响缺乏足够的关注。而本书作者认为,《家礼》是一部具有划时代意义的文本,其重要性主要体现在以下三个方面:(1)《家礼》作为"礼学"文献重要性。就礼学文献之古典而言,《仪礼》无疑非常重要,如果说《仪礼》可以作为中国古代礼学文献之代表,那么《家礼》则是中国近世(宋元明清)礼学文献之代表。《家礼》作为中国近世的礼仪实践之手册,与《仪礼》同样重要,因为在礼仪实践中必须列举其内容。就这一意义而言,《家礼》可以说是"儒教"的"新古典"。(2)《家礼》具有"士庶"(即特权阶层以及一般庶民)都可以实行的内容。在中国古代,礼只有特权阶层才有资格享有,而一般庶民被认为是没有资格施行礼仪的,此即所谓的"礼不下庶人,刑不上大夫"(《礼记·曲礼上》)。然而,《朱子家礼》却没有设定这种不同阶层之间的差别。从这一意义上说,《朱子家礼》是任何人都可以施行的一种礼仪文本,而这也反映了"圣人可学而至"("人人皆可成圣")的这一朱子学所具有的"平等主义"人类观。(3)《家礼》一书的影响超越了中国的地域范围,扩展到了韩国、日本等东亚各国。而《家礼》在东亚近世时期所具有的影响力,此前只被一部分学者所了解,因此我们应当重新关注《家礼》所拥有的这种巨大的感化力。

在该书"序言"中,吾妻重二先生还特别指出,"礼"是区别"文明"与"野蛮"的一个重要标志。譬如,明代学者丘濬在《文公家礼仪节》的《序》中说:"礼之在天下,不可一日无也。中国所以异于夷狄,人类所以异于禽兽,以其有礼也。礼其可一日无乎!成周以仪持世,上自王朝以至于士庶人之家,莫不有其礼。"吾妻重二先生认为,这一思想,不仅是中国也是东亚各国的共识。此外,本书作者认为,《家礼》乃是朱子亲手自著这一点也非常重要。在历史上,《家礼》是他人所写的"伪作说"由清人王懋竑提出之后,经《四库全书总目》的绍述,得到了长期的流传,但是通过包括该书在内的近年来的研究成果,完全可以证明"伪作说"这一观点是错误的。吾妻重二先生指出,《家礼》虽然是朱子的未定之稿,但是必须被看作是朱子本人的重要著作。

依据本书的研究主题,接下来笔者选择性地介绍吾妻重二先生的这本著作的研究成果。第一,在该书第一章"儒家仪礼研究的现状与课题——以《家礼》为中心"中,吾妻重二先生指出,《朱子家礼》是一部有关家族(或者说宗族)的冠婚丧祭仪礼的实用书。值得注意的是,《家礼》并非以王侯、贵族为对象,而是以士人及庶人为对象。这在中国仪礼发展史上具有划时代意义。当然,《朱子家礼》首先针对的是士人,但也包括庶民。因此,我们可以说,《朱子家礼》是一部士庶通礼。这种作为"士庶通用"之礼的《家礼》的出现,在思想史上是与朱子之人生观有关的。正如"圣人可学而至"的口号所揭示的那样,朱子学并不是依据家庭和阶级等"出身",而是依据"学问"或者说道德修养工夫向人们展示出每个人都有成为"圣人"的潜能。同样的道理,朱子在家庭礼仪方面也就构思出了能够为任何人所施行的家礼。① 在这一章中,吾妻重二先生还指出,《家礼》对每个家庭而言是必要的礼仪。因此,《家礼》就是"冠婚丧祭"礼仪的指南书。关于《朱子家礼》与司马光《书仪》之间的关系,吾妻重二先生认为,《朱子家礼》确实是受到了司马光《书仪》的影响。虽然隋朝的王通在《文中子·礼学篇》中已经将家族的重要礼仪归纳为"冠婚丧祭"这四种礼,但是这种分类方法并不是古已有之。伊川曾经说:"冠婚丧祭,礼之大者,今人都不以为事。"②在《近思录》卷九中,伊川此语被朱子和吕祖谦收入。一般认为,伊川此语对司马光《书仪》和《朱子家礼》的构思都有所启发。此外,吾妻重二先生认为,朱子所编纂的《仪礼经传通解》,包含了朱子对国家礼仪在内的"儒教"礼仪之"全体性"的整理,这一点从朱子网罗收集"三礼"文献以及其他相关记述中就得以体现。《仪礼经传通解》对"仪礼"的综合性研究被后来的清代考证学者所继承,并发展为徐乾学《读礼通考》、江永《礼书纲目》、秦蕙田《五礼通考》等大型著作。③

第二,在该书第三章"《家礼》的刊行与版本"中,吾妻重二先生将朱子学生杨复的一篇《家礼》序文全文抄录在文中,这篇序文为我们进一步了解朱子撰写《家礼》的相关情况提供了很好的参考,极有价值。④ 在这一章中,吾妻重二先生

---

① 参见《朱熹〈家礼〉实证研究》,第 11—12 页。
② 《河南程氏遗书》卷十八,程颢、程颐:《二程集》,中华书局 1981 年版,第 232 页。
③ 参见《朱熹〈家礼〉实证研究》,第 12—14 页。
④ 详参《朱熹〈家礼〉实证研究》,第 81 页。

通过严谨的考证和分析而得出了六点反对"伪作说"的理由，认为"伪作说"这一观点是难以成立的。

第三，在该书第四章"宋代的家庙与祖先祭祀"中，吾妻重二先生指出，由引领时代的位居上层的士大夫来探讨并制定自己家族或宗族内的礼仪规范，这是宋代礼制的特征之一。位居上层的士大夫们一方面作为行政官员参与国家政治实践，而另一方面，又必须关注如何使自己所处的血缘集团维持稳定秩序，如果借用《大学》的话说，就是关注如何"齐家"的问题。但是，宋代士人在重构"冠婚丧祭"礼的时候，作为礼仪文本资源的是《仪礼》《礼记》等古礼，即其中所记录的只是关于"士"身份的礼仪。然而，先秦的"士"人与宋代的"士"人在性格上并不一样，而且在宋代的丧礼与祭礼中，已经融入了佛教和道教的礼仪（即所谓的"俗礼"），这就给宋代士大夫们重构家礼带来了不小的麻烦。因为宋代士大夫所欲重构的家礼是出于以下两个考虑：其一，他们所希望实现的是复归"古礼"之原则；其二，宋代的士大夫（尤其是道学家）是想通过重建新的家礼来排除"俗礼"，特别是佛教的礼仪。譬如，横渠、伊川、吕大临、吕大防以及朱子等人都主张排除释氏之礼。简而言之，这些通过科举而以儒学知识作为自己安身立命依据的一部分新型的士大夫们，是想确立与儒家知识分子的立场相符合的礼仪规范，并在自己所属的血缘集团中建立起这种新的礼仪规范。可以这么说，宋代道学家对当时士人阶层的问题意识是有预见性的，而这一"预见性"又代表了道学家的"个性"。后来的事实也证明了这一点，《朱子家礼》淘汰了之前的各种家礼构想，并成为后世包括"士人"在内的宗族礼仪活动的"强制性"规范。①

第四，在该书第六章"近世儒教祭祀礼仪与木主、牌位——朱熹《家礼》的一个侧面"中，关于"礼"与"天理"的关系，吾妻重二先生指出，在朱子的思想中，"礼"是将"理"具体化的各种原则，但是这并不意味着"礼"是固定不变的。吾妻重二先生认为，在朱子看来，"礼"是通过眼睛所能看得见的方式而将"理"具体化。而所谓"天理之节文"，意指抽象的天理以具有"节目"之"文"的形态显形于世；所谓"人事之仪则"，即指人类应当遵守的准则。不仅如此，在朱子看来，从根本上说，"礼"就是"理"本身。但是，仅仅强调"理"这一概念，确实容易陷入毫无"形迹"的抽象理念之中；一旦以"礼"的形式将其具体化，人们即可通过目所能及的方式获得人类行为的正确准则。朱子所谓的"礼即理"这一说法表明：礼

---

① 参见《朱熹〈家礼〉实证研究》，第101—103页。

与理是紧密结合、不可分割的，因而作为"人事之仪则"的礼是无比重要的。除此之外，朱子还将"礼"放在"体用"关系之中来讨论，并将"礼"归为"体"的范畴。通过这一讨论可以看出，朱子所谓的"礼"，是指人类理应遵循的行为准则，这也是"理"之所系的本质所在。朱子理解和认同"礼"的可变性，在认定根本原则的基础上，可以根据时代状况对现实中的"礼"的具体规定进行调整。关于"礼"的这种富有弹性而非僵硬的观点也说明，朱子既不是单纯的复古主义者，也不是狭隘的原理主义者。在吾妻重二先生看来，朱子所谓的"所因"之"大体"，是指"三纲"与"五常"，而所损益的"文为制度"则会随着时代的变化而有所损益。换言之，吾妻重二先生认为，关于朱子如何看待礼之继承与损益的问题，朱子主张，必须在认定"大体"即根本原则的基础上，根据时代状况对现实中礼的规定进行调整。① 吾妻重二先生说："程颐和朱熹既不是单纯的复古主义者，也不是一味地标榜固有观念的原理主义者。当然，他们也有非常严肃的一面，譬如对'天理'和'人欲'进行了毋庸置疑的区分。然而，仅仅着眼于这一点并不能准确地把握道学乃至朱子学的特质，这也是不争的事实。在他们身上体现出来的这种严肃主义（rigorism）与通融性的结合，究极而言，也许就取决于程颐与朱熹的'原则主义'的立场。在坚守'大体'这一根本原则的前提下，再根据各种具体情况加以"损益"，这是以上我们所看到的朱熹的一个想法。对此，我们可以这样理解，正是由于在坚守基本原则的基础上，所以才能够应对各种具体情况。"②

　　吾妻重二先生的这部《朱熹〈家礼〉实证研究》研究专著，对本书的研究有着比较大的参考价值，也给予笔者不少启发。至于对该书的具体研究成果如何评价的问题，笔者尚无资格多写一字。为了方便参考，现摘录该书的编者吴震先生在《编后记》中所作的评语。吴震先生认为，《朱熹〈家礼〉实证研究》一书的学术价值主要有以下四个方面：（1）该书以南宋末周复本《家礼》为底本，采用了其他九种刊本作为参本，在尽可能全面掌握以及细致研读原始文献的基础之上对宋版《家礼》进行了细致而严谨的校勘。可以说，该书的《宋版〈家礼〉校勘本》是迄今为止学界仅见的对《家礼》的一项开创性的实证研究，可谓是向学术界提供了一部朱子《家礼》的"定本"。（2）该书在文献考证的基础之上，全面推翻了王懋竑的"伪作说"，认定《家礼》为朱子亲自撰写。可以说，"《家礼》是朱子的亲

---

① 参见《朱熹〈家礼〉实证研究》，第178—181页。
② 参见《朱熹〈家礼〉实证研究》，第180页。

作"这一结论是通过该书的研究而得以最终确立的。（3）该书作者的研究视野非常开阔。譬如，在《家礼》对后世有何影响的问题上，该书作者通过坚实的实证研究而果断指出，与朱子的《四书章句集注》相比较，《朱子家礼》不仅对近世中国后期（如元明清时期），而且对近世东亚各国都产生了广泛而深远的影响。吴震先生认为，该书所作的细致缜密的研究虽然没有高深的理论作为前提设定，然而其研究的结论却深刻地说明，文化交流并不是单向度的影响而已。就历史事实而言，在东亚文化交流过程中充满着多元交错的复杂现象。因此，我们不能说中国儒学对日本等国而言，就有着宰制性、笼罩性的绝对影响。在吴震先生看来，这正是该书作者虽未明言却又能自然而然得出的令人信服的结论。（4）该书研究具有重要的问题意识。就儒家经典"三礼"而言，由于自汉唐以来，一直遵守"礼不下庶人"的传统，因而这些经典在一般社会生活层面的落实推行就受到很大的限制，然而作为家庭乃至族室的行为规范的礼仪问题，自北宋初以来就逐渐受到士大夫的关注。譬如，如果说王安石重视《周礼》主要还是从国家制度的层面来考虑如何安排制度的话；那么，司马光撰写《书仪》则表明，制度安排不仅要落实为礼仪制度规范的制定，更加需要关注的是，重新制定的礼仪制度规范如何才能正确引导士大夫家族的一般生活以及如何规范普通百姓的行为方式。而《朱子家礼》不但继承了二程以及司马光的礼学思想，而且这一新的礼学著作的出现，也标志着儒家礼学从思想落实到生活、由经典转化为常识，并且随着《家礼》在此后的社会各个层面的推广施行乃至于跨越边界传至朝鲜和日本，正如该书作者所言，由此《朱子家礼》构成了包括中国、朝鲜、日本等在内的近世东亚传统文化的要素之一。也正因为此，《家礼》研究也就构成了理解东亚传统文化的一项"不可或缺的工作"。吴震先生认为，该书由这一问题意识出发而展开的具体研究有着深远的学术意义。其理由在于，以往对朱子学的研究一般偏向其思想问题或哲学问题的研究，而对儒学思想如何制度化、生活化乃至世俗化等问题却缺少必要的关注和扎实的研究，以至于对自身文化传统中的礼仪行为模式的了解常常落于"习焉不察"的境地。①

2.《朱熹礼学基本问题研究》

此书于2015年由中华书局出版，是一本论文集，叶纯芳和乔秀岩主编，收录了二十二篇文章，按照研究主题分为四组。

---

① 参见《朱熹〈家礼〉实证研究》，第416—418页。

　　在该书的前言中，关于朱子礼学研究的基本问题，编者叶纯芳说："我们想了解朱熹如何研究礼学。礼学既然不能专用理气哲学为说，朱熹如何分析经书，建立一套礼学理论？朱熹礼学与唐代以前或清代学者之间有何本质差别？这些都是吸引我们的重要问题。"①笔者认为，叶纯芳所提出的朱子礼学研究的几个问题，确实极为要紧。

　　同样在前言中，叶纯芳教授还对朱子礼学研究的现状与不足发表了观点。她认为，目前学界对于朱子学的研究，重视其哲学思想而轻视其礼学，这是有其历史原因的。对此，叶纯芳说："在乾隆年间，以《四库提要》为代表的汉学、宋学对立概念开始普遍流行，使得嘉庆以后的礼学著作较少引用参考朱熹著作，但朱熹经学的深刻影响自无可否认。近代以来，朱熹则以哲学思想为学者所重，朱熹礼学渐为学者淡忘。"②在此基础上，叶纯芳认为，现在不管是研究经学，还是研究礼学史，朱子都是绕不开的人物，尤其重要。其原因有二：第一，朱子礼学主导了元明至清代前期五百年的学术史，有其重要的历史意义。第二，是因为近两百年来学术界对朱熹礼学的陌生。

　　关于目前朱子礼学研究的不足，叶纯芳也提出了自己的看法，认为研究朱子的礼学，除了《家礼》之外，最重要的材料无疑是《仪礼经传通解》。朱子生前没有完成《仪礼经传通解》的编撰工作，《丧礼》、《祭礼》这两部分是由其学生黄榦续编，也有人认为《祭礼》是由杨复所编撰。如果我们不了解整部书的编撰情况，那么我们也很难弄清楚其内容与朱子经学之间的关系到底为何。而以往有关的研究，对其最基本的文献材料都无法完全掌握，只能就散见于《文集》、《语类》中的文本，从外围来研究朱子礼学，始终是隔靴搔痒，很难抓住朱子礼学的核心。叶纯芳教授的观点确实点出了目前朱子礼学研究中所存在的问题。

　　由于该书的学术性较高，所以接下来重点介绍一下该书中与本书研究主题相关的文章。

　　①《朱子学派礼学中的祭礼——对美德伦理学的启迪》③。该文的目的是，提出关于中国"礼学"与西方美德伦理学之异同的一些思考，并通过比较来阐述儒学（尤其是朱子的新儒学）在美德伦理学方面所具备的潜能。作者认为，朱子

---

　　①　参见《朱熹礼学基本问题研究》前言。

　　②　同上注。

　　③　［英］罗伯特·恰德（Roberd Chard）撰，王鸳嘉译：《朱子学派礼学中的祭礼——对美德伦理学的启迪》，《朱熹礼学基本问题研究》，第1—8页。

的礼学(包括祭礼以及其他的礼仪),不但只是重视具体的礼学实践,同时也以移风易俗与提高人的道德修养水平为目的。文章的主要内容包括以下三个方面:(一)对中国的"礼"之概念与西方的"礼仪"(ritual)概念作简单的介绍与比较;(二)将中国的"礼"与西方的"法律"进行比较;(三)讨论中国文化中的"礼"对西方近半个世纪发展起来的美德伦理学(virtue ethics)的启发。在文章的最后,作者谈到朱子的礼学给现代人的启迪时说:"'礼',在中国各时代的政治与法律制度中起了很大影响,同时也表现了儒家伦理实践的一面。朱熹对'礼'的重视,即通过教育、修炼及实施礼的仪式来培养和塑造一个有道德的人的思考,能给我们很多新的提示。朱熹对于'礼'的综合、系统的认识与透彻、深刻的洞察,在当今探讨如何构建世界通用的伦理学的问题上为我们提供了睿智的启迪。"①

②《江永及其礼学著作——兼论其于朱熹礼学的态度》②。该文主要是探讨江永礼学与朱子礼学之间的关系,江永对朱子礼学所持的态度。该文指出,《礼书纲要》是江永最受称道的礼学著作,而其撰写的目的是为朱子《仪礼经传通解》增损檃括,以完成朱子晚年未竟之志。江永赞同在《朱子语类》中朱子与学生经常说到的"先王之礼非尽可用于今"这一主张,但江永对朱子的这一主张作了进一步的阐释与引申。江永说:"非谓先王之礼尽可用于今者,然而礼亦不为无用";"又窃以为古礼虽不可尽行于今,今人亦当知其文、习其数"。该文作者认为,江永的这一主张对于当日礼学研究何以还有意义提供了一种可以参考的意见。

③《何谓通礼?——一种目录学的分析》③。该文认为,通礼是由朱子的《仪礼经传通解》所开创的礼学研究的新范式。通礼的追求是试图对圣人之礼进行一番系统性的复原,而其价值就在于"体统性"。由此,该文还对王启发关于《仪礼经传通解》的看法作出了评价。王启发的观点是:"可以说,造就一部具有备览性质的礼典大全,以应当朝之需,是朱子最大的心愿。如果说汉代的郑玄是以注《三礼》的方式,对传统礼学经典作了一次注疏式的整合,那么朱子则是以经传合编,汲纳百家言的方式,对古今礼典进行了一次更为全面的整合。《仪礼

---

① 参见《朱子学派礼学中的祭礼——对美德伦理学的启迪》,《朱熹礼学基本问题研究》,第 8 页。

② 黄智信:《江永及其礼学著作——兼论其于朱熹礼学的态度》,《朱熹礼学基本问题研究》,第 9—28 页。

③ 徐到稳:《何谓通礼?——一种目录学的分析》,《朱熹礼学基本问题研究》,第 29—42 页。

经传通解》本身,与其说是一部礼书,毋宁说是带有体系性的礼仪大典。如果从以礼为法的角度来说,朱熹编撰此书的目的还在于齐整世间风俗,重建理想的礼仪化社会生活,各种礼仪典范尽收其中,其价值在于整体性。"①作者不完全同意王启发的观点,认为《大唐开元礼》影响极大,已是具有备览性质的礼典大全,足以解决南宋朝廷的礼学之争。如果说朱子要"对传统礼学经典作了一次更为全面的整合",就应该广泛引用《大唐开元礼》中的资料。然而在《仪礼经传通解》以及《续编》中,对《大唐开元礼》只字未提。不过,作者还是认为,王启发所指出的《仪礼经传通解》的价值在于其"整体性"这一见解,是比较有道理的。

④《试论"明堂"说的汉、宋异同——以杨复、惠栋为例》②。该文认为,现在学界研究朱子学的虽然多,但有偏重于其"理学"而忽视其"礼学"的倾向。该文指出,杨复作为朱子礼学的继承者之一,不仅续成其遗作,而且其所续《祭礼》在某些方面还填补了朱子礼学的空缺,杨复关于"明堂"的论述即是一例。在作者看来,杨复依据经典、参稽诸儒而折衷于朱子,他的《祭礼》中的"明堂礼",有由博而返约的倾向,政教功能、祭祀对象以及配祀者都趋于单纯。不过,作者认为,关于杨复之"明堂礼"中的明堂形制,既尊朱子之"九室之说",又试图以五方四隅调停五室、九室之异。如此说法,是完全没有经典依据而纯粹出于胸臆揣想。该文最后认为,如果说杨复"明堂礼"反映出朱子礼学以致用于今、为经世的特点,其现实性高于理想性;而惠栋"明堂"之政以探索古圣王之经世制度为致用,这是以"理想性指导现实"的治经态度。

⑤《论〈五礼通考〉与朱子礼学之间的关系》③。该文主要探讨《五礼通考》与朱子礼学之间的关系,以及朱子礼学是如何影响《五礼通考》的编撰。该文通过详细的考证比对,得出结论:"朱子《乞修三礼札子》谈及编修《仪礼经传通解》的目的,是既可使传统礼乐'兴起废堕,垂之永久',又可'为圣朝制作之助'。朱子之未竟之志,虽经黄榦、杨复等人的努力,然终未臻理想之境。秦蕙田'以继朱子之志'自勉,编撰《五礼通考》这一巨典。从该书的编撰形式、指导思想、编撰的取材、规模,以及对郑玄学说的辩驳、依违可以看出,秦蕙田《五礼通考》治礼

---

① 王启发:《朱熹〈仪礼经传通解〉的编纂及其礼学价值》,载王俊义主编:《炎黄文化研究》,2005年第3期。

② 张素卿:《试论"明堂"说的汉、宋异同——以杨复、惠栋为例》,《朱熹礼学基本问题研究》,第44—59页。

③ 曹建墩:《论〈五礼通考〉与朱子礼学之间的关系》,《朱熹礼学基本问题研究》,第60—83页。

宗朱子之家法,以朱子礼学为归依,该书深深烙上了朱子礼学的印痕。秦蕙田编撰此书,叹曰:'至于朱子之规模遗意,未知果有合焉否也!'(秦蕙田《五礼通考序》)据本文的考察,《五礼通考》在编撰形式上虽然未完全与《仪礼经传通解》《家礼》相同,但在'规模遗意'上,无疑可以视为朱子礼学之延续与发扬;从治礼的宗旨与学术取向等角度,亦可视之为具有宋学色彩,受朱子礼学影响较深的礼学巨作。"①

⑥《朱子及其门人编修礼书补考》②。该文研究的主要问题是:朱子编礼的缘起、朱子生前编礼的过程、助编礼书诸儒的情况、朱子门人续编礼书的始末等问题。该文提出的见解如下:(1)朱子编礼的设想可以上溯到北宋诸儒,特别是吕大临。而以往学界关于朱子编礼之设想的看法有好几种,其中最重要的观点为"朱子编礼是受吕祖谦的影响"。清代的陈澧以朱子与吕祖谦的书信为证据,主张:"朱子之书本发端于吕氏。"(《东塾读书记》卷八)后来的学者基本上赞同陈澧的看法,而该文作者认为这一说法并不准确。(2)蔡元定无疑参与了《仪礼经传通解》的编纂工作。(3)关于朱子设计礼书与定名。关于设计:第一次设计为《礼记分类》,时间是1175年与1176年之间;第二次设计为《仪礼附记》,时间在1185年与1187年之间;第三次设计为礼书,朱子此时六十七岁;第四次设计为混合编制;第五次设计为附《大传》、《外传》于正文。(按,该文以上的设计时间,依据的是戴君仁的说法。)关于书名的问题:依据朱在的《仪礼经传通解识语》中的说法,朱子《礼书》之名称,《仪礼集注》为初名,《仪礼经传通解》是定名。但是,元人方回在《读朱文公仪礼经传跋》中却以为,《王朝礼》之所以取名为《仪礼集传集注》,是因为"无经而有传"。反之,"有经而有传"的部分才可以被称为《仪礼经传通解》。该文作者认为,方回的这一说法值得我们重视。(4)关于《大传》与《外传》的问题。朱子编纂礼书时,除了设计王朝、邦国、学、家、乡、丧、祭礼之外,还设计有《大传》与《外传》两个部分。但是其内容究竟如何,学者历来对此语焉不详。有关这一问题,比较完整的记载是在《文集》卷三十八之《答李季章》中。总的来说,学界一般是将《大传》与《外传》看成是《仪礼经传通解》分别附于诸礼之下的两个部分。作者以为,这一看法也可能存在问题,《大传》与《外传》可能仅仅是指丧礼、祭礼的《大传》、《外传》。因为朱子生前编礼,还未及

---

① 曹建墩:《论〈五礼通考〉与朱子礼学之间的关系》,《朱熹礼学基本问题研究》,第83页。

② 吴国武:《朱子及其门人编修礼书补考》,《朱熹礼学基本问题研究》,第84—90页。

丧、祭礼，所以《仪礼经传通解》一书不可能有《大传》和《外传》。而到了黄榦续编丧、祭礼，已经没有《大传》和《外传》的设想，杨复在编祭礼时则是将《大传》和《外传》融进了经传之中。（5）关于《仪礼经传通解》取材的细节问题。《宋史·礼志》曰："朱子尝欲取《仪礼》、《周官》、《礼记》为本，编次朝廷公卿大夫士民之礼，尽取汉晋而下及唐诸儒之说，考订辨正以为当代之典，未及成书而殁。"①该文作者指出，今本《仪礼经传通解》很少涉及汉晋以下的诸儒之说。关于这一问题，钱穆先生认为："朱子本意如此，而发例太大，不获如志，故乃仅附注疏，不能广及他书也。"②关于钱穆的这一说法，作者认为并不准确，因为《仪礼经传通解》云："用《周礼》《吕览》、《汉志》、《隋志》通修。"（《学礼》之六《钟律第二十二》）。除此之外，《仪礼经传通解》中引用唐杜佑《通典》、宋沈括、蔡元定的说法也比较多。

⑦《朱熹〈仪礼经传通解〉对〈礼记〉经、传的界定》③。该文认为，朱子重视《仪礼》的原因是，《仪礼》虽然不是全书，但其中所描述的礼仪以及仪节的详细内容，其一举一动，尤可依循，而这些都与"自家身心上事"密切相关。但是《仪礼》中的经文佚失得比较多，所以朱子只能从其他经典中摘选内容以弥补《仪礼》"经文"之不足。其中，《礼记》是朱子选用得最多、拆分得最散的文本资料。因此，该文主要研究的问题是，朱子究竟是如何区别经、传的；又是以何种标准来界定《礼记》中经与传。现在将这篇文章所得出的具体结论介绍如下。（一）《通解》对经、记、辞、传的选择有以下五种处理方式：（1）《仪礼》、《礼记》可以相配附者，则分上下篇，上篇是经，下篇为传。譬如，《士冠礼第一》（《家礼一》上），就以《仪礼》为经；《冠义第二》（《家礼一》下），以《礼记》为传。（2）《仪礼》无文，则以《礼记》各篇作为"经文"，其他材料如《左传》、《孔子家语》等作为"传文"，单独成篇；而各篇之中又分经和传。（3）《仪礼》无文，朱子就整合《礼记》各篇中相关内容为"经文"，取其他典籍中的材料作"传文"。（4）《仪礼》无文，选取各经相关内容来作为"经文"。（5）《仪礼》、《礼记》无文，则以某经或者某书作为"经文"的主体，而其他各书作为"传文"，单独成篇；在各篇之中，又将其分为经、传。（二）《仪礼经传通解》对《礼记》经、传的界定。作者认为，朱子区分的大致方向

---

① 脱脱等：《宋史》卷九十八"礼一"，中华书局1985年版，第2424页。
② 钱穆：《朱子新学案》，巴蜀书社1986年版，第1336页。
③ 叶纯芳：《朱熹〈仪礼经传通解〉对〈礼记〉经、传的界定》，《朱熹礼学基本问题研究》，第91—114页。

是,孔子遗书以及孔门传授心法,这些无疑是"经文",譬如,《大学》、《中庸》。而对于《内则》,其中整段的"曾子曰"内容皆作为"传文",而孔子之言才有资格作为"经文"。(三)《礼记》对于朱子的意义。作者认为,朱子在编纂《通解》之前,已经有了一个关于礼仪的宏大蓝图,所有的仪节过程都在朱子心里不断地被构建,所有的经、记、辞、传,也都是经过朱子精心安排和设计的。关于《通解》引用郑注的问题:作者认为,《通解》全录郑注,从表面上看,似乎是朱子推崇郑玄的注释,但是我们都知道,郑玄注释礼学经典是有体系的,正如唐代孔颖达所谓的"礼是郑学",所以郑注是不能随意拆分的,而朱子的做法,实际上暗地里瓦解了郑玄的礼学体系,将其纳入朱子本人的礼学系统。(四)在详细的文本分析与细致的辨析的基础上,该文最终提出了颇有见地的观点:"《通解》不仅仅只是朱熹所说'可为圣朝制作之助',更重要的是,朱熹从实践的角度出发,作为实用礼学的理论,必须具有可行性。供圣朝制礼之用的说法只是表面,重新创造一套礼学理论,才是他的真正目的。而《礼记》,正是朱熹这项大事业的幕后功臣。从汉唐以来所建立的礼学体系,到朱熹,已经全部瓦解。那些称《通解》是资料汇编的历代学者,太过小看朱熹的能耐。我们在欣赏郑玄所建立的完美礼学体系之余,也佩服朱熹的过人之智。他在晚年曾多次迫切表达希望此书完成的心愿,甚至曾对李季章表示,若《礼书》编成,'便可块然兀坐以毕余生,不复有世间念矣'。"①

⑧《祭及高祖——宋代理学家论士大夫庙数》②。该文认为,重整礼乐教化,从来都是宋代理学家治学的根本目的。所以,该文主要以这一角度,从礼学内部来探究宋儒关于大夫、士庙制的相关规定,以及其"礼意"为何。经典与现实之间的张力,是宋儒在讨论庙制时遇到的重要问题。横渠和伊川之"祭及始祖"说虽然不一定与礼经相违背,但是包括朱子在内的大多数礼学家对此并不赞同。至于"祭及高祖"之法,后来的礼学家在礼经上对此表示赞同,基本上都是受伊川和朱子的影响。而朱子本人虽然在现实中赞同"祭及高祖",但是又认为"祭及高祖"之法与礼经之本义并不相合。该文在结语部分认为,横渠与伊川学术努力的核心都在于重建新的礼制秩序。作者吴飞教授这样解释道:"(横渠与伊川)意识到宋代的社会现实已经和以前不同,因而要顺应时宜,不惜改变礼经

---

① 叶纯芳:《朱熹〈仪礼经传通解〉对〈礼记〉经、传的界定》,《朱熹礼学基本问题研究》,第 114 页。

② 吴飞:《祭及高祖——宋代理学家论士大夫庙数》,《朱熹礼学基本问题研究》第 410—430 页;又载《中国哲学史》,2012 年第 4 期。

中的庙制。朱子沿着北宋儒者的方向继续努力，建构了一个更加系统的理学体系和祠堂制度。他对现实的关怀和理解与横渠、伊川并无二致，却能清楚认识到时宜与礼经之间的差别，这是一个相当高明的地方。一方面，他深知'礼时为大'的道理，意识到官方的庙制等杀之法必然失败，不会削足适履地强行推行礼经中的古代庙制；另一方面，他又不会为了时宜而有意曲解礼经，因为礼意最好地保存在礼经本来的语境当中。这种张力的保持，恰恰是维护礼学生命力的谨慎态度。"①

3.《礼理双彰：朱熹礼学思想探微》

2019年，中华书局出版了一本题为《礼理双彰：朱熹礼学思想探微》②的专著，作者是殷慧。该书是作者在其博士论文基础上修改而成，与其博士论文的主要内容和基本观点并没有太大差异。因为本书在其他地方会涉及该书的某些具体的观点，因此在这里就简单介绍该书的主要内容。全书正文分为六章内容：第一章介绍朱子生活的时代背景以及其礼学倾向；第二章讨论朱子的《周礼》学；第三章则是研究朱子的《仪礼》学；第四章是讨论朱子对《礼记》的看法；第五章研究朱子的"祭祀"思想以及朱子本人的"祭祀"活动；第六章论述朱子礼学之特点。该书通过研究所得出的结论大致有以下几个方面：（1）就学术层面而言，朱子礼学思想的特点是以《仪礼》为"本经"；就"理学涵摄"的角度而言，其特色是注重"义理"的考礼观；就实践层面而言，其特点是"因时制宜"。（2）《家礼》是朱子对"冠婚丧祭"四礼一个"总结性"的文本，是以宗法为中心的"日常礼仪"，是特定时期的"未定本"，反映朱子礼学在这一时期的重心所在。（3）《仪礼经传通解》是朱子礼学思想的总结和展现，也是其应对永嘉、永康学术的结晶。（4）朱子既"以理释礼"，又反对"以理易礼"；既重视"上学"，又强调"下学"；既重视"理"的本体论"综合"，又关注"礼"之"功夫论"。（5）朱子将"格物致知"放在《大学》中诠释的目的在于，重新强调《大学》的"教人之法"，即探究"知识"是为道德实践服务之方法。（6）朱子之礼学思想是对社会现实的"积极应对"。

或曰："殷慧博士论文《朱熹礼学思想研究》，对朱子礼学思想有一较为整全论述，尤其分别从《周礼》《仪礼》《礼记》及丧、祭礼进行论述，涵盖不可谓不丰富，然论《周礼》借朱子与王荆公、湖湘学派、永嘉学派分歧而言，而未形成朱子

---

① 吴飞：《祭及高祖——宋代理学家论士大夫庙数》，《朱熹礼学基本问题研究》，第428页。

② 殷慧：《礼理双彰：朱熹礼学思想探微》，中华书局2019年版。

《周礼》观;论《仪礼》从《家礼》及《仪礼经传通解》编撰过程、困难等方面论述,竟少有直面《经传通解》本身者;论《礼记》欲言朱子理—礼关系,语焉不详;论丧、祭言鬼神,其礼多着落于先祖而未及上帝,概不足以明晰朱子礼学思想;论朱子礼学思想乃以历史沿革、学风时弊为由,惟见其必要性,而弱化了朱子之主动性、礼学之正当性,故其朱子礼学'学、理、用'特点之结论窃以为未稳。"①笔者以为,这一批判虽然紧扣殷慧博士论文所写之内容和主题而论,其中有些观点确实也是切中要害,譬如,关于朱子"理"与"礼"之间的关系,殷慧确实讨论得不够深入。但是,学术研究本自有学术取径与方法上的不同,哲学的进路(方式)、思想史的进路抑或是经学的进路,各有其价值,本亦无可厚非,何况殷慧的研究是综合使用了以上几种研究方法,所以这一批判实际上是有些言辞过激,并非稳妥之言。总而言之,笔者以为,殷慧关于朱子礼学思想的研究在学术上是自有其价值的,至少可以为我们进一步的研究打下一定的基础。

4. 其他新研究:专著、博士论文以及部分硕士论文

①其他专著:

2018 年,社会科学文献出版社出版了一本书名为《〈仪礼经传通解〉研究》②的专著,作者是王志阳博士,该书是在其博士论文的基础上修改而成的,是对《仪礼经传通解》的专门研究,主要是考察以朱子、黄榦以及杨复三人在《通解》中表现出的思想内容以及师徒三人之内在差异的深层次原因,探明朱子学派的礼学思想之衍变,同时研究《通解》对后世学术所产生的影响,对朱子礼学研究还是极具参考价值的。在序言里,王志阳博士的导师许结教授对此书颇为赞许,并指出了此书所具有的四个优点。(1)"考镜源流,论者之系统思考,盖因于此。"(2)"明辨师承,从朱、黄、杨三代主编观其传统,以及处理四礼、礼与诸经、礼与诸子、礼仪与礼义之共识,颇见驾繁驭简功夫。"(3)"彰显文本,用心于三代主编各自'按语'之研究,思维形于寸铁,其间发明,可圈可点。"(4)"凸显主旨,由文献勘进义理,于礼仪与礼义之平等间确立其新型经传关系,而旨归于继承与创新并举之朱子学派特征。"③

①　参见方芳:《朱子礼学管窥——以〈仪礼经传通解·祭礼〉〈家礼·冠礼〉为例》,载四川大学哲学系儒家哲学主办:《切磋七集》,2018 年刊。
②　王志阳:《〈仪礼经传通解〉研究》,社会科学文献出版社 2018 年版。
③　王志阳:《〈仪礼经传通解〉研究》,第 2 页。

　　《礼法与天理:朱熹〈家礼〉思想研究》①,巴蜀书社 2018 年版,作者是彭卫民博士。该书认为,以往对《朱子家礼》的研究,仅仅将主题限于《朱子家礼》文本的真伪考辨、传播路径以及地域影响力等方面,而以此种方法所作的研究,并不能阐明朱子关于"礼法"和"天理"之间关系的"终极哲理"。所以,该书尝试以另一种新方法来研究《朱子家礼》。具体地说,该书通过对朱子的"礼理一体"和"常变相合"观点的研究,来说明中古时代,家族秩序的演进过程中出现了由"大家族主义"向"宗法主义"的转变。由此,该书从理论上分析了"国法大传统"与"宗法小传统"之间的关系,从而来证明家礼的变革与国法(王礼)有着千丝万缕的关系。该书认为,在中国传统社会中,作为自在状态的"家"所表明的是,中国古代的法律是以"家庭观念"为中心的,因此,研究传统社会中的家族秩序演进脉络,有助于在当今社会重建新的家庭文化;通过分析《朱子家礼》对家庭伦理的构建,也可以在思想上为当今社会的"家内礼法"提供启示。全书正文部分共有六章,其中第一章至第四章结合《家礼》的有关内容论述朱子的礼学思想,第五章和第六章研究《家礼》对明清民间与东亚诸国的影响。通过具体的研究,该书大致得出了以下四点结论。(1)"礼之有常有变",其"不可变者",是以家之"礼法"(或者说家庭伦理)来行教化、厚风俗、正民风;其"可变者",是指维持家庭秩序的外在的礼仪要随时代的发展、社会的变化而变化。(2)《朱子家礼》重点关心的是"家"和"天理"、"礼法"如何"自治"的问题。(3)中国传统社会的"礼法"哲学具有"泛家性"的特点。(4)传统儒家对"家"的坚守,有两个原因:一是儒家所谓的"齐家之道"未必要推至于国家,"修己"比"治人"更加重要;二是国家统治者治国的方式必须参照家庭的"礼法"。

　　至于如何评价彭卫民博士在这本新书中所提出的观点,笔者实在不敢多言。这当然主要是因为彭博士的这本书实在是太厚,整本书上所有的文字加起来一共有四十万字之多。但是,在这里,笔者有必要将此书序言中的部分内容摘录下来,仅供参考。宋玉波教授在本书的第一篇序言中说:"朱熹曾在他著名的《戊申延和奏札》中论及中国传统法理的渊源:'臣闻昔者帝舜以百姓不亲,五品不逊,而使契为司徒之官,教以人伦,父子有亲,君臣有义,夫妇有别,长幼有序,朋友有信。又虑其教之或不从也,则命皋陶作士,明刑以弼五教,而期于无刑焉。盖三纲五常,天理民彝之大节,而治道之本根也。故圣人之治,为之教以

────────────

　　① 彭卫民:《礼法与天理:朱熹〈家礼〉思想研究》,巴蜀书社 2018 年版。

明之，为之刑以弼之。虽其所施或先或后，缓或急，而其丁宁深切之意，未尝不在乎此也。乃若三代王者之制，则亦有之，曰：凡听五刑之讼，必原父子之亲.'这段话深刻揭示了中国古代'法'的哲学本义及其'家国'底色。传统中国的'孝悌''礼法''天理'即隐含着'法'的一般理论，这些理论的提炼和总结，至少可以为当代中国法学体系的建构提供一定的人文底蕴。中国古代没有自然法，却有与之相近似的理念——复含着'家哲学'底蕴的'天理'（民彝）观。某种意义上说，'孝悌''礼法''天理'只是同一个元概念的不同表述。……中国古人提出'天理''礼法'与'家哲学'等元命题，其实质是要在文明进程中构建一种放之四海而皆准的价值观，这种价值观能够'太山遍雨'，泽及四海，浸染了东亚文明，构成了与世界文明交流的基础和平台。……大凡能在学术史册上留芳名者，无不需要举一反三的聪慧头脑，无不需要不耻下问的求真精神，无不需要苦心孤诣的学术坚守，无不需要闲庭信步的治学心态。愿弟子卫民在今后戒骄戒躁、淡泊名利，既学宗朱子，则须甘坐做'于国家崇化导民有所补益'的真学者。"[①]程志敏教授在本书的第二篇序言中说："我忝为第一读者，也曾襄助构建大纲，提过一些建议。如今看来，此书大体已备，或有可取之处，我不敢掠美贪功。然彭君过多纠缠于'礼的道论'或'礼的形而上学'，疏于《家礼》思想本身的研究等等之不足，则我有与焉。近世哲人喜高蹈之论，远离扎实功夫，不仅不能高扬思想，实质时代精神萎靡之因由也。朱子学问深切踏实，堪为基本。至于原计划之'近世文教鼎革与家礼变迁'，以及'重建家庭规范'等等方面，兹事体大，彭君尚未来得及深思，或俟来日。值此'大道既隐，天人相违'之世，万有皆失序失范，起沉救偏，非实学不能为也。古人云：'治经，实学也.'（朱彝尊《经义考》卷六十一）克望吾兄反己自修，循序渐进，'治一经得一经之益'（皮锡瑞语），折中群言，下学上达，方不负此生。"[②]

《唐宋之际礼学思想的转型》[③]，生活·读书·新知三联书店 2020 年版，作者是冯茜博士，此书是作者在其博士论文的基础上修改而成的。该书作者认为，古人对"礼"的理解是礼学思想史研究的基本视角。具体地说，在礼学思想史研究中应该关心以下"核心议题"：（1）"礼"是人为创作抑或自然生成的？（2）就其实质而言，圣人制礼是制作经典抑或保存历史制度？（3）"礼"是如何实现

---

①　彭卫民：《礼法与天理：朱熹〈家礼〉思想研究》，第 2—3 页。
②　彭卫民：《礼法与天理：朱熹〈家礼〉思想研究》，第 5 页。
③　冯茜：《唐宋之际礼学思想的转型》，生活·读书·新知三联书店，2020 年版。

"教化"作用的? 该书正是以上面这些核心议题为视角,探讨唐宋之际的礼学思想如何转型的问题。全书正文部分一共分为六章,在"序章"部分,作者研究的是"后义疏学"时代的经典危机问题;第一章是探究中晚唐的礼学状况;第二章研究的是北宋前期礼制演变中的制礼思想;第三章是论述北宋礼学中新出现的"礼制复古"与"考证方法";第四章是以"礼是人为创作抑或自然生成的"为主题对北宋的思想家(譬如李觏、王安石等人)进行考查;在最后一章(即该书所谓的"终章"),主要讨论北宋礼学与朱子礼学之间的关系问题。

　　由于该书中的"终章"与本书研究主题最为相关,所以在这里就对这一章的内容进行简单的介绍。该书"终章"中认为,通过研究朱子的礼学思想,既可以考察朱子是如何对北宋礼学资源进行继承与反思的,又能以北宋礼学为视角(或者说历史背景),对朱子的礼学思想进行重新研究,以期获得新的观点。关于朱子礼学与北宋礼学之间的关系,该书提出了以下几点见解。(1)就"礼文"而言,朱子继承了北宋儒者所普遍主张的"圣人制礼为制度创建"的思想。作者指出:"朱子认为圣人制礼的实质是一套制度的创设,但是这套制度绝非与当代无关的古代历史或风俗,由于圣人所制之礼体现了天理,因而对于后世具有典范意义,朱子称之为'典礼'。"[1](2)从礼的"本体"意涵和"人性论"层面来看,朱子接受了北宋道学家对"礼"的基本理解,即以"礼之本体"为"天理之自然",礼之"人性论"基础是"天命之性"。但是,该书指出,朱子对"礼之本体"的理解在北宋道学家的基础上又更进一步。朱子认为,"礼之本体"既是"天理之自然",同时在"本体"层面上又具有"规范性"之内涵,是"有所节文"的,"节文"是在"体"的层面上说的,而不是就"用"之层面而言。(3)在工夫论上,朱子与横渠、伊川一致,认为"礼"既是"成性"工夫,又是"成性"工夫的效验。(4)在实践上,朱子与横渠、明道、伊川相同,都面临着"礼文"规范如何制定的问题。关于朱子对"古礼"的态度,该书认为,朱子有遵守"古礼"的倾向。即使"古礼"所得以施行的现实基础已经不复存在,只是"徒具形式",朱子还是主张尽力保存"古礼",这体现了"爱礼存羊"之意。在作者看来,朱子青睐"古礼"主要表现在以下两个方面:一是作为生活方式的实践。譬如《朱子家礼》对"古礼"的继承与改造。二是作为文化的保存和传承。譬如,朱子曾说:"人不可不知此源流";"恐后来者愈复不识"。作者最后的结论是:"朱子在对北宋礼学予以整合、发展的同时,又

---

[1]　冯茜:《唐宋之际礼学思想的转型》,第 424 页。

融汇、重铸了汉唐的经典诠释之学。经过朱子的重整,礼学在完成由汉唐向两宋转型的同时,又保持了自身的连续性。"①

②2011年之后的博士学位论文:

自2011年以来,中国大陆和台湾地区研究朱子礼学的博士学位论文有以下四篇:

(1)张凯作:《朱子礼学思想研究》,北京大学博士学位论文,2012年。

(2)王志阳:《〈仪礼经传通解〉研究》,南京大学博士学位论文,2014年。

(3)杨治平:《朱熹的礼教世界》,台湾大学文学院中国文学研究所博士论文,2015年。

(4)李旭:《朱子晚岁修礼考》,清华大学博士学位论文,2016年。

张凯作博士的《朱子礼学思想研究》,是以哲学史的取径来研究朱子的礼学思想。而李旭博士的《朱子晚岁修礼考》,则是以史学方法还原朱子晚年修礼的历史情况。冯茜博士认为,李旭博士的这一研究,对于朱子的"礼经学"体系及其在朱子学"全体"中的意义都有深刻而独到的诠释与见解。

由于本书研究主题的关系,在这里就简单介绍一下杨治平博士的《朱熹的礼教世界》。这篇论文是对朱子的《仪礼经传通解》的专门研究,全文分为八章内容。本篇论文的第一章是绪论,交代了研究的理由与方法,同时作了文献综述并作出评论。第二章与第三章,讨论了儒家的"礼"所涉及的范围以及"所指"。杨治平博士认为,西周是礼乐的典范,而自秦汉以来,因时代的变化,逐渐演变成"经"与"制"两途。前者以儒者经生为代表,其成果为"三礼"文本的形成;而后者则为了满足统一帝制的时代需要,表现为国家礼典的快速发展。本篇论文的第四章是研究朱子编纂《仪礼经传通解》的时代背景。杨治平博士认为,朱子编纂《仪礼经传通解》是由于南宋光宗朝时的朝政的斗争,而朱子亦由此确立了"礼"在其思想中的地位。本篇论文的第五章至第七章,是对《仪礼经传通解》文本的具体解读,其中,第五章研究"家礼",第六章研究"乡、学礼",而第七章则研究"王朝、邦国礼"。最后一章是"结语"章,总结正文各章的研究成果,并对朱子的"礼"在其时代的位置作了定位。杨治平博士认为,《仪礼经传通解》的各种"礼"所反映的南宋社会与政治制度,可以说明朱子论"礼"重视"因革"之"根本态度"。在杨治平博士看来,朱子的"礼"是以"心性"为本,在特定的

---

① 　冯茜:《唐宋之际礼学思想的转型》,第438页。

客观条件下所作的"综合判断",而这一特点也可以说明朱子的"理"以及"道统"虽然是本于"天命"和"心性",但也具有历史"因革"的客观性。也正是因为这一原因,所以《仪礼经传通解》以及朱子的礼学思想成为明清两代学术的"共同根源"。

在这篇博士论文的第四章中,杨治平博士通过文献分析与研究,对朱子编纂《仪礼经传通解》的动机提出了自己的见解。杨博士首先概括了前人对朱子为何编撰《通解》的看法,主要有以下四种观点。(1)皮锡瑞认为,朱子编此书之所以对郑注特别重视,是因为在宁宗为孝宗承重而产生的朝议上,"以朱子之贤,犹不能折服群疑,必得郑志明文,然后可以自信,此朱子所以服郑,而并欲修礼,晚年所以有《通解》之作,而直以郑注补经也"。(2)戴君仁认为,朱子之所以从事编修礼书的工作,乃是因为注意到自己中年以前所讲学问偏于修身,而于修身之后的家国天下并无涉及,因此编撰《通解》,以"表现王道的思想,远和任法尚术的霸道思想不同。"(3)孙致文认为,《家礼》是日常实用之作,而《通解》则重在考究古礼,以为制作今礼提供依据。(4)殷慧认为,朱子晚年在朝四十六日,面对一连串的朝廷礼议,如宁宗以嫡孙承重、孝宗山陵、祧僖祖等事件,因"缺乏经典依据,难服众议而屡屡受挫",因此反省自身学术的缺失,决心编礼。而杨治平博士本人通过研究则认为,朱子晚年编撰《通解》,应当是出于对国家根本动摇的痛切感受,因此希望整理先秦乃至两汉文献,尽可能地还原心目中"古礼"的全貌,以为将来国家制作所用。大体而言,朱子确实重视郑玄注的价值,但却与《通解》的编撰没有直接的关系。与其说《通解》是一部考订古礼的著作,不如将它视为朱子因"逸礼"的信念而力图呈现的三代制度。

③相关硕士学位论文:

还有一些与本书研究主题相关的硕士学位论文,也值得一读,具有一定的参考价值。由于篇幅所限,在这里就不作详细介绍。现存目如下:(1)张经科:《〈仪礼经传通解〉之家礼研究》,台湾政治大学中国文学研究所硕士学位论文,1989年。(2)林美惠:《朱子学礼研究》,高雄师范学院国文研究所硕士学位论文,1985年。(3)孔志明:《朱子〈家礼〉对台湾婚礼、丧礼的影响》,高雄师范学院国文研究所硕士学位论文,1997年。(4)师琼珮:《朱子〈家礼〉对家的理解——以祠堂为探讨中心》,台北中国文化大学史学研究所硕士学位论文,2002年。(5)[韩]宋在伦:《朱熹礼学思想的形成:〈家礼〉、〈小学〉、〈仪礼经传通解〉的阶段性发展》,高丽大学文学院硕士学位论文,1999年。(6)[韩]权利顺:《随着朱子家礼的固定化丧服变化之研究》,釜山东亚大学教育学院硕士学位论文,2002 年。

(二)依照研究主题对研究文献所作的述评

首先必须说明的是,此处的文献综述是以与本书研究主题的相关程度为标准进行叙述的。相关的研究文献不管新旧,只要与本书密切相关,就加以介绍和评论,而不像上文是以最近的研究成果进行的综述。

1. 关于礼与天理之间的关系

(1)对"天理之节文,人事之仪则"的理解。朱子对"礼"之理解,可以用"天理之节文,人事之仪则"两句来概括。此两句出自《论语・学而》"礼之用,和为贵"一章朱子的注解;朱子说:"礼者,天理之节文,人事之仪则也。""节文"二字,见于《孟子・离娄上》,孟子曰:"仁之实,事亲是也。义之实,从兄是也。智之实,知斯二者弗去是也。礼之实,节文斯二者是也。乐之实,乐斯二者,乐则生矣。"孙致文认为,"节文"明显是用作动词,"斯二者"是宾语,亦即是受"节文"的对象。如同"节文"的构词方式,"仪则"也应是一个并列式词组,应被理解为"取法与准则"。由此,孙致文认为"人事之仪则"应该被理解为"人事的取法与准则",兼含了取法与限制两种意义。① 换言之,朱子认为,"礼"一方面可以作为我们行事时取法的对象,另一方面也是行为的准则。而"天理之节文"应当如何理解呢? 孙致文认为,朱子对"天理"的解说,包括了两项要点:其一,"天理"存于人心,是自然本有的,而非在人心之外别有客观之理。也就是陈淳所说:"天理只是人事中之理,而具于心者也。"其二,外在所有良善的行为,都是循顺天理而发用的。仁、义、礼、智都属于天理。然而,人人心中虽然都存此天理,但并不表示人必然为善。就朱子的思想体系而言,未发是性,已发则是情。"性"即是"天理",固然全是善,但情则有善恶。因此,仁义礼智根于心,是天理;但一旦发用为"喜怒哀惧爱恶欲"七情,则可能为善、也可能为恶。过或不及即是恶。若"过",则必须有所节制;若"不及",则必须加以文饰。无过、无不及,即是"发而皆中节"。因此朱子说:"才说礼,便自有个中制。贤者可以俯而就之,不肖者便可企而及之。"就"俯就、企及"而言,"礼"具有客观的规范、准则意义。

(2)"礼"、"理"双彰。殷慧认为,朱子的礼学思想是"礼"、"理"双彰的思想。何谓"双彰"? 依照殷慧的研究,"双彰"的意思是说,朱子既以"理"释"礼",又反

① 参见孙致文:《〈仪礼经传通解〉研究》,台湾"中央大学"中国文学研究所博士学位论文,2003 年。

对"以理易礼"；既重视"上学"，又强调"下学"；既重视"理"的本体论"综合"，又关注"礼"之"功夫论"。在殷慧看来，朱子之"礼理双彰"的思想是在继承和批评先秦和宋代诸儒之诠释的基础上形成的。殷慧认为，朱子以"理事"、"体用"诠释"礼"，主张礼兼备"体用"，"沟通天人"，是形上之道和形下之事的有机统一。不但如此，朱子还主张"礼"兼备"理"与"文"这两个方面的属性。在殷慧看来，朱子之所以会用"理事关系"来诠释"礼"，其目的在于反对释老二氏之"体用殊绝"，而继承了程颐关于理事的"体用一源"的思想。同时，关于理与事的先后问题，朱子主张"理在事先"以及"理在事上"。在《礼理双彰：朱熹礼学思想研究》中，殷慧还专门研究了清儒对朱子以"理事关系"诠释"礼"的批判。清代学者凌廷堪主张"以礼代理"，并以此针对朱子，批判道学。在殷慧看来，虽然清代考据学家对朱子有不少的批判，但是也掩盖不了"真实了解学术思想史发展演进的目光"。

（3）对"礼乃天理之自然"的理解。孙致文认为，制礼者既以人情为基础，则此"礼"虽然具有强制、严格的特征，但必不违反人的自然情感。因此朱子说："礼之为体虽严，而皆出于自然之理。"朱子并不同意以"天经地义"的观念阐释礼。礼之合于天理，即是说礼必须是人性的自然发用，也即是"心之所安"。如果只是依从别人的指挥，而没有真切的情感，则礼的意义也就不存在了。换言之，礼的真实意义，即在外在举止与内心情感的充分应合。殷慧也讨论了"礼乃天理之自然"这一议题。殷慧认为，以"节文"、"仪则"来诠释礼，有强调礼之约束义、规范义的意味。而朱子虽然也注意到礼之中所存在严格的等级，但是朱子并不同意"礼"就是"天经地义"的。在朱子看来，将"礼"看成是"天经地义"的准则，而要求人们压抑自己的情感以实现与"礼"相符合，这是将人的情感与礼割裂开来。在殷慧看来，朱子所谓的"礼乃天理之自然"，是指"礼"是对"宇宙秩序"的模仿，人之性情和社会名分都是天秩、天序之条理的体现。因此，"礼"本源于"自然"。殷慧认为，天理之"自然"是"差序等级"的体现，"万物参差不齐，各得其所"，因而人间秩序也应当如此。在殷慧看来，朱子用"天理"来诠释"礼"，既是对人间礼制秩序的"形而上"提升，也是试图用"宇宙本体论"来指导"礼治社会"。本书认为，殷慧似乎将"礼乃天理之自然"中的"自然"理解成自然界，或者说"宇宙秩序"。如果笔者没有误会殷慧的意思，那么本书是绝对不能同意这一"见解"的。至于反对的理由，一言两语也说不清，但就以殷慧用"宇宙本体论"这一说法来概括朱子的"天道观"，本身就错得明显。

2. 关于礼与人情之间的关系

2017 年,谢晓东教授在《哲学研究》上发表了一篇题为《朱熹与"四端亦有不中节"问题——兼论恻隐之心、情境与两种伦理学的分野》的文章。[①] 谢教授在这篇文章中指出,一般而言,在儒教传统中,至少在孟子一系中,"四端"是纯善的,但是朱子在晚年却提出了不同的看法,以为"四端"亦有"不中节"的情况存在。在这篇文章中,谢教授以孟子的例子为基础,构造了一个"新案例"。这一"新案例"的重点是将孟子所举的例子中的儿童替换成一个恶贯满盈的成年人,同时假设目击者中有些人知道这一事实,而另外一些人却不知道这一事实。谢教授以这一"新案例"为例,对"认知主义"与"非认知主义"两种不同的伦理学进行了探究。谢教授认为,如果以"认知主义"与"非认知主义"这两种伦理学来划分,那么朱子的道德哲学就属于"认知主义"伦理学,具有"敏于情境"之特点;而孟子的道德哲学是属于"非认知主义"伦理学,与朱子不同,具有"钝于情境"之特点。

在这篇文章中,谢晓东教授对朱子晚年提出"四端亦有不中节"这一主张的目的和学理依据作了详细分析。在谢教授看来,朱子提出这一说法的目的是反对陆象山的"本心论"("心即理")。因为象山的学问源自孟子,其"本心论"的根基在于孟子之"四端"以及"本心"概念。象山所谓的"本心"实际上就是孟子之"四端",而"四端"之纯善对于象山之"本心论",特别是证明"心即理",尤为要紧。在象山的思想中,"四端"就是"本心",也就是所谓的"道德主体"。对象山而言,根本不可能存在"四端"会出现"不中节"的情况。而朱子晚年不同意"四端"之纯善,是对象山"本心论"的致命打击。在谢教授看来,朱子提出这一主张也有其理论上的依据。谢教授认为,"心具众理"这一命题是朱子"格物致知论"的核心。依据朱子学之"性即理"这一基本观点,"道德原理"就是人的本性。再依照"在天为理,在人为性"这一说法,从根本上说,"天人一理"。谢教授认为,朱子所谓的"心",就是"道德主体",所以才有"心统性情"这一观点。在朱子的思想中,"心"本来就具有"道德原理"(或"法则"),但是现实中的人因为受"气禀物欲"的影响,所以其心中的"道德原理"不能"当体呈现",而是潜存在心里,"作为现实意识的心是有善有恶的"。因此,在朱子哲学中,"心不即是理"。在谢教

① 参见谢晓东:《朱熹与"四端亦有不中节"问题——兼论恻隐之心、情境与两种伦理学的分野》,《哲学研究》,2017 年第 4 期。

授看来，从这一点来看，象山主张"心即理"就是片面的。"心即理"的基本缺陷是忽略了"气禀物欲"的影响。而依据朱子的"理一分殊"之原理，"天理"既在外物之中，也在人心之中。受"气禀物欲"影响了的现实中的人，只有通过"即物穷理"，才有可能彰显"心中之理"。依照朱子在"格物补传"的说法，只要"一旦豁然贯通"，那么"心中之理"就能"完全呈现"。谢教授认为，从这一"格物致知"的最高境界来说，我们亦可认为，此时也实现了"心即理"、"心与理为一"。但是，如果没有达到这一最高境界，那么其心所发之情（包括"四端之情"）就很有可能"不中节"。因此，朱子才强调"格物致知"之于初学者的必要性。所以，朱子晚年提出这一主张，就其学理而言，是有必然性的。

3. 关于《朱子家礼》以及与"事亲"礼仪相关的研究

关于《朱子家礼》的研究成果非常多，在此无法一一介绍。[①]　而且在本书的其他地方，已经介绍了部分研究成果。因此，笔者接下来仅介绍与本书研究主题相关的研究成果。

2016 年，蔡家和教授发表了一篇题为《王船山对于孝亲伦理的省思——以〈论语·事父母章〉为例》[②]的文章，其中部分内容讨论了朱子的事亲伦理，所以有必要简单介绍一下。这篇文章主要研究的是王船山对《论语·事父母章》的诠释，主要的研究文本是《读论语大全说》。蔡教授指出，《读论语大全说》与《论语训义》不同，后者是以发扬朱子精神为主，而《读论语大全说》则是船山归宗横渠的"气论"之后，重新以"气论"的方式来诠释《四书》，并对朱子关于《四书》的

---

①　按，研究朱子《家礼》的专著主要有：

[韩] 卢仁淑：《朱子家礼与韩国之礼学》，人民文学出版社 2000 年版。

高明士编：《东亚传统家礼、教育与国法（一）·家族、家礼与教育》，台湾大学出版中心 2005 年版；华东师范大学出版社 2008 年版。

高明士编：《东亚传统家礼、教育与国法（二）·家内秩序与国法》，台湾大学出版中心 2005 年版；华东师范大学出版社 2008 年版。

郑春主编：《朱子〈家礼〉与人文关怀》，福建教出版社 2010 年版。

[日] 吾妻重二著，吴震编：《朱熹〈家礼〉实证研究》，华东师范大学出版社 2012 年版。

孔凡青：《朱熹〈家礼〉制度伦理研究》，人民出版社 2019 年版。

刘佩芝：《朱熹德育思想研究》，江西人民出版社 2018 年版。

彭卫民：《礼法与天理：朱熹〈家礼〉思想研究》，巴蜀书社 2018 年版。

彭卫民：《朱熹〈家礼〉思想的朝鲜化》，巴蜀书社 2019 年版。

邵凤丽：《朱子〈家礼〉与传统社会民间祭祖礼仪实践》，中国社会科学出版社 2019 年版。

②　蔡家和：《王船山对于孝亲伦理的省思——以〈论语·事父母章〉为例》，载《哲学与文化》第四十三卷第十期，2016 年 10 月。

诠释作了修正。船山对朱子在《论语集注》中的诠释并没有提出明显的批评意见，但是对《四书大全》中所摘录的朱子的相关说法，以及朱子后学真西山所作的诠释却表示不满，并对这些说法进行了批判。船山认为，《论语·事父母章》中的"几谏"应该理解为"见微而谏"，而对朱子所谓的"蓦地"之说表示反对。朱子所谓的"蓦地"之说，即父母之过错，有些是突然产生的，因此很难做到"见微而谏"。船山对朱子的诠释有两点质疑：(1)朱子将"几谏"（"微谏"）解释为"不敢直遂己意"；(2)朱子的"蓦地"之说。

由于这篇文章的内容与本书的研究主题关系比较大，所以以下具体介绍船山的反对意见。(1)反对朱子将"几谏"（"微谏"）解释为"不敢直遂己意"。蔡教授指出，朱子是反对以"见微而谏"解释"几谏"的，而将"几谏"解释为"微谏"，其意是"柔声以谏"，并且是有所隐、不直谏。而船山则主张"微谏"，即"见微而谏"，并以这一主张反对朱子的诠释。船山所谓的"见微而谏"其意是当于父母之恶之细微处就该先发制人。换言之，船山认为，当父母之恶才处于细微之时，就应该防堵，所谓"防微杜渐"。在船山看来，"微谏"之"微"字有四义，分别是弱、细、缓、隐四义，而"微谏"之"微"字只能以"细"义解，即"细微"之义。船山认为，朱子之"微谏"，实际上是一种"隐谏"，是不敢直言父母之过错。在船山看来，对父母"隐谏"是应该的，为人子女，要保留父母之颜面，对父母之过错，只需要"暗讽"、"讲及三分"即可，使父母自悟而有台阶可下，不应该直犯父母，如此方为孝。首先，船山认为，朱子将《论语·事父母章》中的"几谏"解释为"微谏"这本身就不对。船山以为，朱子也许是根据《礼记·檀弓上》而将"犯"与"隐"视为一组相对的概念，"隐谏"则不直言以犯，若犯则不为隐。但是，在船山看来，"犯"与"隐"不是相对的概念，并解释了《礼记·檀弓上》中关于"犯"与"隐"的涵义。船山由此认为，朱子对"犯"与"隐"的理解有误。其次，船山认为，即使朱子之"微谏"可以被理解成"隐谏"，其意也不是指不敢直言以犯，而是指不在众人面前直谏。简言之，船山对朱子批判的重点是，由于朱子将"犯"与"隐"视为一组相对的概念，从而将"几谏"解释为"微谏"，而此"微谏"实际上是一种"隐谏"，即劝谏时有所保留。但是船山认为，将"几谏"解释为"微谏"（即"见微而谏"），是要求子女于父母之过错处于微细之时就应该劝谏，并且务必使父母明白其过错，不应该有所保留。但是，朱子的诠释是有《礼记·内则》为经典依据的，而船山对于《礼记·内则》所言"下气、柔声以谏"并不反对，其所反对的是朱子之过度诠释，即将"下气、柔声"推到了"言语之隐"。

（2）反对朱子的"蓦地"之说。船山反对的理由有以下三个方面。① 船山认为，一般人待人接物大多是其来有自，有其轨迹可循。一般来说，父母有自己的一套待人接物方式，其方式未必要与子女相同。对于出于不同主观意愿的这一类事，子女是不必劝谏的，各取所需即可。如果子女与父母在这一类事情上有冲突的话，亦可以商量，此类事情只是考虑不周到而已，并无大害。在船山看来，实在应当劝谏的事情，主要是沉溺于声色货利之事或者争讼之事，然而此类事情则是由来已久，非突发奇想做出来的。如此，朱子的"蓦地"之说似乎是有问题的。② 船山认为，像"一朝之忿"是可以称之为"蓦地"之失。[①] 但是，既然已经成为过失，则可以既往不咎，因为既成事实，防堵不及，劝谏亦无用。如果是父母天性易怒而至于过失之情形已久，前罪已著，作为子女，为了预防后过，则应当"几谏"。然而，这也属于其来有自，并不是"蓦地"之失。③ 船山认为，"蓦地"之失，其过必浅。船山举例说，"过失杀人"与"预谋杀人"不同。如果是预谋杀人之类，子女可以防微杜渐，加以劝谏。而"过失杀人"之类，事不在"志"（动机），其罪较轻，已经是既成事实，劝谏不及。除非父母经常"过失杀人"，然此亦有迹可循，可以用适当的方法加以阻止。

在这篇文章的结尾处，蔡家和教授提出了一个比较有意义的反思。蔡教授说："最后，如果试问如何才是孝？《论语》如何定义孝？又《礼记》如何设计人子之孝？关于这些问题，一方面需要用心体会当下生活，一方面亦应对经典、礼制有一定的熟悉和掌握。在经典中可能各种主张都有，那么不妨将朱子、船山二派之说，皆视为是《论语》等经典在不同时代、不同背景下的开展，而以如此开放的态度，来为经典诠释保留活路。"

4. 关于《仪礼经传通解》的研究

2019 年，谢遐龄先生在《复旦学报》上发表了一篇题为《从〈仪礼经传通解·祭礼〉看朱子学的宗教维度》的文章。谢先生的这篇文章主要是研究《仪礼经传通解》的宗教意义，其主要内容与观点如下。此文一共分四个部分进行了讨论：

---

① 按，"一朝之忿"出自《论语·颜渊》："子曰：善哉问！善其切于为己。先事后得，非崇德与？攻其恶，无攻人之恶，非修慝与？一朝之忿，忘其身，以及其亲，非惑与？"朱子注曰："先事后得，犹言先难后获也。为所当为而不计其功，则德日积而不自知矣。专于治己而不责人，则己之恶无所匿矣。知一朝之忿为甚微，而祸及其亲为甚大，则有以辨惑而惩其忿矣。樊迟粗鄙近利，故告之以此，三者皆所以救其失也。范氏曰：'先事后得，上义而下利也。人惟有利欲之心，故德不崇。惟不自省己过而知人之过，故慝不修。感物而易动者莫如忿，忘其身以及其亲，惑之甚者也。惑之甚者必起于细微，能辨之于早，则不至于大惑矣。故惩忿所以辨惑也。'"见朱熹：《四书章句集注》，中华书局 1986 年版，第 139 页。

(1)在第一部分,此文说明了《仪礼经传通解·祭礼》的重要性,认为其在朱子学中的地位极为要紧。(2)第二部分具体介绍并分析了我国古代的祭祀制度。(3)第三部分主要研究的是古代的神祇体系。此文指出,在我国古代,祭天以及祭祖的主体是国家,而非个人。同时认为,我国古代的神祇体系非常复杂,尤其是难以弄清楚"天"与"帝"之间的关系。(4)最后讨论了祭祀活动中的具体情感,诸如"敬畏"、"依恋"、"感恩"等这些情感,皆真实存在于古人的信仰之中。在文章的最后结尾部分,谢先生还指出了《仪礼经传通解·祭礼》的不足之处,即:它没有录用《礼记·祭义》中关于"让"德的一段文字。而不管是古今中外,我们都可以将"让"德看成是一种良好的德性,所以不免有些遗憾。笔者以为,此篇文章虽短,但启发颇大。譬如,其中关于祭祀活动中的"敬畏"等情感的讨论,就值得笔者参考。

5. 关于"礼"与"成德"工夫之间的关系的研究

这里先要说明的是,学界对于朱子学的"工夫论"讨论得比较充分,但是以"礼"为视角来讨论"礼"与"成德"工夫之间的关系的研究还不是很多见。所以,以下选择一些与此相关的研究文献进行介绍和分析。

(1)关于大学与小学之间关系的研究:

关于对大学与小学之间关系的专门研究文献笔者准备在此介绍两篇研究论文。

第一篇是朱人求教授的文章,其标题为《下学而上达——朱子小学与大学的贯通》,发表于 2014 年。① 此文指出,朱子所谓的"大学",是指"大人之学",即包括"内圣"和"外王"在内的圣人之学,其所学的内容是如何"格物致知"、"诚意正心"以及"修身"、"齐家"、"治国"、"平天下"。而所谓的"小学",则是指"小子之学",其所学的内容是"洒扫应对进退"之事,所以宋儒又将其称之为"小学"。此文研究的主题是:在朱子这里,"大学"与"小学"之间是何种关系? 二者是如何衔接和贯通? 此文的主要内容有以下三个方面:①"理即事,事即事"。此文认为,"洒扫应对进退"是"小学"之事,是"形而下"之事;而"精义入神"则是"大学"所穷究的"形而上"之理。换言之,即如此文作者所说,"小学只是追求'所当然',大学则应知晓'所以然'。"②事有大小之分,但是从"理"的角度看,事物之

① 朱人求:《下学而上达—朱子小学与大学的贯通》,载陈来、朱汉明主编《传承与开拓:朱子学新论》,华东师范大学出版社 2014 年版,第 230—237 页。

② 朱人求:《下学而上达—朱子小学与大学的贯通》,《传承与开拓:朱子学新论》,第 232 页。

"理"并无大小之别，而且无处不在。在朱子看来，"形而上"与"形而下"的贯通，即"理"与"事"之间的贯通、"大学"与"小学"之间的贯通。从"理"的角度看，"大学"与"小学"之间存在着内在的一致性，二者之间并无大小之别。具体地说，此文认为，经过小学的"处事"即可上达"天理"，此即所谓的"下学而上达"；而对"天理"的体认和获得，其最终目的是要将其落实到"万事万物"中去。②"知行相须"。此文从朱子之"知行观"的角度，探究了"大学"与"小学"之间的关系。此文认为，"大学"与"小学"之分别，还在于二者在"知行"的层次上不同。用朱子的话说，即："小学之事，知之浅而行之小也。大学之道，知之深而行之大者也。"（《小学辑说》）但是，"大学"与"小学"在"知行合一"这一点上却又是相一致的。③"敬贯始终"。此文认为，在朱子这里，"大学"与"小学"之间的贯通还体现在主"敬"工夫的一贯性上。在此文看来，"小学"工夫主要是"敬"的工夫，其要求是"持敬涵养"与"躬行践履"；而"大学"工夫则要求主"敬"工夫与"穷理"工夫。此文最后的结论是，在朱子的思想中，"小学与大学是一个有机的整体，小学是大学的基础和前提，大学是小学的必然归属。朱子的小学与大学在本体、认知、工夫与境界上都是贯通的，二者之间一以贯之。……尽管二者有着内在的一致性，但小学的主敬与大学的穷理之间保持着永久的张力，二者齐头并进，不可偏废，共同构成朱子思想的主体。"①朱人求教授的这篇文章对本书的研究很有启发意义。譬如，朱教授从朱子的"理与事"的关系、"知行观"以及主"敬"工夫这三个角度来研究，是有较强的说服力的。尤其是作者在文中点出，依照朱子的看法，"小学只是追求'所当然'，大学则应知晓'所以然'。"笔者认为，这一见解与朱子的本意相符合，有其道理，对于本书的研究确实颇有启发。同时，笔者也认为，朱教授的这篇文章在对"大学"与"小学"之间"内在的一致性"进行解释时，还没有深入讨论以下这一问题：朱子究竟是在何种意义上认为大学与小学"只是一个事"？这一问题比较重要，有进一步研究之必要。

　　第二篇是郭晓东教授的文章，其标题为《因小学之成以进乎大学之始——浅谈朱子之"小学"对于理解其〈大学〉工夫的意义》，2019 年发表于《中国哲学史》。此文指出，在朱子看来，"大学"工夫与"小学"工夫虽然固有不同，但实际上二者并没有本质性的差别，仅仅在"为学次第"之先后次序上有所不同，而"其为道则一"，所以"大学"工夫与"小学"工夫之间的关系是相辅相成的。也正因

---

① 朱人求：《下学而上达—朱子小学与大学的贯通》，《传承与开拓：朱子学新论》，第 237 页。

为此,朱子将"小学"工夫视为"大学之基本",而将"大学"工夫视为"收小学之成功"。对此,朱子在《大学章句序》中如此说道:"因小学之成功,以著大学之明法。"因此这篇文章从朱子的这些观点出发,探究"大学"工夫与"小学"工夫之间的关系,以及"小学"工夫究竟是在什么意义上被视为"大学"工夫的"基本"。此文通过对相关文本解读和概念辨析,得出了以下结论。在郭教授看来,朱子虽然将"格物"工夫视为"大学"工夫之首,但是在朱子的整个工夫论体系中,"格物"工夫仅仅是其中的一个中间环节。郭教授认为,朱子之"格物"工夫是必须以其"端绪"为前提条件的,而这一"端绪"作为"本心之体"的"发见处",是"格物"工夫所可"因"的"已知之理"。但是,这一"端绪"并不能自然地呈现出来。依照朱子的看法,这一"端绪"之自然呈现实际上是建立在"小学"工夫之涵养与践履的培养基础之上。因此,郭教授最终认为,"大学"工夫与"小学"工夫之间的关系是相辅相成的。即如其所说:"无'小学'则'大学'工夫无根本,无'大学'则'小学'工夫难以圆满。"①郭教授的这篇文章为我们对"大学"与"小学"工夫之间关系的进一步研究打下了坚实的基础,很有参考价值。

(2)关于"博文约礼"的研究:

关于对朱子之"博文约礼"工夫的研究,就笔者有限的阅读范围而言,对这一问题进行专门研究的文献并不多见,大多数只是散见于以朱子工夫论为研究对象的专著或者单篇论文之中。其论点也无非是,就朱子如何看待"博文"与"约礼"这两项工夫,有些认为朱子更重视"博文"工夫,另一些则认为朱子是二者并重。

但是,乐爱国教授有一篇文章专门探讨这一问题,文章的标题是《"博文约礼":朱熹的解读与王阳明的〈博约说〉》,因其与本研究主题密切相关,故特地略加介绍。乐爱国教授在此文中的基本观点是,汉唐对于"博文约礼"的解释通常是将"博文"工夫与"约礼"工夫分成"二事"。此文认为,朱子在《论语集注》中对"博文约礼"进行诠释时也是持这一观点,而到了晚年,朱子却又改变了这一看法,提出了"博文约礼亦非二事"。而朱子晚年提出的这一观点,实际上是与阳明关于"博文约礼"的观点一致。在此文作者看来,阳明主张"博文"工夫与"约礼"工夫是体用一源,二者是统一体、不可分割。阳明之后,"博约一贯"、"博约

---

① 参见郭晓东:《因小学之成以进乎大学之始——浅谈朱子之"小学"对于理解其〈大学〉工夫的意义》,《中国哲学史》,2019 年第 4 期。

合一"等说法随之流行,直到清朝末年至民国初年。此文作者认为,现代学者将"博文"与"约礼"分为"二事"进行诠释,是完全回到了朱子以前的类似汉唐学者的主张。这篇文章主要包括以下内容:①对朱子在《论语集注》中关于"博文约礼"的诠释作了陈述与分析。作者认为,朱子在《论语集注》中将"博文"工夫与"约礼"工夫分成"二事",主要是想强调"博文"工夫是为学的"下手处"。与此类似的是,朱子将"尊德性"和"道问学"、"存心"和"致知"、"诚意正心"和"格物致知"皆分成"二事",其实质都是为了强调为学工夫之"下手处",而不是将二者截然区分看待。可问题是,既然将二者分成"二事",就有可能被后人误解而将"博文"工夫与"约礼"工夫完全分为毫不相干的两项工夫看待。②对朱子晚年关于"博文约礼"的论说进行了考证与解读。此文在考证与解读的基础上得出结论认为,朱子在晚年不仅强调"博文"工夫与"约礼"工夫二者之间不可分割,对于这两项工夫而言,朱子更加重视"约礼"工夫。③分析了阳明的《博约说》。因为此非本书研究之重点关注之所在,所以在这里就不详细介绍其具体的论说过程,但是其结论还是要提一下。此文作者认为,在阳明看来,"礼"本是根源于心之"良知",而"文"是"良知"外化于万事万物之中。阳明关于"礼"与"文"的关系,实质上就是"一本"与"万殊"的关系。因此,阳明认为,"博文"工夫与"约礼"工夫二者是"统一体",而坚决反对将"博文"与"约礼"二分看待。④在正文的最后一部分,作者介绍阳明之后学者们关于"博文约礼"的观点,诸如"博约一贯"、"博约合一"等说①。

　　笔者认为,这篇文章对于本书研究朱子关于"博文约礼"的诠释有着较大的参考价值,尤其是关于阳明之《博约论》这部分的研究。理由在于,不管阳明之批判是针对朱子,抑或朱子后学,总之都与朱子的诠释脱离不了关系。如此,就自然倒逼我们去研究朱子的诠释是否真的存在某种问题或说隐患。当然,这么说也不意味着笔者完全同意这篇文章中的所有观点。譬如,此文将《论语集注》中关于"博文约礼"的观点看成中年的观点,似乎也有商榷的余地。因为我们知道,朱子的《论语集注》在成书后是经过不断修改的,直到晚年。又譬如,王阳明之所以写《博约论》,主要是为了反对"博约分先后"之说,其重点并不在于二者究竟是"一事",还是"二事"。所以,我们在研究朱子关于"博文约礼"的诠释时,

---

　　① 按,关于乐教授对此更为详尽的讨论,参见乐爱国:《"博文约礼":朱熹的解读与王阳明的〈博约说〉》,《贵阳学院学报》(社会科学版)第十三卷,2018年第3期。

也应该将研究的重点放在朱子为何主张"博文"工夫与"约礼"工夫分先后。

（3）关于"克己复礼"的研究：

关于朱子之"克己复礼"工夫的讨论，学界多有研究①。然而，以"礼"与"成德"工夫之间的关系为视角的专门研究，还不是很多，所以笔者接下来着重介绍钱穆先生和牟坚教授的研究成果。

对朱子之"克己复礼"工夫的研究，钱穆先生在《朱子新学案》之《朱子论克己》章中作了详细的讨论。钱穆先生认为，朱子在继承了明道的"敬"之工夫和伊川之"致知"工夫的基础上，又自提了"克己"二字，特别重视"克己"工夫。钱先生甚至认为，在朱子的工夫论体系中，"克己"工夫可谓是"一枝独秀"。钱先生在《朱子论克己》章中讨论的主要内容如下。钱先生以"克己"工夫与"敬"之工夫的为讨论中心，分三个方面：①二者有何异同；②哪一种工夫更为重要；③朱子最终对哪一种工夫更重视。钱先生在该文中将相关的诸多文本分门别类，并且同时对这些文本的时间作了严谨的考证，从而提出了如下观点。（1）朱子在五十岁前后，由于受二程的影响，虽然已经将"克己"工夫与"敬"之工夫以及"致知"工夫放在一起来讨论，但是此时对"克己"工夫还不是很重视。在钱先生看来，朱子此时对"克己"工夫的看法是，"克己"工夫是学者"所不必为而又不可不为之事"，"克己"工夫虽然不应当忽视，但总的来说，还是不如"敬"之工夫重要。钱先生认为，朱子之所以重视"敬"之工夫，是继承了二程的思想，而重视"克己"工夫，则是朱子本人自己的发明。（2）钱先生认为，朱子在晚年（即六十岁以后），对"克己"工夫的态度有了较大的转变，将"克己工夫放在持敬工夫之上"。钱先生认为，朱子晚年之所以将"克己工夫放在持敬工夫之上"，是因为主张"敬则无己可克，乃敬之效"的观点。而"敬则无己可克"本来是二程语。钱先生对此解读时说："敬之至固无己可克，然此须圣敬大敬始可到此境界，故学者终不得不以克己自勉。"②尤其值得注意的是，钱先生在文中还就"克己"与"复礼"的关系作了讨论。钱先生认为，朱子在晚年坚持"克己复礼本属一项工夫，不得分作两项说"的观点。但是，钱先生主张，"克己"和"复礼"工夫本属"一项

---

① 按，对朱子之"克己复礼"工夫的研究，可以参看：钱穆《朱子新学案》，第441—470页；张崑将：《朱子对〈论语颜渊〉"克己复礼"章的诠释及其争议》，台大历史学报第27期，2001年6月，第83—124页；牟坚：《朱子对"克己复礼"的诠释与辨析——论朱子对"以理易礼"说的批评》，《中国哲学史》，2009年第1期；许家星：《仁的工夫论诠释——以朱子"克己复礼"章解为中心》，《孔子研究》，2012年第3期；孔凡青：《朱熹"克己复礼"之解辨证——兼论"理"与"礼"的关系》，《牡丹江大学学报》，2012年第4期。

② 参见钱穆：《朱子新学案》，第463页。

工夫，"而"不得分作两项说"，我们对此必须有正确的理解。钱先生如此说道："克己复礼不用做两节看，但工夫自有高下深浅，故谓只克己便复礼，则说得忒快。如谓克己了自能复礼，则又说得忒高。克斋记谓克己者所以复礼，非克己之外别有所谓复礼之功，似乎语意明确，今谓之说得忒快者，盖因恐人因克己外非别有所谓复礼之语，而误入释氏之空"①。与此同时，钱先生认为，在朱子看来，"仅知克己私，只是在反面消极做工夫，必要知复礼，始是正面积极的。儒家克己以复礼为规，释氏则仅克己而无礼可复，于是逐落于空寂。此谓儒释克己有辨，非谓克己与复礼有辨。"②笔者认为，钱穆先生关于朱子"克己"工夫的论点是从翔实的文本和严谨的考证中得出的，虽然钱先生由于学案体的原因在文中对其论点尚未展开充分的分析与论证，但是他关于朱子"克己"与"敬"的关系的讨论，仍然具有较高的参考价值，也为我们进一步的研究与思考奠定了坚实的基础。譬如，钱先生关于"克己"与"复礼"之间的关系所作的讨论，对我们就有不小的启发意义。

值得一提的是，关于对朱子的"克己复礼"工夫的研究，牟坚教授于 2009 年在《中国哲学史》上发表了一篇题为《朱子对"克己复礼"的诠释与辨析——论朱子对"以理易礼"说的批评》的文章。该文作者认为，朱子对"克己复礼"所作的新诠释，是为应对北宋以来重"理"而轻"礼"的问题。该文以为，朱子是以"以理易礼"之说来批判北宋以来学者论"礼"所存在的问题。在此文作者看来，朱子批判的"以理易礼"之说，是指只讲"理"而忽视"礼"，主张只要有"理"，就能自然合于"礼"，其实质是取消了对"礼"的下学工夫，而此工夫正是道学家的工夫之所在，因为只有在对"礼"的学习过程中，并经过现实生活的历练，儒家的社会生活与政治秩序才能得以保证。此文作者认为，"以理易礼"之说隐含着取消现实礼文制度的危险，所以应该将朱子是如何批判"以理易礼"之说的关键之处弄清楚。如果任由"以理易礼"之说流行，就有可能出现阳明后学之轻视对"礼文"的下学，从而有毁弃礼教之弊端。此文主要从以下三个方面展开论述：①罗列了朱子在《论语精义》中所收集的北宋学者对"克己复礼"的种种论述。②介绍并分析了朱子在《论语或问》中对北宋学者的各种批评意见。在此文作者看来，朱子对"克己复礼"重新诠释的焦点在于批评"以理易礼"之说，因为如果离开了具

---

① 参见钱穆：《朱子新学案》，第 451 页。
② 参见钱穆：《朱子新学案》，第 449 页。

体的"礼文",那么"天理"就无法外化,只能"落空",而"礼"恰恰是"天理"之外化的具体内容。③就朱子在《语类》中对"克己复礼"的详细诠释加以分析,并指出其中的问题意识。④在结语部分,此文作者还借朱子对"以理易礼"之说的批判,来反省当前时代的学术状况。此文认为,现今的学术思想界,过分重视理论和思辨,而忽略了"下学"工夫,将"下学"与"上达"割裂,此种现状必须改变。作者主张,学术思想界应当要更加注重对现实生活秩序或制度的关心,而"礼"正是作为制度化而对生活的具体安排。作为学术思想研究者,有责任担当起对传统中关于"礼"的丰富资源的损益因革之任务。①作者以朱子对"以理易礼"之说的批判来理解其诠释"克己复礼"的真实用意,极有参考价值。同时,作者借朱子之批判来反省当前学界状况所存在的问题,并提出倡议,也颇有启发意义。但是笔者以为,此文也可能存在一些问题。譬如,《论语或问》是朱子中年之作,其论点应是朱子之未定之论②。又如,作者对朱子关于"克己"与"复礼"二者工夫之间关系的分析还不是很深入,有待进一步研究。又譬如,此文作者基本上是将朱子的"克己复礼"工夫看成 是"下学"工夫,这一工夫包括对礼文制度等知识的学习、研究与思考。但是,以朱子的"知行观"来划分,"克己复礼"工夫究竟属于"知"的范畴,还是属于"行"的范畴,又或者二者兼有之,尚需进一步的研究而得以确认。

　　总的来说,在关于朱子礼学思想的研究文献中,专门讨论"礼"与"成德"工夫之间关系的研究还不是很多。即便有一些讨论,其具体的研究也不是非常充分和深入。因此,以"礼"为视角来讨论"礼"与"成德"工夫之间的关系,是有深入研究之必要。

三、主要研究内容及取材

(一)主要研究内容

　　关于朱子的礼学思想,虽然已经有不少学者进行研究,但是很少有人能够将朱子的礼学思想放在其整个思想体系背景中加以考察。而朱子的整个思想体系,一般说来,大致可以分为"天理观"、"心性论"以及"工夫论"这三个方面的主要内容。因此,本书为了弥补学界研究之不足,从而紧扣朱子的整个思想背

---

　　①　按,关于此文更为详细的论述,参见牟坚:《朱子对"克己复礼"的诠释与辨析——论朱子对"以理易礼"说的批评》,《中国哲学史》,2009年第1期。

　　②　按,关于《论语或问》的具体情况,参看本"绪言"之注释。

景,对其礼学思想进行研究。同时,本书以《家礼》之"事亲"礼仪、《通解》之"冠礼"为例,探究践行礼仪之原则以及礼仪之功能。因此,本书研究的主要内容包括以下五个方面。

(1)研究礼与天理之间的关系。

(2)讨论礼与人情的关系。

(3)关于《家礼》的研究:以《朱子家礼》之"事亲"礼仪为例,讨论礼之原则性与灵活性之间如何协调的问题。

(4)关于《仪礼经传通解》的研究:①再论编撰之缘起;②以"冠礼"为例,说明礼之教化功能。

(5)探究礼与成德的关系:这一部分是本书的主体部分之一,亦是本书之创新点。

(二)主要研究取材

(1)本书研究之取材:

①朱子著述文献:《朱子全书》,包括《家礼》、《仪礼经传通解》、《文集》、《四书章句集注》、《四书或问》、《朱子语类》等著作。②《仪礼》、《礼记》等礼学经典。③其他相关文献:北宋道学家、阳明、王船山等人的著作。

(2)选择《语类》《文集》等文献的理由:

在这里,我们对本书的主要所使用的研究文本作一简要的说明。

从本书的研究文献评述部分中,我们已经知道,叶纯芳教授在《朱熹礼学基本问题研究》的前言中,针对当前学界在研究朱子礼学中所存在的问题,提出了批评意见。在叶纯芳教授看来,研究朱子的礼学,最重要的文献材料无疑是《朱子家礼》和《仪礼经传通解》。而之前的朱子礼学研究,对最为基本和最为重要的《仪礼经传通解》却有所忽视,甚至对其最基本的情况都无法掌握,所以只是关注散见于朱子《文集》和《语类》中的文本材料,从外围来研究朱子礼学,如此则难以掌握朱子礼学的核心观点,始终有"隔靴搔痒"之病。实事求是地说,叶纯芳教授的批评意见,确实合乎实情,言之有理。

不过话虽如此,但是如果我们要从整体上来把握朱子的礼学思想,也不可能完全脱离朱子《文集》、《语类》等这些基本文献。譬如,我们都知道,在《论语》中有大量的关于"礼"的论述,而朱子在对《论语》中关于"礼"的说法进行注释时,又是以其整个学术思想为背景而加进了自己的独特见解(如"克己复礼"、"博文约礼"等)。换言之,在某种程度上来说,《论语集注》是一种创造性的诠释作品,而不仅仅是句读、字义之解释,与汉儒的章句之学不同。因此,研究朱子的礼学思想,《四书章句集注》是非常重要的文献。又因为《四书章句集注》的注解相对来说都比较言简意赅,有些注解并不是那么容易弄懂。所以,要真正读懂而不误会朱子的真实意图,我们又必须参考朱子中年亲手所撰写的《四书或问》。而《四书或问》中的不少内容仅能代表其中年的思想,有些观点是未定之论,与经过不断修改的《四书章句集注》中的说法难免会有所抵牾①。所以,要真正弄清楚朱子在《四书章句集注》中关于"礼"的思想,我们又必须参考其《文集》和《语类》,因为《文集》中的大量书信是其晚年所写,而《语类》中的记载大多数也是其学生在朱子晚年所闻。因此,只有将《文集》、《语类》与《四书章句集注》结合起来参照比对,才能有助于我们了解朱子对《四书》中关于"礼"的诠释思想。在这一意义上,我们可以说,研究朱子的礼学思想,不能也不应当脱离《文

---

① 《四库全书总目》提要云:"朱子既作《四书章句集注》,复以诸家之说纷错不一,因设为问答,明所以去取之意,以成此书。凡《大学》二卷、《中庸》三卷、《论语》二十卷、《孟子》十四卷。其书非一时所著。《中庸或问》原与《辑略》俱附《章句》之末。《论语》、《孟子》则各自为书。其合为一帙,盖后来坊贾所并也。中间《大学或问》用力最久。故朱子答潘恭叔问,尝自称诸书修得一过,《大学》所改尤多,比旧已极详密。《中庸或问》则朱子平日颇不自惬。《语类》载游某问:"《中庸》编集如何?"曰:"缘前辈诸公说得多了,其间尽有差舛处,又不欲尽驳难他底,所以难下手。不比《大学》,都未曾有人说。"又载朱子以《中庸或问》授黄云"亦未有满意处。如评论程子诸子说处尚多粗"云云。是其意犹以为未尽安也。至《论孟或问》,则与《集注》及《语类》之说往往多所抵牾,后人或遂执《或问》以疑《集注》。不知《集注》屡经修改,至老未已,而《或问》则无暇重编。故《年谱》称《或问》之书,未尝出以示人。书肆有窃刊行者,亟请于县官,追索其版。又《晦庵集》中有《与潘端叔书》曰:"《论语或问》,此书久无工夫修得。只《集注》屡更不定,却与《或问》前后不相应"云云,可见异同之迹,即朱子亦不讳言。并录存之,其与《集注》合者,可晓然于折衷众说之由;其于《集注》不合者,亦可知朱子当日原多未定之论,未可于《语录》、《文集》偶摘数语,即为不刊之典矣。"笔者按《四库全书》编撰者之言如果属实的话,那么我们在阅读、研究和引用《四书或问》中的文本时,就应该注意以下四个方面的问题。①第一,关于《大学或问》。由于朱子对此书用力最多,成书之后对其的修改比较多,所以,我们可以将《大学或问》中的观点看成是朱子最终的确定之论,而非未定之论。②第二,关于《中庸或问》。由于北宋道学前辈,如二程、张载等人,对《中庸》一书中的内容作了大量的论述,在朱子看来,其中有些观点难免偏差。碍于情面,朱子又不愿意在《中庸或问》中将前辈们的观点拿出来一一彻底反驳。譬如,像对二程等人的论点,朱子在此书中只是点到为止而已。所以,朱子本人对自己在《中庸或问》的论述也不是很满意,而我们在研究和解读《中庸或问》中的文本时,也应当意识到,不能将朱子在此书中的说法看成是其真实而全面的理解。③第三,关于《论语或问》和《孟子或问》。这两本书中的论点与《四书章句集注》以及《朱子语类》的说法有很多矛盾之处。其原因是,朱子对于《四书章句集注》,其成书后一直在不断修改,直到临死前几日,仍在修改《大学》之诚意章。而《论语或问》和《孟子或问》成书之后,一直没有时间修改,朱子本人也没有拿出来给他人看。其间,这两本书的稿件还被书商偷走过。所以,在《论语或问》和《孟子或问》中,很多观点和说法都是中年的未定之论,不可尽信。因此,我们在研究朱子对《论语》和《孟子》中的思想诠释时,不能以《论语或问》和《孟子或问》中的说法为最终依据。④第四,关于《四书章句集注》。通过以上几点,我们还可以得出这样的结论:由于《四书章句集注》屡经修改,故其中的观点应当是朱子的确定之论。所以,当我们在研究朱子诠释《论》、《孟》中所体现出来的礼学思想时,应当以《四书章句集注》中的观点为朱子的确定之论,其他文献只具有参考价值。

集》和《语类》这两种基本文献。

再譬如，有些专门研究朱子学的学者认为，《朱子语类》在研究朱子学中不具有参考价值，其理由无非是《朱子语类》不是朱子本人亲撰，而是众多学生所记，然后再经过分门别类加以编撰而成。因此，与朱子《文集》、《四书章句集注》等文本相比，《朱子语类》这一文献的可信度极低。笔者认为，这一观点实在过于偏激。在这里，我们还有必要再进一步地说明选择《语类》作为研究取材的理由。《朱子语类》虽然是学生的记载，不是朱子本人所写，但是其师生之间的一问一答，可以让我们知道他们在教与学中的过程中所关注的焦点问题，其中自然也包括关于礼学的探讨。《语类》不仅记录了学术思想探讨的内容，也记载了师生互动的生活细节。《语类》在不少地方都记载了师生之间对话时的细节，如场景、态度等，这都有助于我们领会朱子对某些问题（包括礼学问题）的真实看法。当然，这并不意味着我们可以任意地选用《语类》中的文本。恰恰相反，我们在使用《语类》中的文本时，要特别小心，注意甄别和筛选。其原因有三：（1）《语类》中有不少内容是不同的学生对同一次师生问答的记载，而学生的笔记总归是不尽相同，故需甄别；（2）因为朱子的学生当中有些是在朱子中年时从游于朱子，有些则在朱子晚年，所以我们必须留意记载的时间问题。（3）朱子的门生众多，水平自然也就参差不齐。譬如，陈淳、黄榦等人的水平就比较高，他们是朱子的得意弟子，所以其记载的内容其可信程度比较高。这一点，也是我们在研读和使用《语类》时要十分注意的问题。

因此，本书认为，在对朱子的礼学思想研究中，《四书章句集注》、朱子《文集》、《语类》等文献是自有其参考价值的，但同时《仪礼经传通解》这一朱子晚年的未成之作的重要性也不能忽略。

四、研究之意义

朱子礼学重建的历史背景，是在佛、老的影响之下人们的丧葬礼仪与日常生活规范的混乱与缺失。① 所以，朱子从儒家的立场出发，借鉴并吸收了先秦和北宋儒者的礼学思想，并加以改造而转化为自己的礼学思想，重建了自己的礼

---

① 按，有关朱子礼学重建之背景问题的更为具体的研究，可以参看以下几本研究著作：徐洪兴：《唐宋之际儒学转型研究》，上海人民出版社2018年版；何俊：《南宋儒学建构》，上海人民出版社2004年版；吴丽娱主编：《礼与中国古代社会·隋唐五代宋元卷》，中国社会科学出版社2016年版；冯茜：《唐宋之际礼学思想的转型》，生活·读书·新知三联书店2020年版。

学体系。甚至我们也可以这么说,在唐宋之际的礼学转型或者说重建过程中,经过多代人的努力,朱子的礼学体系才得以建立,而这也标志着这一转型时期礼学重建的完成。换言之,朱子不但是北宋道学的集大成者,同时也是唐宋之际礼学转型的集大成者。而自朱子的礼学著作《朱子家礼》和《仪礼经传通解》成书之后,尤其是《朱子家礼》,其在中国以及周边国家的历史上产生的影响可谓巨大而深远。

而处于今日的我们,也同样面临着与朱子类似的历史境遇,亟须构建新的礼仪规范,以使得人们的行为方式更加文明、社会的秩序更加合理。那么,我们应该如何构建新的礼仪规范呢?求诸传统文化、特别是儒家丰富的礼学资源,这越来越成为更多的有识之士的共识。因此,如何以更加合适的方式继承和转化传统的礼学资源以建构出适宜现代人生活方式的新礼仪规范,是完全可以借鉴朱子的做法的。其理由在于,在历史上朱子的礼学思想和著作是经过了较长时间的检验,也产生了极大的影响。在这一意义上说,朱子之礼学重建不可谓不成功。所以,朱子礼学思想是值得今人借鉴和深入研究的。此亦为本书探究朱子之礼学思想的意义所在。

至于朱子的礼学思想能够给现代人带来何种的启迪,英国牛津大学教授罗伯特·恰德(Roberd Chard)说:"'礼',在中国各时代的政治与法律制度中起了很大影响,同时也表现了儒家伦理实践的一面。朱熹对'礼'的重视,即通过教育、修炼及实施礼的仪式来培养和塑造一个有道德的人的思考,能给我们很多新的提示。朱熹对于'礼'的综合、系统的认识与透彻、深刻的洞察,在当今探讨如何构建世界通用的伦理学的问题上为我们提供了睿智的启迪。"[1]罗伯特·恰德教授的这段话充分证明,朱子礼学思想在当今时代亦有其价值,尤其对如何构建新的礼仪规范(或者说伦理规范)是有比较大的启发意义。在这里,我们不敢说朱子的礼学思想对如何构建"世界通用"的伦理规范具有何种启发意义,但至少可以说,朱子的礼学思想对当代中国如何构建新的文明礼仪规范无疑具有一定的启示作用。

---

① 参见[英]罗伯特·恰德(Roberd Chard)撰,王鹄嘉译:《朱子学派礼学中的祭礼——对美德伦理学的启迪》,《朱熹礼学基本问题研究》,第 8 页。

第一章　礼与天理

在一定意义上,我们可以这么说,儒家文化在本质上是一种礼乐文化。而在儒家所追求的理想生活秩序中,礼乐始终居于核心地位。然而,儒家所谓的"礼",未必尽指外在的礼仪制度或者恭敬之容貌。譬如,生活在春秋战国之际的孔子,在面对"周文疲敝"、"礼崩乐坏"时,亦发出如是感慨:"人而不仁,如礼何? 人而不仁,如乐何?"(《论语·八佾》)因此在儒家传统中,学者在讨论礼学的时候,通常都比较注重"礼仪"与"礼义"的区分。而这一区分最早可以追溯到《左传》,其曰:"是仪也,非礼也"。这就是说,表现在外的礼的仪式还不能直接代表礼本身,因为"礼"作为一种文明的体现,自有其内在精神,此内在精神就是"礼义"①。依照陈来先生的说法,"礼仪"与"礼义"的这一区分,在后来的儒家对"礼"进行讨论时,则将其换成"礼之本"与"礼之文"这两个相对的说法。② 其实,这只是说法不同而已,其基本涵义是一致的,"礼之文"相对于"礼仪",而"礼之本"与"礼义"的内涵一致。在朱子的礼学思想中,也继承了"礼之本"与"礼之文"这一划分方式。在《家礼序》中,朱子这样说:"凡礼有本有文。自其施于家者言之,则名分之守、爱敬之实其本也,冠、昏、丧、祭仪章度数者,其文也。"③所谓"礼之文",通常是指具体的礼仪制度或外在规范,同时也指儒家礼学经典所记载之文。而所谓的"礼之本",是指礼之种种外在表现形式的内在根据。换言

---

① 按,关于"礼仪"与"礼义"之区分问题,详见本书最后一章"礼与成德"。

② 参见陈来:《儒家"礼"的观念与现代世界》,《孔子研究》,2001 年第 1 期。按,陈来先生在文中指出,按照儒家礼学的传统,在理解"礼"的意义和变迁中,最重要的就是区分"礼"和"仪",如果用后来的儒家常见的分疏,也就是强调"礼之本"和"礼之文"的分别。

③ 朱熹:《家礼·序》,《朱子全书》第 7 册,上海古籍出版社、安徽教育出版社 2002 年版,第 873 页。

之,"礼之本"是"礼"之所以存在的道德根据或道德原理。而在本章中,"礼之本"一词正是在这一意义上使用的。本章准备以"礼之本"为视角,讨论朱子是如何看待礼与天理之间的关系。

第一节　礼之经典定义探微

一、北宋道学家论"礼之本"

唐宋之际,虽然儒释道"三教并存",但实际上是儒学式微,而释氏"一枝独秀",正所谓"儒门淡薄,收拾不住,皆归释氏耳"(北宋学者张方平语)。尤其是自从慧能禅宗兴起之后,其"简易顿悟"之法门、"明心见性"之理论对一般儒者极具吸引力,天下英杰之士大多皈依佛门。在坚守"孔孟之道"而有志于复兴儒学的儒者看来,释氏对世道人心所造成的危害甚大,"如道家之说,其害终小。惟佛学,今则人人谈之,弥漫滔天,其害无涯"(二程先生语,《遗书》卷一)。所以,自北宋以来,许多儒者,尤其是道学家,为了扶持"纲常名教"而以"辟佛"为己任。在道学家们看来,为了维护儒家的生活方式与礼仪文明,仅仅从表面上来排斥佛教是远远不够的,必须在理论上为儒家礼仪制度存在的合理性找到最终的依据。在北宋,为了努力完成这一任务而在理论上有所建树的儒者主要是周敦颐、张载以及二程兄弟等道学先生。

被后人称之为"道学宗主"的周敦颐(1017—1073,字茂叔,学者习称"濂溪先生"),其在《通书》中有一段关于"礼之本"的论述。

> 礼,理也;乐,和也。阴阳理而后和,君君臣臣,父父子子,兄兄弟弟,夫夫妇妇,万物各得其理而后和。故礼先而乐后。①

在这段话中,濂溪主要是在谈"礼"与"乐"的先后关系。在濂溪看来,"礼"是"理"的体现,而乐则表示"和"。在《通书注》中,朱子注曰:"礼,阴也;乐,阳

---

① 周敦颐:《通书·礼乐第十三》,《周敦颐集》,中华书局1990年版,第24页。

也。"①因此,就"礼乐"与"阴阳"的关系而论,"礼"属于"阴",而"乐"属于"阳"。濂溪认为,"阴阳理而后和",而"君臣、父子、兄弟、夫妇、朋友"这五种人伦关系也是因为"各得其理"才能"和",所以"礼"在先,"乐"在后,"礼先而乐后"。濂溪在这里是借助"阴阳"来论"礼"与"乐"之先后关系,主张"礼先而乐后"。实际上,濂溪主张"礼先而乐后"的目的在于,要求"君臣、父子、兄弟、夫妇、朋友"各安其位、各司其职,因为"万物各得其理而后和"。关于濂溪提出"礼先而乐后"这一观点的用意,朱子看得比较清楚,并称其"说得最好"。朱子云:"君君臣臣,父父子子,兄兄弟弟,夫妇朋友,各得其位,这自然和。若君失其所以为君,臣失其所以为臣,这如何会和?……《通书》:'礼,理也;乐,和也。阴阳理而后和,君君臣臣,父父子子,兄兄弟弟,夫夫妇妇,万物各得其理而后和。故礼先而乐后,'说得最好。"②

张载(1020—1077,字子厚,学者习称横渠先生),作为道学之一派的"关学"创始人,其"以礼立教"(二程语),"尊礼贵德"(《宋史道学传》),提出"知礼成性"的"为学之方"。因此,横渠论"礼"的文本比较多。③ 同时,学者也比较重视横渠礼学的研究,其成果也比较多。譬如,林乐昌教授认为,横渠在继承秦汉以来儒者论"礼"的成果之上,并加以新意,提出了礼之三重根源。在林教授看来,横渠论"礼之根源"有三点主张。(1)"礼"源于"天"(太虚)。(2)"礼"源于"理"。(3)"礼"源于"心"或"情"。林教授进而认为,"礼与理同一化"是横渠的礼学思想的特色之一。具体地说,礼是理之固有秩序在生活中的体现,也就是说,"礼"是

---

①　朱熹:《通书注》,《朱子全书》第 13 册。

②　黎靖德编:《朱子语类》卷二十二,中华书局 1986 年版,第 518 页。

③　按,譬如,横渠云:"礼非止见于外,亦有无体之礼。盖礼之原在心。礼者圣人之成法也,除了礼天下更无道矣。欲养民当自井田始,治民则教化刑罚俱不出于礼外。五常出于凡人之常情,五典人日日为,但不知耳。"见张载著,林乐昌编校:《经学理窟·礼乐》,《张子全书》,西北大学出版社 2015 年版,第 73 页。按,中华书局《张载集》本对这段文字的点校是:"礼非止著见于外,亦有无体之礼。盖礼之原在心,礼者圣人之成法也,除了礼天下更无道矣。欲养民当自井田始,治民则教化刑罚俱不出于礼外。五常出于凡人之常情,五典人日日为,但不知耳。"本书此处从《张子全书》本。又按,在这段话中,横渠将"礼"看成是"圣人之成法",这一点为朱子所继承。朱子云:"愚谓力行而不学文,则无以考圣贤之成法,识事理之当然,而所行或出于私意,非但失之于野而已。""成法"一词出自《吕氏春秋·察今》,原意是指原先的法令制度、老规矩、老方法。朱子所说的这段话,主要是在讨论"学文"与"力行"的关系,即"博文"与"约礼"的关系。所以朱子所谓的"成法",与横渠的看法相同,也是指圣人所编撰的《诗》、《书》、《礼》、《易》等"六经"。

"理"在社会生活制度中的外在要求。① 但是,林教授将"礼与理同一化"看成是横渠礼学之特色,似有不妥。以横渠的整个哲学体系而言,"理"这一概念在其中其实并不占主要地位。横渠与二程不同,"理"或者说"天理"这一概念,既是二程思想之核心,也是其"发明"。譬如,明道云:"吾学虽有所受,天理二字,却是自家体贴出。"(《外书》卷十二,《二程集》)譬如,杨立华教授认为,与二程的哲学思想不同,在横渠的哲学体系中,"理"或者"天理"并没有突出的地位,但是这一概念对于我们理解横渠的思想亦有不可或缺的作用。在杨教授看来,横渠所强调的"万物皆有理",是指万物之理体现在气化的过程之中。因此,在横渠这里,"理"不是客观的实体性存在,而是气化过程中的固有秩序。就人事而言,"天理"是蕴含于具体的情境中的"当然之则"或者"应然"。在这一意义上,"天理"有时也可以用"理势"这一概念来表达。从根本上说,"天理"是对世界最真实的洞察和理解。而偏离"天理"的种种妄念,在本质上说,皆为不真实。② 实际上关于横渠论"礼"与"理"的关系,主要是依据以下这一文本。横渠云:"礼文参校,是非去取,不待已自了当。盖礼者理也。须是学穷理。礼则所以行其义,知理则能制礼,然则礼出于理之后。今在上者未能穷,则在后者乌能尽!今礼文残缺,须是先求得礼之意然后观礼,合此理者即是圣人之制,不合者即是诸儒添入,可以去取。今学者所以宜先观礼者类聚一处,他日得理,以意参校。"③在这段话中,横渠认为,"礼则所以行其义,知理则能制礼"。这表明,在这段文本中,横渠所谓的"理",是指"礼义",即横渠所谓的"礼之意"。横渠说这段话的目的在于强调,学者学习"礼",不能仅仅关心"礼文"的学习,更要注重探究"礼义",因为只有先"求得礼之意",然后才能判断"礼文"之得失,合乎"礼义"的礼仪形式就是"圣人之制",反之则是"诸儒添入"。因此,就横渠论"礼"与"理"的关系的这段文本而言,这里的"理"并不具有"本体"义,而是指与"礼文"相对的"礼义"。

其实,最能表达横渠礼学基本观点的莫过于以下这一段话。横渠云:

"礼反其所自生,乐其所自成"。礼别异,不忘本而后能推本,为之

---

① 参见林乐昌:《张载礼学论纲》,《哲学研究》,2007 年第 12 期;又林乐昌:《张载理学与文献探研》第七章,人民出版社 2016 年版,第 95—107 页。

② 参见杨立华:《气本与神化:张载哲学述论》,北京大学出版社 2008 年版,第 68—71 页。

③ 张载:《张子语录下》,《张载集》,第 326—327 页。

节文；乐统同，乐吾分而已。礼天生自有分别，人须推原其自然，故言"反其所自生"；乐则得其所乐即是乐也，更何所待，是"乐其所自成"。①

在这段话中，"礼反其所自生，乐乐其所自成"这一说法，应该是横渠自己对《礼记·乐记》中关于"礼乐之别"的解释，或者说化用了其中的说法。在《乐记》中，其原文是："乐也者，施也；礼也者，报也。乐，乐其所自生；而礼，反其所自始。乐章德，礼报情，反始也。"《礼记正义》曰："此明礼乐之别，报施不同。"②在这里，我们重点关注的是横渠对"礼之本"的看法。对于上引的这段话，杨立华教授对此有比较详细的分析，并提出了独到的见解。依照杨立华教授的解读，横渠的这段话中包含了三个层面的意思。(1)横渠所谓的"礼别异，不忘本而后能推本"，说明了"礼"之所以具有"别异"的作用，正是因为"礼"本于人之自然。(2)"反其所自生"这一说法，说明在横渠看来，礼是根源于人的内在本性。(3)"不忘本而后能推本，为之节文"这一句话的意思是说，"礼之节文"实际上是人之本性自然外化的结果。在此，杨教授进一步解释说："在某种意义上，礼的观念实质可以理解为自我将自身外化为非我的他者，并经由这他者展现和实现自身，因此，尽管礼在表面上是约束性的，甚至是否定性的，其实质则是肯定性的，是以成就为目的的约束和否定。而乐则根源于在世的直接性，'乐吾分而已'。"③

作为道学"北宋五子"中最重要的两位人物，程颢(1032—1085，字伯淳，号明道)和程颐(1033—1107，字正叔)也提出了关于"礼之本"的见解。二程同为兄弟，其学术方向基本一致，但由于个人性格等原因，二人在"为学之方"的主张上，甚至是对"天道"领会上也略有差异。④ 因此，在对"礼之本"的看法上，二人的主张也不完全一致，故有分而论之的必要。总体上看，关于"礼"与"天理"的

---

① 张载著，林乐昌编校：《经学理窟·礼乐》，《张子全书》，第71页。按，中华书局《张载集》本对这段文字的最后一句点校是："乐则得其所乐即是乐也，更何所待！是'乐其所自成'。"本段引文从《张子全书》本。

② 郑玄注，孔颖达疏：《礼记正义》，上海古籍出版社2008年版，第1514页。

③ 参见杨立华：《气本与神化：张载哲学述论》，第152—153页。

④ 按，关于二程思想之异同的问题，学界多有研究，本书在这里就不作详细讨论。徐洪兴先生认为，二程兄弟在气象上虽然有所差异，但就二人的思想而言，则是"大同小异"。所谓"大同"，是指兄弟二人共同致力于建构"理"本体论这一个关键点上。而所谓的"小异"，则表现在工夫论上。明道偏向于"内求"；而伊川虽然同意"反身内求"，但由于"理"是抽象的，缺乏"形式"，所以又主张向外的"格物"工夫。相关的具体研究，请参看徐洪兴：《论二程思想之异同》，《复旦学报》(社会科学版)，2006年第5期；郭晓东：《识仁与定性——工夫论视域下的程明道哲学研究》，复旦大学出版社2006年版。

关系,明道与伊川都以"理"为"礼"的内在根据。明道说:"礼者,理也,文也。理者,实也,本也;文者,华也,末也。理是一物,文是一物。文过则奢,实过则俭。奢自文所生,俭自实所出。故林放问礼之本,子曰:'礼,与其奢也宁俭。'言俭近本也。此与形影类矣。推此理,则甚有事也。"①在明道看来,"礼"可以分为"理"与"文"这两个方面。"理"是"礼"之"实"、"礼"之"本",而"文"则是"礼"之"华"、"礼"之"末"。"理"与"文"这两者不能等同看待,二者是有差异的,"理是一物,文是一物"。但是,"理"与"文"又是不可分离的,与"形影"相似,"理"是"形","文"则是"影"。明道认为,如何处理好"理"与"文"之间的关系非常重要,也有难度,即其所谓的"推此理,则甚有事"。由此,我们可以看出,明道实际上是将"理"看成了"礼"的内在根据,或者说"实质"。而在明道这里,作为"礼"之内在根据的"理",实际上就是指"忠信"。譬如,明道云:"忠信者实也,礼乐者文也。"②这就是说,"忠信"是"礼"之实,外在的礼仪规范则是"礼"之"文"。而在明道的思想中,"忠信"又是人之内心应该保持或者追求的一种心理状态或品质。所以,明道将"理"看成"礼"之内在根据,其实就是认为,"礼"之内在根据在人的内心之中。

与明道有所不同的是,伊川认为,"理"既然作为"礼"之内在根据,因此就不能忽视外在的礼仪规范,人之视听言动都要遵守外在的礼仪规范。伊川说:"视听言动,非理不为,即是礼,礼即是理也。不是天理,便是私欲。人虽有意于为善,亦是非礼。无人欲即皆天理。"③由于伊川认为"理"是"礼"之内在根据,那么"理"与"礼"就是一种相即不离的关系,不可将这二者割裂开来,"礼即是理"。因此,伊川主张,人之"视听言动,非理不为"。如果人的一言一行与"理"不合,也就是与具体礼仪规范不相符合,那么这种行为就是错误的,或者说是不合宜的,就是"私欲"的表现。关于伊川对"礼之本"的探讨,其还提出了一个极为重要的主张。伊川认为,就其根本而言,"礼"只是一个"序"。④ 二程《遗书》记载:

　　"礼云,礼云,玉帛云乎哉! 乐云,乐云,钟鼓云乎哉!""此固有礼

---

　　① 程颢、程颐:《河南程氏遗书》卷第十一,《二程集》,中华书局1981年版,第125页。
　　② 程颢、程颐:《二程集》,第123页。
　　③ 程颢、程颐:《遗书》卷第十五,《二程集》,第144页
　　④ 按,关于伊川的这一思想,徐洪兴先生曾经发表了文章进行了专门的讨论,参见徐洪兴:《二程论"仁"和"礼乐"》,《云南大学学报》(社会科学版)第5卷,2006年第4期。

乐,不在玉帛钟鼓。先儒解者,多引'安上治民莫善于礼,移风易俗莫
善于乐'。此固是礼乐之大用也,然推本而言,礼只是一个序,乐只是
一个和。只此两字,含蓄多少义理。"又问:"礼莫是天地之序,乐莫是
天地之和?"曰:"固是。天下无一物无礼乐,且置两只椅子,才不正便
是无序,无序便乖。乖便不和。"①

在这段对话中,伊川认为,"礼"的作用自然是很大的,赞同先儒所谓的"安上治
民莫善于礼,移风易俗莫善于乐"。但是,在伊川看来,从本质上看,"礼"代表的
是秩序,而"乐"则象征着"和谐","礼只是一个序,乐只是一个和"。就这一意义
而言,天下万物都不能离开"礼乐",因为不同的事物之间只有保持合理有序的
关系,才能和谐地相处。否则的话,即使是两把椅子,如果摆的东倒西歪,那么
就是无序而混乱,看起来也不合适。伊川所谓的"无序便乖,乖便不和",实际上
是为了强调,人际关系以及社会和国家要保持和谐,就不能一日离开礼仪规范。
也正是在这一意义上,伊川才会主张,"秩序"就是"礼"的本质。

二、"节"与"文"的涵义

在《四书章句集注》中,朱子对"礼"作了的最为完整的定义:"礼者,天理之
节文,人事之仪则也。"②后世儒者对这一关于"礼"的定义基本上表示赞同,极少
有反对者,有不少学者甚至将这一定义奉为经典③。除此之外,朱子在《论语集
注·颜渊篇》中也说:"礼者,天理之节文也。"④这里,朱子以"天理之节文"来解
释"礼",取了其完整说法的前半句⑤。可见,在"礼"与"天理"的关系问题上,朱

---

①　程颢、程颐:《遗书》卷第十八,《二程集》,第 225 页。

②　按,此语出现在《论语·学而》的"礼之用,和为贵"章的注释中,《论语》此章的原文是:"有子曰:
'礼之用,和为贵。先王之道斯为美,小大由之。有所不行,知和而和,不以礼节之,亦不可行也。'"见朱
熹:《四书章句集注》,中华书局 1986 年版,第 51 页。

③　按,民国学者谢幼伟先生曾言:"孔孟教人,亦首重礼,……一切莫不以礼为根据,以礼为天理之
节文,所以成德之准。"转引自蔡尚思:《中国礼教思想史》,香港中华书局 1991 年版,第 293 页。我们应
该注意的是,谢幼伟先生在这段话中,仍然采用朱子对"礼"的定义,将其看成是"天理之节文"。由此可
见,朱子对"礼"的定义影响之深远,直至民国。

④　按,此语出现在《论语·颜渊》中的"克己复礼"章,《论语》此章的原文是:"颜渊问仁。子曰:'克
己复礼为仁。一日克己复礼,天下归仁焉。为仁由己,而由人乎哉?'"见朱熹:《四书章句集注》,第 131
页。

⑤　按,在《朱子语类》卷 25 和卷 41 中,也出现了几处以"天理之节文"来解释"礼"的。

子是将礼看成是"天理之节文",而非将"礼"与"天理"完全等同看待。那么,我们应该如何正确地理解"天理之节文"这一说法呢?

为了理解"天理之节文"的真正含义,我们需要先讨论"节文"的含义。在儒家经典中,"节文"一词出现于《礼记》和《孟子》。《礼记·坊记》曰:"礼者因人之情,而为之节文,以为民坊者也。"郑玄对此注云:"节文,谓农有田里之差,士有爵命之级也。"①在《孟子·离娄上》中,孟子说:"仁之实,事亲是也;义之实,从兄是也。……礼之实,节文斯二者是也。"朱子注曰:"节文,谓品节文章。"②在这里,朱子将"节"解为"品节",将"文"解为"文章"。可见,"节文"中的"节"与"文"分别有特定的含义,而非笼统言之。

在《大学章句序》中,朱子也是将"节"与"文"对言,朱子说:"人生八岁,则自王公以下,至于庶人之子弟,皆入小学,而教之以洒扫应对进退之节,礼乐射御书数之文。"朱子这里讲的是小学教学的内容,即"洒扫应对进退之节"和"礼乐射御书数之文"。有人认为,这里所谓的"节文"便是"天理之节文"中的节文。其理由是依据的朱子以下两段话:(1)"小学者,学其事;大学者,学其小学所学之事之所以。"③(2)"古人便都从小学中学了,所以大来都不费力,如礼乐射御书数,大纲都学了。"④可见,"天理之节文"中"节文"二字也应该分开理解,而不是像有些学者合而言之。

那么,"天理之节文"中的"节"字和"文"字应当如何理解呢? 朱子云:

> "礼者,天理之节文"。节谓等差,文谓文采。等差不同,必有文以行之。《乡党》一篇,乃圣人动容周旋皆中礼处。与上大夫言,自然誾誾;与下大夫言,自然侃侃。若与上大夫言却侃侃,与下大夫言却誾誾,便不是。圣人在这地位,知这则样,莫不中节。今人应事,此心不熟,便解忘了。⑤

在这段话中,朱子将"节"解释为"等差","文"解释为"文采"。这与朱子在《孟子

---

①　孙希旦:《礼记集解》,中华书局 1989 年版,第 1281 页。
②　朱熹:《四书章句集注》,第 287 页。
③　黎靖德编:《朱子语类》卷七,中华书局 1986 年版,第 124 页。
④　黎靖德编:《朱子语类》卷七,第 125 页。
⑤　黎靖德编:《朱子语类》卷三十六,第 963 页。

集注》中的解释意思差不多，"等差"相当于"品节"，"文采"相当于"文章"。何谓"等差"？"等差"又可以说成"等级"，朱子说："节者，等级也"①。所以，"等差"就是指人伦等级次序。在上段语录中，孔子与上大夫和下大夫的交谈方式不一样，是因为上大夫和下大夫的地位、身份不同。朱子的高弟黄榦（字直卿，号勉斋，1152—1221）也说："如天子之服十二章，上公九章，各有等数，此是节。"②那么，"文采"又是什么意思呢？朱子的学生曾经问朱子"节文"之"文"是何意，朱子回答说："文是装裹得好，如升降揖逊。"朱子又说："文，不直，回互之貌。"③在这里，"回互"的意思是曲折宛转。黄榦说："若山龙华虫之类为饰，此是文。"④所以，"文采"的意思是不直来直去，而是曲折宛转、有所文饰。比如在上引语录中，同样是与他人交谈，孔子不是想怎么说就怎么说，而是注意说话的方式和方法，与下大夫说话比较刚直，与上大夫则比较和悦。⑤ 可以说，"节文"之"文"相当于"文质"之文，与"质"相对。）那么，"节"与"文"的关系如何呢？朱子说："等差不同，必有文以行之。"也就是说，先有"节"（等差），然后才有"文"，文饰是为了体现等差尊卑的。

三、"天理之节文"释义

（一）"人事之仪则"的含义

弄清了"节文"的具体含义后，我们来看朱子为何以"天理之节文"诠释"礼"，而不是直接以"天理"解释礼。朱子云：

（1）所以礼谓之"天理之节文"者，盖天下皆有当然之理。……但此理无形无影，故作此礼文，画出一个天理与人看，教有规矩可以凭据，故谓之"天理之节文"。有君臣，便有事君底节文，有父子，便有事

①　黎靖德编：《朱子语类》卷五十六，第1335页。
②　胡广、杨荣、金幼孜等纂修，周群、王玉琴校注：《四书大全校注》，武汉大学出版社2009年版，第342页。
③　黎靖德编：《朱子语类》卷五十六，第1335页。
④　《四书大全校注》，第342页。
⑤　按，《论语》之《乡党篇》记载："朝，与下大夫言，侃侃如也；与上大夫言，誾誾如也。"关于"侃侃"与"誾誾"的意思，在《论语集注》中，朱子引用了汉代许慎的说法。《说文解字》曰："侃侃，刚直也。誾誾，和悦而诤也。"

父底节文;夫妇长幼朋友,莫不皆然,其实皆天理也。①

　　(2)礼即理也,但谓之理,则疑若未有形迹之可言;制而为礼,则有品节文章之可见矣。人事如五者(笔者按:指五伦,即君臣、父子、兄弟、夫妇、朋友五种人伦关系。),固皆可见其大概之所宜,然到礼上方见其威仪法则之详也。节文仪则,是曰事宜。②

从第(1)段话中我们可以看出,在朱子看来,天下之事背后都有"当然之理",即"天理"。可是,"天理"无形无影,而依照"天理"制作的"礼文"则尽人皆知,人们应该以此"规矩"作为行为准则。这里有一问题:谁来制作"礼文"?朱子云:"圣贤于节文处描画出这样子,令人依本子去学。譬如小儿学书,其始如何便写得好。须是一笔一画都依他底,久久自然好去。"③在朱子看来,"礼文"的制作者是圣贤,这也符合儒家一贯所坚持的圣人制礼作乐的传统。"礼文"虽然是圣人制作的,但是从根源上来说,其来源于"天理",即朱子所谓的"其实皆天理也"。在上引的第(2)段话中,朱子认为,"礼即理也"。这里的"即"字应该如何理解?是作"等同"义还是"相即不离"义呢?依据这段话的语境,"礼"是依据"理"制作而成的,"理"未有形迹之可言,而"礼"则是可见的。如在君臣、父子等人伦关系上,人们虽然知晓处理这些人伦关系的总体上的原则,但是只有依据这些原则制定成详细的礼仪制度,人们才更加清楚处理这里关系的具体规定。因此,朱子所谓的"礼即理"中"即"的意思应该是指相即不离,也就是说,"礼"与"理"关系紧密、不可分割。

　　综合以上两段话的分析,我们可以看出,在朱子看来,礼既本源于天理,但又不完全与天理等同,礼是依据天理制作而成的具体规范制度。所以,朱子在诠释儒家经典时,常常反对那些直接以"理"来解释"礼"的主张。比如朱子说:"'约之以礼','礼'字作'理'字看不得,正是持守有节文处。'克己复礼'之'礼'

---

　　① 黎靖德编:《朱子语类》卷四十二,第 1079 页。
　　② 朱熹:《答曾择之》,《晦庵先生朱文公文集》卷六十,《朱子全书》第 23 册,第 2893 页。按,"节文仪则,是曰事宜"一段,四川教育出版社 1996 年版《朱熹集》点作:"人事如五者,固皆可见其大概之所宜,然到礼上方见其威仪法则之详也。节文仪则是曰事,宜细考之。"见《朱熹集》卷六十,四川教育出版社 1996 年版,第 3110 页。以文义断之,前文讲"人事如五者,可见其大概之所宜","人事之所宜"可以简称为"事宜",故这里应该以"事宜"断句,当从《朱子全书》。
　　③ 黎靖德编:《朱子语类》卷三十六,第 963 页。

亦然。"①

　　因此，朱子主张以"天理之节文"来解释"礼"，反对以"天理"直接解释"礼"（反对"以理代礼"），其理由就在于礼实而理虚。《语类》记载了这样一段对话：

　　　　问："所以唤做礼而不谓之理者，莫是礼便是实了，有准则，有着实处？"曰："只说理，却空去了。这个礼是那天理节文，教人有准则处。"②

在这里朱子的回答很明确，"理"只是道德原则，比较空疏，而"礼"是依据天理而作的具体的道德规范，使人的行为有明确而实在的准则可以遵守。在朱子《文集》中有一段关于"礼"与"理"的关系的讨论，朱子的学生赵致道说："然不曰理而曰礼者，盖言理则隐而无形，言礼则实而有据。礼者，理之显设而有节文者也，言礼则理在其中矣。故圣人之言体用兼该、本末一贯，若曾点则见其体而不及用，识其本而违其末，所以行有不掩而失于狂欤？"朱子对此评道："得之。"③赵致道这里关于"礼"与"理"的关系的分析颇为精当，也得到了朱子的认可。"理"是隐而无形的，而"礼"是实实在在的具体规范。"礼"是依据天理制定的，能够体现人伦之等差关系，并且通过针对不同身份的人作各项具体的礼仪规定而加以文饰。如此，"礼"之中蕴含了"天理"所要求的道德原理，或者说，"天理"内在于和贯穿于礼之中。

　　朱子之所以用"天理之节文"来解释"礼"，其重点在于强调"礼"必须是恰到好处的。朱子说："礼正在恰好处。"④关于这一点，朱子晚年的得意门生陈淳（字安卿，亦称北溪先生，1159—1223）解释得最为精当。陈淳："礼者，心之敬，而天理之节文也。心中有个敬，油然自生便是礼，见于应接便自然有个节文，节则无太过，文则无不及。如做事太质，无文彩，是失之不及；末节繁文太盛，是流于太过。天理之节文乃其恰好处，恰好处便是理。合当如此，更无太过，更无不及，当然而然，便即是中。故濂溪太极图说'仁义中正'，以中字代礼字，尤见亲切。"⑤这就是说，"节"与"文"二者要达到一个平衡，"节则无太过，文则无不及"。

───────────

①　朱熹：《答张仁叔》，《晦庵先生朱文公文集》卷五十八，《朱子全书》第23册，第2750页。
②　黎靖德编：《朱子语类》卷四十一，第1048页。
③　朱熹：《答赵致道》，《晦庵先生朱文公文集》卷五十九，《朱子全书》第23册，第2865页。
④　朱熹：《答吕子约》，《晦庵先生朱文公文集》卷四十七，《朱子全书》第22册，第2182页。
⑤　陈淳：《北溪字义》，中华书局1983年版，第19—20页。

如果做事情直来直往、"太质"的话，则是"失之不及"；但过分重视繁文末节的话，就会"流于太过"。而作为"天理之节文"的礼，其文质关系正是达到了一种平衡，无过亦无不及，恰到好处。而"恰好处便是理"的意思应该是，恰到好处的"礼"自然是与天理相符合的。应该说，作为朱子高第弟子的陈淳对"天理之节文"的理解是得其精华，洞见其中要妙之处，是符合朱子的原意的。所以朱子说："礼者，天理之节文，起居动作，莫非天理。"①

（二）"人事之仪则"的含义

前文已经交代过，朱子对"礼"的完整诠释是："礼者，天理之节文，人事之仪则也。"所以，在讨论完"天理之节文"具体含义后，我们有必要讨论"人事之仪则"的含义。这里的"人事"是什么意思？朱子的学生黄榦说："如冠如婚，此是人事。"②简单地说，"人事"是人生在世应该做的各种事情。黄榦这里所说的成人冠礼和男女婚姻，此乃人生大事。那么，在朱子对"礼"的定义中，为何将"人事"与"天理"对言呢？朱子的另一高足陈淳说："盖天理只是人事中之理，而具于心者也。天理在中而著见于人事，人事在外而根于中，天理其体而人事其用也。"③在陈淳看来，"天理"存在于"人事"之中，并且也存在于人心之中。天理在人心中而体现在人事上，外在的人事行为根源于人心中的天理。人事与天理的关系是一种体用关系，天理是体，人事是用。因此，朱子以"人事"与"天理"对言。应该说，陈淳的这一解释是符合朱子的原意的。

那么，"人事之仪则"中的"仪则"是什么意思？黄榦说："若冠礼里有三加，揖让升降处，此是仪。若天子冠礼则当如何，诸侯则当如何，各有则样，此是则。"④也就是说，"仪"是指表现在外的礼仪形式或仪容，而"则"指同一种礼仪对不同身份的人的不同规定和准则。陈淳也说："'仪'谓容仪而形见于外者，有粲然可象底意，与'文'字相应。'则'谓法则、准则，是个骨子，所以存于中者，乃确然不易之意，与'节'字相应。文而后仪，节而后则，必有天理之节文，而后有人事之仪则。言须尽此二者，意乃圆备。"⑤陈淳对"仪"和"则"的解读与黄榦的解读意思差不多，但是他在这里多讨论了一个问题，即："仪则"与"节文"的关系？

---

① 黎靖德编：《朱子语类》卷四十一，第 1046 页。
② 《四书大全校注》，第 342 页。
③ 陈淳：《北溪字义》，第 20 页。
④ 陈淳：《北溪字义》，第 20 页。
⑤ 陈淳：《北溪字义》，第 20 页。

陈淳认为,在朱子所谓的"礼者,天理之节文,人事之仪则"中,"仪则"与"节文"相对而言。具体地说,"仪"与"文"相对应,"则"与"节"相对应。陈淳如此细分,调动了先后对应的次序,似乎不合乎常理。但在陈淳看来,"文而后仪,节而后则"。也就是说,先有"文"(文采)然后才有"仪",先有"节"(等差)然后才有"则"(法则、准则)。所以,先有"天理之节文",然后才有"人事之仪则"。简言之,礼虽然从本体上说是"天理之节文",但就人事而言,也是人们应当遵守的行为准则。

(三)关于礼之体用的问题

朱子将"礼"定义成"天理之节文,人事之仪则",从体用的角度说,"天理"应该是"体",而"礼"应该是"用"。《语类》记载了这样一段对话:

> 问:"先生昔曰:'礼是体。'今乃曰:'礼者,天理之节文,人事之仪则。'似非体而是用。"
> 曰:"公江西有般乡谈,才见分段子,便说道是用,不是体。如说尺时,无寸底是体,有寸底不是体,便是用;如秤,无星底是体,有星底不是体,便是用。且如扇子有柄,有骨子,用纸糊,此便是体;人摇之,便是用。"杨至之问体。曰:"合当底是体。"①

朱子的学生在这里的意思是,老师以前一直说礼是"体",而如今这样定义礼,则看起来像是"用"而非"体"。从朱子的回答中我们可以知道,在朱子看来,"体"和"用"是相对而言的,不是绝对的。同一事物在一定的条件下可以是"体",但在另一条件下也可以看成是"用",这也就是朱子所谓的"体、用无定所"。但是,"体、用无定所"只是针对具体情况而言,是随着具体情况的不同而加以判定究竟是"体",还是"用"。如果从万事万物的整体上看,"体"和"用"又是确定的,以生成的次序作为标准,在前面的是"体",而派生的则是"用"。② 比如,人先有身体,然后才能做各种动作。依朱子的判断标准,"此身是体,动作处便是用",其

---

① 黎靖德编:《朱子语类》卷六,第101—102页。
② 按,关于体用的"无定"和"确定"性的讨论可以参看如下对话:问:"前夜说体、用无定所,是随处说如此。若合万事为一大体、用,则如何?"曰:"体、用也定。见在底便是体,后来生底便是用。此身是体,动作处便是用。天是体,'万物资始'处便是用。地是体,'万物资生'处便是用。就阳言,则阳是体,阴是用;就阴言,则阴是体,阳是用。"见黎靖德编:《朱子语类》卷六,第101页。

次序不可颠倒,故体用关系也不可颠倒,体用是确定的。

在上引的语录中,朱子讽刺的江西学者实际上就是指陆九渊。[①] 朱子认为,陆九渊说的"体"是虚空的,是脱离了具体事物的。譬如朱子说:"体是这个道理,用是他用处。如耳听目视,自然如此,是理也;开眼看物,著耳听声,便是用。江西人说个虚空底体,涉事物便唤做用。"[②]

那么,朱子所谓的"体"为什么不是虚空的而是实在的呢? 在上引的语录中,朱子认为,"合当底"是体。而在朱子这里,"合当底"的准确表达应该是"合当做底"。朱子说:"人只是合当做底便是体,人做处便是用。"[③]在《语类》中,朱子同意学生对"体"的论述,其曰:"'论学便要明理,论治便须识体。'这'体'字,只事理合当做处。凡事皆有个体,皆有个当然处。"[④]人应该做的事情是"体",原因在于每件事都有"当然"之理,而人将当然之理而制定成的规范落实为实践行动是"用"。所以,对于"礼者,天理之节文,人事之仪则"这一定义,以"体""用"生成的次序作为判断标准,理在先而礼在后,"天理"是"体",而"礼"是"用"。但是在以"合当做底"和"人实际做处"这一划分前提下,"礼"是人应当遵守的规范,是"人之所当行者",所以可以将"礼"看成是"体"。因此,朱子如此定义"礼",并没有否定"礼为体"这一论断。

第二节　礼乃天理之自然

一、"自然"之涵义

朱子除了将"礼"定义成"天理之节文"之外,还经常以"天理之自然"来诠释"礼"。自从北宋道学产生以来,"自然"这一概念非常重要,使用的范围也比较大,在本体论和工夫论中都会经常被使用。譬如,作为二程兄弟之一的明道先

---

① 吾妻重二先生对此条语录有所分析:"文中所批评的是以江西为中心的陆九渊之学。在此条语录之前,《语类》中还有一句:'江西人说个虚空底体。'由此可见,在朱子看来,陆学所说的'体'仅仅只是一种虚空的观念。相比之下,朱子在此所说的'体'才是'合当底',亦即意味着这是人类行为的确切原则。"参见《朱熹〈家礼〉实证研究》,第178页。

② 黎靖德编:《朱子语类》卷六,第101页。

③ 黎靖德编:《朱子语类》卷六,第102页。

④ 黎靖德编:《朱子语类》卷九五,第2449页。

生对"自然"这一概念就情有独钟,经常用它来诠释"天理"之内涵。[①]因此,为了以下的讨论能够顺利地展开,我们就必须先了解"自然"这一概念在朱子思想中的内涵。对此,学界已经有人对此作了深入的探讨,并作出了令人信服的结论。所以,本书在这里就借用杨立华教授的研究成果,来说明"自然"在朱子学中的内涵。杨立华教授认为,"自然"这一概念在朱子思想中非常重要,是朱子的天理观的内涵之一。首先,在杨教授看来,朱子所讲的"自然"是和"当然"联系在一起说的,天下之事的"当然"就是"自然之理"的体现。比如朱子说:"天下事合恁地处,便是自然之理。如'老者安之',是他自带得安之理来;'朋友信之',是他自带得信之理来;'少者怀之',是他自带得怀之理来。圣人为之,初无形迹。季路颜渊便先有自身了,方做去。如穿牛鼻,络马首,都是天理如此,恰似他生下便自带得此理来。"[②]杨教授对此分析说,朱子所谓的"合恁地处"就是"当然"之义。"穿牛鼻,络马首"是人们对待牛、马的"当然",也是牛、马本身的"自然"要求,就好像牛马生下来"便自带得此理来"。其次,"自然"含有"必然"的意思。我们可以将朱子的"自然"理解成不受其他的因素影响或支配的存在方式,因而"自然"又是"必然"的。[③]

朱子认为,礼是"天理之自然"。这里所谓的"自然"是在什么意义上说的呢?按道理来说,礼是圣人依据作为道德原理的天理而制定的道德规范,那就应该是人为的,而不是自然的。为了弄清这一问题,我们先来讨论就人而言,"天理之自然"是什么意思?朱子说:"此分明说'君子不谓性',这'性'字便不全是就理上说。夫口之欲食,目之欲色,耳之欲声,鼻之欲臭,四肢之欲安佚,如何自会恁地?这固是天理之自然。然理附于气,这许多却从血气躯壳上发出来。故君子不当以此为主,而以天命之理为主,都不把那个当事,但看这理合如

---

① 按,在《识仁与定性——工夫论视域下的程明道哲学研究》一书中,郭晓东教授对程明道的"天理之自然"的内涵作了详细的分疏和解读。郭教授认为,北宋道学家所使用的"自然"一词,与现在所讲"自然界"不同,也与老庄之"自然"的内涵相异。道学家所使用的"自然",既可以理解为"实然",又可以理解为"本然"。在明道看来,天理皆"自然而然",此"自然"不能从"实然"的层面上理解。在明道这里,既然"万物皆只是一个天理",都来自一个共同的本源,那么天理"自然当如此",此"自然"就是在"本然"的意义上说的。(参见郭晓东:《识仁与定性——工夫论视域下的程明道哲学研究》,复旦大学出版社2006年版,第74—87页。)

② 黎靖德编:《朱子语类》卷二十九,第757页。

③ 按,以上内容主要参考了杨立华教授的观点。参见杨立华:《所以与必然:朱子天理观的再思考》,《深圳社会科学》2019年第1期。

何。"①"君子不谓性"出自《孟子》,孟子曰:"口之于味也,目之于色也,耳之于声也,鼻之于臭也,四肢之于安佚也,性也,有命焉,君子不谓性也。"(《孟子·尽心下》)朱子认为,"口之欲食,目之欲色,耳之欲声,鼻之欲臭,四肢之欲安佚"是天理之自然,是"气"的必然要求,这是从人的自然属性(或者生物属性)上说的。然而"理"与"气"相即不离,理附于气,有是气必有是理,所以君子不把人的这种自然属性看成"性",而应以人所禀赋的"天命之理"为主。然而,人的自然属性本身亦有存在的合理性,人性中亦有此理。朱子说:"'口之于味,目之于色,耳之于声,鼻之于臭,四肢之于安佚',这虽说道性,其实这已不是性之本原。惟性中有此理,故口必欲味,目必欲色,耳必欲声,鼻之欲臭,四肢必欲安佚,自然发出如此。若本无此理,口自不欲味,目自不欲色,耳自不欲声,鼻自不欲臭,四肢自不欲安佚。"②这就是说,人的自然属性虽然说也是人性的一个方面,但已经不是"性之本原"。这里的"性之本原"也就是人所赋予天的"天命之性",其内容包括仁、义、礼、智、信,即"五常"。只不过"天命之性"落在气质之中,所以人性中也有满足自然属性或自然欲望的道理,这也是人天生自然如此的。由此可见,朱子所说的"天理之自然",是包含人的自然欲望的,朱子也是认可这些自然欲望的。只不过与人的自然属性相比,朱子是更重视人的"天命之性"。

显然,朱子所说的"礼乃天理之自然"肯定不是在人的自然属性意义上说的。譬如,朱子说:"坐如尸,立如斋,头容直,目容端,足容重,手容恭,口容止,气容肃。"③朱子这里坚持儒家仪礼传统,对人的各项行为举止作了严格的要求。比如,对如何坐、如何站的规定,朱子要求人们"坐如尸,立如齐(斋)"。"坐如尸,立如齐"出自《礼记》,《礼记·曲礼》曰:"若夫,坐如尸,立如齐。"对"坐如尸",汉代郑玄注曰:"视貌正。"唐代孔颖达疏曰:"'坐如尸'者,尸居神位,坐必矜庄。言人虽不为尸,若所在坐法,必当如尸之坐,故郑云'视貌正'也。"④因此,"坐如尸"就是要求人们坐姿要端正,要正襟危坐。"立如齐","齐"本亦作"斋",是斋戒的意思。孔颖达疏曰:"'立如齐'者,人之倚立,多慢不恭,故戒之云:倚立之时,虽不齐,亦当如祭前之齐,必须磬折屈身。"⑤因此,"立如齐"就是要求人

---

① 黎靖德编:《朱子语类》卷六十一,第 1461 页。
② 黎靖德编:《朱子语类》卷六十一,第 1463 页。
③ 黎靖德编:《朱子语类》卷十二,第 204 页。
④ 郑玄注,孔颖达疏《礼记正义》,第 11—12 页。
⑤ 郑玄注,孔颖达疏《礼记正义》,第 12 页。

们站立的时候，要像祭拜自己先祖时那样恭敬，不能"慢而不恭"。由此可见，朱子对于人的言行举止的规范要求非常之高。依照的这样的要求坐立，肯定比随意坐立要累人，这当然是违反了人之"四肢之欲安逸"的自然属性。因此，朱子所主张的"礼乃天理之自然"不是从人的自然属性这一角度说的。

二、"礼乃天理之自然"释义

那么，朱子所谓的"礼乃天理之自然"究竟是何意呢？朱子云：

> 礼是那天地自然之理。理会得时，繁文末节皆在其中。"礼仪三百，威仪三千"，却只是这个道理。千条万绪，贯通来只是一个道理。夫子所以说"吾道一以贯之"，曾子曰"忠恕而已矣"，是也。盖为道理出来处，只是一源。散见事物，却是一个物事做出底。一草一木，与他夏葛冬裘，渴饮饥食，君臣父子，礼乐器数，都是天理流行，活泼泼地。那一件不是天理中出来！①

由这段话可知，在朱子看来，礼是源于自然之天理。礼仪的繁文末节虽然非常多，但其实只是一个"天理"贯通于其中，这正如孔子所说的"吾道一以贯之"。之所以"一以贯之"，其理论基础是朱子的"理一分殊"命题。比如，朱子在这里也说："盖为道理出来处，只是一源。散见事物，却是一个物事做出底。"所以从本源上说，礼源自"天理"，是天理之自然流行。

虽然"礼"是源自"天理之自然"，但是"礼"的具体的繁文末节毕竟是人为制作的。既然是人为制作，那么具体的礼文为什么是自然的呢？朱子云："礼乐者，皆天理之自然。节文也是天理自然有底，和乐也是天理自然有底。然这天理本是儱侗一直下来，圣人就其中立个界限，分成段子；其本如此，其末亦如此；其外如此，其里亦如此，但不可差其界限耳。才差其界限，则便是不合天理。所谓礼乐，只要合得天理之自然，则无不可行也。"②朱子认为，礼之"节文"虽然是天理自然本有的，但天理本是"儱侗"的。"儱侗"的意思是：浑然无分别，或者说模糊而不具体。由于圣人道德修养极高、心与理合一，圣人心中所发无非天理

---

① 黎靖德编：《朱子语类》卷四十一，第 1049 页。
② 黎靖德编：《朱子语类》卷八十四，第 2253 页。

之自然，其言行举止也是天理之自然。所以，圣人有资格将"天理"之发用流行立个"界限"，也就是圣人制礼作乐。而圣人所制作的"礼文"，其本末内外皆合于天理，与天理严丝合缝。正是在这一意义上，朱子认为，由圣人制作的礼文规定是符合"天理之自然"的。而且，圣人所制作的"礼"既然合于天理之自然，也应该能够顺利实行。譬如，朱子云：

> 这个典礼，自是天理之当然，欠他一毫不得，添他一毫不得。惟是圣人之心与天合一，故行出这礼，无一不与天合。其间曲折厚薄浅深，莫不恰好。这都不是圣人白撰出，都是天理决定合著如此。后之人此心未得似圣人之心，只得将圣人已行底，圣人所传于后世底，依这样子做。做得合时，便是合天理之自然。①

由于圣人之心与"天理"合一，其所撰写出来的礼也就与"天理"合一，礼的具体细节枝叶莫不恰到好处。而后人由于道德水平不如圣人，所以只能依据圣人所制作的礼文制度行事。从践礼的角度来说，如果践礼与制度规范相符合的话，也可以说是合乎"天理之自然"。

但是，如果要求人们在践礼时要与礼文制度相符合的话，那么是否有些会让人觉得勉为其难而不自然？朱子对这一问题的回答是否定的。朱子云：

> 礼，极是卑底物事，如地相似，无有出其下者，看甚么物事，他尽载了。纵穿地数十丈深，亦只在地之上，无缘更有卑于地者也。知却要极其高明，而礼则要极于卑顺。如"礼仪三百，威仪三千"，纤悉委曲，无非至卑之事。如"羹之有菜者用梜，其无菜者不用梜"；主人升东阶，客上西阶，皆不可乱。然不是强安排，皆是天理之自然。如"上东阶，则先右足；上西阶，则先左足。"盖上西阶而先右足，则背却主人；上东阶而先左足，则背却客；自是理合如此。②

---

① 黎靖德编：《朱子语类》卷八十四，第 2184 页。
② 黎靖德编：《朱子语类》卷七十四，第 1908 页。

朱子认为,礼的具体规定虽然极其细微,但这些对细节的规定不是人为添加而强制安排,而是合乎"天理之自然"。比如,《礼记·曲礼》中有一段对如何走上台阶的具体规定,其曰:"上东阶,则先右足;上西阶,则先左足。"同样是走上台阶,从东边的台阶上去,应该先迈右脚,而从西边的台阶上去,则应该先迈左脚。同样是走上台阶,直接走上去不就可以了吗? 为什么还要规定这么复杂呢? 朱子解释道:"盖上西阶而先右足,则背却主人;上东阶而先左足,则背却客;自是理合如此。"按照礼制规定,主人从东阶走上去,客人从西阶走上去。由于古代的正规建筑都是坐北朝南的,如果主人先迈左脚,则会背对客人;如果客人先迈左脚,则会背对主人。而背对着人,违背了礼制的恭敬之意。所以朱子认为,诸如此类的礼制规定虽然细微甚至显得过于繁琐,但按照道理就应该这样规定,是"天理"的自然要求,并非强人所难。

那么,怎样才能在践行礼仪之时做到自然而不拘迫呢?《语类》记载:

> 吴问"礼之用,和为贵"。先生令坐中各说所见。
>
> 铢曰:"顷以先生所教思之:礼者,天理节文之自然,人之所当行者。人若知得是合当行底,自甘心行之,便自不拘迫。不拘迫,所以和,非是外面讨一个和来添也。"
>
> 曰:"人须是穷理,见得这个道理合当用恁地,我自不得不恁地。如宾主百拜而酒三行,因甚用恁地? 如入公门鞠躬,在位踧踖,父坐子立,苟不知以臣事君,以子事父,合用为此,终是不解和。譬之今人被些子灯花落手,便须说痛。到灼艾时,因甚不以为苦? 缘它知得自家病合用灼艾,出于情愿,自不以为痛也。"①

在这段对话中,朱子让他的学生们谈谈对"礼之用,和为贵"的见解,董铢②(1152—1214,字叔重,号槃涧)作为朱子最为器重的学生之一,自告奋勇,谈了自己的理解。在董铢看来,依照朱子的教导,"礼"是"天理节文之自然",是人所应当遵守践行的。如果知道礼是人"合当行底",则会心甘情愿地践行礼,而不会有一种外在的束缚感。因为不感到拘迫和限制,所以在践礼之时和缓而不

---

① 黎靖德编:《朱子语类》卷二十二,第514页。

② 按,据史料记载,董铢早年厉志于学,初从程洵游,后为朱熹门人。宁宗庆元间,朱熹归讲筵,与诸生论学,命铢掌其事。来学者,熹必命铢与辩难,然后折衷之。董铢的著作有《性理注解》和《易书注》。

迫,是"自然之和",而非外在的"和"强加于人。简单地说,董铢的思路是:知礼
→甘心行礼→自然会和。对于董铢这一思路,朱子不是完全同意。朱子认为,
要做到甘心行礼而达到"自然之和",首先应该穷理。朱子为什么强调先要穷理
呢? 朱子认为,人只有通过穷理,才能看明白道理"合当用恁地",之后就会心甘
情愿地按照道理做事。譬如,我们都知道人被火烫了会疼痛,但是生病了需要
用"灼艾"(是中医疗法之一,燃烧艾绒熏灸人体一定的穴位——笔者按)来治疗
时,因为知道是来治病的,所以是"出于情愿,自不以为痛"。那么,"穷理"的目
的是什么呢? 朱子云:"只是要知得礼合如此,所以行之则和缓而不迫。盖圣人
制礼,无一节是强人,皆是合如此。……尝谓吕与叔说得数句好云:'自斩至缌,
衣服异等,九族之情无所憾;自王公至皂隶,仪章异制,上下之分莫敢争。皆出
于性之所有,循而行之,无不中节也。'此言礼之出于自然,无一节强人。须要知
得此理,则自然和。"①在朱子看来,穷理就是为了让人明白礼是出于自然之理
的,并没有一点强人所难的意思。比如,"自斩至缌,衣服异等",是为了"九族之
情无所憾"②,即亲属之间的人伦情感得到满足;"自王公至皂隶,仪章异制",是
为了"上下之分莫敢争",即政治上的等级秩序得到维护而保持和谐。因此,礼
仪的各种具体规定都是出于自然之理的,不是外在强加于人的,所以只要明白
这一道理,就能在践礼时和缓不迫而无不安。

可问题是,诸如"父坐子立"、"君尊臣卑"等礼仪规定是相当严格的,人们怎
么可能在行礼时和缓而不迫呢? 朱子的学生对此亦有疑问。《语类》记载:

> 或问:"'礼之用,和为贵'。君臣父子之间,可谓严矣。若不和,则
> 情不通。"曰:"不必如此说。且以人之持敬,若拘迫,则不和;不和,便
> 非自然之理。"③

在朱子的学生看来,由于对君臣父子的礼仪规定很严格,如果行礼时不能做到
自然和缓的话,则人们的内心情感难以得到恰当的表达。朱子否定这一说法,

---

① 黎靖德编:《朱子语类》卷二十二,第513页。
② 按,"九族"泛指亲属。但"九族"所指,诸说不同。一说是上自高祖、下至玄孙,即玄孙、曾孙、孙、子、身、父、祖父、曾祖父、高祖父;一说是父族四、母族三、妻族二,父族四是指姑之子(姑姑的子女)、姊妹之子(外甥)、女儿之子(外孙)、己之同族(父母、兄弟、姐妹、儿女);母族三是指母之父(外祖父)、母之母(外祖母)、从母子(娘舅);妻族二是指岳父、岳母。
③ 黎靖德编:《朱子语类》卷二十二,第516页。

理由在于，臣对君、子对夫本应该以敬对之，但如果拘迫而感到束缚的话，则不能和缓行礼。如果这样的话，也不符合"自然之理"。在朱子看来，礼本于"自然之理"，"自然之理"内在于礼中，所以礼之中本就含有"和"之理。所以，只有先通过穷理工夫，真切地认识到蕴含于礼之中的"自然之理"，认识到"礼中有和"，才能在践礼时自然和缓不迫。

与董铢对"和"的理解不同，朱子的思路是：穷理→真知礼中自然之理→礼中有和→自然会和。朱子的观点与董铢最大的不同之处在于，朱子强调先通过穷理来认识到"礼中有和"的道理。但是，对于朱子的这一看法，董铢还是有疑问的。董铢说："如此，则这和亦是自然之和。若所谓'知和而和'，却是有心于和否？"董铢这里的问题是，如果要求人们先去认识"礼中有和"的道理，然后再践礼时在努力做到和缓不迫，这样的话，可能会存在"知和而和"、"有心于和"问题，就会显得不自然了。朱子回答道："'知和而和'，离却礼了。'礼之用和'，是礼中之和。'知和而和'，是放教和些。才放教和，便是离却礼了。"①在朱子看来，"知和而和"这种说法本身就有问题，因为礼中本含有"和"的道理，如果要求人在践礼时放得和缓些，则可能会违背礼的要求。

关于"有心于和"的问题，朱子是明确反对的。朱子说："礼主于敬，而其用以和为贵。然如何得他敬而和？著意做不得。才著意严敬，即拘迫而不安；要放宽些，又流荡而无节。须是真个识得礼之自然处，则事事物物上都有自然之节文，虽欲不如此，不可得也。故虽严而未尝不和，虽和而未尝不严也。"②礼是主于敬的，而礼之用以和为贵。（笔者按，关于礼与敬的关系，后文有专门讨论。）"敬"与"和"二者不同，那么怎样才能做到敬而和呢？朱子认为，有心为之行不通，"著意做不得"。如果有意专注于"敬"的话，则会拘迫不安而不和；如果有意专注于"和"的话，则会流荡无节而不敬。在朱子看来，要做到既敬又和，必须"真个识得礼之自然处"。"真个识得礼之自然处"这一表述比较重要，朱子要求人们对礼的自然之理不是一般的认识，仅仅是知道而已，而是对其理获得真知。在朱子的思想中，"真知"既是对"所当然之则"的认知，又是对"所以然之理"的认知。③如果人们对礼的"自然之理"获得了"真知"，那么就会自觉并情愿

---

① 黎靖德编：《朱子语类》卷二十二，第514页。
② 黎靖德编：《朱子语类》卷二十二，第517页。
③ 参见东方朔：《"真知必能行"何以可能？——朱子论"真知"的理论特征及其动机效力》，《哲学研究》，2017年第3期。

地按照礼所规定的具体规范准则做事。只有达到真知的水平，才能在践礼时自然而然地达到"严而未尝不和，和而未尝不严"的境界，而非刻意为之。从工夫论的角度说，在朱子这里，"和"不是一种工夫，而是通过由穷理而获得对礼之"自然之理"的真知后达到的效验，简而言之，在朱子这里，礼之"天理之自然"义有三个方面的含义。首先，就本体论上而言，礼是源于"天理之自然"，是天理之自然流行。朱子所说的"天理之自然"，是包含人的自然欲望的，朱子也是认可这些自然欲望的。但是，朱子所主张的"礼乃天理之自然"不是从人的自然属性这一角度说的，而是就"天命之性"而言。礼仪的繁文末节虽然非常多，但其实只是一个"天理"贯通于其中，是天理自然发用流行而散见在礼文之中。其次，就礼文的制作而言，礼文虽然是圣人制作的，但是由于圣人之心与"天理"合一，其所撰写出来的礼也就与"天理"合一，其繁文末节莫不恰到好处。正是在这一意义上，朱子认为，由圣人制作的礼文是符合"天理之自然"的。最后，就工夫论上而言，践礼时能达到自然而和的境界，是由于人们对礼的"自然之理"获得了"真知"，然后就会自然心甘情愿地按照礼的具体规范标准来做，而不是刻意为之。

小　结

本章以"礼之本"为视角，分析了朱子如何理解礼与天理之间的关系问题。朱子对"礼"所作的定义是："礼者，天理之节文，人事之仪则也"。其中朱子将"节"解释为"等差"，"文"解释为"文采"。朱子认为，先有"节"（等差），然后才有"文"，文饰是为了体现等差尊卑的。朱子以"天理之节文"诠释"礼"，反对直接以"天理"解释"礼"，是因为在朱子看来，"礼"既本源于"天理"，但又不完全与天理等同，"礼"是依据"天理"制作而成的具体规范制度。朱子之所以反对"以理代礼"，是因为"礼实而理虚"。"理"是隐而无形的，而"礼"是实实在在的具体规范。"礼"是依据天理制定的，能够体现人伦之等差关系，并且通过针对不同身份的人作各项具体的礼仪规定而加以文饰。如此，"礼"之中蕴含了"天理"所要求的道德原理，或者说，"天理"内在于和贯穿于礼之中。朱子之所以以"天理之节文"来诠释"礼"，其重点在于强调"礼"必须"恰到好处"。朱子本人就说："礼正在恰好处。"作为"天理之节文"的"礼"，其"文"与"质"之间的关系达到了一种平衡,无过亦无不及,恰到好处,与天理完全相符合。

　　本章通过对"礼乃天理之自然"的分析,得出以下三个方面的结论。(1)就本体论上而言,礼是源于"天理之自然",是天理之自然流行。朱子所说的"天理之自然",是包含人的自然欲望的,朱子也是认可这些自然欲望的。但是,朱子所主张的"礼乃天理之自然"不是从人的自然属性这一角度说的,而是就"天命之性"而言。礼仪的繁文末节虽然非常多,但其实只是一个"天理"贯通于其中,是天理自然发用流行而散见在礼文之中。(2)就礼文的制作而言,礼文虽然是圣人制作的,但是由于圣人之心与"天理"合一,其所撰写出来的礼也就与"天理"合一,其繁文末节莫不恰到好处。正是在这一意义上,朱子认为,由圣人制作的礼文是符合"天理之自然"的。(3)就工夫论上而言,践礼时能达到自然而和的境界,是由于人们对礼的"自然之理"获得了"真知",然后就会自然心甘情愿地按照礼的具体规范标准来做,而不是刻意为之。

第二章　礼与人情

　　在传统儒家的礼学思想中,如何妥善处理"礼"与"人情"之间的关系问题,极为重要。我们甚至可以这么说,这两者之间的关系问题是传统儒家礼学所讨论的基本问题之一。将"礼"与"人情"之间的关系看成是儒家礼学研究的基本问题,绝大多数的礼学研究者对此也应该不会反对,因为自从孔子创立儒学以来,这一问题就是必须面对的,无法绕开。譬如,在《论语》中,孔子的弟子问"三年之丧"存在的依据到底为何,孔子亦以"人情之安否"答之。又如,在儒家礼学经典之一的《礼记》中,就有诸如"礼者,因人之情而为之节文,以为民坊者也","故礼义也者……所以达天道顺人情之大窦也","夫礼,先王以承天之道,以治人之情"等说法。特别是近代以来,经过对所谓的"孔孟之吃人礼教"的批判,不少现代人依然以为,儒家之传统礼学是将"礼"与"人情"完全对立起来的,认为儒家之"礼"反对人的正常情欲,是无情的,甚至是灭绝人性的。

　　因此,我们研究朱子的礼学思想,就必须要讨论朱子是如何看待"礼"与"人情"之间关系的,又是如何主张将这两者统一起来的。本章将讨论重点放在以下三个方面:(一)从朱子之"心性论"的角度,来探究朱子对"情"的论述;(二)主要研究朱子关于"礼"与"人情"之间关系的具体主张;(三)主要研究朱子是如何处理"礼之情"与"礼之文"之间的关系。

<h1 style="text-align:center">第一节　朱子论"情"</h1>

一、情之涵义

在讨论礼与人情的关系之前,我们有必要弄清楚"情"字在朱子学中的含义以及与"情"有关的论点。"情"字在古汉语中意思很多,按照《汉语大字典》的解释,其意思有十二种之多。但与本书讨论内容有关的主要有两个义项,我们分别来看一下。其一,"情"指人的感情。《说文》曰:"情,人之阴气有欲者。从心,青声。"徐灏注笺曰:"发于本心谓情。"段玉裁注曰:"董仲舒曰:情者,人之欲也。人欲之谓情,情非制度不节。《礼记》曰:何谓人情?喜怒哀惧爱恶欲,七者,弗学而能。"在朱子文本中,"情"字多数情况下都是指人的情感。其二,"情"指实情或情形。如《左传·哀公八年》:"叔孙辄对曰:'鲁有名而无情,伐之必得志焉。'"杜预注:"有大国名,无情实。"朱子在讨论"礼之情"和"礼之文"时,"情"字就包含实际情形的这一层意思,而这一点被不少人忽视。

由于在朱子那里"情"字大多数情况下都是指人的情感,所以我们先来着重谈论作为"情感"义在朱子思想中的具体涵义。首先,情由心发。譬如,朱子云:

> 古人制字,亦先制得"心"字,"性"与"情"皆从"心"。以人之生言之,固是先得这道理。然才生这许多道理,却都具在心里。且如仁义自是性,孟子则曰"仁义之心";恻隐、羞恶自是情,孟子则曰"恻隐之心,羞恶之心"。盖性即心之理,情即性之用。今先说一个心,便教人识得个情性底总脑,教人知得个道理存着处。[1]

其次,情是人心中之性的发用或流露。人心并非空无一物,而是具有许多道理,也就是"性",这就是朱子所谓的"性即心之理,情即性之用"。最后,对朱子而言,情感的产生也需要外在的事物作为其感发的条件。譬如,朱子说:"感

---

[1]　黎靖德编:《朱子语类》卷五,第 91 页。

物而动,便是情。"①

　　简言之,"情"的含义,如果用朱子的得意弟子陈淳的概括,则更为全面。陈淳云:"情与性相对。情者,性之动也。在心里面未发动底是性,事物触着便发动出来是情。寂然不动是性,感而遂通是情。这动底只是就性中发出来,不是别物,其大目则为喜怒哀惧爱恶欲七者,《中庸》只言喜怒哀乐四个,《孟子》又指恻隐、羞恶、辞逊、是非四端而言,大抵都是情。性中有仁,动出为恻隐;性中有义,动出为羞恶;性中有礼智,动出为辞逊、是非。端是端绪,里面有这物,其端绪便发出从外来。若内无仁义礼智,则其发也,安得有此四端?大概心是个物,贮此性,发出底便是情。孟子曰:'恻隐之心,仁之端也;羞恶之心,义之端也'云云。恻隐、羞恶等以情言,仁义等以性言。必又言心在其中者,所以统情性而为之主也。孟子此处说得却备。又如《大学》所谓忧患、好乐及亲爱、畏敬等,皆是情。"②这里需要注意的是四端和七情的问题,因为这涉及本书后面将讨论的问题。所谓"四端",即孟子所说的"恻隐、羞恶、辞逊、是非"之情。所谓"七情",即《礼记》所说的"喜怒哀惧爱恶欲",七情是天生的,弗学而能。在朱子看来,"四端"与"七情"都是人天生具有情感。

二、情与心性

　　关于情与心性的关系,朱子有两个重要的论点:第一,心统性情;第二,性体情用。下面我们分别言之。

　　"心统性情",是朱子对心、性、情关系的基本论述。心统性情这一说法来自张载,但其原意难以明确。朱子对这一说法非常赞赏,并加以改造,成为其心性思想中的重要命题。在朱子这里,"心统性情"主要有两层含义。其一,心兼性情。朱子说:"'心统性情。'统,犹兼也。"③又云:"性,其理;情,其用。心者,兼性情而言;兼性情而言者,包括乎性情也。孝弟者,性之用也。"④依照陈来先生的解释,心兼性情,也可以说心包性情,是指心赅括性情的总体。性是心之体,情是心之用,心则是赅括体用的总体,而性情都只是这一总体的不同方面。⑤朱子

---

①　黎靖德编:《朱子语类》卷五,第 95 页。
②　陈淳:《北溪字义》,第 14 页。
③　黎靖德编:《朱子语类》卷九十八,第 2513 页。
④　黎靖德编:《朱子语类》卷二十,第 475 页。
⑤　陈来:《朱子哲学研究》,华东师范大学出版社 2000 年版,第 252 页。

认为，人的精神和心理总是处于两种状态，未发是性，已发是情，而心则贯通已发未发、动静两种状态之中。其二，"心统性情"是指心主性情。朱子云："统是主宰，如统百万军。心是浑然底物，性是有此理，情是动处。"又云："性者，理也。性是体，情是用。性情皆出于心，故心能统之。统，如统兵之'统'，言有以主之也。且如仁义礼智是性也，孟子曰：'仁义礼智根于心。'恻隐、羞恶、辞逊、是非，本是情也，孟子曰：'恻隐之心，羞恶之心，辞逊之心，是非之心。'以此言之，则见得心可以统性情。一心之中自有动静，静者性也，动者情也。"①又说："心，主宰之谓也。动静皆主宰，非是静时无所用，及至动时方有主宰也。言主宰，则混然体统自在其中。心统摄性情，非儱侗与性情为一物而不分别也。"②所谓"心主性情"，是指心对于性情具有统帅管摄的主宰作用。也就是说，心作为意识活动的总体而言，对性和情具有主导和控制的能力。而心之所以能够主宰，是因为心具众理，理或性是心的根据和本质。朱子说："心固是主宰底意，然所谓主宰者，即是理也，不是心外别有个理，理外别有个心。"③这也就是说，"心"之所以具有"主宰"的能力，其根据还在于心中"本具之理"。

实际上，朱子之所以十分重视"心统性情"这一命题，是为了在其心性论中为"情"字安排一个合适的位置。朱子云：

> 旧看五峰说，只将心对性说，一个情字都无下落。后来看横渠"心统性情"之说，乃知此话有大功，始寻得个"情"字着落，与孟子说一般。孟子言："恻隐之心，仁之端也。"仁，性也；恻隐，情也，此是情上见得心。又曰"仁义礼智根于心"，此是性上见得心。盖心便是包得那性情，性是体，情是用。"心"字只一个字母，故"性"、"情"字皆从"心"。④

朱子认为，胡五峰只是心和性对说，而忽略了"情"字。朱子继承了张载"心统性情"这一说法，构建了自己的心性理论，将"情"在其心性论中作了合理的安排。朱子云："性是未动，情是已动，心包得已动未动。盖心之未动则为性，已动则为情，所谓'心统性情'也。欲是情发出来底。心如水，性犹水之静，情则水之流，

---

①   黎靖德编：《朱子语类》卷九十八，第 2513 页。
②   黎靖德编：《朱子语类》卷五，第 94 页。
③   黎靖德编：《朱子语类》卷一，第 4 页。
④   黎靖德编：《朱子语类》卷五，第 91 页。

欲则水之波澜,但波澜有好底,有不好底。欲之好底,如‘我欲仁’之类;不好底则一向奔驰出去,若波涛翻浪;大段不好底欲则灭却天理,如水之壅决,无所不害。孟子谓情可以为善,是说那情之正,从性中流出来者,元无不好也。”①

关于情与性的关系,朱子是从体用的关系来解释的。朱子认为,性是未发,是体;情是已发,是用。概括地说,就是“性体情用”。所谓“性体情用”,是指“性”是“情”的内在根据,而“情”则是“性”的外在表现形式。那么,“性体情用”的具体意涵究竟是什么呢? 朱子云:“盖四端之未发也,虽寂然不动,而其中自有条理,自有间架,不是儱侗都无一物。所以外边才感,中间便应,如赤子入井之事感,则仁之理便应,而恻隐之心于是乎形。如过庙过朝之事感,则礼之理便应,而恭敬之心于是乎形。盖由其中间众理浑具,各各分明,故外边所遇,随感而应。所以四端之发,各有面貌之不同。是以孟子析而为四以示学者,使知浑然全体之中而粲然有条若此,则性之善可知矣。”②在这段话中里,朱子所谓的“四端之未发”,就是指“性”,因为“心之未发”为“性”。在朱子看来,此“性”即人心中本有之“理”,而此“理”又非“儱侗都无一物”,而是“其中自有条理,自有间架”。因此,“外边才感”,心中“便应”。譬如,“赤子入井之事”刚一发生,人一看这种情形,心中本有的“仁之理”便会有所反应,于是“恻隐”之情就已经油然而生。关于朱子的“性体情用”这一主张,陈来先生在《朱子哲学研究》中对此解释得更为清楚明白。陈来先生认为,朱子是借助于“感应”学说来解释其“性体情用”之主张。具体地说就是,当外部事物与人发生接触之时,相对“人之性”来说,是一种“感”,而对于这种“感”,“性”会自然作出反应,这就是“应”。在陈来先生看来,“性所作的反应”即表现为一定的情感发生。③

三、情之善恶

我们知道,与许多儒者一样,朱子是坚持性善论的。按道理说,既然坚持性善,而情由性发,那么情也应该全善。对于和“性”密切相关的“情”,朱子既不认为情全善,也不认为情全恶。朱子说:“性才发,便是情。情有善恶,性则全善。心又是一个包总性情底。”④朱子认为,情有善有恶。

---

① 黎靖德编:《朱子语类》卷五,第93—94页。
② 朱熹:《答陈器之》,《晦庵先生朱文公文集》卷五十八,《朱子全书》第23册,第2778页。
③ 参见陈来:《朱子哲学研究》,第209页。
④ 黎靖德编:《朱子语类》卷五,第90页。

那么，朱子是如何界定"恶"的呢？朱子云："恶不可谓从善中直下来，只是不能善，则偏于一边，为恶。"①朱子这句话的意思是说，"恶"不是人先天就有的，而是后天形成的。心中所发之情"偏于一边"，则为"恶"。朱子又云："此（恶）只是指其过处言。如'恻隐之心，仁之端'，本是善，才过，便至于姑息；'羞恶之心，义之端'，本是善，才过，便至于残忍。故它下面亦自云：'谓之恶者，本非恶，但或过或不及，便如此。'"②换言之，"恶"是指情在由心发出的过程中产生的"过"或"不及"，也就是情不合乎"中节"。而所谓的"情善"，是说发出来的情合乎"中节"。"中节"出自《礼记·中庸》第一章，其曰："喜怒哀乐之未发，谓之中。发而皆中节，谓之和。中也者，天下之大本也。和也者，天下之达道也。致中和，天地位焉，万物育焉。"实际上，由于"中节"是指无过、无不及，所以我们也可以将"中节"理解成一种判断情之善恶的标准。或者更直接地说，这一标准即是圣人所制定的礼仪规范，因为"中节"一词出自《礼记·中庸》，而《礼记》本来就是作为"经"的《仪礼》的"传"，《礼记》的功能主要就是从理论上解释礼仪规范存在的依据或目的。

在朱子看来，人心所发之情可以为善，亦可以为恶。譬如，朱子说："情则可以善，可以恶"。③ 朱子云："孟子谓情可以为善，是说那情之正，从性中流出来者，元无不好也。"④又云："心有喜怒忧乐则不得其正，非谓全欲无此，此乃情之所不能无。但发而中节，则是；发不中节，则有偏而不得其正矣。"⑤因此，我们也可以说，情善就是情之正，而情恶就是情之偏。

在这里，我们有必要讨论一下"四端"与"七情"的善恶问题，因为这一问题本身就比较重要，而且与本书接下来的研究主题相关。我们先来看"四端"之情的善恶问题。上文已经提到，"四端"是指恻隐、羞恶、是非、辞逊之情。朱子在绝大多数情况下，认为，四端之情是善的。朱子云："恻隐、羞恶、辞逊、是非是情之所发之名，此情之出于性而善者也。"⑥朱子认为，四端之情是出于性，所以为善。朱子又云："恻隐、羞恶、是非、辞逊是情之发，仁义礼智是性之体。性中只

---

① 黎靖德编：《朱子语类》卷五十五，第 1308 页。
② 黎靖德编：《朱子语类》卷九十七，第 2487 页。
③ 黎靖德编：《朱子语类》卷五，第 97 页。
④ 黎靖德编：《朱子语类》卷五，第 93—94 页。
⑤ 黎靖德编：《朱子语类》卷十六，第 343 页。
⑥ 黎靖德编：《朱子语类》卷五，第 92 页。

有仁义礼智，发之为恻隐、辞逊、是非，乃性之情也。"①这就是说，四端之情是由仁义礼智之性体而发，仁义礼智是善的，那么四端也应该是善的。在这一意义上，四端之情也可以称之为"性之情"。

然而，朱子在晚年又提出了"四端"之情也可能存在"不中节"的情况②。在《朱子语类》卷五十三中记载了五条语录：

（1）恻隐羞恶，也有中节、不中节。若不当恻隐而恻隐，不当羞恶而羞恶，便是不中节。③［按，此条为陈淳所记，于庚戌（1190）或己未（1199）所闻。因此，此条语录至少是在朱子61岁时所闻。］

（2）人只有个仁义礼智四者，是此身纲纽，其他更无当。于其发处，体验扩充将去。恻隐、羞恶、是非、辞逊，日间时时发动，特人自不能扩充耳。又言，四者时时发动，特有正不正耳。如暴戾愚狠，便是发错了羞恶之心；含糊不分晓，便是发错了是非之心；如一种不逊，便是发错了辞逊之心。日间一正一反，无往而非四端之发。④［按，此条为

---

① 黎靖德编：《朱子语类》卷五，第91页。

② 关于朱子晚年提出"四端亦有不中节"这一主张，谢晓东教授有一篇文章专门讨论这一问题，对朱子提出此说的目的与学理依据作了详细分析。在谢教授看来，朱子提出这一说法的目的是反对陆象山的"本心论"（"心即理"）。因为象山的学问源自孟子，其"本心论"的根基在于孟子之"四端"以及"本心"概念。象山所谓的"本心"实际上就是孟子之"四端"，而"四端"之纯善对于象山之"本心论"，特别是证明"心即理"，尤为要紧。在象山的思想中，"四端"就是"本心"，也就是所谓的"道德主体"。对象山而言，根本不可能存在"四端"会出现"不中节"的情况。而朱子晚年不同意"四端"之纯善，是对象山"本心论"的致命打击。在谢教授看来，朱子提出这一主张也有其理论上的依据。谢教授认为，"心具众理"这一命题是朱子"格物致知论"的核心。依据朱子学之"性即理"这一基本观点，"道德原理"就是人的本性。再依照"在天为理，在人为性"这一说法，从根本上说，"天人一理"。谢教授认为，朱子所谓的"心"，就是"道德主体"，所以才有"心统性情"这一观点。在朱子的思想中，"心"本来就具有"道德原理"（或"法则"），但是现实中的人因为受"气禀物欲"的影响，所以其心中的"道德原理"不能"当体呈现"，而是潜存在心里，"作为现实意识的心是有善有恶的"。因此，在朱子哲学中，"心不即是理"。在谢教授看来，从这一点来看，象山主张"心即理"就是片面的。"心即理"的基本缺陷是忽略了"气禀物欲"的影响。而依据朱子的"理一分殊"之原理，"天理"既在外物之中，也在人心之中。受"气禀物欲"影响了的现实中的人，只有通过"即物穷理"，才有可能彰显"心中之理"。依照朱子在"格物补传"的说法，只要"一旦豁然贯通"，那么"心中之理"就能"完全呈现"。谢教授认为，从这一"格物致知"的最高境界来说，我们亦可认为，此时也实现了"心即理"、"心与理为一"。但是，如果没有达到这一最高境界，那么其心所发之情（包括"四端之情"）就很有可能"不中节"。因此，朱子才强调"格物致知"之于初学者的必要性。所以，朱子晚年提出这一主张，就其学理而言，是有必然性的。参见谢晓东：《朱熹与"四端亦有不中节"问题——兼论恻隐之心、情境与两种伦理学的分野》，《哲学研究》，2017年第4期。

③ 黎靖德编：《朱子语类》卷五十三，第1285页。

④ 黎靖德编：《朱子语类》卷五十三，第1293页。

李方子记于戊申（1188）以后所闻。因此，此条语录是闻于朱子59岁以后。〕

（3）人于仁义礼智，恻隐、羞恶、辞逊、是非此四者，须当日夕体究，令分晓精确。此四者皆我所固有，其初发时毫毛如也。及推广将去，充满其量，则广大无穷，故孟子曰："知皆扩而充之。"且如人有当恻隐而不恻隐，当羞而不羞，当恶而不恶，当辞而不辞，当逊而不逊，是其所非，非其所是者，皆是失其本心。此处皆当体察，必有所以然也。只此便是日用间做工夫处。①〔按，此条为辅广记于甲寅（1197）以后所闻。因此，此条语录是闻于朱子65岁以后。〕

（4）问："推四端而行，亦无欠阙。"曰："无欠阙，只恐交加了：合恻隐底不恻隐，合羞恶底不羞恶，是是非非交加了。四端本是对着，他后流出来，恐不对窠臼子。"问："不对窠臼子，莫是为私意隔了？"曰："也是私意，也是不晓。"节又问："恭敬却无当不当？"曰："此人不当拜他，自家也去拜他，便不是。"②〔按，此条为甘节记于癸丑（1193）以后所闻。因此，此条语录是闻于朱子64岁以后。〕

（5）"凡有四端于我者，知皆扩而充之"，只是要扩而充之。而今四端之发，甚有不整齐处。有恻隐处，有合恻隐而不恻隐处；有羞恶处，又有合羞恶而不羞恶处。且如齐宣不忍于一牛，而却不爱百姓。呼尔之食，则知恶而弗受；至于万钟之禄，则不辨礼义而受之。而今则要就这处理会。③〔按，此条为林夔孙记于丁巳（1197）以后所闻。因此，此条语录是在朱子68岁以后所闻。〕

以上五条语录最早在朱子五十九岁所记，最晚在朱子六十八岁以后所记。因此可以断定，朱子是在晚年提出了四端之情也存在"不中节"的情况。但是，朱子在大多数情况下认为，由于四端之情是仁义礼智之性体所发，故而为善，即所谓"此情（按，指四端之情）之出于性而善者也"。于是，关于四端之情的善恶问题，朱子的论断似乎出现了矛盾。但如果我们稍微细心的话，就会发现朱子的这些说法是在《朱子语类》卷五十三中集中出现的，更具体地说，是在讨论《孟子·公

---

① 黎靖德编：《朱子语类》卷五十三，第1293页。
② 黎靖德编：《朱子语类》卷五十三，第1293—1294页。
③ 黎靖德编：《朱子语类》卷五十三，第1293页。

孙丑上》之"人皆有不忍人之心"章出现的。不仅如此,在上面的五条语录中,第(2)、(3)、(4)、(5)条都是在讨论四端如何"扩而充之"的问题。关于四端的"扩而充之"问题,孟子曰:"凡有四端于我者,知皆扩而充之矣,若火之始然,泉之始达。苟能充之,足以保四海;苟不充之,不足以事父母。"(《孟子·公孙丑上》)朱子在注释这段话时说:"扩,推广之意。充,满也。四端在我,随处发见。知皆即此推广,而充满其本然之量,则其日新又新,将有不能自已者矣。能由此而遂充之,则四海虽远,亦吾度内,无难保者;不能充之,则虽事之至近而不能矣。"①由此可知,在朱子看来,因为仁义礼智之性是人心本有,所以由人心而发的四端之情也是人皆有之,此即"四端在我"。特别需要注意的是,朱子提出,四端"随处发见"。如上引的第(2)条语录中也说:"四者(指四端——笔者按)时时发动";"日间一正一反,无往而非四端之发"。这是朱子对四端之情的一个比较特殊的理解,与孟子所说的四端似有不同,因为在孟子那里,四端的感发是有特定的情境设定的。比如,恻隐之情是在突然看见孺子入井之时发生的,此时根本来不及思索或计较,所以此时产生的恻隐之情是人的本真情感,是由真心而发,故而可以认为这是一种善的情感。而朱子认为,四端之情随时随地都可能产生,这样所发的情感也就不可能皆为善,有"中节"和"不中节"之分。

既然四端有正与不正之分,那么为什么还要"扩而充之"呢? 在《四书章句集注》中,朱子说:"四端在我,随处发见。知皆即此推广,而充满其本然之量。"这里需要弄清楚的是,朱子所谓的"即此推广"中的"此"究竟是何义? 也就是说,在朱子看来,推广的是不是四端之情? 在上引的第(2)条语录中,朱子说:"人只有个仁义礼智四者,是此身纲纽,其他更无当。于其发处,体验扩充将去。"依据这一说法,扩充的似乎是指四端之情,但要注意的是,这里四端是紧接着仁义礼智之性讲的,所以这里应该指合乎性理的四端之情。但是,在扩充之前,朱子又加了"体验"两字。何谓"体验"? 在朱子哲学中,"体验"是指一种反省的认知,又可以说成"体认"、"省察"、"体察"(参见本书第五章"礼与成德"章)。体验什么? 上引的第(3)条语录中对这一问题回答得比较明确。依据这一条语录,当四端之情产生时,尤其是当四端之情发错时(如齐宣不忍于一牛而不爱百姓),应当体验或体察的是"所以然"。"所以然"这一概念在朱子那里比

---

① 朱熹:《四书章句集注》,第238页。

较重要，与朱子的"天理"概念密切相关。① 在这里，"所以然"应该是指作为道德情感的四端之情产生的背后的根据，也是"理"，或者说道德原理。既然体验的是道理原理，那么扩充的也就不可能是四端之情。在朱子哲学，"心具众理"，道德原理为人心本有，所以扩充的应该是"心"。《孟子·公孙丑上》曰："恻隐之心，仁之端也；羞恶之心，义之端也；辞让之心，礼之端也；是非之心，智之端也。"朱子注云："恻隐、羞恶、辞让、是非，情也。仁、义、礼、智，性也。心，统性情者也。端，绪也。因其情之发，而性之本然可得而见，犹有物在中而绪见于外也。"②很明显，扩充的是恻隐之心、羞恶之心、辞让之心、是非之心，此"心"是"心统性情"意义上的心。在四端之情产生之时，就此体验和扩充此心所具之性理。③

因此，朱子晚年提出"四端亦有不中节"的问题，与"四端之情出于性而善"的论断并不矛盾。在本原上讲，四端之情是心中仁义礼智之性的显现，是善的，但由于四端"随处发见"，则会出现"合恻隐底不恻隐"等不中节的情况。所以在上引的第(4)条语录中，朱子说："四端本是对着，他后流出来，恐不对奡臼子"。而四端之所以会不中节，有两个原因：一是"私意"；二是"不晓"。"私意"容易理解，即非"本心"所发，"失其本心"（见上引的第 3 条语录）。据上文分析，"不晓"的意思应该是，在四端之情产生之时，没有体验和反省其背后的道德原理，也就是不知其"所以然"。

讨论完"四端"之善恶后，我们来看"七情"的善恶问题。所谓"七情"，也就是《礼记》所说的"喜怒哀惧爱恶欲"。朱子认为，"七情"有善有恶，可以为善，亦可以为恶。朱子的弟子陈淳也说："喜怒哀乐及情等，是合善恶说。"④然而这里存在一个问题有待讨论，即"七情由何而发"的问题。根据朱子"性体情用"的理

---

① 杨立华教授认为，"所以然"既指道德规范的根据，又指自然现象的原因，但更多地指向道德行为背后的根据。参见杨立华：《所以与必然：朱子天理观的再思考》，《深圳社会科学》，2019 年第 1 期。

② 朱熹：《四书章句集注》，第 238 页。

③ 林宏星教授也持这一观点。林教授认为，朱子将"推"字理解成"扩充"，"推恩"的准确意思乃是扩充此心。有些学者将这种恻隐、不忍之心称为道德情感是有依据的，但如果把朱子所理解的"推恩"直接了解为"推情"，却并不符合朱子的意思。理由在于，同情心（四端之情——笔者按）并不具有行为规范的证成功能，不能一任同情心之发，"须有断制"，此断制即是此心所包含的仁与义，亦即理。所以，在根源意义上说，扩充此恻隐、不忍之情当在扩充此心上下手，道德行动的理由和动机也就应当在"心统性情"意义上的"心"上去寻找。参见东方朔：《"反其本而推之"——朱子对〈孟子·梁惠王上〉"推恩"问题的理解》，《复旦学报》（社会科学版），2019 年第 3 期。

④ 陈淳：《北溪字义》，第 15 页。

论,情以性为内在根据,性以情为外在表现。按照这一理论,"七情"应该有仁义礼智之性而发,而仁义礼智之性所发的应该是"恻隐、羞恶、辞逊、是非"四端之情,而非"七情"。于是,这里似乎出现了理论上的困难。朱子似乎也意识到这一问题,曾想用"七情分配四端"的方法去解决这一问题。《语类》记载:

> (1)问:"喜怒哀惧爱恶欲是七情,论来亦自性发。只是恶自羞恶发出,如喜怒爱欲,恰都自恻隐上发。"曰:"哀惧是那个发?看来也只是从恻隐发,盖惧亦是怵惕之甚者。但七情不可分配四端,七情自于四端横贯过了。"①
>
> (2)刘圻父问七情分配四端。曰:"喜怒爱恶是仁义,哀惧主礼,欲属水,则是智。且粗恁地说,但也难分。"②

在以上两则对话中,朱子在和他的学生讨论"七情分配四端"的问题。然而从朱子的回答中我们可以看出,朱子认为七情可以分配四端,但也很难分得细。实际上,朱子只是意识到这一问题,而并没有将"七情由何而发"的问题解决好。

行文至此,我们可以认为,朱子认为四端和七情都有可能存在不中节的情况。既然情有善恶,那么根据"性体情用"的说法,我们是否可以认为性有善恶呢?朱子显然不能同意这一观点。在朱子那里,正是通过"情善"来证明"性善"的,也可以说,"因情知性"。朱子云:"恻隐、羞恶、辞让、是非,情也。仁义礼智,性也。……因情之发露,而后性之本然者可得而见。"③在这里,朱子正是以四端之情善而证明性善的。然而,朱子晚年也明确说过四端之情也有不中节的情况。即使我们假设四端是全善的,依照朱子的"性体情用"的理论和"因情知性"的论证方式,也会给性善论带来理论上的困难。理由在于,在朱子那里,"七情"肯定是有善有恶的。那么,情既然有善恶,在逻辑上必然得出性有善恶。要解决这一矛盾,方法有二。第一,"性体情用"中的情仅指四端,而不包括指七情。如果这样的话,"性体情用"这一理论的普遍性就会受到挑战,也会完全割裂四端和七情。第二种方法是,四端七情分理气。朱子云:"四端是理之发,七情是

---

① 黎靖德编:《朱子语类》卷八十七,第2242页。
② 黎靖德编:《朱子语类》卷八十七,第2242页。
③ 黎靖德编:《朱子语类》卷五十三,第1285页。

气之发。"①然而，依照陈来先生的研究，朱子并没有真正地去解决这些问题。②

第二节　"礼顺人情"与"以礼治情"

一、儒家经典关于礼与人情的论述

《礼记》作为儒家三礼之一，其中有不少讨论礼与人情关系的表述。简单地说，关于二者的关系，《礼记》主要表达了两层意思。其一是"礼顺人情"。譬如，《礼记·礼运》曰："故礼义也者，人之大端也，所以讲信修睦而固人之肌肤之会、筋骸之束也。所以养生送死事鬼神之大端也。所以达天道顺人情之大窦也。"《礼记·坊记》言："礼者，因人之情而为之节文，以为民坊者也。故圣人之制富贵也，使民富不足以骄，贫不至于约，贵不慊于上，故乱益亡。"其二是"以礼治情"。《礼记·礼运》曰："夫礼，先王以承天之道，以治人之情。故失之者死，得之者生。"又说："故圣人所以治人七情，修十义，讲信修睦，尚辞让，去争夺，舍礼何以治之？"在《礼记正义》中，孔颖达对"治人七情"的解释是："七情好恶不定，故云'治'。"③《礼记·礼运》中还有一段比较重要的话，值得一看，其言曰："故礼之于人也，犹酒之有糵也，君子以厚，小人以薄。故圣王修义之柄、礼之序，以治人情。故人情者，圣王之田也。修礼以耕之，陈义以种之，讲学以耨之，本仁以聚之，播乐以安之。故礼也者，义之实也；协诸义而协，则礼虽先王未之有，可以义起也。"在这段话中，所谓"礼之于人也，犹酒之有糵也"，孔颖达疏曰："礼不可以已之，故在人，譬如酿酒，须用曲糵则成酒，无曲糵则酒不成，人无礼则败坏也。"④所谓的"君子以厚，小人以薄"，孔颖达疏曰："君子，譬精米嘉器也；小人，譬粗米弊器。言譬如酿酒，共用一曲，分半持酿精美嘉器，则其味醇和，一半酿粗米弊器，则其味醨薄。亦犹如礼，自是一耳，行之自有厚薄，若君子性识纯深，得礼而弥深厚，小人智虑浅薄，得礼自虚薄者也。"⑤而对于其中的"以治人情"，

---

① 黎靖德编：《朱子语类》卷五十三，第 1296 页。
② 参见陈来：《朱子哲学研究》，第 210—211 页。
③ 郑玄注，孔颖达疏：《礼记正义》，第 916 页。
④ 郑玄注，孔颖达疏：《礼记正义》，第 942 页。
⑤ 郑玄注，孔颖达疏：《礼记正义》，第 942 页。

郑玄注曰:"治者,去瑕秽,养菁华也。"①在孔颖达看来,《礼记·礼运》中"故人情者,圣王之田也。修礼以耕之"这一句话的意思就是,"土地是农夫之田,人情者亦是圣王之田也","农夫之田,用末耜以耕之,和其刚柔。圣人以礼耕人情,正其上下"。②

此外,先秦大儒荀子十分重视"礼",对于礼与人情的关系,他主张"以礼养情"。在荀子那里,"情"与"性"的含义基本相当,经常情性连用。我们知道,荀子反对孟子的性善论,提出性恶论。"性"在荀子思想中的基本含义是:性是人天生具有的材质,也可以说,是生之自然状况或资质。比如,荀子曰:"性者,本始材朴也"(《荀子·礼论》);"生之所以然者谓之性"(《荀子·正名》);"不可学,不可事,而在人者,谓之性"(《荀子·性恶》)。在荀子这里,"性"的一个主要内容是指人的身体器官的欲望。荀子说:"若夫目好色,耳好听,口好味,心好利,骨体肤理好愉佚,是皆生于人之情性者也。"(《荀子·性恶》)在荀子看来,人天生具有的这些欲望本来并不能说即是恶的。只有当这些自然欲望顺其发展而不加以控制,则会造成恶的结果。荀子曰:"今人之性,生而有好利焉,顺是,故争夺生而辞让亡焉;生而有疾恶焉,顺是,故残贼生而忠信亡焉;生而有耳目之欲,有好声色焉,顺是,故淫乱生而礼义文理亡焉。然则从人之性,顺人之情,必出于争夺,合于犯分乱理,而归于暴。故必将有师法之化,礼义之道,然后出于辞让,合于文理,而归于治。"(《荀子·性恶》)荀子认为,礼仪的作用就在于限制人的自然欲望过多膨胀,通过礼仪的教化,合理安排人们的自然欲望。荀子云:"今人之性,饥而欲饱,寒而欲暖,劳而欲休,此人之情性也。今人见长而不敢先食者,将有所让也;劳而不敢求息者,将有所代也。夫子之让乎父,弟之让乎兄,子之代乎父,弟之代乎兄,此二行者,皆反于性而悖于情也;然而孝子之道,礼义之文理也。故顺情性则不辞让矣,辞让则悖于情性矣。"(《荀子·性恶》)荀子认为,对长者的辞让和代劳原本是违背人的性情的。如果一味顺从人的性情,则人们根本不愿辞让和代劳。人们之所以这样做,是因为受了礼仪教化的结果。由此,荀子提出了"以礼养情"这一理论。荀子说:"礼义文理之所以养情也"。(《荀子·礼论》)也就是说,通过礼仪的教化,合理安排并满足人的自然欲望。由于,在荀子那里,"情"与"性"意思基本等同,所以"以礼养情"也可以说成"以

---

①　郑玄注,孔颖达疏:《礼记正义》,第943页。
②　郑玄注,孔颖达疏:《礼记正义》,第944页。

礼养性"。

二、北宋学者关于礼与人情的论述

关于礼与人情之间的关系，北宋的李觏（1009—1059，字泰伯，号盱江先生）主张"礼顺人情"的观点。李觏在《与胡先生书》中说："唯礼为能顺人情"①，又在《礼论》中说："夫礼之初，顺人之性欲而为之节文者也"②。按照杨柱才教授的研究，李觏所谓的"性欲"，是指自发于人的内在本性的种种欲望，而不是仅仅指"男欢女爱"之"性欲"。在李觏的《礼论》中，"性欲"的含义与"礼顺人情"中的"人情"基本一致。在李觏看来，"人之性欲"的基本表现是"饥求食"、"渴求饮"、"寒求暖"、"暑求轻"。换言之，"人之性欲"就是人为了满足最基本的生存而天生具有的自然欲望。李觏认为，"礼"的作用原本应该是为满足"人之性欲"，此即其所谓的"唯礼为能顺人情"。而圣人所制定的礼仪规范制度，究其实质而言，本质上都是为了满足人们的最基本的生存需求与欲望。因此，李觏所主张的"礼顺人情"，其主要用心在于，礼仪规范的制定与发挥其本应有之功能，都取决于其是否为了满足"绝大多数人"的"性欲"这一目的。③

作为"蜀学"代表人物的苏轼（1037—1101，字子瞻，号铁冠道人、东坡居士），对礼与人情之间的关系也提出了自己的见解。概而言之，苏轼认为，"礼"起源于"人情"。苏轼说："夫礼之初，缘诸人情，因其所安者，而为之节文，凡人情之所安而有节者，举皆礼也，则是礼未始有定论也。然而不可以出于人情之所不安者，则亦未始无定论也。执其无定以为定论，则涂之人皆可以为礼。"④在苏轼看来，凡是"人情之所安而有节者"，皆可称之为"礼"。苏轼之所以持这一观点，理由有二。第一，因为"圣人之道本于人情"，而"礼"是圣人制定的，因而"礼"也应该是本于人情。譬如，苏轼云："夫圣人之道，自本而观之，则皆出于人情。不循其本，而逆观之于其末。则以为圣人有所勉强力行，而非人情之所乐者，夫如是，则虽欲诚之，其道无由。"⑤而在苏轼看来，"人情莫不好逸豫而恶劳苦"，"人情莫不乐富贵而羞贫贱"，所以如果礼仪过于繁琐，或者施行礼仪，花费

---

① 李觏：《李觏集》卷二十八，中华书局 2011 年版，第 318 页。
② 李觏：《李觏集》卷二，第 6 页。
③ 参见杨柱才：《李觏的礼论及其现实意义——兼论对王安石的影响》，《中国哲学史》，2002 年第 1 期。
④ 苏轼：《苏轼文集》，中华书局 1990 年版，第 49 页。
⑤ 苏轼：《苏轼文集》，第 61 页。

太大，这都与"人情"相违背。譬如，苏轼说："人情莫不好逸豫而恶劳苦，今吾必也使之不敢箕踞，而磬折百拜以为礼；人情莫不乐富贵而羞贫贱，今吾必也使之不敢自尊，而揖让退抑以为礼；用器之为便，而祭器之为贵；亵衣之为便，而衮冕之为贵；哀欲其速已，而伸之三年；乐欲其不已，而不得终日；此礼之所以为强人而观之于其末者之过也。"①第二，也可能是更为重要的原因，苏轼之所以如此主张，实际上是为了反对与其同时代的试图复归古礼的儒者（尤其是道学家），如伊川、横渠等人。譬如，苏轼说："今儒者之论则不然，以为礼者，圣人之所独尊，而天下之事最难成者也。牵于繁文，而拘于小说，有毫毛之差，则终身以为不可。论明堂者，惑于《考工》、《吕令》之说；议郊庙者，泥于郑氏、王肃之学。纷纷交错者，累岁而不决。或因而遂罢，未尝有一人果断而决行之。此皆论之太详而畏之太甚之过也。"②在这段话中，苏轼所谓的"今儒者之论"，应该就是指当时主张复归古礼的儒者。因为这些主张复归古礼儒者正如苏轼所批评的那样，基本上都认为"三代之礼"是最理想的礼仪规范，是"圣人之所独尊"，而要复归古礼，也是"天下之事最难成"之事。再如，苏轼所提到的其"论明堂"、"议郊庙"等，这些都是伊川、横渠等人非常留意的议题。其实，苏轼本来没有将自己看成孔门之徒，其学问取向是非常开放的。这一点我们只要看一下苏轼以"道人"、"居士"为号，就应该能够明白。所以，苏轼提出"凡人情之所安而有节者，举皆礼"，而反对复归古礼，这也是很自然的。

　　关于礼与人情之间的关系，横渠先生对此也有所论述。横渠说："礼非止著见于外，亦有'无体之礼'。盖礼之原在心。"③又说："人情所安即礼也。"（卫湜，卷五十八）依据横渠的这两句话，我们可以看出，横渠认为，究其根本而言，"礼"根源于人之内心，或者说，心中本有之礼是"无体之礼"。而在礼与人情之间的具体关系上，横渠也认为"人情所安即礼"。但是，横渠所理解的"人情"与上文苏轼所谓的"人情"并不相同，因为横渠作为有理想追求的道学家，是不太可能仅仅将"人情"理解成"好逸豫而恶劳苦"、"乐富贵而羞贫贱"。北宋的道学家追求的是"孔颜之乐"，安贫乐道，与苏轼潇洒的生活态度不同。横渠所理解的"人情"，如果用现在的学术语言来说，就应该是指"道德情感"。譬如，横渠说："今既宗法不正，则无缘得祭祀正，故且须参酌古今，顺人情而为之。今为士者而其

---

①　苏轼：《苏轼文集》，第62页。
②　苏轼：《苏轼文集》，第49页。
③　张载：《张载集》，第264页。

庙设三世几筵，士当一庙而设三世，似是只于祢庙而设祖与曾祖位也。有人又有伯祖与伯祖之子者，当如何为祭？伯祖则自当与祖为列，从父则自当与父为列，苟不如此，使死者有知，以人情言之必不安。礼于亲疏远近，则礼自有烦简，或月祭之，或享尝乃止。故拜朔之礼施于三世，伯祖之祭止可施于享尝，平日藏其位版于祳中，至祭时则取而祫之。其位则自如尊卑，只欲尊祖，岂有逆祀之礼！若使伯祖设于他所，则似不得祫祭，皆人情所不安，便使庶人亦须祭及三代。"①横渠在这里是在讨论如何祭祀的问题，其讨论的具体祭祀礼仪比较复杂，本书在这里就不多加分析。但是，我们从这段话中，还是能够比较容易地弄清楚横渠的基本观点。质言之，在横渠看来，如果祭祀祖先不得其正的话，那么其子孙后代就会心有不安，因为子孙对祖先有着深厚的敬爱思慕之情。因此，诸如对祖先的"敬爱思慕之情"才是横渠所谓的"人情"。

三、顺人情之正与治人情之偏

在礼与人情的关系上，朱子既认同"礼顺人情"，又主张"以礼治情"。前文已经提到，"礼顺人情"和"以礼治情"的说法皆出自《礼记》。《礼记·礼运》曰："故礼义也者，人之大端也，所以讲信修睦，而固人之肌、肤之会，筋、骸之束也；所以养生送死，事鬼神之大端也；所以达天道顺人情之大窦也。故唯圣人为知礼之不可以已也。故坏国、丧家、亡人，必先去其礼。"《礼记·礼运》又言："故礼之于人也，犹酒之有蘖也，君子以厚，小人以薄。故圣王修义之柄、礼之序，以治人情。故人情者，圣王之田也。"在对"人情"看法上，依照传统儒家的观点，有些"人情"是值得肯定的，譬如子女对父母的爱敬之情或者孟子所谓的"四端之情"，我们可以将这一类的"人情"称之为"道德情感"。但是，传统儒家对于另外一些"人情"，譬如"七情"，对其就不是完全肯定，当然也不是完全否定，这主要是因为"七情"好恶不定，有"中节"与"不中节"之分，即有善恶之分。"礼顺人情"，就是指礼文的种种规定应该顺应人的道德情感，体现并表达其情感，如丧礼中的哀戚之情。这里的"顺"，是指要以合适的方式使得人之道德情绪得以宣泄，因势利导，而不是一味地顺从人情。而所谓的"治"，郑玄注云："治者，去瑕秽，养菁华也。"②因此，"以礼治人情"的意思就是，圣王通过制定礼仪法度来治

---

① 张载：《张载集》，第 292—296 页。
② 郑玄注，孔颖达疏：《礼记正义》，第 943 页。

理与修正人情，"圣人以礼耕人情，正其上下"，因为人情之好恶不定，有正邪之分。

在"礼顺人情"的问题上，朱子并不认为所有的人情都要顺应，因为在朱子的思想中情有善恶之分。朱子认同"礼顺人情"的实质是礼要"顺人情之正"。《朱子语类》记载了这样一段对话：

> 或问："哀慕之情，易得间断，如何？"
>
> 曰："此如何问得人！孝子丧亲，哀慕之情，自是心有所不能已，岂待抑勒，亦岂待问人？只是时时思慕，自哀感。所以说'祭思敬，丧思哀'。只是思着自是敬，自是哀。若是不哀，别人如何抑勒得他！"
>
> 因举"宰我问三年之丧"云云，曰："女安则为之！圣人也只得如此说，不当抑勒他，教他须用哀。只是从心上说，教他自感悟。"①

在这段师生对话中，朱子和其学生是在讨论丧礼中情感问题。朱子的学生问了一个比较有意思的问题，在丧失亲人时，由于种种原因，对亲人的哀慕之情容易间断，应该如何处理。朱子认为，哀慕之情是人丧亲时本有的，而且不应该停止，"岂待抑勒"。"抑勒"一词，有强逼和压制之意。也就是说，在丧亲时人们不应该去强逼和压制其哀慕之情，而应该顺应这一情感，让其释放。在这里，朱子还引用了《论语》中孔子对"三年之丧"的回答，认为对于丧礼的规定的认可与否，最终应该以心中的哀慕之情作为依据。而朱子在看来，哀慕之情是人们在丧亲时对亲人的真实情感流露，是"情之正"，应当顺应，不当抑制。朱子同意"礼顺人情"的真实用意是，礼应该"顺人情之正"。

因此，朱子接受所谓的"礼顺人情"是有条件的，即"顺人情之正"。朱子云："人情不能皆正，故古人治世，以大德不以小惠，然则固有不必皆顺之人情者。若曰顺人心，则气象差正当耳。井田、肉刑二事尽有曲折，恐亦未可遽以为非。"②朱子这里明确说，不是所有人情都是正当合理的，所以不合理的人情就不应该盲目顺从。朱子在教育他的学生时，曾告诫学生，为人处世要分辨人情之正和人情之偏，"要识人情之正"。③ 特别是处于比较偏僻的地方，虽然应该入乡

---

① 黎靖德编：《朱子语类》卷八十九，第 2279 页。
② 朱熹：《答或人》，《晦庵先生朱文公文集》卷六十四，《朱子全书》第 23 册，第 3138 页。
③ 黎靖德编：《朱子语类》卷一百一十七，第 2813 页。

随俗，人情周到，但也不能是非不分，毫无原则，同流合污。朱子云："'孔子于乡党，恂恂如也，似不能言者。'处乡曲，固要人情周尽；但须分别是非，不要一面随顺，失了自家。天下事，只有一个是，一个非；是底便是，非底便非。"①

那么，一方面要顺人情，另一方面又要判断是非、坚持原则。这两者应该如何协调呢？《语类》有一段记载：

> 曹宰问云："寻常人徇人情做事，莫有牵制否？"
> 曰："孔子自有条法，'从众、从下'，惟其当尔。"②

朱子这里认为，一般人依从人情做事，要坚持孔子所说的"从众"和"从下"两条原则。实际上，"从众"与"从下"的原则就是要求"从俗"，而"从俗"出自《礼记·曲礼》，其曰："礼从宜，使从俗。""从俗"的大致意思是：行为的准则要求适合事理，要顺应当地的风土习俗。简言之，"从俗"就是入乡随俗。

但是，在"从众"和"从下"这两条原则之上应当还有一条更高的原则，就是要合乎道德原则（或者说"天理"），所以朱子才会强调"惟其当尔"。③

在礼仪的具体实践过程中，朱子接受"礼顺人情"这一观点，但是明确反对苟徇人情。也就是说，朱子并不同意一味地顺从人情而盲目地践行礼仪。朱子云："古者礼学是专门名家，始终理会此事，故学者有所传授，终身守而行之。凡欲行礼有疑者，辄就质问。所以上自宗庙朝廷，下至士庶乡党典礼，各各分明。汉唐时犹有此意。如今直是无人如前者。某人丁所生继母忧，礼经必有明文。当时满朝更无一人知道合当是如何，大家打哄一场，后来只说莫若从厚。恰似无奈何，本不当如此，姑徇人情从厚为之。是何所为如此？岂有堂堂中国，朝廷之上以至天下儒生，无一人识此礼者！然而也是无此人。"④朱子这里强调了礼文的重要性，要了解礼经的明文规定，不可以曲从人情。如朱子在这段话中提到，遇到"某人丁所生继母忧"的情况，古礼必定有明确的礼文，如果不了解其规

---

① 黎靖德编：《朱子语类》卷一百一十七，第 2808 页。
② 黎靖德编：《朱子语类》卷一百三十九，第 3323 页。
③ 吾妻重二先生认为，在朱子的思想中，"礼"是将"理"具体化的各种原则，但是这并不意味着"礼"是固定不变的。朱子理解和认同"礼"的可变性，在认定根本原则的基础上，可以根据时代状况对现实中的"礼"的具体规定进行调整。关于"礼"的这种富有弹性而非僵硬的观点也说明，朱子既不是单纯的复古主义者，也不是狭隘的原理主义者。参见：《朱熹〈家礼〉实证研究》，第 178—181 页。
④ 黎靖德编：《朱子语类》卷八十四，第 2184 页。

定,姑徇人情来行事,则必然会以"从厚"的方式来做,而这样做虽然合乎人情,但是与礼文制度不合。因此,朱子在承认"礼顺人情"时,还是主张在礼的实践中要参照古礼的规定,而不可姑徇人情。

朱子除了有条件地接受"礼顺人情"这一原则,也认同"以礼治情"的主张。在人情与礼法之间,朱子是明确反对一味地顺从人情而蔑视礼法的。譬如,朱子说:"如谢氏所引两句,乃是庄子之说。此与阮籍居丧饮酒食肉,及至恸哭呕血,意思一般。蔑弃礼法,专事情爱故也。"①而在《程氏易传》中,伊川有一段关于礼与人情之间关系的话,朱子将其编入了《近思录》。伊川曰:"人之处家,在骨肉父子之间,大率以情胜礼,以恩夺义,惟刚立之人,则能不以私爱失其正理。故《家人卦》大要以刚为善"。② 伊川认为,在家庭中的父子关系非常亲密,父亲疼爱儿子本属于人之常情,但如果父亲对儿子过分溺爱,"以情胜礼"则会违背正理。而这种"以情胜礼"的情况在家庭中非常容易发生出现,毕竟家庭人伦关系首先是建立在亲情基础之上的。朱子认同伊川的这一观点。《朱子语类》记载:

> 问:"父母之于子,有无穷怜爱,欲其聪明,欲其成立。此谓之诚心邪?"
>
> 曰:"父母爱其子,正也;爱之无穷,而必欲其如何,则邪矣。此天理人欲之间,正当审决。"③

对于家庭中存在的这种情况,朱子认为,父母爱子女是正当的,合乎天理;过分溺爱,则属于人欲,会陷入邪恶。所以,朱子是明确反对"以情胜礼",主张以礼治情。

以上家庭中"以情胜礼"的例子是针对父母对子女的情况,那么子女应该如何对待父母呢? 不用说,儒家一直强调子女对父母的顺从,朱子亦莫能外。但是,朱子也指出,子女也不应该对父母盲目顺从而丧失自己的判断是非的能力,尤其是在父母犯错的情况时,更要采取合适的方式指出并劝谏父母。朱子云:"人情自有偏处,所亲爱莫如父母,至于父母有当几谏处,岂可以亲爱而忘正救!

---

① 黎靖德编:《朱子语类》卷二十七,第705页。
② 程颢、程颐:《二程集》,第886页。
③ 黎靖德编:《朱子语类》卷十三,第232页。

所敬畏莫如君父，至于当直言正谏，岂可专持敬畏而不敢言！"①父母犯错时，子女应当谏言，只不过如何劝谏，则有讲究，所以朱子在其《家礼》中对此有明确的规定。

总而言之，在礼与人情的关系上，对于"礼顺人情"和"以礼治情"两个观点，与大多数儒者过于强调其中的一个方面不同，朱子对两个观点都予以认可，并试图在二者之间找到平衡。而且，朱子对这个观点的认同是有条件的，即"礼顺人情"是顺人情之正，"以礼治情"是要求以礼治人情之偏。

第三节　"礼之情"与"礼之文"

一、情文相称

钱穆先生曾说："朱子考礼，又不专重于考礼之文，并兼重于考礼之情。"②有学者提出，"情文相称"是朱子礼学思想的特色之一。③ 那么，何为"礼之文"？何为"礼之情"？二者又是在何种条件下才会相称？所谓"礼之文"，不难回答，就是指礼之名物制度。何为"礼之情"？这个问题相对复杂些。有些人将"礼之情"仅仅理解成礼中所蕴含的或礼所体现的人的情感，这一理解不能说毫无道理，但就朱子礼学思想而言，这一理解不够全面。

首先，"礼之情"包含礼中所体现的人的情感。这一层含义在朱子的讨论比较多，现举例如下：

（1）某尝说，古者之礼，今只是存他一个大概，令勿散失，使人知其意义，要之必不可尽行。如始丧一段，必若欲尽行，则必无哀戚哭泣之情。何者？方哀苦荒迷之际，有何心情——如古礼之繁细委曲？古者有相礼者，所以导孝子为之。若欲孝子一一尽依古礼，必躬必亲，则必

---

① 黎靖德编：《朱子语类》卷十六，第352页。
② 钱穆：《朱子新学案》第四册，第122页。
③ 殷慧说："朱熹考证礼仪主要注重考礼之名物制度和礼中人情。情文相称既是朱熹考礼的最终目标，也是其礼学思想的特色之一。"参见殷慧：《礼理双彰：朱熹礼学思想探微》，第395页。

无哀戚之情矣。况只依今世俗之礼，亦未为失，但使哀戚之情尽耳。①

（2）看古礼，君于大夫，小敛往焉，大敛往焉；于士，既殡往焉；何其诚爱之至！今乃恝然。这也只是自渡江后，君臣之势方一向悬绝，无相亲之意，故如此。古之君臣所以事事做得成，缘是亲爱一体。②

（3）至于节祠，则又有说。盖今之俗节，古所无有，故古人虽不祭，而情亦自安。今人既以此为重，至于是日，必具殽羞相宴乐，而其节物亦各有宜，故世俗之情至于是日不能不思其祖考，而复以其物享之。虽非礼之正，然亦人情之不能已者。但不当专用此而废四时之正礼耳。故前日之意，以为既有正祭，则存此似亦无害。今承诲谕，以为黩而不敬，此诚中其病，然欲遂废之，则恐感时触物，思慕之心又无以自止，殊觉不易处。且古人不祭，则不敢以燕，况今于此俗节既已据经而废祭，而生者则饮食宴乐，随俗自如，殆非事死如事生、事亡如事存之意也。必尽废之然后可，又恐初无害于义理而特然废之，不惟徒骇俗听，亦恐不能行远，则是已废之祭拘于定制，不复能举，而燕饮节物渐于流俗，有时而自如也。此于天理，亦岂得为安乎？③

（4）用之问祭用尸之意。曰："古人无不用尸，非惟祭祀家先用尸，祭外神亦用尸。不知祭天地如何，想惟此不敢为尸。杜佑说，古人用尸者，盖上古朴陋之礼，至圣人时尚未改，相承用之。至今世，则风气日开，朴陋之礼已去，不可复用，去之方为礼。而世之迂儒必欲复尸，可谓愚矣！杜佑之说如此。今蛮夷猺洞中有尸之遗意，每遇祭祀鬼神时，必请乡之魁梧姿美者为尸，而一乡之人相率以拜祭。……近来数年，此礼已废矣。看来古人用尸自有深意，非朴陋也。"陈丈云："盖不敢死其亲之意。"曰："然"。用之云："祭祀之礼，酒肴丰洁，必诚必敬，所以望神之降临，乃歆向其饮食也。若立之尸，则为尸者既已享其饮食，鬼神岂复来享之！如此却为不诚矣。"曰："此所以为尽其诚也。盖子孙既是祖宗相传一气下来，气类固已感格。而其语言饮食，若其祖考之在焉，则有以慰其孝子顺孙之思，而非恍惚无形想象不及之可比矣。古人用尸之意，所以深远而尽诚，盖为是耳。今人祭祀但能尽诚，

① 黎靖德编：《朱子语类》卷八十九，第2285页。
② 黎靖德编：《朱子语类》卷八十九，第2248页。
③ 朱熹：《答张钦夫》，《晦庵先生朱文公文集》卷三十，《朱子全书》第21册，第1325页。

其祖考犹来格。况既是他亲子孙，则其来格也益速矣。"①

第（1）段讨论古代丧礼。朱子认为，古代丧礼中对始丧一段的规定过于繁琐，如果完全按照古礼而行，则必无哀戚哭泣之情。因此，朱子主张不必依照古礼，依照当今世俗之礼也是可以的，因为世俗之礼也能够充分地释放孝子的哀戚之情。第（2）段讨论古代"君临臣丧"之礼。朱子认为，"君临臣丧"之礼的种种规定，体现了君对臣的诚爱之情，君臣本应是"亲爱一体"。可见，朱子这里是以不同身份的人们之间应有的情感对礼文作出的解读。第（3）段是朱子在和张钦夫讨论"节祠"当不当废除的问题。所谓"节祠"，是指老百姓在过一些世俗的节日时祭祀祖先。依照儒家祭祀祖先之礼，应当依照四时来祭祀祖先，此为"正礼"。而"节祠"在礼文中并无明文规定，它是在人们生活中自发而形成的。对于"节祠"，张钦夫认为应当废除之，其理由在于"节祠"是对祖先"黩而不敬"。而朱子不同意张钦夫的主张，认为"存此似亦无害"。朱子认为，"节祠"虽然"非礼之正，然亦人情之不能已者"，只不过不应当"专用此而废四时之正礼"。在朱子看来，如果依照张钦夫的主张，则会出现这样的情况：如果依照儒家礼学经典而强制废除"节祠"，人们则会在世俗的节日里除了不能祭祀祖先外，依然可以"饮食宴乐，随俗自如"，那么这样就违背了儒家祭祀祖先的"事死如事生、事亡如事存之意"。只有将世俗的节日一并废除，才能真正而彻底地废除"节祠"，然而这是不太可能实现的。这样做的结果可能是，不仅"徒骇俗听"，也"不能行远"。因此，朱子主张有条件地保留"节祠"，其依据的是人们对祖先的情感，"节祠"体现了"人情之不能已"。第（4）段是在讨论古人祭祀用尸之深意。杜佑认为，古人祭祀用尸是上古朴陋之礼，随着风气日开，必须废除此礼。对于那些想要恢复祭祀用尸之礼的儒生，杜佑评价道："世之迂儒必欲复尸，可谓愚矣！"。而朱子不同意杜佑的这一观点。朱子认为，古人祭祀用尸，自有深意，而非朴陋。在朱子看来，古人祭祀祖先用尸之深意在于慰藉子孙对祖先的孝顺思念之情，祭祀用尸充分体现了子孙孝顺思念之情之真诚。今人祭祀祖先，只要能够真诚地表达其孝顺思念之情就可以了，而未必要采取"用尸"这一方式。由此可见，朱子在讨论古人祭祀用尸之深意是，其落脚点在于人情。

通过以上分析，我们可以看出，"礼之情"在朱子那里包含人的情感这一层

---

①　黎靖德编：《朱子语类》卷九十，第 2309—2310 页。

意思,但并非专指人的情感。譬如,朱子云:

> 祔说向尝细考,欲以奉报,意谓已遣。今承喻却未收得,必是不曾
> 遣去。然今又寻不见。大抵《礼》注、《穀梁》皆谓练而迁庙,《大戴礼·
> 诸侯迁庙》其说亦然,此是古人必以练而迁其几筵于庙而犹日祭之,如
> 横渠之说。然今人家庙只有一间,祖考同之,岂容如此?况又已过时,
> 只得从温公之仪,亦适当世人情之宜。虽考之于古少有不同,要未为
> 大失礼也。……顷年陆子寿兄弟亲丧,亦来问此。时以既祔复主告
> 之,而子静固以为不然,直欲于卒哭而祔之后彻其几筵。子寿疑而复
> 问,因又告之,以为如此则亦无复问其礼之如何,只此卒哭之后便彻几
> 筵,便非孝子之心,已失礼之大本矣。子静终不谓然,而子寿遂服,以
> 书来谢,至有"负荆请罪"之语。今钱君之论,虽无子静之薄,而其所疑
> 亦非也。①

朱子这里在和叶味道讨论丧礼中的祔礼。依照古礼对祔礼的解释,即"练而迁
庙",也就是朱子所说的"必以练而迁其几筵于庙而犹日祭之"。然而今人家庙
只有一间,祖考同之,当然不能依照古礼来做。朱子在此信中还提到,陆九渊依
照古礼而行,"卒哭而祔之后彻其几筵"。朱子认为,陆九渊这样做"便非孝子之
心,已失礼之大本"。朱子认同司马光《书仪》中对祔礼的规定,以为其"适当世
人情之宜"。朱子显然也是以"礼之情"来判断应不应该用古礼,只不过这里
"情"除了人的情感之外,还有另外一层含义。朱子这里提到了"今人家庙只有
一间"、"况又已过时"这些说法,这说明所谓的"礼之情"也指礼所适应的当时的
社会实际情况。②

关于"礼之情"与"礼之文"之间的关系,朱子自然是主张情文相称,这也是

---

① 朱熹:《答叶味道》,《晦庵先生朱文公文集》卷五十八,《朱子全书》第 23 册,第 2782 页。
② 按,在《礼理双彰:朱熹礼学思想探微》一书中,殷慧通过对朱子是如何考证《仪礼》中丧祭二礼的
研究,得出结论说:"朱熹对礼文的考证多切合社会实际需要,如朱熹注意到朝廷中失礼小节而学士儒臣
都不能纠正的现实,深切感受到州县礼仪推行不力的现状,力图通过考证为制定切实可行的礼仪服务。
从考证形式上来看,朱熹并不仅仅局限于求证古代礼书中的经典诠释,而且充分注意到仪礼在社会历史
沿革中的变化,通过小说、画本以及民间实物,参考史书中的记载,留心见闻中关于礼仪因革变化的论
说,通过考察经典与历史相结合的方式反映礼仪随时随地变化的一面。"参见殷慧:《礼理双彰:朱熹礼学
思想探微》,第 401 页。

朱子重视《仪礼》的原因之一。朱子说:"《仪礼》,不是古人预作一书如此。初间只以义起,渐渐相袭,行得好,只管巧,至于情文极细密,极周经处。圣人见此意思好,故录成书。只看古人君臣之际,如公前日所画图子,君临臣丧,坐抚当心要经而踊。今日之事,至于死生之际,恝然不相关,不啻如路人! 所谓君臣之恩义安在!"①这就是说,在朱子看来,圣人不是预先凭空制定《仪礼》的,而是在现实生活中先有礼的仪式存在,当这些礼仪在代代因袭后,以至成熟,圣人就把这些成熟的礼仪记录下来而成《仪礼》一书。这里需要注意的是,这些礼仪成熟的标志是"情文极细密,极周经处",也可以说是礼之"情文相称"之时。在这段话中,朱子以"君临臣丧"之礼加以说明。"君临臣丧"的礼文之所以如此规定,其核心是为了体现君臣间的恩义之情。在朱子看来,如果"礼之情"与"礼之文"不相称,即便是"古礼",亦不可行。譬如,朱子说:"古礼繁缛,后人于礼日益疏略。然居今而欲行古礼,亦恐情文不相称,不若只就今人所行礼中删修,令有节文、制数、等威足矣。"②如果情文不相称,则"礼之文"必须有所损益。又如,朱子说:"今所编礼书,只欲使人知之而已。观孔子欲从先进,与宁俭宁戚之意,往往得时位,必不尽循周礼。必须参酌古人,别制为礼以行之。所以告颜子者亦可见。世固有人硬欲行古礼者,然后世情文不相称。"③一般我们都以为,朱子是主张复归"古礼"的,但是如果有些"古礼"的具体规定与现实完全不相称,那么就不能依照这些"古礼"实践。在这段话中,朱子是明确反对"硬欲行古礼"的这种不合时宜的做法。

二、所因之大体与随时损益

正因为朱子强调礼要"情文相称",所以朱子在议礼、考礼和修礼书时非常注重礼的"因"与"时",也就是礼的继承和损益问题。④

朱子认为,三纲五常是礼之大体,万世不可易。朱子的这一思想是通过诠释"子张问十世可知章"体现出来的,《论语·为政篇》记载:

---

① 黎靖德编:《朱子语类》卷八十五,第 2194 页。
② 黎靖德编:《朱子语类》卷八十四,第 2177 页。
③ 黎靖德编:《朱子语类》卷二十三,第 561 页。
④ 按,蔡方鹿对此有所研究,具体内容参见蔡方鹿:《朱熹经学与中国经学》,人民出版社 2004 年版,第 458—460 页。

　　子张问：“十世可知也？”子曰：“殷因于夏礼，所损益，可知也；周因于殷礼，所损益，可知也；其或继周者，虽百世可知也。”

朱子在《四书章句集注》中采用了马融的注释，其曰：“所因，谓三纲五常。所损益，谓文质三统。”朱子对马融的这一注释甚是赞许，认为“此说极好”①。但是，朱子并没有录用马融的完整说法，而只是取了前半句。马融本来的注释是：“所因，谓三纲五常。所损益，谓文质三统。物类相召，世数相生，其变有常，故可豫知。”朱子为什么这样做呢？朱子认为，后半句并不是马融说的，而是何晏不晓其文义而妄加改动的。朱子的理由在于：“马氏之说虽约，然其义则可推而知也。盖以所因为主，而御夫损益之变，故虽损益之无穷，而其不能甚异可知。今是说者，乃遗其所因，而专以损益为言，则夫损益之变，又岂有常而可预知者耶？此虽其不察于文义之失，然迹其所由，殆亦源于祖尚浮虚，捐弃礼法，故其议论之际，不自知其逐末忘本而至于斯也！”②朱子在这里并没有拿出考据上的证据，而是以理推断。朱子的判断是否正确，我们不得而知。而且，在这里我们也没有必要讨论何晏是否改动了马融的说法。我们更为关心的是，朱子之所以采用了马融的注释，其所欲强调的重点为何。何谓“三纲”？即“君为臣纲，父为子纲，夫为妻纲”。“三纲”之说本出自《白虎通》，其云：“君为臣纲，父为子纲，夫为妻纲，大者为纲，小者为纪，所以张理上下整齐人道也。”何谓“五常”？即仁、义、礼、智、信。在《四书章句集注》中，朱子在马融的注释后加了一段较长的按语：“三纲五常，礼之大体，三代相继，皆因之而不能变。其所损益，不过文章制度小过不及之间，而其已然之迹，今皆可见。则自今以往，或有继周而王者，虽百世之远，所因所革，亦不过此，岂但十世而已乎！圣人所以知来者盖如此，非若后世谶纬术数之学也。”③

　　朱子认为，以往的学者对《论语》这一章的诠释过于注重“损益”二字而忽略了“因”字。在朱子看来，而这一章中的“因”字最为重要。朱子云：

　　（1）这一段，诸先生说得“损益”字，不知更有个“因”字不曾说。“因”字最重。程先生也只滚说将去。三代之礼，大概都相因了。所损

　　①　黎靖德编：《朱子语类》卷二十四，第598页。
　　②　朱熹：《四书或问》，上海古籍出版社、安徽教育出版社2001年版，第153页。
　　③　朱熹：《四书章句集注》，第59页。

也只损得这些个，所益也只益得这些个，此所以"百世可知"也。且如秦最是不善继周，酷虐无比。然而所因之礼，如三纲、五常，竟灭不得。①

（2）此一章'因'字最重。所谓损益者，亦是要扶持个三纲、五常而已。如秦之继周，虽损益有所不当，然三纲、五常终变不得。君臣依旧是君臣，父子依旧是父子，只是安顿得不好尔。圣人所谓可知者，亦只是知其相因者也。如四时之运，春后必当是夏，夏后必当是秋；其间虽寒暑不能无缪戾，然四时之运终改不得也。康节诗云'千世万世，中原有人'，正与此意合。②

在朱子看来，包括伊川在内的先儒都忽略了这一章中的"因"字。而"所因之礼"是指"三纲五常"，其不会因时代的变化而有所损益。朱子认为，"三纲五常"万世不可变，正如邵雍所谓的"千世万世，中原有人"之意。在朱子看来，"三纲五常"是"天做底"，是"大体"；而所损益之礼，是人们随着时代的变化而制定的，所以可以"随时更变"。譬如，朱子说："所因之礼，是天做底，万世不可易；所损益之礼，是人做底，故随时更变。"③朱子认为，随时损益的是"文为制度"，即礼仪的具体规范制度。朱子说："所因，谓大体；所损益，谓文为制度，那大体是变不得底。虽如秦之绝灭先王礼法，然依旧有君臣，有父子，有夫妇，依旧废这个不得。"④在《朱熹〈家礼〉实证研究》一书中，吾妻重二先生以"天赋之礼"和"现实之礼"来解读这条语录。吾妻重二先生认为，"所因"的天赋之礼就是"三纲"与"五常"，对此，"文为制度"等现实之礼则会随着时代变迁而有所损益、有所变化。换言之，必须在认定"大体"即根本原则的基础上，根据时代状况对现实中礼的规定进行调整。⑤

当然，朱子主张"三纲五常"是"万世不可易"的，也遭到了后人的质疑。在《读四书大全说》中，王船山就认为，"三纲五常"亦有损益。船山云：

---

① 黎靖德编：《朱子语类》卷二十四，第 598 页。
② 黎靖德编：《朱子语类》卷二十四，第 598 页。
③ 黎靖德编：《朱子语类》卷二十四，第 595 页。
④ 黎靖德编：《朱子语类》卷二十四，第 595 页。
⑤ 参见《朱熹〈家礼〉实证研究》，第 179 页。

　　古帝王治天下之大经大法,统谓之礼,故六官谓之周礼。三纲五常,是礼之本原。忠、质、文之异尚,即此三纲五常见诸行事者品节之详略耳。所损所益,即损益此礼也。故本文以"所"字直顶上说。马季长不识礼字,将打作两橛,三纲五常之外,别有忠、质、文。然则三纲五常为虚器而无所事,夏之忠、商之质、周之文,又不在者三纲五常上行其品节而别有施为。只此便是汉儒不知道、大胡乱处。夫三纲五常者,礼之体也;忠、质、文者,礼之用也。所损益者固在用,而用即体之用,要不可分。况如先赏后罚,则损义之有余,益仁之不足;先罚后赏,则损仁之有余,益义之不足:是五常亦有损益也。商道亲亲,舍孙而立子,则损君臣之义,益父子之恩;周道尊尊,舍子而立孙,则损父子之恩,益君臣之义:是三纲亦有损益也,岂但品物文章之小者哉？ 至如以正朔三统为损益,则尤其不学无识之大者。①

在这段话中,船山认为,"三纲五常"是"礼之本原",是"礼之体";而"忠、质、文"则是"礼之用"。在船山看来,所损益者当然是作为"礼之用"的"忠、质、文",但是"礼之用"与作为"礼之体"的"三纲五常"是密不可分的,"用即体之用,要不可分"。如果将"三纲五常"与"忠、质、文"割裂开来,"打作两橛",那么就意味着,"三纲五常"之外,别有"忠、质、文"独立存在,而"三纲五常"也就会变成"虚器而无所事"。船山认为,对"忠、质、文"的损益,实际上就是对"三纲五常"所作的损益,因为"礼之用"与"礼之体"原本就应该相即不离。因此,船山才会说:"即此三纲五常见诸行事者品节之详略","所损所益,即损益此礼也"。而船山对朱子的批判,实际上是强调礼之体用密不可分,不能脱离作为"礼之体"的"三纲五常"而仅仅对作为"礼之用"的"忠、质、文"进行无谓的细节上的变革。船山如此主张,其本意还是在于扶持"三纲五常"。就这一点而言,船山与朱子并无差异,因为朱子强调"三纲五常"是万世不可易,亦在于坚守儒家的核心主张与价值观,也是为了扶持纲常。

　　在朱子看来,只要坚守与扶持住了作为儒家之核心主张与价值观的"三纲五常",具体的礼仪制度皆可以随时损益。即使是圣人制定的"古礼",倘若在现实中无法实行,不能发挥其"崇化导民"之作用,也应当对其"随时裁损"。譬如,

---

　　①　王夫之:《读四书大全说》卷四,《船山全书》第六册,岳麓书社 2011 年版,第 613 页。

朱子说："'礼，时为大。'有圣人者作，必将因今之礼而裁酌其中，取其简易易晓而可行，必不至复取古人繁缛之礼而施之于今也。古礼如此零碎繁冗，今岂可行！亦且得随时裁损尔。孔子从先进，恐已有此意。"①又如，朱子云："使圣贤用礼，必不一切从古之礼。疑只是以古礼减杀，从今世俗之礼，令稍有防范节文，不至太简而已。观孔子欲从先进，又曰：'行夏之时，乘殷之辂。'便是有意于损周之文，从古之朴矣。今所集礼书，也只是略存古之制度，使后人自去减杀，求其可行者而已。若必欲一一尽如古人衣服冠屦之纤悉毕备，其势也行不得。"②在朱子看来，假如现在出现了一个圣人，那么其也会对不合时宜的"繁缛之礼"加以裁损，是其"简易易晓"，而这样做的目的，是使新制定的礼仪在现实中可以比较容易地施行。进一步说，因为在儒家看来，具体的礼仪规范是儒家之主张和价值取向的外化形式，在现实中施行这些礼仪制度，就是为了发挥其价值引导之作用，即发挥礼仪"崇化导民"之的功能。所以，朱子主张具体的礼仪制度应当随时损益，其最终关怀还是"世道人心"，为使社会形成良好的风俗，使人们提高自身的道德水准。

小　结

本章首先从"心性论"的角度，讨论了朱子对"情"的理解。在朱子看来，"四端"与"七情"皆有善有恶。

在礼与人情的关系上，对于"礼顺人情"和"以礼治情"两个观点，和大多数儒者过于强调其中的一个方面不同，朱子对两个观点都予以认可，并试图在二者之间找到平衡。而且，朱子对这个观点的认同是有条件的，即"礼顺人情"是顺人情之正，"以礼治情"是要求以礼治人情之偏。

在朱子看来，"礼之情"既包含人的情感这一层涵义，也指礼所处的当时社会的实际情况。在"礼之情"与"礼之文"的关系上，朱子主张情文相称，这也是其重视《仪礼》的原因之一。在朱子看来，圣人不是预先凭空制定《仪礼》的，而是在现实生活中先有礼的仪式存在，当这些礼仪在代代因袭后，以至成熟，圣人

---

① 黎靖德编：《朱子语类》卷八十四，第 2178 页。
② 黎靖德编：《朱子语类》卷八十四，第 2185 页。

就把这些成熟的礼仪记录下来而成《仪礼》一书。这些礼仪成熟的标志是"情文极细密,极周经处",即礼之"情文相称"。一般我们都以为,朱子是主张复归"古礼"的,但是如果有些"古礼"的具体规定与现实完全不相称,那么就不能依照这些"古礼"实践。朱子是明确反对"硬欲行古礼"的这种不合时宜的做法。

朱子认为,"三纲五常"是礼之大体,万世不可易,而具体的礼仪制度则应当随时损益。

第三章　礼之"原则性"与"灵活性"：
以《家礼》中的"事亲"礼仪为例

　　《朱子家礼》①，是朱子亲自撰写的一部关于如何规范家族内部礼仪的礼学著作。关于《家礼》的"真伪问题"，也就是《家礼》是否朱子亲手撰写的问题，通过学界前辈的考证研究，基本上可以认定，《家礼》虽然是朱子之未定之作，但确实是其亲自撰写的。由此，清人王懋竑提出的"伪作说"，即《家礼》非朱子本人所写"这一说法，已经被证明是错误的，"伪作说"已经被彻底推翻。②《家礼》全书共五卷，分别是《通礼》、《冠礼》、《婚礼》、《丧礼》、《祭礼》。《家礼》一书自问世之后，不仅对近世中国后期（主要是元明清时期），而且对包括韩国、日本、越南在内的近世东亚各国的普通民众之生活以及国家之政治实践都产生了广泛而深远的影响。

　　正是由于《家礼》一方面既是朱子的重要礼学著作，另一方面其又在现实中产生了巨大的影响，所以学界对其极为重视，研究成果也比较多。因此，本书不准备在这一章中对《家礼》进行专门的研究，而是通过对《家礼》中的"事亲"礼仪进行分析与讨论，以此来探究：在朱子眼中，践行儒家礼仪时应该如何做到坚持原则性与保持一定灵活性的统一，或者说，践行礼仪时应该如何处理好"经"与"权"的关系。

---

　　①　按，本书以下皆以《家礼》称之。
　　②　按，可以参看陈来先生、束景南先生、吾妻重二先生等人的论文和著作。其中，吾妻重二先生在前人研究成果的基础之上，再通过其严谨的文献考证而得出的最新研究成果，进一步证明了《家礼》是朱子亲撰的"未定之作"。甚至有学者认为，吾妻重二先生这一研究结论足为定谳。关于对《家礼》的"真伪"考辨的相关研究，还可以参看陈来：《朱子〈家礼〉真伪考议》，《北京大学学报》（哲学社会科学版），1989年第3期；束景南：《朱熹〈家礼〉真伪辩》，《朱子学刊》第5辑，黄山书社1993年版。

第一节 《家礼》与《书仪》的关系

一、《家礼》作为"士庶通礼"出现的背景

在唐代以前,就儒家礼学经典"三礼"(即《周礼》、《仪礼》、《礼记》)而言,其一直遵守着"礼不下庶人"的传统。"礼不下庶人"这一说法出自《礼记·曲礼》,其曰:"礼不下庶人,刑不上大夫。"①关于"礼不下庶人"一语,郑玄注曰:"为其遽于事,且不能备物。"②孔颖达疏曰:"'礼不下庶人',谓庶人贫,无物为礼,又分地是务,不暇燕饮,故此礼不下与庶人行也。《白虎通》云:'礼为有知制,刑为无知设。'礼,谓酬酢之礼,不及庶人,勉民使至于士也。故《士相见礼》云'庶人见于君,不为容,进退走'是也。张逸云:'非是都不行礼也。但以其遽务不能备之,故不著于经文三百、威仪三千耳。其有事,则假士礼行之。'"③依据郑玄的注释,"礼不下庶人"的原因在于"为其遽于事,且不能备物",也就是说,在郑玄看来,庶人既要忙于生计,而且也没有足够的财物来践行儒家的礼仪,所以"礼不下庶人"。而孔颖达在郑玄的基础之上又有作了进一步的解释,孔颖达认为,"礼不下庶人"中的"礼"是特指作为"士"这一阶层交际应酬的"燕饮之礼",而庶人迫于生计而"不暇燕饮",同时也为了"勉民使至于士",故此类之礼"不下与庶人行"。在孔颖达的疏中,我们还需要注意的是,孔颖达又引用了张逸对"礼不下庶人"的解释,其大意是说,"礼不下庶人"这一说法并不是意味着庶人不应该"行礼",或者说,没有资格"行礼",而是说作为社会底层的庶人,由于生计和经济方面的原因,没有条件来"行礼",所以在《仪礼》、《礼记》等礼学经典中没有制定关于"庶人"的礼仪规范。但是,在张逸看来,如果庶人有冠婚丧祭等事的话,

---

① 按,由于"刑不上大夫"是与"礼不下庶人"连着一起讲的,为了方便参考,现将对"刑不上大夫"的郑注孔疏摘录如下。郑玄注曰:"不与贤者犯法,其犯法则在八议,轻重不在刑书。"孔颖达疏曰:"'刑不上大夫'者,制五刑三千之科条,不设大夫犯罪之目也。所以然者,大夫必用有德。若逆设其刑,则是君不知贤也。张逸云:'谓所犯之罪,不在夏三千、周二千五百之科,不使贤者犯法也,非谓都不刑其身也,其有罪,则以八议议其轻重耳。'"见郑玄注,孔颖达疏:《礼记正义》,第101—103页。

② 郑玄注,孔颖达疏:《礼记正义》,第101页。

③ 郑玄注,孔颖达疏:《礼记正义》,第103页。

亦可以参照《仪礼》《礼记》等礼学经典中的"士礼"而行。① 简而言之，《礼记·曲礼》中的"礼不下庶人"一语，在汉唐学者看来，是指《仪礼》《礼记》等儒家礼学经典并没有为"庶民"这一阶层的人们的生活行为制定具体的礼仪规范，因为这些礼学典籍主要是记载的"士礼"。②

　　然而到了唐宋之际，适用于位居上层的"士大夫"与处于底层的"庶民"的"通用礼"出现了。《明集礼》曰："汉晋以来士礼废而不讲，至于唐宋，乃有士庶通礼。"（《明集礼》卷二十四，徐一夔撰）这就是说，对于儒家礼学经典所记载的"士礼"，汉晋以来的学者并没有认真地研究，"废而不讲"，以至于"士庶通礼"才得以在唐代出现，而成熟于宋代。客观地说，"士礼"废而不讲的责任也不能完全归于汉晋以来的学者，因为《仪礼》《礼记》中所记载的适用于王侯与贵族的"士礼"实在过于繁缛复杂，特别是《仪礼》，素来号称"难读"。譬如，志在复兴儒学的唐代学者韩愈（768—824，字退之）曾说："尝苦《仪礼》难读，又其行于今者盖寡，沿袭不同，复之无由，考于今，诚无所用之。"③在唐宋之际，"士庶通礼"的出现与不断地完善并不是偶然的，而是既有现实层面的因素，也与唐宋之际的儒学转型有着莫大的关系。就现实层面来看，在唐宋之际，由于"均田制"遭到破坏，土地"国有制"被逐步削弱，贵族庄园经济逐渐没落，从而导致贵族门阀逐步退出历史舞台。与之相对的是，由于宋代实行"不抑兼并"与"不立田制"的政策，使得平民地主经济取得较快的发展，这就使得本是庶民身份的人在经济地位上得到提高，从而也使得其社会地位获得提升，此即所谓的"人无丁中，以贫富为差"（《唐会要》卷八十三）。如此，东汉之后所形成的"士族"与"庶民"之间的森严界限被进一步冲破。加之以唐代科举取士制度的确立，庶民可以通过科举进入统治阶层，士庶之间的界限不再是那么泾渭分明。④ 杨志刚教授说："经

---

　　① 按，以上解释部分参考了吴震先生的研究，详细内容参见吴震：《宋代新儒学与经典世界的重建》，《东亚礼学与经学国际研讨会会议论文集》，复旦大学上海儒学院，2019 年，第 715 页。

　　② 按，吴震先生认为，"礼不下庶人"中"礼"是有特定指向的，而并不是指整体的礼制。"礼不下庶人"中的"下"，则是根据"差等原则"而应作相应"减杀"之意，而不意味着弃庶人于礼制之外。但是，礼学的发展历史表明，自汉唐以来，有关礼制问题的思考往往停留在知识的层面，而缺乏将目光投向社会底层、一般家庭的礼制重建，则是毋庸置疑的事实。参见吴震：《宋代新儒学与经典世界的重建》，《东亚礼学与经学国际研讨会会议论文集》，第 717 页。

　　③ 韩愈：《读仪礼》，《韩愈集》，岳麓书社 2000 年版，第 129 页。

　　④ 按，以上内容参考了徐洪兴先生和杨志刚教授的研究成果，具体内容参见徐洪兴：《思想的转型：理学发生过程研究》，上海人民出版社 1996 年版，第 27—32 页；杨志刚：《〈司马氏书仪〉和〈朱子家礼〉研究》，《浙江学刊》，1993 年第 1 期。

过唐末五代的大动荡，到宋代，士族和庶族间的界限，在现实和人们的观念中都基本消失。"①随着"士族"与"庶民"之间界限的消失，"士庶通礼"也就应运而生了。譬如，东汉以来，特别是魏晋时期，"士族"与"庶民"之间是不可以通婚的，其界限非常严格。而到了宋代，"士族"与"庶民"则是可以通婚的，所谓"婚姻不问阀阅"。

就思想层面而言，在唐宋之际，儒家受到了佛教和道教思想的严重冲击，儒学式微。当然，在唐宋之际的不少儒者看来，道教思想对儒学所造成的危害远不及佛教，因为在唐宋之际，虽然表面上是儒、释、道三教并存，而实际上是佛教一家独大。譬如，朱子曾说："佛学自前也只是外面粗说，到梁达磨来，方说那心性。然士大夫未甚理会做工夫。及唐中宗时有六祖禅学，专就身上做工夫，直要求心见性。士大夫才有向里者，无不归他去。韩公当初若早有向里底工夫，亦早落在中去了。"②我们都知道，韩愈曾经撰写《论佛骨表》，以"排佛道"为己任，以为"释老之害，过于杨墨"。然而朱子这里却说，"韩公当初若早有向里底工夫，亦早落在中去了"。由此可见，当时的禅宗影响力是何等之大。也正因为这一原因，这一时期的儒者往往将批判的矛头主要指向释氏。而当时佛教所带来的影响不仅仅是在思想层面，也影响了国家政治活动以及一般庶民的生活。上文已经说过，传统的儒家礼学经典并没有为"庶民"这一阶层的生活行为制定一套具体的礼仪规范，因此，在日常生活实际中，普通百姓就没有相应的儒家礼仪制度来规范约束。又加之佛、道盛行，所以普通百姓只能采用佛、道的礼仪形式。而在宋代儒者（尤其是道学家）看来，一般庶民的礼仪实践是非常混乱的，尤其是在丧葬礼上。在宋代的丧礼与祭礼实践中，已经融入了佛教和道教的礼仪（即所谓的"俗礼"），而其中有些"俗礼"又是与儒家的根本主张相冲突的。所以，以反佛为己任的道学家们当然是反对这些"俗礼"的。譬如，明道在地方做官时，曾明令禁止作为佛教丧礼仪式的火葬；而伊川也说过："某家治丧，不用佛图。在洛阳亦有一二家化之，自不用释氏。"（《程氏遗书》卷一〇一）。因此，宋代道学家为了复兴儒学，扶持纲常，就必须重建与儒家价值观相符合的礼仪规范。③ 在宋代道学家们看来，这是一项义不容辞的重任。吴震先生说："围绕国

---

① 参见杨志刚：《〈司马氏书仪〉和〈朱子家礼〉研究》，《浙江学刊》，1993 年第 1 期。

② 黎靖德编：《朱子语类》卷一百三十七，第 3274 页。

③ 按，以上部分内容参考了吾妻重二先生的研究成果，具体内容参见：《朱熹〈家礼〉实证研究》，第 101—103 页。

家（王朝）与家族（宗族）这两个中心，将道学思想具体落实在礼仪制度层面，以重现儒家的家庭伦理，这是新儒家的一项重要议题。"①

因此，自北宋初以来，就有不少儒者，诸如横渠、伊川、司马光等人，针对"儒学式微"而带来的困境，努力构建符合儒家思想与价值观的礼仪制度来规范包括庶民和士大夫在内的家族（或者说宗族）的生活实践，期望以此安顿好家族内部的各种人际关系，进而实现崇化导民之效用。但是在北宋，尽管司马光已经撰写了作为"士庶通礼"的《书仪》，由于种种原因，并未得到广泛的采用与践行。值得一提的是，在北宋末期，政和元年（1111），由郑居中等人编纂而成的《政和五礼新仪》，其中载有关于庶民的礼仪，包括"庶人冠礼"、"庶人婚仪"以及"庶人丧仪"。杨志刚教授认为，作为"士庶通礼"的《政和五礼新仪》是从《书仪》过渡到《家礼》之间的一个不可忽略的中间环节。② 据《宋大诏令集》记载，《政和五礼新仪》在政和三年（1113）颁布，其规定："遇民庶之家，有冠婚丧祭之礼，即令授新仪"；"使民悉知礼意，其不奉行者，论罪"。但是七年之后，这一新颁布的礼书就被宋徽宗罢废，其原因是："顷命官修礼，施之天下，冠婚丧祭，莫不有制。俗儒胶古便于立文，不知违俗。间阎比户，贫窭细民，无厅寝户牖之制，无庭阶升降之所，礼生教习，责其必备，少有违犯，遂底于法……立礼欲以齐民，今为害民之本。"（《宋大诏令集》卷一百四十）杨志刚教授认为："《五礼新仪》的颁行和废除，从侧面反映出产生一部具有广泛适应性、可供民庶之家参考、遵循的家庭礼仪著作，在那时已成了社会普遍而急迫的需要。"③虽然一部新的适合士人与庶民的"士庶通礼"成为当时社会的迫切需要，但是《政和五礼新仪》显然不能担此"重任"。后来朱子对《五礼新仪》一书评价也非常低，认为这一礼书是"奸邪以私智"而胡乱变成，称其"差舛讹谬，不堪著眼"；"一时奸邪以私智损益，疏略抵

---

①　参见吴震：《宋代新儒学与经典世界的重建》，《东亚礼学与经学国际研讨会会议论文集》，第717页。

②　参见杨志刚：《〈司马氏书仪〉和〈朱子家礼〉研究》，《浙江学刊》，1993年第1期。

③　参见杨志刚：《〈司马氏书仪〉和〈朱子家礼〉研究》，《浙江学刊》，1993年第1期。

牾";"多非其人,所以差误如此"。① 由此可见,朱子对《政和五礼新仪》极为不满,而这也应该是朱子编撰《家礼》的促成因素之一。

简而言之,"士庶通礼"在唐代已出现而在北宋逐步发展,是与当时许多志在复兴儒学的儒者(尤其是道学家)的努力分不开的。虽然"士庶通礼"的发展在北宋也出现了一些曲折,但是我们也可以看出,在此期间,道学家们是强烈地期望并努力地构建以其道学思想与理想追求(如"圣人可学而至")为基础的新的"士庶通礼",以此规范士大夫和普通庶民家族的日常生活行为,从而实现"修身"与"齐家"的统一。而从历史上看,这一项艰巨而重要的任务与使命是由朱子所编撰的《家礼》才最终得以完成。

二、《家礼》对司马光《书仪》的损益问题

我们都知道,朱子所编撰的《家礼》是以司马光(1019—1086 年,字君实)的《书仪》为基础的,因此本书这里有必要简单地介绍这两本"士庶通礼"之间的关系。

我们先来看司马光的《书仪》。关于《书仪》的成书时间,依据杨志刚教授的研究,其撰写的时间不可详考,但可能是司马光晚年所撰。② 关于这一礼书的名称,《四库全书总目·书仪提要》曰:"考《隋书·经籍志》,谢元有《内外书仪》四卷,蔡超有《书仪》二卷。以至王宏、王俭、唐瑾皆有此著。又有《妇人书仪》八卷、《僧家书仪》五卷。盖《书仪》者,古私家仪注之通名。《崇文总目》载唐裴茝、郑馀庆、宋杜有晋、刘岳尚皆用斯目。光是书亦从旧称也。"这就是说,"书仪"这一体裁是"古私家仪注之通名",而司马光取"书仪"之名,是"从旧称也"。司马

---

① 按,在《语类》中,朱子在对《政和五礼新仪》进行评论时,几乎认为此书一无是处,而对北宋初期所编纂的《开宝礼》则多有称赞,因其全录《唐开元礼》。譬如,朱子云:"今日百事无人理会。姑以礼言之,古礼既莫之考,至于后世之沿革因袭者,亦浸失其意而莫之知矣。非止浸失其意,以至名物度数,亦莫有晓者。差舛讹谬,不堪著眼!……唐有《开元》《显庆》二礼,《显庆》已亡,《开元》袭隋旧为之。本朝修《开宝礼》,多本《开元》,而颇加详备。及政和间修《五礼》,一时奸邪以私智损益,疏略抵牾,更没理会,又不如《开宝礼》。"见黎靖德编:《朱子语类》卷八十四,第 2181—2182 页。又云:"今学中仪,乃礼院所班,多参差不可用。唐《开元礼》却好。《开宝礼》只是全录《开元礼》,易去帝号耳。若《政和五礼》则甚错。"见黎靖德编:《朱子语类》卷九十,第 2294 页。又如,朱子曰:"政和中编此书(按,指《政和五礼新仪》)时,多非其人,所以差误如此。续已有指挥改正。唐《开元礼》既失烦缛,《新仪》又多脱略。如亲祠一项,开元礼中自先说将升车,执某物立车右,到某处,方说自车而降。今新仪只载降车一节,却无其先升车事前一段。既如此载后,凡亲祠处段段皆然。"见黎靖德编:《朱子语类》卷九十,第 2294 页。

② 参见杨志刚:《〈司马氏书仪〉和〈朱子家礼〉研究》,《浙江学刊》,1993 年第 1 期。

光《书仪》一书共十卷。卷一是有关表奏、公文等格式；卷二是"冠仪"（此卷亦包含"深衣制度"）；卷三是"婚仪下"；卷四是"婚仪下"（此卷载有"居家杂仪"）；卷五至卷九皆为"丧仪"，其中，卷六有"五服制度"、"五服年月略"，卷九有"居丧杂仪"；卷十是"祭仪"，其中包含"影堂杂仪"。现在所流传下来的《书仪》，仅有冠、婚、丧、祭四种礼仪。

相对于横渠、伊川所制之礼，朱子更加青睐于司马光的《书仪》，对其多有称赞。譬如，朱子云："横渠所制礼，多不本诸《仪礼》，有自杜撰处。如温公，却是本诸《仪礼》，最为适古今之宜。"①又云："二程与横渠多是古礼，温公则大概本《仪礼》，而参以今之可行者。要之，温公较稳，其中与古不甚远，是七八分好。若伊川礼，则祭祀可用。婚礼，惟温公者好。大抵古礼不可全用，如古服古器，今皆难用。"②在朱子看来，司马光的《书仪》由于"本诸《仪礼》"、"与古不甚远"，所以是"七八分好"、"最为适古今之宜"。

但是，朱子在六十五岁时所写的《跋三家礼范》中，也指出了司马光《书仪》的不足之处。《跋三家礼范》曰：

> 呜呼！礼废久矣。士大夫幼而未尝习于身，是以长而无以行于家。长而无以行于家，是以进而无以议于朝廷，施于郡县，退而无以教于闾里、传之子孙，而莫或知其职之不修也。……然程张之言犹颇未具，独司马氏为成书，而读者见其节文度数之详，有若未易究者，往往未见习行而已有望风退怯之意。又或见其堂室之广，给使之多，仪物之盛，而窃自病其力之不足。是以其书虽布，而传者徒为箧笥之藏，未有能举而行之者也。殊不知礼书之文虽多，而亲身试之，或不过于顷刻。其物虽广，而亦有所谓不若礼不足而敬有余者。今者乃以安于骄佚，而逆惮其难，以小不备之故，而反于大不备，岂不误哉！故熹尝欲因司马氏之书，参考诸家之书，裁定增损，举纲张目以附其后，使览者得提其要以及其详，而不惮其难，行之者虽贫且贱，亦得以具其大节、略其繁文，而不失其本意也。顾以衰病，不能及已。今感邵君之意，辄

---

① 黎靖德编：《朱子语类》卷八十四，第2183页。
② 黎靖德编：《朱子语类》卷八十四，第2183页。

复书以识焉。呜呼！后之君子其尚有以成吾之志也夫。①

从朱子所写的这篇跋文中，我们可以看出，在朱子看来，司马光《书仪》难行的原因有二：第一，《书仪》的礼文规定过于详细繁琐，即所谓"而读者见其节文度数之详，有若未易究者，往往未见习行而已有望风退怯之意。"第二，《书仪》的要求与普通百姓的家庭经济水平不适应，"又或见其堂室之广，给使之多，仪物之盛，而窃自病其力之不足"。正是由于朱子认为司马光《书仪》存在着以上两点不足，所以朱子本人也曾尝试编撰一部礼书来弥补《书仪》之不足。朱子如此说道："故熹尝欲因司马氏之书，参考诸家之书，裁定增损，举纲张目，以附其后，使览者得提其要以及其详，而不惮其难，行之者虽贫且贱，亦得以具其大节、略其繁文，而不失其本意也。顾以衰病，不能及已。"清人王懋竑依据朱子的这段话，以为朱子"尝欲"编撰家礼而未成，后世所流传的《家礼》并非朱子本人亲自所写，由此提出了"伪书说"，而这一说法亦为《四库全书总目》所采用。但是，吾妻重二先生却认为，朱子在这句话中表明所欲编撰的礼书，毫无疑问就是指流传后世的《家礼》。吾妻重二先生所给出的理由如下：朱子说要以司马光的《书仪》为基础来编撰礼书，但引人注目的是"举纲张目以附其后"这一说法。正如朱子《资治通鉴纲目序》所说，"纲"是指大书的本文，"目"是指用小字记录的夹注（参见《资治通鉴纲目序》，《文集》卷七五）。根据"纲"后附"目"这一体裁，朱子希望读者由"纲"掌握要点，由"目"了解细节。现行的《家礼》正是采取了这种纲目形式，这一毋庸置疑的证据表明《家礼》的制作融入了朱子的用意。然而，尽管朱子有热切的希望，但他的撰述正如"顾以衰病，不能及已"所坦白的那样，结果未能完成。简而言之，正如朱子的学生所说的那样，《家礼》虽然是朱子的"未及更定"之作，但确是其本人亲自所撰写的。譬如，朱子的高足黄榦在《朱子行状》中说："《家礼》，世多用之。然其后亦多损益，未暇更定"。而另一学生陈淳也指出，《家礼》有阙文及误字，是"未成之典"。（《陈宪跋家礼》，《北溪大全集》卷一四）因此，清人王懋竑的"伪书说"是错误的，尽管其指出了《家礼》在内容上确实是有缺陷的。②

其实，从朱子的两位学生黄榦和杨复给《家礼》所写的序言中，我们也可以

---

① 朱熹：《跋三家礼范》，《晦庵先生朱文公文集》卷八十三，《朱子全书》第24册，第3920页。按，此跋为朱子六十五岁所作，绍熙五年(1194)，是朱子为友人张栻(1133—1180)所写的跋文。

② 按，以上具体内容参见《朱熹〈家礼〉实证研究》，第131—132页。

确信《家礼》确实是朱子所撰写的。黄榦在序言中认为，司马光的《书仪》虽然用意很好，但朱子"以其本末详略取舍犹有可疑"，所以朱子以司马光的《书仪》为基础，"斟酌损益"而写成《家礼》。① 而杨复在《家礼附注后序》中则说："司马、程、张、高氏皆有功于冠婚丧祭者，和其善而为家，先生其大成也。非一家之书，天下之家也。"②我们要注意的是，杨复在这里指出，朱子的《家礼》不但是采摘了司马光之《书仪》的精华，同时也继承了伊川、横渠等人关于"冠婚丧祭"方面的贡献。而杨复所谓的"和其善而为家，先生其大成也。非一家之书，天下之家也"，则充分说明，朱子的《家礼》可谓是自北宋以来许多儒者努力重建"士庶通礼"的集大成之作。

既然《家礼》是朱子以司马光《书仪》为基础而加以"斟酌损益"写成的，那么具体而言，《家礼》又是继承了司马光《书仪》的哪些内容呢？依据杨志刚教授的研究，《家礼》有一半以上的文字都是援引自司马光的《书仪》。③ 其中，朱子将《书仪》中的《司马氏居家杂仪》原文只字不改地摘录入《家礼》，作为《家礼》中《通礼》部分的内容之一。就"冠婚丧祭"的具体内容而言，明朝学者魏堂在其所撰写的《文公家礼会成》的序言中说："冠礼则多取司马氏；婚礼则参诸司马氏、程氏；丧礼本之于司马氏；……及论祔迁，则取横渠；……祭礼兼用司马氏、程氏；……节祠则以韩魏公所行者为法"。

《家礼》虽然在具体内容上对《书仪》多有继承，但二者也存在一定的差异。譬如，根据杨志刚教授的研究，《家礼》中"祠堂"一节，其中不少内容虽然出自《书仪》中的"影堂杂仪"，但是二者又有着较大的差异。在《书仪》中，"影堂杂仪"是安排在书末卷十"祭仪"之下，而《家礼》则"祠堂"则放在卷首，可见朱子对"祠堂"更为重视。在《家礼》中，朱子说："此章本合在《祭礼》篇，今以报本反始之心，尊祖敬宗之意，实有家名分之首，所以开业传世之本也，故特著此冠于篇端，使览者知所以先立乎其大者，而凡后篇所以周旋升降、出入向背之曲折，亦有所据以考焉。"而在建制上，与《书仪》中的"影堂杂仪"相比较，《家礼》中的"祠堂"也更为完备。在杨志刚教授看来，《家礼》与《书仪》最大的不同是，《家礼》是将"奉祀祖先"与"立宗子法"以及"置族产"结合起来。杨志刚教授甚至认为，这

---

① 黄榦：《书晦庵先生家礼后》，《朱子全书》第 7 册，第 949 页。

② 按，必须说明的是，杨复之序文的发现是吾妻重二先生的研究成果，极有参考价值，故本书转引之。杨复《家礼附注后序》全文请参看《朱熹〈家礼〉实证研究》，第 81 页。

③ 参见杨志刚：《朱子〈家礼〉民间通用礼》，《传统文化与现代化》，1994 年第 4 期。

一特点是《家礼》祠堂制度的精髓，尤为重要。① 又譬如，《家礼》与《书仪》有所不同的是，《家礼》非常重视"宗法"，而《书仪》中则体现不出这一点。清人王懋竑言："《家礼》重宗法，此程、张、司马氏所未及"。（《白天杂著·家礼考》）

《家礼》与《书仪》虽然某些方面有所差异，但是需要注意的是，朱子和司马光两人在对待"冠礼"和"深衣"的主张上，却又高度一致，非常重视。按照杨志刚教授的研究，在宋朝之前，"冠礼"就早已废失，但是司马光的《书仪》与朱子的《家礼》仍把它视作"礼之始"。而"深衣"也同样是早已失传，但司马光与朱子二人对"深衣"却情有独钟。杨志刚教授认为，"这些古礼虽已在现实中废失，但条文中仍应保留，'尔爱其羊，我爱其礼'；虽是残存的形式，留着它总比什么也不留要好。《书仪》、《家礼》的许多条文，乃至中国礼制发展上的许多问题，都必须联系'爱礼存羊'的原则和心态加以理解。比如，冠礼在宋代之前就早已废失，而《书仪》、《家礼》仍把它视作'礼之始'，将其作为一个重要的组成部分编订在家礼之中。深衣在宋代仅为少数几个士大夫家居时穿服，但两书却仍因《礼记·深衣》，把深衣奉作极重要和完备的服装，详加考订，各立《深衣制度》一篇。《书仪》、《家礼》的'爱礼存羊'之意，切不可把它们当作现实生活的记录"。② 笔者以为，在一定意义上，杨教授此言是有道理的。但是，如果将"爱礼存羊"理解为"因爱其礼"而"保留残存的形式"，那么就"冠礼"和"深衣"（特别是"冠礼"）而言，朱子和司马光应该是不能认同"冠礼"仅仅是"残存的形式"。譬如，在《家礼》中"冠礼"的篇首，朱子引用了司马光的话，其曰："古者二十而冠，所以责成人之礼，盖将责为人子、为人弟、为人臣、为人少者之行于其人，故其礼不可以不重也。近世以来，人情轻薄，过十岁而总角者，少矣。彼责以四者之行，岂知之哉？往往自幼至长，愚騃若一，由不知成人之道故也。今虽未能遽革，且自十五以上俟其能通《孝经》、《论语》，粗知礼义，然后冠之，其亦可也。"在朱子和司马光看来，"冠礼"作为"所以责成人之礼"，要通过"冠礼"的仪式而使其进一步明白并主动地担负起"为人子"、"为人弟"、"为人臣"以及"为人少"的道德义务与社会责任，因此在这两人看来，"冠礼"极为重要，"其礼不可以不重"，而不是所谓的"残存的形式"。

关于《家礼》与司马光《书仪》之间的关系，在《朱熹〈家礼〉实证研究》一书

---

① 按，以上内容参考了杨志刚教授的研究成果，具体参见杨志刚：《〈司马氏书仪〉和〈朱子家礼〉研究》，《浙江学刊》，1993 年第 1 期。

② 参见：《〈司马氏书仪〉和〈朱子家礼〉研究》，杨志刚，载《浙江学刊》，1993 年第 1 期。

中,吾妻重二先生对此也有所论述。吾妻重二先生认为,《家礼》确实是受到了司马光《书仪》的很大影响。但是,《家礼》与《书仪》都以"冠婚丧祭"四礼作为家族礼仪的重点,成为"'冠婚丧祭'礼仪的指南书",却是受到了伊川先生的影响。吾妻重二先生指出,虽然隋朝的王通在《文中子·礼学篇》中已经将家族的重要礼仪归纳为"冠婚丧祭"这四种礼,但是这种分类方法并不是古已有之。伊川曾经说:"冠婚丧祭,礼之大者,今人都不以为事。"[1]在《近思录》卷九中,伊川此语被朱子和吕祖谦采纳。因此,我们可以认为,伊川此语对司马光《书仪》和朱子的《家礼》构思都有着启发作用。[2]

最后还需要指出的是,《家礼》除了继承司马光《书仪》大部分内容之外,还参考并采用了《仪礼》、《礼记》、《唐开元礼》以及当时社会的"俗礼"。但是,《家礼》虽然混有当时已经渗入了佛教与道教礼仪的"俗礼",但其根本思想还是源自《仪礼》。换言之,朱子编撰《家礼》的意图最终是要复归"古礼",或者说,是追求其心目中的理想"礼仪",以此规范家族的生活实践,实现"齐家"乃至于"治国"的目的。质言之,司马光的《书仪》与朱子的《家礼》作为以士人和庶人为对象的"士庶通礼"的出现,尤其是《家礼》的出现,不仅在儒家礼仪发展史上具有划时代的意义,而且对近世中国乃至于东亚文明都造成深远的影响。

第二节　简论《家礼》之一般"事亲"礼仪

一、"家礼"之本:"名分之守"与"爱敬之实"

在讨论《家礼》中的一般"事亲"礼仪之前,我们先来看朱子是如何理解"家族礼仪"之根本究竟是什么的问题。朱子在《家礼序》中说:"凡礼有本有文。自其施于家者言之,则名分之守、爱敬之实者,其本也;冠婚丧祭仪章度数者,其文也。其本者有家日用之常礼,固不可以一日而不修;其文又皆所以纪纲人道之始终,虽其行之有时,施之有所,然非讲之素明,习之素熟,则其临事之际,亦无以合宜而应节,是亦不可以一日而不讲且习焉者也。"[3]在朱子看来,"礼"是可以

---

① 程颢、程颐:《河南程氏遗书》卷十八,《二程集》,第232页。
② 参见:《朱熹〈家礼〉实证研究》,第12—13页。
③ 朱熹:《家礼》,《朱子全书》第7册,第873页。

分成"礼之本"与"礼之文"。而就"家礼"而言，"礼之本"是"名分之守"与"爱敬之实"，这主要是通过家族的"日用之常礼"体现出来的，此"日用之常礼"是每天都必须践行的，"固不可以一日而不修"。而家族之礼的"礼之文"，是指"冠、婚、丧、祭"四种礼仪，以及具体的"仪章度数"。"冠礼"、"婚礼"、"丧礼"以及"祭礼"这四种礼仪关系着人生之大事，虽然这四种礼仪"行之有时，施之有所"，但如果平日没有做到"讲之素明，习之素熟"，那么到了临事之际，就不能做到"合宜而应节"，因此，在朱子看来，平常也需要了解和学习"冠礼"、"婚礼"、"丧礼"以及"祭礼"这四种礼仪，"不可以一日而不讲且习焉"。

　　朱子虽然将家族之礼分成"礼之本"与"礼之文"，但朱子是更加重视"礼之本"的，也就是更加重视通过家族的"日用之常礼"所体现出来的"名分之守"与"爱敬之实"。当然，关乎人生大事的作为"礼之文"的"冠、婚、丧、祭"这四种礼仪也不可以忽略，对于学者而言，平常也需要学习这四种礼仪。但是，学习作为"礼之文"的"冠、婚、丧、祭"这四种礼仪，最终还是为作为家族之礼的根本宗旨服务的，即为作为"礼之本"的"名分之守"与"爱敬之实"服务的。就其根本而言，朱子编撰《家礼》的目的，亦在于此。

　　关于朱子编撰《家礼》的目的，朱子的学生黄榦在《书晦庵先生家礼后》中实际上已经说得比较清楚。黄榦说："世降俗末，人心邪僻，天理堙晦，于是始以礼为强世之具矣。先儒取其施于家者，著为一家之书，为斯世虑至切也。晦庵朱先生以其本末详略取舍犹有可疑，斟酌损益，更为《家礼》。从本务实，以惠后学。……则是书已就，而切于人伦日用之常，学者其可不尽心欤？"[1]在这段话中，黄榦认为，正因为世道人心每况愈下，所以北宋横渠、伊川、司马温公等先儒编撰"家礼"作为"强世之具"，其目的在于拯救世道人心，"为斯世虑至切"。而朱子也正是为了实现这一宏愿，在北宋先儒所编的礼书（尤其是司马光之《书仪》）的基础之上，"斟酌损益"，而编撰成《家礼》。在黄榦看来，为拯救"世道人心"计，朱子之《家礼》的主要宗旨在于"从本务实"，所以《家礼》"切于人伦日用之常"。在这里，我们必须要注意的是，黄榦所谓的"从本务实"，这里的"本"，应该就是指"礼之本"。而根据我们在上文的讨论，在朱子看来，对"家族之礼"而言，"礼之本"是指"名分之守"与"爱敬之实"，这主要是通过"日用之常礼"体现出来的。朱子在《家礼序》中也说："熹之愚盖两病焉，是以尝独究观古今之籍，

---

①　黄榦：《书晦庵先生家礼后》，《朱子全书》第7册，第949页。

因其大体之不可变者，而少加损益于其间，以为一家之书。大抵谨名分、崇爱敬以为之本，至其施行之际则又略浮文、务本实，以窃自附于孔子从先进之遗意。"①在这段序文中，朱子明确地指出，其编撰《家礼》的目的与宗旨在于"谨名分、崇爱敬"。而至于家族礼仪施行的具体形式，朱子则是以"略浮文、务本实"的态度看待。由此可以看出，相对于"礼之文"来说，朱子更加重视家族之"日用常礼"所蕴含的"名分之守"与"爱敬之实"。也正是因为朱子"务本实"，所以他将司马光《书仪》中的《司马氏居家杂仪》原文不动地搬到《家礼》之中，并且是安排在作为《家礼》卷首的《通礼》之中。在《家礼》之卷首《通礼》中，朱子在录入《司马氏居家杂仪》全文之前，加了一个"按语"，其曰："此章本在《婚礼》之后，今按此乃家居平日之事，所以正伦理笃恩爱者，其本皆在于此，必能行此，然后其仪章度数有可观焉，不然则节文虽具，而本实无取，君子所不贵也，故亦列于首篇，使览者知所先焉。"在这段"按语"中，朱子指出，《司马氏居家杂仪》是"日用常礼"，关系着"家居平日之事"，而作为"礼之本"的"名分之守"（"正伦理"）与"爱敬之实"（笃恩爱）都是必须通过《司马氏居家杂仪》所记载的这些家族之"日用常礼"展现出来，同时，"正伦理、笃恩爱"也需要有家族之"日用常礼"的正常践行，才能有所保障与维护。在朱子看来，如果"家礼"所蕴含的"正伦理、笃恩爱"这一根本得不到维护，那么，作为"礼之文"的"冠、婚、丧、祭"四种礼仪及其具体的"仪章度数"，无论多么完备，也是"本实无取，君子所不贵"。正是由于朱子极为看重"家礼"存在之根本，即"名分之守"与"爱敬之实"，所以才将《司马氏居家杂仪》安排在《家礼》之卷首，重视家族日用之"常礼"。

　　实际上，朱子重视"礼之本"，看重家族日用之"常礼"，本就是其编撰《家礼》的根本动力与最终目的之所在。理由很简单，只有通过家族日用之"常礼"的有效施行，才能更好地规范"士人"与"庶民"的日常生活行为，从而实现"齐家"之目的，进而对社会风俗之改良、国家治理之有序，亦有所裨益。在《家礼序》的结尾处，朱子如此说道："诚愿得与同志之士熟讲而勉行之，庶几古人所以修身齐家之道、谨终追远之心，犹可以复见，而于国家所以崇化导民之意，亦或有小补云。"②

① 朱熹：《家礼》，《朱子全书》第 7 册，第 873 页。
② 朱熹：《家礼》，《朱子全书》第 7 册，第 873 页。

二、《家礼》之具体"事亲"礼仪

上文已经指出，朱子认为，《司马氏居家杂仪》作为家族日用之"常礼"，与家族日常的种种细微之事相关。而朱子之《家礼》又极为重视家族内部之中的"名分之守"（"正伦理"）与"爱敬之实"（笃恩爱），所以在朱子看来，"正伦理、笃恩爱"要得以实现与维护，就需要家族内部中的每个人都遵守记载了家族日用之"常礼"的《司马氏居家杂仪》中的礼仪规范。在《家礼》卷首的《通礼》之中，就全文摘录了《司马氏居家杂仪》。在《司马氏居家杂仪》中，记载了家族中子孙以及儿媳、孙媳如何"事亲"的具体礼仪，共十一条。在《司马氏居家杂仪》中，第一条是关于家族之"家长"的礼仪规范，因其重要，故特录之。因本书研究主题的需要，先将这些具体的"事亲"礼仪按《家礼》中的次序以条目介绍如下，并加以简评。①

（1）"凡为家长，必谨守礼法，以御群子弟及家众。分之以职，授之以事，而责其成功。制财用之节，量入以为出，称家之有无以给。上下之衣食，及吉凶之费，皆有品节，而莫不均壹。裁省冗费，禁止奢华，常须稍存盈余，以备不虞。"笔者按，作为家族日用之"常礼"《司马氏居家杂仪》，第一条记载的礼仪是对家族之"家长"的规范，要求"家长"首先必须"谨守礼法"，作为家族中的群子弟及家众的表率，依照家规治理家族的具体事务。这一条规范要求"家长"对家族内部的人员要有明确的分工，要给群子弟及家众"分之以职"，即使之掌仓廪厩库庖厨舍业田园之类，"授之以事"，即"朝夕所干及非常之事"。作为"家长"，要监督这些人将自己的日常工作和交代的事情办好，"责其成功"。至于家族中的日常开销，则是要求"量入以为出，称家之有无"，"禁止奢华"，"常须稍存盈余，以备不虞"，而这些都是"家长"应该担起的职责。依照笔者的理解，以下所有具体的"事亲"礼仪，都应该是建立在"家长"谨守家族的礼法之上。

（2）"凡诸卑幼，事无大小，毋得专行，必咨禀於家长。"笔者按，在这一礼仪之下，引用了《周易》的相关内容，以说明制定这条礼仪的依据。《易》曰："家人有严君焉，父母之谓也。"《司马氏居家杂仪》对此解释说："安有严君在上，而其下敢直行自恣不顾者乎？虽非父母，当时为家长者，亦当咨禀而行之。则号令出于一人，家政始可得而治矣。"

---

① 按，下文《家礼》引文，皆摘自《朱子全书》本。如有标点或文字需要改动，则随文作注释说明。

(3)"凡为子为妇者,毋得蓄私财,俸禄及田宅所入,尽归之父母、舅姑,当用,则请而用之,不敢私假,不敢私与。"笔者按,《司马氏居家杂仪》在这一礼仪之下引用了《礼记·内则》的内容、郑玄的注释和贾谊的话来说明这一条规范。《礼记·内则》曰:"子妇无私货,无私蓄,无私器,不敢私假,不敢私与。妇或赐之饮食、衣服、布帛、佩帨、茝兰,则受而献诸舅姑;舅姑受之,则喜,如新受赐;若反赐之,则辞;不得命,如更受赐,藏之以待乏。"郑玄注曰:"待舅姑之乏也。不得命者,不见许也。"郑玄又曰:"妇若有私亲兄弟,将与之,则必复请其故赐,而后与之。"《司马氏居家杂仪》曰:"夫人子之身,父母之身也。身且不敢自有,况敢有私财乎? 若父子异财,互相假借,则是有子富而父母贫者,父母饥而子饱者。"贾谊所谓:"借父耰锄,虑有德色;母取箕帚,立而谇语。不孝不义,孰甚于此!"有学者认为,这一条礼仪表明,《家礼》提倡"同居共财",反对"财产私有",要求在大家族中生活的人们取消"私利"、"私欲"的地位,消灭了生活在大家族的人们的增殖财富的欲望。这种"以礼矫欲",在伦理道德建设上有其正面意义,但是同时也压抑了"人性",以至于包括《家礼》在内的民间"礼教",到了明清时期变成了畸形发展,由此而严重遏制了中国历史与文化的健康发展。① 在笔者看来,这条礼仪制定的出发点应该是为了维护家族的秩序与稳定,同时亦有助于维护子女与父母之间的亲情。在家族中,如果分财私有的话,是有可能出现"有子富而父母贫者,父母饥而子饱"的情况,甚至可能出现家族中的人们各自为了"私利",父子反目,相互争斗,就如当代有些民营家族企业所出现的那样。

(4)"凡子事父母,妇事舅姑:天欲明,咸起,盥,漱,栉,总,具冠带。昧爽,适父母、舅姑之所省问。父母、舅姑起,子供药物,妇具晨羞。供具毕,乃退,各从其事。将食,妇请所欲于家长,退具而共之。尊长举箸,子妇乃各退就食。丈夫妇人各设食于他所,依长幼而坐,其饮食必均壹。幼子又食于他所,亦依长幼席地而坐。男坐于左,女坐于右。及夕食亦如之。既夜,父母、舅姑将寝,则安置而退。居间无事,则事于父母、舅姑之所。容貌必恭,执事必谨。言语应对,必下气怡声;出入起居,必谨扶卫之。不敢涕唾、喧呼于父母、舅姑之侧。父母、舅姑不命之坐,不敢坐;不命之退,不敢退。"笔者按,《司马氏居家杂仪》在"凡子事父母"后有小字"孙事祖父母同",在"妇事舅姑"后有小字"孙妇亦同"。这一条

---

① 参见杨志刚:《论〈朱子家礼〉及其影响》,《朱子学刊》第 6 辑,黄山书社 1994 年版,第 10 页。

礼仪是对子孙与儿媳、孙媳在一日之中如何侍奉父母、舅姑所作的具体规定,即"礼之晨省"、"礼之昏定",以及"居间无事"时应该如何侍奉父母、舅姑。其中,对"子供药物"这一规定,《司马氏居家杂仪》给出的解释是:"药物,乃关身之切务,人子当亲自检数、调煮、供进,不可但委婢仆,脱若有误,即其祸不测。"而对于"妇具晨羞",《司马氏居家杂仪》曰:"(晨羞)俗谓点心。《易》曰:'在中馈'。《诗》云:'惟酒食是议。'凡烹调饮膳,妇人之职也。近年妇女骄倨,皆不肯入庖厨,今纵不亲执刀匕,亦当检校监视,务令精洁。"

(5)"子受父母之命,必籍记而佩之,时省而速行之,事毕则返命焉。或所命有不可行者,则和色柔声,具是非利害而白之,待父母之许,然后改之。若不许,苟于事无大害者,亦当曲从。若以父母之命为非,而直行己志,虽所执皆是,犹为不顺之子,况未必是乎!"

(6)"凡父母有过,下气怡色,柔声以谏。谏若不入,起敬起孝,说则复谏;不说,与其得罪于乡党州间,宁孰谏。父母怒,不说,而挞之流血,不敢疾怨,起敬起孝。"笔者按,这一条礼仪全文摘自《礼记·内则》,是对父母有过时子女如何劝谏所作的规范,或者说是"子谏净之礼"(孔颖达语)。有学者认为,这一条礼仪规定表明,《家礼》为了突出"家长"的地位,子女要绝对服从父母。[①] 但是,按照这一条的说法,从郑玄到孔颖达,再到朱子,似乎也没有说要绝对服从父母,当父母有过错时,还是要找适当的时机劝谏,使其改过,此即"与其得罪于乡党州间,宁孰谏"之意。由于本章下一节将重点讨论这一条礼仪规范,故在此就不再多作说明,以免重复。

(7)"凡为人子弟者,不敢以贵富加于父兄宗族。"笔者按,这里的"加"字,谓恃其富贵,不率卑幼之礼。

(8)"凡为人子者,出必告,反必面。有宾客,不敢坐于正厅。升降,不敢由东阶。上下马,不敢当厅。凡事不敢自拟于其父。"笔者按,这一条中的最后一句"凡事不敢自拟于其父",《朱子全书》之《家礼》版本作"凡事不敢自拟于其文",依照吾妻重二先生在《朱熹〈家礼〉实证研究》中所收录的《宋版〈家礼〉校勘本》,此句中的"文"字应作"父"字。[②] 又,这一条中的"不敢坐于正厅"之后,有小字"有宾客,坐于书院。无书院,则坐于厅之旁侧。"

① 参见杨志刚:《论〈朱子家礼〉及其影响》,《朱子学刊》第6辑,黄山书社1994年版。

② 参见《朱熹〈家礼〉实证研究》,第268页。

（9）"凡父母、舅姑有疾，子妇无故不离侧，亲调尝药饵而供之。父母有疾，子色不满容，不戏笑，不宴游，舍置余事，专以迎医、检方、合药为务。疾已，复初。"笔者按，在这一条礼仪之后借用《颜氏家训》中的说法来说明这一规范。《颜氏家训》曰："父母有疾，子拜医以求药。盖以医者亲之存亡所系，岂可傲忽也"。

（10）"凡子事父母，父母所爱，亦当爱之；所敬，亦当敬之。至于犬马尽然，而况于人乎？"

（11）"凡子事父母，乐其心，不违其志，乐其耳目，安其寝处，以其饮食忠养之。幼事长，贱事贵，皆仿此。"

（12）"凡子妇未敬未孝，不可遽有憎疾，姑教之；若不可教，然后怒之；若不可怒，然后笞之；屡笞而终不改，子放妇出，然亦不明言其犯礼也。子甚宜其妻，父母不悦，出；子不宜其妻，父母曰是善事我，子行夫妇之礼焉，没身不衰。"笔者按，这一条礼仪基本上是取自《礼记·内则》，仅个别地方稍有不同。《礼记·内则》曰："子妇未孝未敬，勿庸疾怨，姑教之。若不可教，而后怒之。不可怒，子放妇出，而不表礼焉。"《内则》又曰："子甚宜其妻，父母不说，出。子不宜其妻，父母曰：'是善事我。'子行夫妇之礼焉，没身不衰。"郑玄将"而后怒之"中的"怒"字注释为"谴责"，将"而不表礼焉"注释为"表，犹明也。犹为之隐，不明其犯礼之过也。"而对于《礼记·内则》中的"子放妇出，而不表礼焉"这一句话，孔颖达则解释说："既不可责怒，子被放逐，妇被出弃。表，明也。虽被出弃，犹为之隐，不显明言其犯礼之过也。"①

以上十二条礼仪规范，除了第一条是对家族之"家长"提出的规范要求，其他十一条都是关于家族中的子孙以及儿媳、孙媳应该如何"事亲"的具体礼仪。应该说，朱子将《司马氏居家杂仪》中的这十一条"事亲"礼仪全文载入《家礼》卷首的《通礼》之中，表明朱子是认同这些"事亲"礼仪的。而这些具体的"事亲"礼仪，应该也与朱子在《家礼序》中所说的作为其编撰《家礼》之目的与宗旨的"谨名分、崇爱敬"相符合。具体地说，这些"事亲"礼仪本身不但体现了子女对父母应该有的"孝心"，而且要求家族中的子孙以及儿媳、孙媳必须按照这些礼仪规范做出"孝行"，即在行动上要做到孝顺父母。

---

① 参见郑玄注，孔颖达疏：《礼记正义》，第 1125—1126 页。

第三节　"顺从"抑或"盲从":以如何劝谏父母为讨论中心

一、《家礼》之规定

上文已经列出《家礼》卷首的《通礼》之中所记载的十一条具体的"事亲"礼仪,既然朱子是将《司马氏居家杂仪》中的原文一字不改地全文摘录,表明朱子应该是认同这些"事亲"礼仪的。而这十一条具体的"事亲"礼仪,应该也与朱子所主张的"'家礼'之根本目的与宗旨在于'谨名分、崇爱敬'"相符合。因此,在朱子看来,家族中的子孙以及儿媳、孙媳都必须按照《家礼》中的这些礼仪来侍奉父母,要在日常生活之中通过实践行动来孝顺父母。

但是,《家礼》中有些"事亲"礼仪看起来似乎是要求子女"要绝对服从父母",正如有些学者所批评的那样。诚然,《家礼》中的有些"事亲"礼仪规范,从表面上看起来,似乎是为了达到子女对父母"孝顺"的目的,子女就不应该直接违抗父母的命令,有时甚至应该"曲从"于父母之命。譬如以下这一条规范:"子受父母之命,必籍记而佩之,时省而速行之,事毕则返命焉。或所命有不可行者,则和色柔声,具是非利害而白之,待父母之许,然后改之。若不许,苟于事无大害者,亦当曲从。若以父母之命为非,而直行己志,虽所执皆是,犹为不顺之子,况未必是乎!"这条"事亲"规范具体说的是,父母所要求子女做的事情,子女应该牢记并立即付之于行动,将父母交代的事情办好,要及时地向父母复命。如果父母交代的事情确实不好办,或者子女觉得不应该做这件事,那么子女就应该"和色柔声"地告诉父母,其所交代的事情"不可行"的理由。如果父母听从子女的意见,并决定不需要再做其之前交代的这件事,只有在这种情况下,子女才可以不继续做父母之前交代的这件事。但是,如果父母没有听从子女的建议,而执意要求子女继续做这件事,那么,子女此时如果觉得父母所交代的事情不会造成太大的危害,就应该"曲从"于父母之命,继续完成父母所交代的事情。为什么应该"曲从"父母之命呢?《家礼》给出的理由是:"若以父母之命为非,而直行己志,虽所执皆是,犹为不顺之子,况未必是乎!"其意是说,如果子女认定"父母之命"是错的,而直接以自己的意志作出决定,不再继续做父母所交代的这件事。在《家礼》看来,即使子女的判断是正确的,父母所交代子女办的某件事有可能确实不合情理，但子女如果不"曲从"于父母之命，"虽所执皆是"，那么这样的子女依然是"不顺之子"，也就是与"孝"的道德要求不合，故为不孝子孙。更何况，子女的判断也未必就是正确的。因此，《家礼》的这条"事亲"规范最终还是认为，在父母执意要求子女继续做某件事的情况下，作为孝顺的子女，还是应当"苟于事无大害者，亦当曲从"。从本书对这条"事亲"礼仪规范的解读中，我们可以看出，子女有时应该"曲从"于"父母之命"，是又诸多限定条件的，并不是要求子女盲目地服从"父母之命"，或者说，就是要求子女"绝对服从父母"。从根本上说，这一条"事亲"礼仪，是与《家礼》之"谨名分、崇爱敬"的宗旨相符合的，其制定的出发点与目的都是要求子女对父母既要有"孝敬"之心，又要付诸行动。

那么，如果父母之言行有过错时，子女应该如何做才合宜呢？在本书上一节所列举的十一条"事亲"礼仪中，其中有一条"事亲"礼仪对此作了具体的规定。其曰："凡父母有过，下气怡色，柔声以谏。谏若不入，起敬起孝，说则复谏；不说，与其得罪于乡党州闾，宁孰谏。父母怒，不说，而挞之流血，不敢疾怨，起敬起孝。"

《家礼》中的这一条礼仪全文摘自《礼记·内则》，是对父母有过失时子女如何劝谏所作的规范。在《礼记正义》中，孔颖达说："此一节论父母有过，子谏净之礼。"[1]这一点虽然在本书上一节已经交代过，但是没有具体展开讨论。《礼记·内则》中的原文是："父母有过，下气怡色，柔声以谏。谏若不入，起敬起孝，说则复谏；不说，与其得罪于乡党州闾，宁孰谏。父母怒，不说，而挞之流血，不敢疾怨，起敬起孝。"很明显，《家礼》中的这一条礼仪与《礼记·内则》中的内容相比较，仅仅多了一个"凡"字，其他内容一字不差。对于"父母有过，下气怡色，柔声以谏。谏若不入，起敬起孝，说则复谏"这一句话，郑玄注曰："子事父母，有隐无犯。起，犹更也。"[2]这就是说，在郑玄看来，子女侍奉父母，当父母言行有过错时，子女在劝谏之时应该"有隐无犯"，如果父母听不进去子女的劝谏，那么子女则应该对父母更加孝敬。对于"不说，与其得罪于乡党州闾，宁孰谏"一语，郑玄注曰："子从父之令，不可谓孝也。《周礼》曰：'二十五家为闾，四闾为族，五族为党，五党为州，五州为乡也。'"[3]孔颖达疏曰："'不说'者，谓父母有过，子犯颜谏

---

① 郑玄注，孔颖达疏：《礼记正义》，第 1127 页。
② 郑玄注，孔颖达疏：《礼记正义》，第 1126 页。
③ 郑玄注，孔颖达疏：《礼记正义》，第 1126 页。

诤,使父母不说也。'与其得罪于乡党州闾'者,谓子恐父母不说,不敢执谏,使父母有过,得罪于乡党州闾,谓乡党州闾所共罪也。'宁执谏'者,犯颜而谏,使父母不说,其罪轻;畏惧不谏,使父母得罪于乡党州闾,其罪重。二者之间,宁可执谏,不可使父母得罪。执谏,谓纯执殷勤而谏,若物之成孰然。"①郑玄对这一句的解释很简单,但主张却很明确。其曰"子从父之令,不可谓孝",意思是说,子女盲目服从父母之命,这不是"孝"的行为方式。而在孔颖达看来,当父母有过时,如果子女"犯颜谏诤",则有可能使父母不高兴。但是,子女如果因为父母会生气而不敢继续劝谏,从而使得父母所犯的过错给他人和社会带来危害,"乡党州闾所共罪",那么子女这种"畏惧不谏"的罪过是比较重的。相反,如果子女不怕"父母不说","犯颜而谏",得罪于父母,这种罪过相对于"得罪于乡党州闾"来说,是比较轻的。孔颖达认为,在以上两种不同的劝谏方式中,我们应该选择"宁可执谏"这一方式,因为作为子女不应该让父母继续犯错,从而使其所犯的过错给"乡党州闾"带来更大的危害。而孔颖达所理解的"执谏",是指"纯执殷勤而谏,若物之成孰然"。换言之,就是当父母犯错时,子女应该不断地向父母劝谏,直到父母改正错误为止,"若物之成孰然"。通过对《礼记正义》注疏的解读,我们可以看出,《家礼》中的这一条关于如何劝谏父母的礼仪规范,至少在郑玄和孔颖达看来,都是要求在父母犯错之时,子女应该以适当的方式与合适的时机向父母劝谏,直到父母改正过错为止。而不是像有些学者所认为的那样,《家礼》中的这一条礼仪规范是为了突出"家长"的统治地位,而子女只能绝对服从于父母。

二、"不违几谏之初心"

那么,朱子本人又是如何理解《家礼》中的这一条关于如何劝谏父母的礼仪规范呢?在《家礼》中,朱子没有解释或者下"按语",只是全文引用了《司马氏居家杂仪》的原文,而《司马氏居家杂仪》的这一条礼仪又是与《礼记·内则》中的内容完全一致。而在《论语集注》中,朱子在对《论语·里仁》中的"事父母几谏"章注释时说:"此章与《内则》之言相表里。"②《论语·里仁》记载:"子曰:'事父母几谏。见志不从,又敬不违,劳而不怨。'"因此,我们通过探究朱子对"事父母几

---

① 郑玄注,孔颖达疏:《礼记正义》,第 1127 页。
② 朱熹:《四书章句集注》,第 73 页。

谏"章的诠释，就能理解朱子是如何看待《家礼》中的这一条关于如何劝谏父母的礼仪规范。为了方便讨论，现将《论语集注》中朱子对"事父母几谏"章的注释摘抄如下：

> 此章与《内则》之言相表里。几，微也。微谏，所谓"父母有过，下气怡色，柔声以谏"也。见志不从，又敬不违，所谓"谏若不入，起敬起孝，悦则复谏"也。劳而不怨，所谓"与其得罪于乡、党、州、闾，宁熟谏。父母怒不悦，而挞之流血，不敢疾怨，起敬起孝"也。[①]

在这里，朱子将"事父母几谏"中的"几"字解释为"微"，因此在朱子这里"几谏"就转换成"微谏"。而在朱子看来，所谓"微谏"，就是指《礼记·内则》中的"父母有过，下气怡色，柔声以谏"。而"事父母几谏"章中的"见志不从，又敬不违"，是指《礼记·内则》中的"谏若不入，起敬起孝，说则复谏"。至于"事父母几谏"章中的"劳而不怨"，即《礼记·内则》中的"与其得罪于乡党州闾，宁孰谏。父母怒，不说，而挞之流血，不敢疾怨，起敬起孝"之意。由此我们很容易就可以发现，朱子对《论语·里仁》之"事父母几谏"章的注释，完全是借用《礼记·内则》中的话来解释，因为在朱子看来，"事父母几谏"章与《礼记·内则》之言是相为表里。

　　具体来说，朱子认为，当父母有过错时，作为子女应该"微谏"，即"下气怡色，柔声以谏"。那么，朱子将孔子所说的"几谏"解释为"微谏"，有什么理由呢？或者说，朱子如此解释，究竟是出于何种考虑呢？因为仅仅是"下气怡色，柔声以谏"，如果父母不听从劝谏，那么子女又应该如何做呢？我们先来讨论朱子将"几谏"解释为"微谏"的理由，《语类》记载：

> （1）问"几谏"。曰："几，微也，只是渐渐细密谏，不恁峻暴，硬要阑截。《内则》'下气、怡色、柔声以谏'，便是解此意。"[②]
> （2）问："'几，微也'。微，还是见微而谏，还是'下气、怡色、柔声'以谏？"曰："几微，只得做'下气、怡色、柔声以谏'。且如今人做事，亦

---

① 朱熹：《四书章句集注》，第 73 页。
② 黎靖德编：《朱子语类》卷二十七，第 704 页。

　自驀地做出来，那里去讨几微处。若要做见几而谏，除非就本文添一
两字始得。"①

　在第(1)段对话中，朱子明确地将"几谏"的"几"解释为"微"字，"几谏"就是"微谏"。在朱子看来，所谓"微谏"，其意是"只是渐渐细密谏，不恁峻暴，硬要阑截"，此意与《礼记·内则》所谓"父母有过，下气怡色，柔声以谏"之意相同。在第(2)段对话中，学生问朱子，"事父母几谏"章中的"几谏"的意思究竟是"见微而谏"，还是如《礼记·内则》所说的"下气怡色，柔声以谏"。朱子认为，"事父母几谏"章中的"几谏"就是指《礼记·内则》中的。"下气怡色，柔声以谏"，而不同意用"见微而谏"来解释"几谏"。依据上引的第(2)段话，朱子反对"见微而谏"的理由有两个。其一，在现实生活中难以做到"见微而谏"，因为"且如今人做事，亦自驀地做出来，那里去讨几微处"。其二，以"见微而谏"来解释《论语》中的"几谏"，没有文本依据。朱子说："若要做见几而谏，除非就本文添一两字始得。"

　　其实，朱子反对以"见微而谏"来解释"事父母几谏"章中的"几谏"，是其一贯的主张。早在朱子中年所写的《论语或问》中，就明确反对"见微而谏"这种解释。《论语或问》记载：

　　或问：诸家几谏之说，多以为见微而谏者，如何？
　　曰：其说固善矣，然此章之语，乃《内则》之节文耳。以彼文考之，则正所谓"下气怡色、柔声以谏"者，而《曲礼》亦有不显谏之文焉，则为证也亦明矣。且不以彼文推之，则下文又敬不违，将为苟焉以从父之令者，而劳而不怨，亦将无所属于上文矣。②

关于《论语·里仁》之"事父母几谏"章的诠释，北宋诸儒普遍以"见微而谏"来解释"几谏"。譬如，范祖禹云："几谏者，见微而谏也。谏之于微，不待于著也。见志不从，又敬而不违者，悦则复谏也。古之忠臣孝子，将处君父于无过，则必谏其渐，至于有大过而净，盖不得已也。曾子曰：'微谏不倦，劳而不怨。'与此一

①　黎靖德编：《朱子语类》卷二十七，第704页。
②　朱熹：《四书或问》，第190页。

也。"①谢良佐云:"以敬孝易,以爱孝难,以养口易,以养志难。'事父母几谏。见志不从,又敬不违,劳而不怨',以爱孝而养志之谓。几谏,见微而谏也,则志不拂而易从。又敬不违,此非从父之令,盖必非得罪于乡党州闾者也。劳而不怨,竭其力而无以有己之谓。"②杨时云:"先意承志,喻父母之道,所谓几谏也。几而谏,则父母之过未形焉。见志不从,不敬而违之,则必至于责善而相夷矣,故又敬不违。"③在朱子看来,以上这些北宋儒者以"见微而谏"来解释《论语·里仁》之"事父母几谏"章中的"几谏",其用心当然是好的。但是,朱子认为,"事父母几谏"章的内容是《礼记·内则》之"节文",因此用《礼记·内则》中的"下气怡色、柔声以谏"说法,以及《礼记·曲礼》中有关"不显谏"的内容,则可以证明"事父母几谏"章中的"几谏"不能被理解成"见微而谏"。此外,在《论语或问》中,朱子又提出了一个反对"见微而谏"这一诠释的理由,即"且不以彼文推之,则下文又敬不违,将为苟焉以从父之令者,而劳而不怨,亦将无所属于上文矣"。这就是说,即使不用《礼记·内则》中的说法来证明,仅以《论语·里仁》"事父母几谏"章中的语境(上下文)来推断,如果将"几谏"解释为"见微而谏",则"事父母几谏"章中的下文"又敬不违,劳而不怨"与上文之间的意思就会产生冲突而不连贯,"亦将无所属于上文矣"。

现在的问题是,朱子反对以"见微而谏"来解释"事父母几谏"章中的"几谏",而主张将其解释为"下气怡色,柔声以谏",那么,当父母有过错时,子女仅仅依靠"下气怡色,柔声以谏",而父母如果不听从子女的劝谏,那么子女又应该如何做呢?为了回答这一问题,我们来看朱子是如何诠释"事父母几谏"章中的"见志不从,又敬不违,劳而不怨"的。《语类》记载:

问:"'几,微也'。微谏者,下气、怡色、柔声以谏也。见得孝子深爱其亲,虽当谏过之时,亦不敢伸己之直,而辞色皆婉顺也。'见志不从,又敬不违',才见父母心中不从所谏,便又起敬起孝,使父母欢悦;不待父母有难从之辞色,而后起敬起孝也。若或父母坚不从所谏,甚至怒而挞之流血,可谓劳苦,亦不敢疾怨,愈当起敬起孝。此圣人教天下之为人子者,不惟平时有愉色、婉容,虽遇谏过之时,亦当如此;甚至

① 朱熹:《论孟精义》,《朱子全书》第7册,第157—158页。
② 朱熹:《论孟精义》,《朱子全书》第7册,第158页。
③ 朱熹:《论孟精义》,《朱子全书》第7册,第158页。

劳而不怨,乃是深爱其亲也。"

曰:"推得也好。"又云:"'又敬不违'者,上不违微谏之意,切恐唐突以触父母之怒;下不违欲谏之心,务欲置父母于无过之地。其心心念念只在于此。若见父母之不从,恐触其怒,遂止而不谏者,非也;欲必谏,遂至触其怒,亦非也。"①

在这段师生对话中,在朱子的学生看来,为人子女因为"深爱其亲",所以在父母有过错时,作为孝顺的子女应当"下气怡色,柔声以谏"。如果子女一旦察觉父母不想听从自己的劝谏,就应该立刻暂时放弃劝谏,而对待父母应该更加孝顺,"使父母欢悦",而不是等到父母有"难从之辞色",子女才对父母更加孝敬。万一父母坚决不听从子女的劝谏,甚至因为子女的不断劝谏而发怒并将自己打得流血,即便如此,作为孝顺的子女此时也"不敢疾怨,愈当起敬起孝"。朱子的学生认为,这是因为子女本应该"深爱其亲",所以作为子女不但平时要对待父母态度要好,要有"愉色、婉容",即使遇到父母有过而劝谏的时候,子女也应当做到对父母孝敬,不应该由于父母没有听从自己的劝谏而有所抱怨,而应该"劳而不怨"。朱子认为,其学生的这一看法固然是好,但似乎还有一个问题没有解决。依照朱子的这位学生的看法,其只是强调了子女在劝谏父母时要保持对父母的"深爱"之心,坚持做到对父母孝顺,但是如果父母最终也没有听从自己的劝谏,难道就任由父母继续犯错而"得罪于乡党州闾者"吗?正是因为这一原因,朱子继续解释说:"'又敬不违'者,上不违微谏之意,切恐唐突以触父母之怒;下不违欲谏之心,务欲置父母于无过之地。其心心念念只在于此。"在朱子看来,子女劝谏父母时,当然要坚持"微谏",也就是在劝谏父母时要做到"下气"、"怡色"、"柔声",以免"唐突"而"触父母之怒"。此即朱子所谓的"上不违微谏之意"。但与此同时,作为孝顺的子女,是不应该任由父母继续犯错而危害他人与社会,所以子女还必须做到"下不违欲谏之心",也就是要想方设法地劝谏父母不再犯错,"置父母于无过之地",这也是子女孝顺父母的要求和体现。譬如,朱子云:"人情自有偏处,所亲爱莫如父母,至于父母有当几谏处,岂可以亲爱而忘正救!所敬畏莫如君父,至于当直言正谏,岂可专持敬畏而不敢言!"②因

① 黎靖德编:《朱子语类》卷二十七,第704—705页。
② 黎靖德编:《朱子语类》卷十六,第352页。

此，我们可以看出，朱子主张"下气怡色，柔声以谏"，实际上包含了两个必不可少的条件，即"上不违微谏之意"与"下不违欲谏之心"。换言之，在朱子看来，子女劝谏父母，既应该保持对父母的敬爱之心，又要使父母听从劝谏，不再犯同类的错误。也就是说，子女劝谏父母，要做到劝谏的动机与目的这两者保持平衡与统一。这也就是朱子所谓的"其心心念念只在于此"，这里的"此"字应该是指坚持"上不违微谏之意"与"下不违欲谏之心"的统一，而不可以只是注重其中的一个方面。

笔者以为，朱子此解可谓用心良苦，深得"孝"之真谛。然而理论虽好，但现实之人生总是"十之八九不如人意"，总会有意外的情况出现。所以，如果真的遇到父母坚决不肯听从子女的劝谏而继续犯错，那么依照朱子的说法，作为子女似乎亦无可奈何。因为在上引的那段表述中，朱子说："若见父母之不从，恐触其怒，遂止而不谏者，非也；欲必谏，遂至触其怒，亦非也。"如果我们假设有这样的父母，只要听到子女的"良言相劝"，也依然怒不可遏，那么此时子女便不能再继续劝谏了，因为朱子说"欲必谏，遂至触其怒，亦非也"。也正是因为朱子坚持主张"下气怡色，柔声以谏"，所以才可能出现在现实中无法保持"上不违微谏之意"与"下不违欲谏之心"的这两者的统一。而朱子将孔子之"几谏"解释为

"下气怡色，柔声以谏"，这也受到后人的非议，譬如明末清初的王船山。① 当然，从根本上上说，朱子的这一诠释与儒家一贯主张还是相吻合的，因为儒家主张"父子之间不责善。责善则离，离则不祥莫大焉。"（《孟子·离娄上》）

从根本上说，朱子坚持主张"下气怡色，柔声以谏"，是因为在朱子看来，父母有过错，子女应当劝谏，劝谏的目的也是要使父母不再犯相似的错误，但是作为孝顺的子女，无论在劝谏父母时遇到何种极端的情况，都不应该忘记劝谏父母的"初心"。《论语或问》记载：

> 曰：诸说固失之矣，其他文义亦有可论者乎？
> 曰：范氏他说皆善，所引曾子之言亦佳。但恐其所以为说者，亦若

---

① 按，根据蔡家和教授的研究，船山对朱子的诠释有两点质疑：（1）反对朱子将"几谏"（"微谏"）解释为"不敢直遂己意"。蔡教授指出，朱子是将"几谏"解释为"微谏"，其意是"柔声以谏"，并且是有所隐、不直谏。而船山则主张"微谏"，即"见微而谏"，以以这一主张反对朱子的诠释。船山所谓的"见微而谏"其意是当于父母之恶之细微就该先发制人。换言之，船山认为，当父母之恶初处于细微之时，就应该防堵，所谓"防微杜渐"。在船山看来，"微谏"之"微"字有四义，分别是弱、细、缓、隐四义，而"微谏"之"微"字只能以"细"义解，即"细微"之义。船山认为，朱子之"微谏"，实际上是一种"隐谏"，是不敢直言父母之过错。首先，船山认为，朱子将《论语·事父母章》中的"几谏"解释为"微谏"这本身就不对。船山以为，朱子将"犯"与"隐"视为一组相对的概念，"隐谏"则不直言以犯，若犯则不为隐。但是在船山看来，"犯"与"隐"不是相对的概念。其次，船山认为，即使朱子之"微谏"可以被理解成"隐谏"，其意也不是指不敢直言以犯，而是指不在众人面前直谏。简言之，船山对朱子批判的重点是，由于朱子将"犯"与"隐"视为一组相对的概念，从而将"几谏"解释为"微谏"，而此"微谏"实际上是一种"隐谏"，即劝谏时有所保留。但是船山认为，将"几谏"解释为"微谏"（即"见微而谏"），是要求子女于父母之过恶处于细微之时就应该劝谏，并且务必使父母明白其错误，不应该有所保留。（2）反对朱子的"蓦地"之说。船山反对的理由有以下三个方面。第一，船山认为，一般人待人接物大多是其来有自，有其轨迹可循。一般来说，父母有自己的一套待人接物方式，其方式未必要与子女相同。对于出于不同主观意愿的这一类事，子女是不必劝谏的，各取所需即可。如果子女与父母在这一类事情上有冲突的话，亦可以商量，此类事情只是考虑不周到而已，并无大害。在船山看来，实在应当劝谏的事情，主要是沉溺于声色货利之事或者争讼之事，然而此类事情则是由来已久，非突发奇想做出来的。如此，朱子的"蓦地"之说似乎是有问题的。第二，船山认为，像"一朝之忿"是可以称之为"蓦地"之失。但是，既然已经成为过失，则可以既往不咎，因为既成事实，防堵不及，劝谏亦无用。如果是父母天性易怒而至于过失之情形已久，前罪已著，作为子女，为了预防后过，则应当"几谏"。然而，这也属于其来有自，并不是"蓦地"之失。第三，船山认为，"蓦地"之失，其过必浅。船山举例说，"过失杀人"与"预谋杀人"不同。如果是预谋杀人之类，子女可以防微杜渐，加以劝谏。而"过失杀人"之类，事不在"志"（动机），其罪较轻，已经是既成事实，劝谏不及。除非父母经常"过失杀人"，然此亦有迹可循，可以用适当的方法加以阻止。参见蔡家和：《王船山对于孝亲伦理的省思——以〈论语·事父母章〉为例》，《哲学与文化》第四十三卷第十期，2016 年 10 月刊。

本书认为，船山对朱子的批评实际上基本上是出于误会，没有真正体会到朱子如此诠释的用意，因为船山所依据的文本是《四书大全》，而这本"科举教材"本身对朱子的观点就是断章取义。再者，船山所主张的"见微而谏"，实际上与北宋先儒之"见微而谏"的观点并无实质的差异。而通过本书的研究，我们知道，朱子是不同意以"见微而谏"来解释《论语》之"几谏"的，并给出了明确的反对理由。

见几之云尔。谢、周、尹氏他说，则皆失之，而杨氏于劳而不怨者，遂略
而不说，不知其意果以为何如也？侯氏所谓不违几谏之初心者得
之矣。①

在这段话中，所谓"诸说固失之"，是指上文所说的北宋几位诸儒将《论语》之"几
谏"解释为"见微而谏"。在北宋诸儒的解释中，朱子对侯仲良的解释最为认可，
以为"侯氏所谓不违几谏之初心者得之矣"。侯仲良云："几谏之时，若父母之志
未从，则加诚加敬，以感格之。故'烝烝乂，不格奸'，舜之所以为功也。所谓又
'敬而不违'者，加诚敬而不违，几谏之初心也。"②因此，朱子所赞同的"不违几谏
之初心"，其意是说，当子女劝谏父母时，"见志不从"，那么子女对父母要更加敬
爱，不能忘记自己"下气怡色，柔声以谏"的"初心"。朱子所认为的"初心"，实际
上就是子女对父母本应该有的"敬爱之心"。在朱子看来，作为子女，必须以"父
母之心为心"，即以"父母爱子之心"来爱父母。譬如，朱子说："为人子，须是以
父母之心为心。父母爱子之心未尝少置，人子爱亲之心亦当跬步不忘。"③这也
就是说，在朱子看来，天下父母都是爱自己子女的，"父母爱子之心未尝少置"，
所谓"可怜天下父母心"。而作为子女，无论遇到何种情况，包括父母有过错而
坚决不听从其劝谏时，真正孝顺的子女是不会也不该忘记自己的"爱亲"之"初
心"。

三、"得乎亲"与"顺乎亲"："子孝父慈，各止其所"

在朱子看来，真正孝顺的子女应该以"父母爱子之心"来爱父母。所以。朱
子主张，孝顺的子女无论遇到何种情况都不应该忘记对父母的"敬爱之心"，并
要求子女将其爱亲之"初心"落实为具体的日常行为。那么，如果子女遇到像舜
的父亲瞽瞍那样的父母，那么子女是否依然要不忘"初心"而坚持孝顺父母呢？
要回答这一问题，我们必须来看朱子是如何诠释《孟子·离娄上》中的最后一章
的。为了方便讨论，兹录《孟子·离娄上》最后一章的全文如下：

---

① 朱熹：《四书或问》，第 190 页。
② 朱熹：《论孟精义》，《朱子全书》第 7 册，第 158 页。按，侯仲良所说的"所谓又'敬而不违'者"，其
中"敬而不违"是《论语·里仁》"事父母几谏"章中的原话，而《朱子全书》对其并没有加双引号，故改正之。
③ 黎靖德编：《朱子语类》卷二十七，第 705 页。

孟子曰："天下大悦而将归己。视天下悦而归己，犹草芥也。惟舜为然。不得乎亲，不可以为人；不顺乎亲，不可以为子。舜尽事亲之道而瞽瞍厎豫，瞽瞍厎豫而天下化，瞽瞍厎豫而天下之为父子者定，此之谓大孝。"

在《孟子集注》中，朱子注曰："言舜视天下之归己如草芥，而惟欲得其亲而顺之也。得者，曲为承顺以得其心之悦而已。顺则有以谕之于道，心与之一而未始有违，尤人所难也。为人盖泛言之，为子则愈密矣。"①我们都应该知道，相传舜的父亲瞽瞍对待舜非常不好，"瞽瞍至顽，尝欲杀舜"。而舜人生最大的欲望却是"得其亲而顺之"，所以孟子称舜是尽了"事亲之道"，是"大孝"。在朱子看来，天下之所以对舜而言如草芥，是因为舜唯一的欲望是"得其亲而顺之"。对孟子所谓的"得乎亲"，朱子解释为"曲为承顺以得其心之悦"；"顺乎亲"，朱子则解释为"有以谕之于道，心与之一而未始有违"。朱子认为，在"得乎亲"与"顺乎亲"之间，"顺乎亲"更加难以做到。那么，具体来说，朱子是如何理解"得乎亲"与"顺乎亲"的呢？

所谓"得乎亲"，就是要求子女"不问事之是非，但能曲为承顺"。朱子说："得乎亲者，不问事之是非，但能曲为承顺，则可以得其亲之悦。苟父母有做得不是处，我且从之，苟有孝心者皆可然也。"②这就是说，在朱子看来，只要子女有"孝心"，那么不管父母交代的事情本身的是非对错，子女都应该"曲为承顺"，从而使父母愉悦。如果父母有什么地方做得不对，子女也应该"曲从"。一言以蔽之，子女只要有"孝心"，万事"皆可然"。依照朱子如此的解释，似乎是主张子女为了孝顺父母，可以放弃道德原则，一切惟父母之命是从。譬如，朱子又说："不得乎亲之心，固有人承亲顺色，看父母做甚事，不问是非，一向不逆其志。这也是得亲之心，然犹是浅事。"③表面上看起来，这句话的意思与上文朱子所表达的意思相差无几，其实不然，因为朱子认为，子女做到"得乎亲"比较容易，"犹是浅事"。如此看来，子女并不是只要做到"得乎亲"就可以了。

朱子认为，做一个真正的孝子，除了要做到"得乎亲"，还必须要做到"顺乎亲"。朱子说："'顺乎亲'，则和那道理也顺了，非特得亲之悦，又使之不陷于非

---

① 朱熹：《四书章句集注》，第 287 页。
② 黎靖德编：《朱子语类》卷五十六，第 1336 页。
③ 黎靖德编：《朱子语类》卷五十六，第 1336 页。

义,此所以为尤难也。"①在朱子看来,"得乎亲"只是使父母愉悦,而"顺乎亲"则能够使父母"不陷于非义"。譬如,朱子又说:"惟顺乎亲,则亲之心皆顺乎理,必如此而后可以为子。所以又说'烝烝乂,不格奸';'瞽瞍砥豫而天下化,瞽瞍砥豫而天下之为父子者定'。"②这就是说,真正的孝子,必须想办法使父母之心"皆顺乎理"而不做非"义"之事,使父母"无一事不是处,和亲之心也顺了"。③

那么,依照朱子的说法,要做孝顺的子女,一方面要"曲从"于父母,另一方面又要求子女设法使父母不做非"义"之事。那么,子女应该如何做才能实现"得乎亲"与"顺乎亲"的统一呢? 朱子认为,这就应该向舜学习。孟子云:"舜尽事亲之道而瞽瞍底豫,瞽瞍底豫而天下化,瞽瞍底豫而天下之为父子者定,此之谓大孝。"在《孟子集注》中,朱子注曰:"瞽瞍至顽,尝欲杀舜,至是而底豫焉。《书》所谓'不格奸亦允若'是也。盖舜至此而有以顺乎亲矣。是以天下之为子者,知天下无不可事之亲,顾吾所以事之者未若舜耳。于是莫不勉而为孝,至于其亲亦底豫焉,则天下之为父者,亦莫不慈,所谓化也。子孝父慈,各止其所,而无不安其位之意,所谓定也。为法于天下,可传于后世,非止一身一家之孝而已,此所以为大孝也。"④在朱子看来,舜的父亲瞽瞍非常顽固不化,"尝欲杀舜",但是由于舜不管其父对他做了何事,自己依然坚持不懈地对瞽瞍尽孝,从而使其父愉悦、快乐,亦为之感化。朱子认为,舜的这种"顺乎亲"的尽孝行为可以感化天下之为父者,从而使天下的父亲对子女更加慈爱,也就是实现"子孝父慈,各止其所"。如此,舜的这种尽孝方式是将"得乎亲"与"顺乎亲"统一起来,成为天下人的尽孝模范,"为法于天下,可传于后世",可谓是"大孝"。⑤

实际上,朱子对"得乎亲"与"顺乎亲"的诠释,最终可以归结为八个字,即"子孝父慈,各止其所"。作为子女,应该做好自己的本分,"尽事亲之道,其为子职,不见父母之非而已"。在《孟子集注》中,朱子所用的李氏的一段话,实际上可以代表朱子的主张。李氏曰:"舜之所以能使瞽瞍底豫者,尽事亲之道,其为

---

① 黎靖德编:《朱子语类》卷五十六,第 1336 页。
② 黎靖德编:《朱子语类》卷五十六,第 1337 页。
③ 按,譬如,朱子云:"'不顺乎亲,不可以为子',是无一事不是处,和亲之心也顺了,下面所以说'瞽瞍砥豫'。"黎靖德编:《朱子语类》卷五十六,第 1337 页。
④ 朱熹:《四书章句集注》,第 288 页。
⑤ 按,譬如,横渠在《西铭》中说:"不弛劳而底豫,舜其功也。"在《西铭解》中,朱子注曰:"舜尽事亲之道而瞽叟底豫,其功大矣。故事天者尽事天之道,而天心豫焉,则亦天之舜也。"朱熹:《西铭解》,《朱子全书》第 13 册,第 145 页。

子职，不见父母之非而已。昔罗仲素语此云：'只为天下无不是底父母。'了翁闻而善之曰：'惟如此而后天下之为父子者定。彼臣弑其君、子弑其父者，常始于见其有不是处耳。'"①而作为父母，实际上极少有不疼爱自己的子女，此为人之天性。"虎毒不食子"，自然界尚且如此，何况人乎？正是在这一意义上，朱子才会在《孟子集注》中引用"只为天下无不是底父母"一语，此语并不是说父母不会犯错。如果父母真的不会犯错，那么朱子就不会在《家礼》对子女如何劝谏父母作出具体的礼仪规范。进一步说，在朱子看来，儒家的五种人际关系，即君臣、父子、兄弟、夫妇以及朋友，每个不同身份的人都要各尽其职，"各止其所"，这样人际关系才有可能变得和谐。譬如，朱子说："君君臣臣，父父子子，兄兄弟弟，夫妇朋友各得其位，自然和。若君失其所以为君，臣失其所以为臣，如何会和？"②

小　结

关于《家礼》作为"士庶通礼"出现的背景，本章认为，"士庶通礼"在唐代已出现而在北宋逐步发展，是与当时许多志在复兴儒学的儒者（尤其是道学家）的努力分不开的。虽然"士庶通礼"的发展在北宋也出现了一些曲折，但是我们也可以看出，在此期间，道学家们是强烈地期望并努力地构建以其道学思想与理想追求（如"圣人可学而至"）为基础的新的"士庶通礼"，以此规范士大夫和普通庶民家族的日常生活行为，从而实现"修身"与"齐家"的统一。而从历史上看，这一项艰巨而重要的任务与使命是由朱子所编撰的《家礼》才最终得以完成。

关于《家礼》对司马光《书仪》的损益问题，本章认为，《家礼》除了继承司马光《书仪》大部分内容之外，还参考并采用了《仪礼》、《礼记》、《唐开元礼》以及当时社会的"俗礼"。但是，《家礼》虽然混有当时已经渗入了佛教与道教礼仪的"俗礼"，但其根本思想还是源自《仪礼》。换言之，朱子编撰《家礼》的意图最终是要复归"古礼"，或者说，是追求其心目中的理想"礼仪"，以此规范家族的生活实践，实现"齐家"乃至于"治国"的目的。质言之，司马光的《书仪》与朱子的《家

---

① 朱熹：《四书章句集注》，第 288 页。
② 黎靖德编：《朱子语类》卷二十二，第 518 页。

礼》作为以士人和庶人为对象的"士庶通礼"的出现，尤其是《家礼》的出现，不仅在儒家礼仪发展史上具有划时代的意义，而且对近世中国乃至于东亚文明都造成深远的影响。

在朱子看来，"礼"是可以分成"礼之本"与"礼之文"。而就"家礼"而言，"礼之本"是"名分之守"与"爱敬之实"，这主要是通过家族的"日用之常礼"体现出来的，此"日用之常礼"是每天都必须践行的，"固不可以一日而不修"。而家族之礼的"礼之文"，是指"冠、婚、丧、祭"四种礼仪，以及具体的"仪章度数"。朱子虽然将家族之礼分成"礼之本"与"礼之文"，但朱子是更加重视"礼之本"的，也就是更加重视通过家族的"日用之常礼"所体现出来的"名分之守"与"爱敬之实"。当然，关乎人生大事的作为"礼之文"的"冠、婚、丧、祭"这四种礼仪也不可以忽略，对于学者而言，平常也需要学习这四种礼仪。但是，学习作为"礼之文"的"冠、婚、丧、祭"这四种礼仪，其最终目的还是为作为家族之礼的根本宗旨服务的，即为作为"礼之本"的"名分之守"与"爱敬之实"服务的。就其根本而言，朱子编撰《家礼》的目的，亦在于此。

朱子《家礼》卷首的《通礼》之中所记载的十一条具体的"事亲"礼仪，全文摘录自《司马氏居家杂仪》，表明朱子应该是认同这些"事亲"礼仪的。《家礼》中的这十一条具体的"事亲"礼仪，与《家礼》之"谨名分、崇爱敬"的宗旨是相符合的，其制定的出发点与目的都是要求子女对父母既要有"孝敬"之心，又要付诸行动。

通过对《家礼》中的如何劝谏父母这一条"事亲"礼仪的分析与讨论，本章认为，在朱子看来，践行儒家礼仪时应该如何既要坚持原则性，同时又要保持一定的灵活性。朱子主张，劝谏父母应该"不违几谏之初心"。在朱子看来，天下父母都是爱自己子女的，"父母爱子之心未尝少置"。而作为子女，无论遇到何种情况，包括父母有过错而坚决不听从其劝谏时，真正孝顺的子女是不会也不该忘记自己的"爱亲"之"初心"。朱子对"得乎亲"与"顺乎亲"的诠释，实际上就是要求，"子孝父慈，各止其所"。作为子女，应该做好自己的本分，"尽事亲之道，其为子职，不见父母之非而已"。

第四章　礼仪之教化功能：
以《通解》《家礼》之"冠礼"为例

我们都知道，朱子晚年并未完成编纂《仪礼经传通解》的工作，而现存的《通解》是后来由其高足弟子黄榦和杨复续修而成①。《通解》中的《丧礼》十五卷由黄榦续修而成，而《祭礼》十四卷由杨复续修而成。此书本来的书名是《仪礼集传集注》，全书一共 60 卷。②《通解》是以儒家礼学经典《仪礼》为经，主要采用了《礼记》、其他儒家经书以及史书、杂书中关于"礼"的文字，然后依照朱子的体例分门别类附属于《仪礼》经文之下，并且详细列出了郑玄等人的注疏③。对于朱子编纂《通解》的体例，后来的学者看法不一。譬如，元代的大儒吴澄（1249—1333，字幼清，晚字伯清，学者称草庐先生），对此就表达不一意见。他认为，朱子以此体例来编纂《通解》仅仅是在刚开始时的权宜之策。吴澄说："朱子《仪礼经传通解》析诸篇之《记》分属《经》文，盖编纂之初，不得不权立此例，以便寻省，惜未卒业而门人继之，因仍不改，非朱子之本意。"（《四库全书总目提要》）当然，本书在此处提及此事，只是略加介绍而已。至于朱子以此体例来编纂《通解》是否朱子的本意，本书在这里就不展开详细的讨论。

---

①　按，为行文方便，本书以下皆以《通解》称之。

②　按，吴国武教授指出，依据朱在的《仪礼经传通解识语》中的说法，朱子《礼书》之名称《仪礼集注》为初名，《仪礼经传通解》是定名。但是，元人方回在《读朱文公仪礼经传跋》以为，《王朝礼》之所以取名《仪礼集传集注》，是因为"无经而有传"。反之，"有经而有传"的部分才可以被称为《仪礼经传通解》。吴国武教授认为，方回的这一说法值得我们重视。参见吴国武：《朱子及其门人编修礼书补考》，《朱熹礼学基本问题研究》，第 88 页。

③　按，以上部分内容参考了彭林先生对《仪礼经传通解》的介绍，更为详细的介绍，参见彭林：《仪礼译注》前言，中华书局 2012 年版，第 8 页。

本章主要研究两个议题:(一)再论朱子编纂《通解》的缘起;(二)以《通解》之"冠礼"为例,探究朱子对礼仪之功能的理解。

第一节　简论编纂《通解》之原因

一、学界已有研究之评述

关于朱子编纂《通解》的原因,前人多有讨论。概括来说,主要有以下几种原因。第一,因佩服郑玄的注释而编《通解》。持这一观点的是皮锡瑞。皮锡瑞认为,朱子编此书时对郑注特别重视,在宁宗为孝宗承重而产生的朝议上,"以朱子之贤,犹不能折服群疑,必得郑志明文,然后可以自信,此朱子所以服郑,而并欲修礼,晚年所以有《通解》之作,而直以郑注补经也。"第二,为了弥补其学术偏重于内圣而忽视外王之不足。譬如,戴君仁认为,朱子之所以从事编修礼书的工作,乃是因为注意到自己中年以前所讲学问偏于修身,而于修身之后的家国天下涉及甚少,因此编撰《通解》,以"表现王道的思想,远和任法尚术的霸道思想不同。"第三,为了纠正学界轻视《仪礼》的风气。如殷慧认为,朱子之所以编纂《仪礼经传通解》是建立在对整个宋代礼学研究状况的了解和批评之上的,朱熹痛感王安石废罢《仪礼》产生的严重后果,旨在引导学者研习《仪礼》,反思当时《仪礼》学研究的不足,力图纠正礼学研究中出现的杜撰之风。第四,现实政治生活的刺激。如殷慧认为,受现实政治中礼制主张难服众议的刺激,朱子意识到《仪礼》在国家政治生活中的重要性,为弥补过去自身学术研究上的不足,决心编礼学礼。朱子晚年在朝四十六日,面对一连串的朝廷礼议,如宁宗以嫡孙承重、孝宗山陵、祧僖祖等事件,因"缺乏经典依据,难服众议而屡屡受挫",因此反省自身学术的缺失,决心编礼。① 第五,考究古礼以为制作今礼提供依据,经世致用。持这一观点的是孙致文和杨治平。譬如,杨治平博士认为,朱子晚年编纂《通解》,应当是出于对国家根本动摇的痛切感受,因此希望整理先秦乃至两汉文献,尽可能地还原心目中"古礼"的全貌,以为将来国家制作所用。②

---

① 参见殷慧:《礼理双彰:朱熹礼学思想探微》,第 146—169 页。
② 参见杨治平:《朱熹的礼教世界》,台湾大学文学院中国文学研究所博士学位论文,2015 年。

第六，朱子的为学工夫和治学方法促使其编纂《通解》。譬如，王志阳认为，朱子编纂《仪礼经传通解》的内在动力源自下学上达的工夫，而学术根源则是远承于二程兄弟的"切问近思"的治学方法。① 需要说明的是，不少学者是综合以上几种原因来分析朱子编纂《通解》的动机，而不是单纯持一种理由。

毫无疑问，以上这些原因有些是有道理的，也符合历史的实际情形，比如王安石废罢《仪礼》产生的消极影响。但有些理由明显是值得商榷的，比如为了弥补其学术之不足。朱子的学术思想表面上看来似乎偏重修身和形上学说，然而就其整体而言，并没有割裂内圣和外王，不管是朱子中年或晚年。有些理由是有启发性，比如从朱子的为学工夫和方法来讨论，但是从"下学上达的工夫"和"切问近思的治学方法"的角度来解释，则不是十分亲切。

二、编纂《通解》之理由再探究

可以说，朱子晚年唯一的心愿就是编成《通解》。譬如，朱子曾经说，如果此生能够编成《通解》，那么就"不复有世间念"、"可以瞑目矣"②。因为在朱子看，《通解》一书，"所系甚大"③。本书认为，朱子之所以编纂《通解》，有三个方面的理由。

第一，朱子编纂《通解》是由于《仪礼》本身的重要性。譬如，我们在本书第二章中谈到，朱子认为，《仪礼》中的礼仪原本是先存在上古社会，圣人是见其意思好而裁损制定的。这也是朱子重视《仪礼》的原因之一。朱子说："《仪礼》，不

---

① 参见王志阳：《〈仪礼经传通解〉编撰缘起新论》，《朱子学刊》，2017 年第一辑。

② 按，朱子云："所以未免惜此时日，正为所编礼传已略见端绪而未能卒就，若更得年余间未死，且与了却，亦可以瞑目矣。其书大要以《仪礼》为本，分章附疏，而以小戴诸义各缀其后。其见于它篇或它书可相发明者，或附于经，或附于义。又其外如《弟子职》《保傅传》之属，又自别为篇，以附其类。其目有家礼、有乡礼、有学礼、有邦国礼、有王朝礼、有丧礼、有祭礼、有大传、有外传。今其大体已具者盖十七八矣。因读此书，乃知汉儒之学有补于世教者不小。如国君承祖父之重，在经筵虽无明文，而康成与其门人答问，盖已及之，具于贾疏，其义甚备，若已预知后世当有此事者。今吾党亦未之讲，而憸佞之徒又饰邪说以蔽害之，甚可叹也。"（《答李季章》，《晦庵先生朱文公文集》卷三十八，《朱子全书》第 21 册，第 1709 页。）又如，朱子云："累年欲修《仪礼》一书，厘析章句而附以传记，近方了得十许篇，似颇可观。其余度亦岁前可了。若得前此别无魔障，即自此之后便可块然兀坐，以毕余生，不复有世间念矣。元来典礼淆讹处古人都已说了，只是其书衮作一片，不成段落，使人难看。故人不曾看，便为憸人舞文弄法，迷国误朝。若梳洗得此书头面出来，令人易看，则此辈无所匿其奸矣，于世亦非少助也。勿广此说，恐召坑焚之祸。"见《答李季章》，《晦庵先生朱文公文集》卷三十八，《朱子全书》第 21 册，第 1707—1708 页。

③ 按，朱子云："某已衰老，其间合要理会文字，皆起得个头在。及见其成与不见其成，皆未可知。万一不及见此书之成，诸公千万勉力整理。得此书，所系甚大！"见《朱子语类》卷八十四。

是古人预作一书如此。初间只以义起，渐渐相袭，行得好，只管巧，至于情文极细密，极周经处。圣人见此意思好，故录成书。只看古人君臣之际，如公前日所画图子，君临臣丧，坐抚当心要经而踊。今日之事，至于死生之际，恝然不相关，不啻如路人！所谓君臣之恩义安在！"①这就是说，在朱子看来，圣人不是预先凭空制定《仪礼》的，而是在现实生活中先有礼的仪式存在，当这些礼仪在代代因袭后，以至成熟，圣人就把这些成熟的礼仪记录下来而成《仪礼》一书。这里需要注意的是，这些礼仪成熟的标志是"情文极细密，极周经处"，也可以说是礼之"情文相称"之时。在这段话中，朱子以"君临臣丧"之礼加以说明。"君临臣丧"的礼文之所以如此规定，其核心是为了体现君臣间的恩义之情。

　　第二，朱子编纂《通解》是其学术内圣外王的一贯性之要求。我们都知道，朱子一生重视《大学》，而《大学》并不仅仅是讲格物致知的。在朱子看来，格物致知、正心诚意是就修身或内圣而言，齐家、治国和平天下是就外王而言。朱子在给他的学生们讲学时，一直强调其一贯性。实际上，朱子编纂《通解》的体例也正体现了这一点。《通解》分家礼、乡礼、学礼、邦国礼、王朝礼等名，正是自家、而乡、而国，而后推之天下。然而具有讽刺意味的是，作为清代著名的目录学家和藏书家姚际恒（1647—约 1715，字立方，号首源，一号善夫），对朱子的《通解》体例提出了严厉的批评。他在《仪礼通论·仪礼论旨》中说："《仪礼经传通解》一书，经传颠倒，前已言之。然吾实不解作者意指，以为尊《仪礼》耶？全录《注》、《疏》，毫无发明，一抄书吏可为也，尊之之义安在？以裁割《礼记》、《周礼》、史传等书附益之为能耶？检摘事迹可相类者，合于一处，不别是非同异，一粗识文字童子亦可为也，又何以为能？其于无可合者，则分家、乡、学、邦国、王朝等名，凭臆变乱，牵强填塞，此全属纂辑类书伎俩。使经义破碎支离，何益于学？何益于治？"②姚际恒认为，朱子分家、乡、学、邦国、王朝等名，实属凭臆变乱、牵强填塞。然而他没有看到，朱子编礼书不是如清人考据那样，为考据而考据。朱子心中的事业抱负，岂是考据学家能知。与姚际恒观点不同，同为清人的夏炘则是看到了朱子编礼书的真正用心，其言曰："朱子以礼教人之意，欲其行礼之身自家、而乡、而国，而后推之天下，皆有依据。非欲作此书以夸博洽之名，实欲隐寓《大学》齐治均平之旨。"③

---

①　黎靖德编：《朱子语类》卷八十五，第 2194 页。

②　姚际恒：《仪礼通论》，中国社会科学出版社 1998 年版，第 8—9 页。

③　夏炘：《述朱质疑》卷七，《续修四库全书》第 952 册，上海古籍出版社，第 74 页。

第三,朱子编纂《通解》的理由是为"考圣贤之成法,识事理之当然",从而使人们能够以正确合宜的方式去行动。朱子编纂《通解》的工作,实际上属于"博文"工夫。而在朱子看来,"博文"工夫的要求之一就是,去学习其内容来源于历史实践而又被历史检验的儒家经典典籍。从一定意义上说,朱子既然认为"博文"的作用在于"考圣贤之成法,识事理之当然",而"博文"不是最终目的。"博文"工夫虽然是正确地做"约礼"工夫必不可少的前提和条件,但是在朱子看来,"约礼"工夫才是"博文"工夫的最终目的与"归宿"。^① 关于这一理由,叶纯芳教授眼光独到,看得透彻。叶纯芳教授说:"《通解》不仅仅只是朱熹所说'可为圣朝制作之助',更重要的是,朱熹从实践的角度出发,作为实用礼学的理论,必须具有可行性。供圣朝制礼之用的说法只是表面,重新创造一套礼学理论,才是他的真正目的。而《礼记》,正是朱熹这项大事业的幕后功臣。从汉唐以来所建立的礼学体系,到朱熹,已经全部瓦解。那些称《通解》是资料汇编的历代学者,太过小看朱熹的能耐。我们在欣赏郑玄所建立的完美礼学体系之余,也佩服朱熹的过人之智。他在晚年曾多次迫切表达希望此书完成的心愿,甚至曾对李季章表示,若《礼书》编成,'便可块然兀坐以毕余生,不复有世间念矣'。"^②

第二节　"冠礼":教以"成人"

一、朱子之重视"冠礼"

据杨志刚教授的研究,在宋朝之前,"冠礼"就早已废失,但是司马光的《书仪》与朱子的《家礼》仍把其视作"礼之始"。^③ 由此可见,与司马光一样,朱子本人也非常重视"冠礼"。而依照明朝学者魏堂的说法,《家礼》中的"冠礼"基本上取自司马光的《书仪》。魏堂在《文公家礼会成》之序言中说:"冠礼则多取司马氏;婚礼则参诸司马氏、程氏;丧礼本之于司马氏;……及论袝迁,则取横渠;……祭礼兼用司马氏、程氏;……节祠则以韩魏公所行者为法"。(《文公家礼会

---

① 按,关于朱子对"博文约礼"的诠释,请参看本书最后一章的内容。
② 叶纯芳:《朱熹〈仪礼经传通解〉对〈礼记〉经、传的界定》,叶纯芳、乔秀岩编:《朱熹礼学基本问题研究》,第 114 页。
③ 参见杨志刚:《〈司马氏书仪〉和〈朱子家礼〉研究》,《浙江学刊》,1993 年第 1 期。

成·序》）

在《家礼》中，朱子将"冠礼"仅安排在"通礼"之后，作为"冠婚丧祭"四礼之首。而在《家礼》中"冠礼"的篇首，朱子则全文引用了司马光的原话，以表明"冠礼"之重要性。司马光说："古者二十而冠，所以责成人之礼，盖将责为人子、为人弟、为人臣、为人少者之行于其人，故其礼不可以不重也。近世以来，人情轻薄，过十岁而总角者，少矣。彼责以四者之行，岂知之哉？往往自幼至长，愚騃若一，由不知成人之道故也。今虽未能遽革，且自十五以上俟其能通《孝经》、《论语》，粗知礼义，然后冠之，其亦可也。"在司马光看来，"冠礼"作为"所以责成人之礼"，要通过"冠礼"的仪式而是使进一步明白并主动地担负起"为人子"、"为人弟"、"为人臣"以及"为人少"的道德义务与社会责任。在《家礼》中，朱子全文引用司马光的话，表明其非常赞同这一一观点。

其实，朱子不仅仅是在《家礼》中全文引用司马光的这段话。朱子曾与他的弟子刘清之合编了《小学》一书，朱子本人负责此书的发凡起例，而刘清之则负责其类次编定。在这本《小学》教材的第七卷中，也引用司马光关于"冠礼"的论述。司马温公曰："冠者，成人之道也。成人者，将责为人子、为人弟、为人臣、为人少者之行也。将责四者之行于人，其礼可不重与？冠礼之废久矣。近世以来，人情尤为轻薄。生子犹饮乳，已加巾帽，……彼责以四者之行，岂能知之？故往往自幼至长，愚騃如一，由不知成人之道故也。古礼虽称二十而冠，然世俗之弊不可猝变。若敦厚好古之君子，俟其子年十五以上，能通《孝经》、《论语》，粗知礼义之方，然后冠之，斯其美矣。"[1]司马光在《小学》中的这段话虽然与《家礼》中的表述略有差异，但其意思基本一致。由此可见，朱子两次引用司马光对"冠礼"的论述，足以说明其对"冠礼"的重视程度。

简而言之，朱子之所以重视"冠礼"，是因为这一礼仪形式的功能在于"教以成人"。也就是说，人们通过参与"冠礼"这一礼仪形式可以使自己更加清楚其所要承担的道德义务与社会责任。也正是在这一意义上，"冠礼"又称之为"成人之礼"。

二、"冠礼"之功能

在《通解》中，关于"冠礼"的内容，分为《士冠礼第一》和《冠义第二》上下两

---

[1]　朱熹：《小学》卷七，《朱子全书》第 13 册，第 441 页。

篇。根据叶纯芳教授的研究，《士冠礼第一》是以《仪礼》为"经文"，而《冠义第二》则以《礼记》为"传文"，上篇是经，下篇为传。①

而关于《通解》对"冠礼"的注释，依据廖明飞的研究，则是"综合郑玄注说"，并非随意采摘相关注释。廖明飞说："《仪礼·士冠礼》经文之后，自'记冠义'以下为记文，《通解》则刺取《仪礼·士冠礼》、《礼记·曾子问》、《郊特牲》、《玉藻》、《杂记》、《冠义》诸篇，《大戴礼记·公冠》篇，《家语·颂冠》篇，《春秋左氏传》、《国语》之文，并在各篇下之注疏诸文，别立《冠义第二》。"②

关于《通解》对《仪礼》中的"三王之冠"的注释，廖明飞的研究给我们提供一个极有价值的参考。廖明飞说："《士冠记》注'三冠皆所服以行道也'，《郊特牲》注'常所服以行道之冠也'，《通解》引注作'三冠皆所常服以行道也'，是在《士冠记》注文的基础上添入《郊特牲》注之'常'字。可见《通解》编者细心比照郑玄相关注说，核其异同，参互考订，至于一字之微。"③由此可见，《通解》对"冠礼"的诠释不是任意采用郑玄的注释，而是有所用心、有其主张的。实际上，如前文所引，叶纯芳教授指出，朱子所编纂的《通解》，是重新构造了自己的一套礼学理论，从而摧毁了郑玄所建构的完美礼学体系。

那么，具体来说，"冠礼"作为"成人之礼"，朱子在《通解》中是如何强调的呢？《通解》在《冠义第二》中引用了《礼记·冠义》的说法，其曰："成人之者，将责成人礼焉也。责成人礼焉者，将责为人子、为人弟、为人臣、为人少者之礼行焉。将责四者之行于人，其礼可不重欤？"（《通解》，第72页。）"冠礼"之所以重要，是因其作为"成人之礼"，是"礼义之始"。所以《通解》在《冠义第二》的开篇中就引用了《礼记·冠义》，其曰："凡人之所以为人者，礼义也。礼义之始，在于正容体，齐颜色，顺辞令。"（《通解》，第71页。）又曰："冠者，礼之始也。是故古者圣王重冠。"（《通解》，第71页。）由此可见，关于"冠礼"，朱子更加重视其"教以成人"的功能，也就是"冠礼"的"礼义"之所在。而对于《仪礼》之"士冠礼"的具体礼仪形式，朱子并没有花费太多的心思去研究，对于其中的细微之处，朱子本人也坦言"不可晓"。譬如，《语类》记载：

① 叶纯芳：《朱熹〈仪礼经传通解〉对〈礼记〉经、传的界定》，叶纯芳、乔秀岩编：《朱熹礼学基本问题研究》，第94页。
② 廖明飞：《朱子〈通解〉引录〈仪礼〉郑注文小考》，叶纯芳、乔秀岩编：《朱熹礼学基本问题研究》，第402页。
③ 廖明飞：《朱子〈通解〉引录〈仪礼〉郑注文小考》，叶纯芳、乔秀岩编：《朱熹礼学基本问题研究》，第403页。

　　问："士冠礼'一加'、'再加'，言'吉月'、'令月'；至'三加'，言'以
岁之正'，不知是同时否？"

　　曰："只是一时节行此文，自如此说。加缁布冠，少顷又更加皮弁，
少顷又更加爵弁，然后成礼。如温公冠礼亦仿此：初裹巾，次帽，次
机头。"

　　又问："黻冕，黻，蔽膝也，以韦为之。舜之画衣裳，有黼黻絺绣，不
知又如何画于服上？"

　　曰："亦有不可晓。黻在裳之前，亦画黻于其上。①

　　从这段对话中，我们可以知道，对于"士冠礼"的"三加"问题，实在过于复杂，甚
至有些繁缛，所以朱子只能回答学生说"亦有不可晓"。而至于朱子的《家礼》中
为何采用司马光《书仪》之"冠礼"，原因就在于其简易可行。朱子说："不独《书
仪》，古冠礼亦自简易。顷年见钦夫刊行所编礼，止有婚、丧、祭三礼，因问之。
曰：'冠礼觉难行。'某云：'岂可以难行故阙之！兼四礼中冠礼最易行，又是自家
事，由己而已。若婚礼，便关涉两家，自家要行，它家又不要行，便自掣肘。"②在
这段话中，朱子认为，《书仪》之"冠礼"比较简易，所以容易实行。而朱子所谓的
"古冠礼亦自简易"，其意在于强调"冠礼"的重要性，不可或缺，因为本书上段所
引的材料中，朱子对《仪礼》之"士冠礼"也有不清楚的地方。而且在这段话中，
朱子明确反对张栻所编的礼书没有"冠礼"。在朱子看来，"冠礼"是"自家事，由
己而已"，在"四礼"中"冠礼"最易行的。这实际上都说明，"冠礼"在朱子心目中
何等重要，而且主张人们践行这一礼仪。本书认为，关于"冠礼"，朱子所看重的
是其教化功能，即"教以成人"。朱子希望人们通过践行这一礼仪，而使自己明
白并主动去承担的其道德义务与社会责任。

小　结

　　本章认为，朱子之所以编纂《通解》，有三个方面的理由。第一，朱子编纂

---

　　①　黎靖德编：《朱子语类》卷八十五，第2196页。
　　②　黎靖德编：《朱子语类》卷二十三，第562页。

《通解》是由于《仪礼》本身的重要性。第二，朱子编纂《通解》是其学术内圣外王的一贯性之要求。第三，朱子编纂《通解》的理由是为"考圣贤之成法，识事理之当然"，从而使人们能够以正确合宜的方式去行动。朱子编纂《通解》的工作，实际上属于"博文"工夫。而在朱子看来，"博文"工夫的要求之一就是，去学习其内容来源于历史实践而又被历史检验的儒家经典典籍。从一定意义上说，朱子既然认为"博文"的作用在于"考圣贤之成法，识事理之当然"。而"博文"不是最终目的，"博文"工夫虽然是正确地做"约礼"工夫必不可少的前提和条件。在朱子看来，"约礼"工夫才是"博文"工夫的最终目的与"归宿"。

　　通过对《通解》之"冠礼"的研究，我们认为，关于"冠礼"，朱子所看重的是其教化功能，即"教以成人"。朱子希望人们通过践行这一礼仪，而使自己明白并主动去承担的其道德义务与社会责任。在朱子看来，"冠礼"是"自家事，由己而已"，在"四礼"中冠礼是最易行的。这说明，"冠礼"在朱子心目中何等重要，而且主张人们践行这一礼仪。

第五章 礼与成德

一般来说,儒家之所以重视礼,就在于礼的教化功能。儒家认为,礼的作用很大,可以教化百姓,改善社会风俗习惯,提高道德水平。《礼记》作为儒家礼学经典之一,其中的《学记》篇是儒家专门论述教育问题的经典之作。《学记》曰:"发虑宪,求善良,足以谀闻,不足以动众。就贤体远,足以动众,不足以化民。君子如欲化民成俗,其必由学乎!"这里所谓的"化民成俗",就是指礼的教化功能。不过按照以往的理解,"化民成俗"的主导者是在上位的君子,而非底层的民众。作为社会治理者,必须通过自身的努力学习,提高自身的道德修养,依照道德准则行事,做百姓的道德榜样,这样才能教化百姓而使社会形成良好的风尚。

而在朱子看来,"化民成俗"当然需要治理者发挥模范作用,但更需要百姓通过自身的努力来提高道德水准。① 譬如,朱子与其他道学家一样,皆主张"人人皆可成圣"的主张,所以提高道德水平是每个人责无旁贷的事情。其实,朱子亲自制作士庶通用的《家礼》,其真实用意也正在于要求包括百姓在内的所有人以礼仪规范自身行为,改变陋俗习惯而形成良好的社会风尚。因此,我们有必要来讨论朱子关于礼与成德之间的关系。本章试图以礼与成德的关系为焦点,讨论以下几个问题:(1)小学与大学的关系问题;(2)"博文"与"约礼"的关系问题;(3)"克己"与"复礼"的关系问题。

需要说明的是,本章各节之间的次序不是任意安排的。如此安排的理由如下:(1)"小学与大学的关系问题"之所以安排在第一节,是因为小学工夫是大学

---

① 按:朱子在《大学章句序》中也使用了"化民成俗"一语,其曰:"然于国家化民成俗之意,学者修己治人之方,则未必无小补云。"见朱熹:《四书章句集注》,第2页。

工夫的基础,而"格物致知"工夫又是整个大学工夫的第一个环节。(2)"博文"与"约礼"的关系问题安排在第二节,起着过渡的作用。因为在朱子看来,"博文"相当于"格物致知",而"约礼"与"克己复礼"同义。但是,这并不意味着"博文约礼"工夫本身不重要。在朱子看来,"博文约礼"工夫是"圣门之要法",其重要性不言而喻。(3)从朱子的知行观来说,"克己复礼"属于"行"的范畴,也就是属于道德实践的问题。而朱子认为,道德实践必须以礼为准则。所以,我们将对"克己复礼"的讨论安排在这里比较适宜。

第一节　小学与大学:"礼仪"养成与穷究"礼义"

一、小学工夫:"礼仪"养成

依据儒家典籍的记载,在上古的时候就有小学和大学的分别。比如,《大戴礼记·保傅》曰:"古者年八岁而出就外舍,学小艺焉,履小节焉;束发而就大学,学大艺焉,履大节焉。"《尚书大传》曰:"古之帝王者,必立大学小学,使王太子、王子、群后之子,以至公卿大夫元士之適子,十有三年,始入小学,见小节焉,践小义焉;年二十入大学,见大节焉,践大义焉。故入小学,知父子之道,长幼之序;入大学,知君臣之义,上下之位。"《白虎通·辟雍篇》也说:"古者所以年十五入太学何? 以为八岁毁齿,始有识知,入学学书计。七八十五,阴阳备,故十五成童志明,入太学,学经术。学之为言觉也,悟所不知也。故学以治性,虑以变情。故玉不琢,不成器;人不学,不知道。"

朱子继承了上述儒家典籍关于小学、大学之分的有关说法,并作出了改造。朱子在《大学章句序》中说:"人生八岁,则自王公以下,至于庶人之子弟,皆入小学,而教之以洒扫应对进退之节,礼乐射御书数之文。及其十有五年,则自天子之元子、众子,以至公卿大夫元士之適子,与凡民之俊秀,皆入大学,而教之以穷理正心、修己治人之道。"[①]在入学年龄上,朱子认为古代小孩在八岁时入小学,这是采取了《大戴礼记》的说法;十五岁入大学,这是取《白虎通》之说。在入学资格上,朱子认为,小学是所有小孩到了年龄都应该读的,上至王公之贵族公

[①]　朱熹:《四书章句集注》,第 1 页。

子,下至平民百姓之子弟;而有资格入大学的人则包括公卿、大夫、元士的嫡子(即正妻所生的儿子),以及百姓中才智杰出的少年。就小学和大学的入学资格而言,朱子的说法与儒家古籍的记载不同。在上引的典籍中,不管是小学还是大学,有资格入学的都是贵族公子,并不包括平民百姓的孩子。譬如,《尚书大传》所记载的有入小学和大学资格的是"王太子、王子、群后之子,以至公卿大夫元士之适子"。当然,朱子的说法未必符合上古的实际情况,反倒是儒家古籍的记载更为可信。但是,朱子关于小学和大学的说法,至少可以反映朱子本人的教育主张和教育目的。朱子将庶民纳入小学和大学教育,与宋代道学家所共同主张的"尧舜其君,尧舜其民"和"人人皆可成圣"的思想密不可分。

在朱子看来,小学教育对人的道德养成非常重要,朱子本人也很重视小学教育。在《小学题词》中,朱子认为小学的作用是"以培其根,以达其枝"①,也就是说,小学教育是培养和提高人的道德水准的根本和基础。朱子曾与他的弟子刘清之(1134—1190,字子澄,世称"静春先生")合编了《小学》一书,朱子负责此书的发凡起例,而刘清之负责其类次编定。《小学》全书共六卷,分内、外两篇。《内篇》有四个纲目:分别是立教、明伦、敬身、鉴古。《外篇》分两部分:一是嘉言,二是善行。朱子对《小学》一书非常重视,他说:"后生初学,且看《小学》之书,那是做人底样子。"②如同《朱子家礼》一样,《小学》一书对中国后世社会乃至朝鲜等地产生了广泛而深刻的影响。③ 朱子在 58 岁时为《小学》所作的《原序》中说:"古者小学,教人以洒扫应对进退之节、爱亲敬长隆师亲友之道,皆所以为修身、齐家、治国、平天下之本。而必使其讲而习之于幼稚之时,欲其习与智长、化与心成,而无扞格不胜之患也。今其全书虽不可见,而杂出于传记者亦多。读者往往直以古今异宜而莫之行,殊不知其无古今之异者,固未始不可行也。

---

① 按,为了方便参考,兹录《小学题词》全文如下:"元亨利贞,天道之常。仁义礼智,人性之纲。凡此厥初,无有不善。蔼然四端,随感而见。爱亲敬兄,忠君弟长。是曰秉彝,有顺无强。惟圣性者,浩浩其天。不加毫末,万善足焉。众人蚩蚩,物欲交蔽。乃颓其纲,安此暴弃。惟圣斯恻,建学立师。以培其根,以达其枝。小学之方,洒扫应对。入孝出弟,动罔或悖。行有馀力,诵诗读书。咏歌舞蹈,思罔或逾。穷理修身,斯学之大。明命赫然,罔有内外。德崇业广,乃复其初。昔非不足,今岂有余。世遂人亡,经残教弛。蒙养弗端,长益浮靡。乡无善俗,世乏良材。利欲纷挐,异言喧豗。幸兹秉彝,极天罔坠。爰辑旧闻,庶觉来裔。嗟嗟小子,敬受此书。匪我言耄,惟圣之谟。"见朱熹:《小学》,《朱子全书》第 13 册,第 394 页。

② 《朱子语类》卷七,第 125 页。

③ 彭林先生指出,《小学》一书曾被列为学官,受到社会重视。在朝鲜,《小学》备受政府和儒林推崇,与《朱子家礼》一书并立,作为淑世教民最切要的著作,政府曾下令,翻刻印行,广颁于全国。参见彭林:《朱熹礼学与朝鲜时代乡风民俗的儒家化》,《国际学术研究》第十一辑,2001 年。

今颇搜辑以为此书,受之童蒙,资其讲习,庶几有补于风化之万一云尔。"①朱子认为,小孩在小学阶段所接受的教育内容是修身、齐家、治国、平天下的根本,对"化民成俗"有着重要的作用②。对朱子而言,小学的重要性不言而喻,由此我们也可以理解他为何如此重视小学。

小学既然如此重要,那么小学所学的具体内容是什么呢?朱子在《大学章句序》中说:"人生八岁,则自王公以下,至于庶人之子弟,皆入小学,而教之以洒扫应对进退之节,礼乐射御书数之文。"③在朱子心目中,上古三代之时,小学所学的内容有"洒扫、应对、进退"等礼仪之节目和"礼、乐、射、御、书、数"之文。这里的"洒扫、应对、进退"之说皆出自《礼记·内则》。其中,"洒扫",取自"凡内外,鸡初鸣,咸盥漱,衣服,敛枕簟,洒扫室堂及庭,布席,各从其事";"应对",取自"在父母舅姑之所,有命之,应唯敬对";"进退",取自"在父母舅姑之所,有命之,应唯敬对。进退周旋慎齐,升降出入揖游,不敢哕噫、嚏咳、欠伸、跛倚、睇视,不敢唾洟;寒不敢袭,痒不敢搔;不有敬事,不敢袒裼,不涉不撅,亵衣衾不见里"。从《礼记·内则》的具体说法可以看出,"洒扫、应对、进退"都是具体而细微的礼仪规定。当然,在小学阶段还要接受"礼乐射御书数"的教育,如朱子说:"古人便都从小学中学了,所以大来都不费力,如礼乐射御书数,大纲都学了。"④只不过,朱子认为,对于古人而言,小学的学习内容是"礼乐射御书数",对于今人而言,"礼乐射御书数"中的"御"就没有必要学了,其他五项则应该学习,"合当理会"。朱子的理由是,"御"与人的实际生活联系不紧密,不是切实可用的,

---

① 见朱熹:《小学》,《朱子全书》第 13 册,第 393 页。
② 按,"化民成俗"一语出自《礼记·学记》,其曰:"君子如欲化民成俗,其必由学乎!"孔颖达疏曰:"'君子如欲化民成俗'者,君,谓君于上位。子,谓子爱下民。谓天子诸侯及卿大夫欲教化其民,成其美俗,非学不可,故云'其必由学乎'。学则博识多闻,知古知今,既身有善行,示民轨仪,故可以化民成俗也。"(《礼记正义》)在孔颖达看来,在上位的治理者如果想要教化老百姓并使社会形成良好的风俗,就必须通过学习,提高自己的道德修养,依照道德要求做事,做百姓的道德榜样,这样才能"化民成俗"。而在朱子这里,"化民成俗"当然需要治理者自身严格要求自己,做事符合道德规范,但也需要百姓自己通过学习提高道德水准。譬如在上文提到,朱子是主张平民百姓的子弟也要接受小学教育的。我们甚至可以这么说,在朱子看来,想要改善风俗习惯,通过礼仪教育提高百姓自身的道德水平这一方式更为直接而有效。朱子亲自制作士庶通用的《家礼》,其实用意正在于此。
③ 朱熹:《四书章句集注》,第 2 页。
④ 黎靖德编:《朱子语类》卷七,第 125 页。

所以不必学。①

关于小学的教材，朱子在《大学章句序》中说"《曲礼》、《少仪》、《内则》、《弟子职》诸篇，固小学之支流余裔"②，在朱子看来，上古之时小学的教材包括《礼记》中的《曲礼》、《少仪》、《内则》以及《弟子职》诸篇。

在朱子看来，在小学阶段主要的学习内容是掌握为人处世的基本道理和践行具体的礼仪规范。朱子云：

> 天命，非所以教小儿。教小儿，只说个义理大概，只眼前事。或以洒扫应对之类作段子，亦可。每尝疑《曲礼》"衣毋拨，足毋蹶；将上堂，声必扬；将入户，视必下"等协韵处，皆是古人初教小儿语。《列女传》孟母又添两句曰："将入门，问孰存。"③

朱子认为，诸如"天命"、"天命之性"这样深刻的道理是不适宜教给孩童的。教育小孩，应该就身边日常之事讲一些基本的做人做事的基本道理，"只说个义理大概"。在这段话中，朱子还怀疑《礼记·曲礼》中一些"协韵"用语是古人在小孩刚才开始学习的时候教育用语。据研究，在语音学上，"协韵"是一种由于不知道古今异音而随意把某字临时改读为某读音以求和谐的做法。"协韵"的适用开始于南北朝，盛行于宋代。而朱子本人对"协韵"用法也颇感兴趣，认为这种方法便于儿童朗读成诵和记忆。在小学阶段除了学习做人做事的道理之外，还必须学习为人处世的礼仪的基本规范。朱子说："小学是事，如事君，事父，事兄，处友等事，只是教他依此规矩做去。"④依朱子，在小学阶段，儿童学习的是做事的规矩。譬如，如何事君、事父、事兄、处友等规矩在礼仪上都有具体而详尽的规定，儿童在小学阶段只需要了解这些道德规范，然后按照规矩去做即可，无需深入了解其礼仪规定背后的道德原理（即"所以然之理"），因为"所以然之理"

---

① 按，譬如，朱子说："古人便都从小学中学了，所以大来都不费力，如礼乐射御书数，大纲都学了。及至长大，也更不大段学，便只理会穷理、致知工夫。而今自小失了，要补填，实是难。但须庄敬诚实，立其基本，逐事逐物，理会道理。待此通透，意诚心正了，就切身处理会，旋旋去理会礼乐射御书数。今则无所用乎御。如礼乐射御书数，也是合当理会底，皆是切用。但不先就切身处理会得道理，便教考究得些礼文制度，又干自家身己甚事！"见黎靖德编：《朱子语类》卷七，第125页。

② 朱熹：《四书章句集注》，第2页。

③ 黎靖德编：《朱子语类》卷七，第126页。

④ 黎靖德编：《朱子语类》卷七，第125页。

的探究是大学阶段的要求。比如，朱子说："古者初年入小学，只是教之以事，如礼乐射御书数及孝弟忠信之事。自十六七入大学，然后教之以理，如致知、格物及所以为忠信孝弟者。"①

朱子认为，儿童在小学阶段对礼仪的学习和践行对提高道德水平有着极大的作用。朱子甚至认为，如果儿童在小学学得好的话，则已经是"圣贤坯璞"②了，即为成圣成贤打下了良好基础。在朱子看来，小学的作用在于养成了良好的礼仪习惯之后，心中的诚敬之"善端"就容易呈现。朱子说："古人小学养得小儿子诚敬善端发见了。"③如果儿童养成了良好的礼仪习惯，那么其言行举止就会显得谨慎而得体。《语类》记载这样一件事：

> 小童添炭，拨开火散乱。先生曰："可拂杀了，我不爱人恁地，此便是烧火不敬。所以圣人教小儿洒扫应对，件件要谨。某外家子侄，未论其贤否如何，一出来便齐整，缘是他家长上（笔者按，长上即长辈。）元初教诲得如此。只一人外居，气习便不同。"④

一个幼童在给炭炉添炭的时候，肆意拨开炭炉中的炭火，火星四处乱散。朱子看到了非常生气，认为这是"烧火不敬"。朱子认为，这个幼童之所以有这样不好的行为，是因为他的家长教育得不好。朱子拿他外祖父家的子侄举例说，由于家长的礼仪教育严格，这些孩子的言行举止就比较谨慎而不放肆。所以，在小学阶段以"洒扫应对"等礼仪规范儿童的行为，对儿童的行为举止和德性养成有着莫大的关系。前文已经说过，朱子非常重视小学阶段的礼仪教育规范的具体制定，曾经与人共同编写了《小学》一书。关于如何编写小学行为规范，作为以对抗佛教义理主张为己任的道学家，朱子甚至主张，小学规范的编写方式是

---

① 黎靖德编：《朱子语类》卷七，第 124 页。
② 按，朱子云："古者小学已自养得小儿子这里定，已自是圣贤坯璞了，但未有圣贤许多知见。及其长也，令入大学，使之格物、致知，长许多知见。"见黎靖德编：《朱子语类》卷七，第 124 页。
③ 黎靖德编：《朱子语类》卷七，第 124 页。
④ 黎靖德编：《朱子语类》卷七，第 127 页。

可以模仿禅宗的做法。① 由此可见，朱子对此是何等重视。

简言之，在朱子看来，小学工夫是学习为人处世的基本道理和践行具体的礼仪规范。小学教育对人的德性养成非常重要，朱子本人也非常重视小学阶段的教育。由于朱子认为"小学是学其事"，而依据朱子对"礼"的定义，礼是"人事之仪则"，是人们的日常行为准则，因此我们可以说，在小学阶段主要就是学习礼之"所当然之则"。

二、大学工夫：穷究"礼义"

在探讨了小学工夫之后，我们来讨论礼与大学工夫的关系。朱子云：

> （1）小学是直理会那事；大学是穷究那理，因甚恁地。
> （2）小学者，学其事；大学者，学其小学所学之事之所以。②

在上引的第（2）段话中，朱子所谓"所以"，应该是指"所以然之理"。结合以上两段表述，我们可以断定，在朱子看来，在大学阶段要做穷理工夫，也就是穷究"所以然之理"。由于在小学阶段所学的是为人处世的基本道理和礼仪规范，而在大学阶段是要"学其小学所学之事之所以"，所以我们可以认为，大学工夫就是对礼仪规范的"所以然之理"的探究，或者说，是对礼仪规范背后"礼义"的追寻。儒家在讨论"礼"的时候，非常重视"礼仪"与"礼义"的区分。这一区分最早出现于《左传》，其曰："是仪也，非礼也。"一般认为，"礼仪"是表现在外的仪式，而"礼义"则是礼的内在精神。譬如，孔子在《论语》中也说："人而不仁，如礼何？人而不仁，如乐何？"在这里，我们可以将"仁"理解成礼的内在精神，也就是"礼义"。在孔子看来，如果缺失了作为礼之内在精神的"仁"，外在礼仪形式做得再好，也是徒劳无功的，也说明"礼崩乐坏"了。而本书所使用"礼仪"和"礼义"这两个概念，是紧扣着朱子的思想来说的。大致而言，"礼仪"是指具体的行为规范准则，是朱子所谓的"所当然之则"，也是具体的道德规范（如父慈子孝）；

---

① 黎靖德编：《朱子语类》记载：陆子寿言："古者教小子弟，自能言能食，即有教，以至洒扫应对之类，皆有所习，故长大则易语。今人自小即教做对，稍大即教作虚诞之文，皆坏其性质。某当思欲做一小学规，使人自小教之便有法，如此亦须有益。"先生曰："只做《禅苑清规》样做，亦自好。"（《朱子语类》卷七，第126页。）笔者按，《禅苑清规》是宋代人宗颐编集而成的一部禅宗丛林清规著作，它上继《百丈清规》，此本十卷，完成于崇宁二年（1103）。

② 黎靖德编：《朱子语类》卷七，第124页。

而"礼义"是指礼仪规范的"所以然之理",是礼仪规范背后的道德原理。

既然在小学阶段已经养成了遵守礼仪规范的习惯,长大成年后就继续保持不就可以了。话虽如此,但是人一旦成年,就有可能面临社会之种种诱惑而做违背儒家道德礼仪规范的事情。换言之,通过小学阶段的教育,成年之后虽然应该知道如何做才是符合儒家道德礼仪规范的,但是会由于各种原因,譬如功名利禄之诱惑,就很有可能出现"知而不行"的情况。因此,朱子认为,在大学阶段必须通过格物穷理的工夫而获得对"礼义"的真知,这样才能保证时刻都会遵守并按照儒家道德礼仪规范做人做事,因为在朱子看来,"真知必能行"。而要获得对"礼义"的真知,就必须即物穷理。在朱子的工夫论体系中,穷理工夫是通过格物致知来实现的,所以我们有必要来探讨"格物致知"的问题。

众所周知,朱子非常重视格物致知工夫。在朱子看来,《大学》"要紧只在'格物'两字"①,格物、致知是成德之源头工夫,格致工夫对于成就道德极为重要。然而,格致工夫之于成德是否真的有如此大的作用,自朱子提出这一思想直至当代,就不断遭受了不少人的怀疑与非议。譬如陆象山批评其工夫为支离;王阳明认为其"析心与理为二"、"务外遗内、博而寡要",从而导致"知而不行";以及当代新儒家牟宗三先生认为其格致论为泛认知主义,其所穷究超越之理的方式并不切与儒家之成德之教,而其所隐含的对经验知识的重视,对于成德只有补充与助缘的作用。②

针对这些批评,亦有不少学者试图从知识与道德相互作用的角度,为朱子提出辩护,认为朱子格物致知之说,亦有陆王所未及之处。③　然而,仅从知识与道德的关系来理解朱子的格物致知,恐怕难免有所偏差。因为其所使用的"知

---

① 黎靖德编:《朱子语类》卷十四,第 255 页。

② 参见牟宗三:《心体与性体》,上海古籍出版社 1999 年版,第 43—44 页。

③ 这些学者主要包括唐君毅、成中英与刘述先等。张子立在《论道德与知识的两种辩证关系——朱子格物致知说重探》一文中对以上这些学者的研究作了较为详细的介绍并给予了分析。张子立认为:首先,就成德之道德实践层面看,在道德判断"前"与"后",经验知识皆具有提供信息与内容的作用,对判断具有辅助之角色,但因仍受道德意识之主导,纵有相互作用之关系,仍是以道德意识为主,经验知识为从。然而换个角度来看,基于伦理知识作为道德判断"中"具有主导力之前结构,知识与道德亦呈现出一种"对列的辩证关系"。朱子则已意识到伦理知识对解决道德两难之重要性,并涉及如何建立一种处理之应变模式。比之于阳明主张只要平时立得良知,遇事再精察义理于 此心感应酬酢之间,更为深入而周到。于是,其格物致知说亦有阳明所不及之处,而可证朱子"去两短、合两长"说法之合理性。(参见:《论道德与知识的两种辩证关系——朱子格物致知说重探》,张子立,载《中正汉学研究》,2016 年第一期,第163—190 页。)笔者认为,张子立的说法有一定的道理,特别是关于伦理知识对解决道德两难之重要性,但是将朱子的"知识"仅仅理解为外在于人心的经验知识,恐怕与朱子之意难免有所不合。

识"一词,大多是指经验知识,甚至科学知识,这与朱子所说的格物致知之"知"的意涵明显不合。当然,出现这一误解也不是没有理由的,因为朱子强调即物穷理,既然到事物上穷理,那所获得的似乎就是经验知识。但是,朱子强调格物致知的主要目的显然不是去获得经验知识,这应该没有疑问。就连批评朱子甚为严厉的牟宗三先生也如此说道:"但此格物是就存在之然自身之曲折说,此可成积极之知识,与朱子说格物之主要目的不同。朱子说格物之主要目的是在就存在之然亦推证其超越的所以然。至存在之然自身之曲折,则是由'即物'而拖带以出,非其目标之所在。"①牟先生所谓的"存在之然",可以理解为从外物中获取的经验知识,此非朱子格物论的主要目的。既然经验知识不是朱子格物论的主要目的,那么仅仅从知识与道德的关系来理解朱子的格物论,恐怕也不能真切地了解朱子的思想。

　　那么,我们该如何理解朱子最看重的格物致知学说呢?毫无疑问,在朱子那里,格物致知是被看成一项最重要的成德工夫,其最终目的是使人成为有德之人,甚至成为圣贤。如果将格物致知之"知"理解为泛泛而谈的经验知识,那么其对成德的作用极其有限,甚至有时还会起消极作用。朱子对此是有清醒认识的,他在《大学或问》中谈格物致知与博物洽闻的区别时说道:"此以反身穷理为主,而必究其本末是非之极至;彼以徇外夸多为务,而不觉其表里真妄之实。然必究其极,是以知愈博而心愈明;不觉其实,是以识愈多而心愈窒。此正为己为人之所以分,不可不察也。"②很明显,格物致知与博物洽闻不同,前者是为己之学,以反身穷理为主,知愈博而心愈明,而后者是为人之学,徇外夸多为务,识愈多而心愈窒。

　　实际上,在朱子看来,格物致知乃是为了获得关于"所以然之理"的真知,"致知所以求为真知",因为朱子认为真知必能行,"知明而行无过"(《荀子·劝学》)。如果我们能从"真知"的角度来探究朱子的格物论,则必定有助于我们深入地理解朱子的思想。必须指出的是,以"真知"的角度来探讨朱子思想,陈来、

---

① 牟宗三:《心体与性体》,第 350 页。
② 朱熹:《四书或问》,第 28 页。

林宏星以及杨祖汉等学者已经作了比较深入的研究,颇有启发。① 林宏星指出,真知之所以必能行,是因为"真知不仅是对所当然之则之知,也是对所以然之理之知,而这种所以然之理原在自家身心上,经由反省体验而得,因而是具有在道德行动中如此而不如彼的动机效力"。② 杨祖汉先生则藉康德关于"自然的辩证"的克服之说,对伊川、朱子的"真知"说作出了新的诠释。所谓"自然的辩证",是指当我们意识到道德法则而要从事实践时,我们的欲望会自然地作出反

---

①　按,陈来先生在《朱子哲学研究》中指出,朱子与伊川一样,其所说的"知"在有些地方是特指"真知"的。所以在研读朱子的本文时,要特别注意加以甄别。陈先生认为,依照朱子的知行观,如果通过道德修养工夫而达到真知的境界,则"知"就能变成"行",不再会出现"知而不行"的问题。有关更为具体的讨论,参见陈来:《朱子哲学研究》,第321—326页。

关于对朱子之"真知"问题的研究,台湾学者梁奋程博士对此有比较新的文章进行了专门研究。在《论朱子伦理学中"真知"的证成意涵》一文中,梁奋程博士总结了四种关于朱子的"真知"证成的模型。这四种理解模型分别是:(1)杨祖汉主张伊川—朱子理解"常知—真知"架构下的"格物致知"是"我们对道德法则或义务本来有了解,只是一般的了解,必须通过格物穷理才能有真切而深入的了解。而之所以要由'常知'进到'真知',是要使人确定而无例外地从事实践。"(2)赖柯助主张朱子理解"常知—真知"架构下的"格物致知":"朱子认为行动者必作'格致工夫',使其对道德的实践理解从'常知'上升到'真知'。'常知'与'真知'的区分是:'常知',是行动者对道德的实践理解是未经道德反省的一般理解,仅能在无实践冲突的道德处境中给出一般的'常知行动由',具有实践的局限性;而'真知',是行动者对道德的实践理解是经过道德反省的真切理解,能给出'真知义行动理由',即'真知义行动理由',以回应道德抉择。"参见赖柯助:《从"常知"进至"真知"证朱子"格物致知"是"反省型态"的实践工夫》,《中正汉学研究》第28期,2016年12月,第49—75页。(3)牟宗三、蔡仁厚的"向外进路"的理解:"格物,是至于物'即物'而穷其理。事事物物都有个极至之理,须穷到尽处。穷究是知,知是人心之灵。人心之灵本有认知事物之理的'明',但为物欲所蔽而发不出,故须格物以致之。致知,是藉格物而①推致、扩大、并恢复其心之明,②推致其穷究事物之理的认知作用,使知得彻底、知得到家,此之谓'知至'。格物愈多愈至,其心知之明愈明愈尽,到得'众物之表里精粗无不到',而达于之'太极'之境,则'吾心之全体大用无不明矣'"。见蔡仁厚:《宋明理学南宋篇:心体与性体义旨述引》,第131—132页。(4)采用双向式(both in ward and outward)进路:格物(外物)(当然之理)→致知[初步鉴别出内心之理(道德之理)](类似于唐君毅之洞见:"求诸外而明诸内")→"是因其已知之理而推',以至于无所不知也"="真知"。

在这四种理解模型中,最后一种理解模型是梁博士自己的见解。对于前三种理解,梁博士皆表示不能完全同意。梁博士不同意第(1)种理解模型,其反对理由是:杨祖汉的这一理解预设了朱子的"已知之理"是先验之理,可以不假外求,忽略了"格物致知"的往外格物的向度。梁博士反对第(2)种理解模型,其反对理由是:这一理解也同样预设了朱子的"已知之理"是以反省的方式,可以不假外求,或忽略了"格物致知"的往外格物的向度。但是,梁博士并没有完全否定前两种理解,认为这两种理解的缺陷仅仅是忽略了向外格物的面向,而其主张向内回溯的进路则有其合理性。梁博士对第(3)种理解评论道:"'格物致知'是以认知的方式穷究事物之理,目标是恢复内心之明",并将第(1)和(2)种重视"内求"的理解与第(3)种强调"外求"的观点结合而得出自己的第(4)种理解。见梁奋程:《论朱子伦理学中"真知"的证成意涵》,马恺之、林维杰主编:《主体、工夫与行动:朱熹哲学的新探索》,台湾政治大学出版社2019年版。

笔者认为,梁博士的论证方式虽然新颖,但其得出的结论与笔者的论点基本一致。

②　参见东方朔:《"真知必能行"何以可能? ——朱子论"真知"的理论特征及其动机效力》,《哲学研究》,2017年第3期。

抗，使我们对道德的纯粹的要求产生怀疑，使道德的实践不能贯彻。杨祖汉指出，朱子之格物致知，"固然是要通过认知的活动，以主客对待的方式以知理，但若此致知之活动，是用在对本有之知之加强、深化上，而深化此知，会有克服自然的辩证之效果，则此对理之认知，也是必需的。且此种知，是由严格的哲学性的思辩得来，不同于一般泛说的经验之知。"①只不过以上两人关注的侧重点虽有不同，林宏星是通过对"真知"概念的分析来说明其所包含的道德动机效力，而杨先生则是通过说明真知对自然欲望的克服有其作用，以证成伊川、朱子的学说为儒家内圣之学该有的一种用思辩于成德的工夫论，但是他们在对真知的分析中有其共同点，即：真知是在通过对人本有之理的深入认知的基础上，经由反省体验而得。因此，既然格物致知的目的是获得真知，那么究其根本而言，格物致知活动是一种对人本有之理的认知活动。

但是，如果我们将朱子之格物致知理解为是对本有之理的认知，也有问题需要澄清和探讨。朱子强调即物穷理，所认识到的理似乎就是外物之理，那么我们应当在何种意义上将格物致知的对象理解为心中本具之理呢？

为了回答这一问题，我们必须先澄清在朱子那里，格物致知的对象究竟是什么，因为如果仅仅将格物致知的对象限定为外在事物，那么从外物所获得的知识对成德而言，很难说有多大的作用，至多如牟先生所说的补充与助缘的作用。而要回答这一问题，我们最好从分析"心"这一概念入手，因为心是认知的主体。与陆王心学强调心之道德义（本心或良心）不同，朱子更重视心之认知作用。在朱子那里，心之认知作用主要是指心之知觉能力，也就是能知能觉的能力。譬如朱子云："知觉便是心之德"②，"心者，人之知觉，主于身而应事物者也。"③在朱子看来，人心不但能知能觉，还先天地具有众理。④ 朱子云："心包万理，万理具于一心"，"理不是在面前别为一物，即在吾心"。⑤ 依朱子，心虽然本

---

① 参见杨祖汉：《程伊川、朱子"真知"说新诠——从康德道德哲学的观点看》，《台湾东亚文明研究学刊》第 8 卷第 2 期，2011 年 12 月，第 177—203 页。

② 《朱子语类》卷第二十，第 465 页。

③ 《朱子全书（修订本）》，上海古籍出版社、安徽教育出版社 2010 年版，卷第六十五，第 3180 页。

④ 朱子"心具众理"究竟是何义，学界对此有争议。陈来先生认为："心具理是指理先天地内在人心，并不是说心具众理是经过修养之后才达到的一种境界……人心中包含各种不合理义的思维情感，但理作为本质始终在心中潜存。"参见陈来：《朱子哲学研究》，第 261 页。在笔者看来，陈来先生的这一结论是建立在对文本进行客观而细致的分析基础上得出的，有理有据。

⑤ 《朱子语类》卷第九，第 155 页。

具众理,但常人之心由于气禀之偏、物欲之私的阻隔,所以此心在现实层面不能自然发用流行,此心所发与作为道德规范的理不能相合,即使相合,由于私意的阻碍,亦难以转化为真正的道德实践行为。那么,心之知觉能力与心之本具众理有何关系呢?朱子云:"所觉者,心之理也;能觉者,气之灵也。"①也就是说,具有知觉能力的心所知觉的对象是人心本具之理。并且,自理论次序而言,心之所以对本具之理能知能觉,原因就在于心先天地具有此理。那么,心所能够认知的本心之理具体是什么呢?朱子云:"说穷理,只就自家身上求之,都无别物事。只有个仁义礼智,看如何千变万化,也离这四个不得。"②显然,本具之理就是指人心所具有的性理,即仁义礼智。由此我们知道,在朱子看来,人心具有认知能力,而格物致知的对象就是人心本具的仁义礼智之性。

然而,如果将格物致知的对象确定为人心本具的仁义礼智之性,那么在为学工夫上朱子为何不主张直接向内求诸本心之理,却强调即物穷理呢?因为即物穷理很容易遭受质疑和批评,正如大家所熟知的,陆九渊讥讽其过于支离而不如求之本心简易。实际上,朱子并不是没有意识到这一质疑,但还是坚持自己的主张。在《大学或问》中,朱子通过自问自答的方式对这一问题有所回应。《大学或问》记载:

　　曰:然则子之为学,不求诸心,而求诸迹,不求之内,而求之外,吾恐圣贤之学,不如是之浅近而支离也。

　　曰:人之所以为学,心与理而已矣。心虽主乎一身,而其体之虚灵,足以管乎天下之理;理虽散在万物,而其用之微妙,实不外乎一人之心,初不可以内外精粗而论也。然或不知此心之灵,而无以存之,则昏昧杂扰,而无以穷众理之妙。不知众理之妙,而无以穷之,则偏狭固滞,而无以尽此心之全。此其理势之相须,盖亦有必然者。是以圣人设教,使人默识此心之灵,而存之于端庄静一之中,以为穷理之本;使人知有众理之妙,而穷之于学问思辨之际,以致尽心之功。巨细相涵,动静交养,初未尝有内外精粗之择,及其真积力久,而豁然贯通焉,则亦有以知其浑然一致,而果无内外精粗之可言矣。今必以是为浅近支

---

① 《朱子语类》卷第五,第85页。
② 《朱子语类》卷第十四,第255—256页。

离，而欲藏形匿影，别为一种幽深恍惚、艰难阻绝之论，务使学者莽然措其心于文字言语之外，而曰道必如此然后可以得之，则是近世佛学诐淫邪遁之尤者，而欲移之以乱古人明德新民之实学，其亦误矣。①

细究朱子的论述，其辩护的重点无疑在于即物穷理"不可以内外精粗而论"，其理由是："理虽散在万物，而其用之微妙，实不外乎一人之心"，而心具有认识众理的能力，人如果能即天下万物而穷其理，当用力既久而达到豁然贯通的境界时，就会明白万物之理与吾心之理浑然一致，果真毫无内外精粗之区别可言。在朱子看来，如果舍物而求诸心，"务使学者莽然措其心于文字言语之外"，则已误入禅学。显然，朱子此论乃针对象山之学而发。因此，虽然朱子将格物致知看成一种对人心本具之理的认知活动，但却反对脱离天下之物而直接向内求诸本心之理，主张即物穷理。

朱子在对即物穷理的辩护中，最关键的理由莫过于万物之理不外乎人心，即物我一理。可是，我们应该如何理解朱子所谓的物我一理呢？也就是说，人心所具的仁义礼智之性理在何种意义上与物之理具有一致性呢？要回答这一问题，我们必须先了解朱子所谓"即物穷理"之"物"的含义。朱子云：

吾闻之也，天道流行，造化发育，凡有声色貌象而盈于天地之间者，皆物也。既有是物，则其所以为是物者，莫不各有当然之则，而自不容已。是皆得于天之所赋，而非人之所能为也。今且以其至切而近者言之，则心之为物实主于身。其体则有仁义礼智之性，其用则有恻隐羞恶恭敬是非之情，浑然在中，随感而应，各有攸主，而不可乱也。次而及于身之所具，则有口鼻耳目四支之用。又次而及于身之所接，则有君臣父子夫妇长幼朋友之常。是皆必有当然之则，而自不容已，所谓理也。外而至于人，则人之理不异于己也；远而至于物，则物之理不异于人也；极其大，则天地之运，古今之变，不能外也；尽于小，则一尘之微，一息之顷，不能遗也。②

① 朱熹：《四书或问》，第24—25页。
② 朱熹：《四书或问》，第22—23页。

依朱子,所谓物,是指天地间所有的有形者。而物之所以为物,皆有天之所赋的当然之则,此当然之则即所谓的理。值得我们注意的是,朱子认为,对个人而言,心是其最为切近之物,心之理即仁义礼智之性。在朱子,心之为物是人应当认知的最切近的对象。朱子云:"格物,须是从切己处理会去。待自家者已定叠,然后渐渐推去,这便是能格物。"①除了心作为最切己之物外,由近及远而言,其次为"身之所具",即人之感官需求如何恰当地安顿;再次为"身之所接",即人伦五常;此外,大到天地古今之物,小到一尘之微。在朱子看来,以上所列举之物皆有其理,而万物之理虽不尽相同,但自其本原言之,则万物同出于一理。由此我们可以看出,人心本具之理与其他事物之理之所以具有一致性,是因为万物同出一理。但问题是,万物同出之"一理"是究竟是什么? 也许我们可以从朱子的这一段话中找到答案,朱子云:②

　　　　只缘本来都是天地所生,共这根蒂,所以大率多同。圣贤出来抚临万物,各因其性而导之。如昆虫草木,未尝不顺其性,如取之以时,用之有节:当春生时"不殀夭,不覆巢,不杀胎;草木零落,然后入山林;獭祭鱼,然后虞人入泽梁;豺祭兽,然后田猎"。所以能使万物各得其所者,惟是先知得天地本来生生之意。

我们知道,朱子继承了伊川的格物思想,认为一草一木,不可不察。而世人对此多有误解,以为朱子仅仅是要人考察并掌握自然物之物理知识。由以上这段话我们可以看出,朱子主张认识昆虫草木之理的目的是"取之以时,用之有节",从而能使万物各得其所。而要做到"取之以时,用之有节",就必须先知晓生生之理。在朱子的思想中,此生生之理即天理,人心所具有性理亦来自天理。所以我们可以说,万物同出之"一理"即生生之理,朱子正是在这一意义上认为,人心本具之理与万物(如一草一木)之理有其一致性。

通过以上分析我们可以看出,虽然朱子将格物致知看成一种对人心本具之理的认知活动,但是却走了一条曲折之路,主张即物穷理。而由于"物我一理",故认识了外物之理,也就知晓了本心之理。朱子的这一思想实际上源自伊川,

① 黎靖德编:《朱子语类》卷第十五,第284页。
② 黎靖德编:《朱子语类》卷第十四,第256页。

即"物我一理,才明彼即晓此,此合内外之道也。"如果我们分析一下朱子对格物与致知两者关系的阐述,就会更加明白这一点。在朱子看来,格物与致知并非两事,而是一段工夫。如朱子云:

> 致知、格物,只是一事,非是今日格物,明日又致知。格物,以理言也;致知,以心言也。①
>
> 格物、致知,彼我相对而言耳。格物所以致知。于这一物上穷得一分之理,即我之知亦知得一分;于物之理穷二分,即我之知亦知得二分;于物之理穷得愈多,则我之知愈广。其实只是一理,"才明彼,即晓此"。所以《大学》说"致知在格物",又不说"欲致其知者在格其物"。盖致知便在格物中,非格之外别有致处也。②

这就是说,格物和致知本为一事,只是以不同角度而言罢了。格物是以理言,即穷究万物之理;致知是以心言,即推极吾心之知识。在朱子看来,致知便在格物中,于物之理穷得愈多,同时就对心之本有知识知得愈广。这是因为物我一理,所以"才明彼,即晓此"。因此我们可以说,格物和致知虽然是以认知过程中的不同角度而言,格物是就认知主体(心)作用于对象而言,致知则是就认知过程在人心中引起的结果而言,但是二者却是紧密联系而不可分的。并且,就格物致知的目的而言,朱子最终还是强调去认知和扩充心中本有之知。正如陈来先生所言:"人心都有知识,但由于理有未穷,因之一般人心所具的知识都有所不尽。必须经过即物穷理以至其极的切实工夫,人心的知识才能达到无所不尽,这就是格物致知的全部意义。"③这里,陈来先生所谓的"人心的知识"实际上就是指人心本具之仁义礼智。所以,格物致知作为一种认知活动,虽然是通过即物穷理的方式,但认知的最终对象无疑是人心本具之理,即朱子所说的"致知乃本心之知"④。

那么,如何通过即物穷理的方式来认识人心本具之理呢?我们知道,朱子继承了伊川的格物思想,认为格物的方式有多种,如读书、论古今人物、应接事

---

① 黎靖德编:《朱子语类》卷第十五,第292页。
② 黎靖德编:《朱子语类》卷十八,第399页。
③ 陈来:《朱子哲学研究》,第287—288页。
④ 黎靖德编:《朱子语类》卷第十五,第283页。

物等。然而无论选择何种方式去穷理，都有一个前提，而不是像阳明之"亭前格竹"一样，毫无端绪地去格物。依照朱子在格物补传中的说法，这一前提就是"因其已知之理而益穷之"①。可是，我们如何理解这里所说的"已知之理"呢？依照朱子对"明明德"的诠释，"已知之理"应该是指孟子之"善端之发见"②。朱子云：

> 盖天理在人，终有明处。"大学之道，在明明德"，谓人合下便有此明德。虽为物欲掩蔽，然这些明底道理未尝泯绝。须从明处渐渐推将去，穷到是处，吾心亦自有准则。穷理之初，如攻坚物，必寻其罅隙可入之处，乃从而击之，则用力为不难矣。孟子论四端，便各自有个柄靶，仁义礼智皆有头绪可寻。即其所发之端，而求其可见之体，莫非可穷之理也。③

> 然而其德本是至明物事，终是遮不得，必有时发见。便教至恶之人，亦时乎有善念之发。学者便当因其明处下工夫，一向明将去。致知、格物，皆是事也。且如今人做得一件事不是，有时都不知，便是昏处；然有时知得不是，这便是明处。孟子发明赤子入井。盖赤子入井出于仓猝，人都主张不得，见之者莫不有怵惕恻隐之心。④

朱子看来，明德是每个人本心所与生俱来的，此明德发见出来就是恻隐、羞恶、辞让、是非四端之情。一般人的明德虽然被物欲遮蔽，但毕竟还是遮蔽不住，即便是至恶之人，此善念亦有时而发。朱子认为，孟子发明四端，就是让人穷理有个头绪可寻。由此我们可以认为，朱子这里所说的"已知之理"就是指孟子的四端之情，而格物致知就是从此四端之发见处去穷理。可是，在《语类》中有一段

---

① 朱熹：《四书章句集注》，第7页。
② 按，为了方便讨论，我们在这里将"已知之理"理解成"善端之发见"，而本书后面又将"已知之理"应理解为在小学阶段所学到的"所当然之则"。这两种理解看似矛盾，其实二者是内在统一的。因为在朱子看来，"善端之发见"取决于小学工夫，比如他说："古人小学养得小儿子诚敬善端发见了。然而大学等事，小儿子不会推将去，所以又入大学教之。"见黎靖德编：《朱子语类》卷七，第124页。所以，"善端"之所以能够自然流出，就在于在小学阶段接受了完善的"礼仪"教育，通过对礼之"所当然之则"的了解，掌握了为人处世的基本道理并践行礼仪的具体规范。
③ 黎靖德编：《朱子语类》卷第十五，第289页。
④ 黎靖德编：《朱子语类》卷第十四，第266页。

记载，似乎表明朱子也不完全是主张从四端之发见处去穷理。《语类》记载①：

> 傅问："而今格物，不知可以就吾心之发见理会得否？"
>
> 曰："公依旧是要安排，而今只且就事物上格去。如读书，便就文字上格；听人说话，便就说话上格；接物，便就接物上格。精粗大小，都要格它。久后会通，粗底便是精，小底便是大，这便是理之一本处。而今只管要从发见处理会。且如见赤子入井，便有怵惕、恻隐之心，这个便是发了，更如何理会。若须待它自然发了，方理会它，一年都能理会得多少！圣贤不是教人去黑淬淬里守着。而今且大着心胸，大开着门，端身正坐以观事物之来，便格它。"

朱子这里明确说，格物不能刻意安排，不能固执地专就心之自然发见处理会，而应从事物上穷理。实际上，朱子这里并不是反对从善端发见处穷理，而是反对那种脱离事物而只就心上理会的工夫。因为四端之情作为道德情感，其产生是不能脱离具体情境（或者说具体事物）的。所以，朱子这里强调的还是其即物穷理的主张，即通过穷究物之理来认识自家心中本有之理，并不是反对从四端之情去认识和扩充心中本具之性理。其实，如果我们了解朱子对性情关系的论述，对此也应该没有疑问。人心本具的是仁义礼智之性，而四端之情是仁义礼智之性的发用，所以我们应该通过四端之情去认识人心本具之理。

　　如果我们将"已知之理"理解为作为道德情感的四端之情，那么为何不专在道德情感上下工夫栽培，却要"益穷之"呢？所谓"益穷之"，即穷其理，也就是需要对道德之有所认知。在朱子看来，道德实践仅仅凭借道德情感是不可靠的，也是不够的，还需要道德认知。（按：本书第二章"礼与人情"也指出，"四端亦有不中节"。此即道德情感不可靠的明证。）朱子云：②

> 这明德亦不甚昧。如适来说恻隐、羞恶、辞逊、是非等，此是心中元有此等物。发而为恻隐，这便是仁；发而为羞恶，这便是义；发而为辞逊、是非，便是礼、智。看来这亦不是甚昧，但恐于义理差互处有似

---

① 黎靖德编：《朱子语类》卷第十五，第286页。
② 黎靖德编：《朱子语类》卷第十四，第263页。

是而非者，未能分别耳。且如冬温夏清为孝，人能冬温夏清，这便是孝。至如子从父之令，本似孝，孔子却以为不孝。与其得罪于乡闾，不若且谏父之过，使不陷于不义，这处方是孝。恐似此处，未能大故分别得出，方昧。且如齐宣王见牛之觳觫，便有不忍之心，欲以羊易之。这便见恻隐处，只是见不完全。及到"兴甲兵，危士臣"处，便欲快意为之。是见不精确，不能推爱牛之心而爱百姓。

在朱子看来，四端之情人皆有之，但如果缺少了道德认知，不能分别对错，则道德情感对于道德实践而言，有可能会起反作用。譬如，儿子仅仅凭借着对父亲的孝顺之心，在父亲有过错的情况下依然听从父亲的话，就是不孝。这说明在道德实践中，仅凭道德情感而没有道德认知的指导，有可能会好心办坏事。不仅如此，依朱子，此四端之情只是道德的发端处，必须"扩而充之"，"须着因其端而推致之，使四方八面，千头万绪，无有些不知，无有毫发窒碍"①。但如果没有道德认知，则不能扩充此四端之情。比如在"以羊易牛"的故事中，齐宣王对牛有恻隐之心，然而却不能推爱牛之心而爱百姓，其原因就在于"见不完全"、"见不精确"。朱子这里所谓的"见不完全"、"见不精确"，就是指对道德之理缺少充分的认知。因此对朱子来说，只有对人本有之理获得了充分的认知，才能真正成就道德行为。

然而，怎样才能对人本有之理获得充分的认知呢？我们知道，朱子是主张通过即物穷理的方式来认识和扩充本心的知识的，即所谓的"才明彼即晓此"。如前文所述，"才明彼即晓此"之所以可能，在理论上是因为"物我一理"。然而在修养工夫上，"才明彼即晓此"如何可能？因为人们很自然地认为即物穷理只是对外物的认知，所获得的道理只是外物之理，而非人心本有之理。易言之，我们如何认识到外物之理即是心中本有之理？朱子云："理不是在面前别为一物，即在吾心。人须是体察得此物诚实在我，方可。譬如修养家所谓铅汞、龙虎，皆是我身内之物，非在外也。"②这就是说，我们必须通过"体察"的方式来认识外物之理即在吾心。那么，这里所谓的"体察"是何义？又应该如何"体察"呢？朱子云：

①　黎靖德编：《朱子语类》卷第十六，第 324 页。
②　黎靖德编：《朱子语类》卷第九，第 155 页。

人之为学,也是难。若不从文字上做工夫,又茫然不知下手处;若是字字而求,句句而论,不于身心上着切体认,则又无所益。且如说"我欲仁,斯仁至矣",何故孔门许多弟子,圣人竟不曾以仁许之? 虽以颜子之贤,而尚不违于三月之后,圣人乃曰"我欲斯至"! 盖亦于日用体验,我若欲仁,其心如何? 仁之至不至,其意又如何? 又如说非礼勿视听言动,盖亦每事省察何者为非礼,而吾又何以能勿视勿听? 若每日如此读书,庶几看得道理自我心而得,不为徒言也。①

"格物"二字最好。物,谓事物也。须穷极事物之理到尽处,便有一个是,一个非,是底便行,非底便不行。凡自家身心上,皆须体验得一个是非。若讲论文字,应接事物,各各体验,渐渐推广,地步自然宽阔。如曾子三省,只管如此体验去。②

依据以上两则材料,"体察"又可以说成"体认"、"省察"、"体验",其义应该是指一种反省的认知。朱子很重视这种反省的认知,比如读书穷理,如果不在自家身心上着实体认,则道理依然只在书本上,与自己不相干。只有通过反省的方式,用心体认书中的道理,"看得道理自我心而得",才能由书本上的道理而认识到自己心中本有的道理。在第二则材料中,朱子认为,在事物上穷究到一个是非的道理还不够,必须通过反省的方式,在自己心中"体验得一个是非"。那么,"事物上的是非"与"心中体验到的是非"有何不同? 朱子云:"事事物物上各有个是,有个非,是底自家心里定道是,非底自家心里定道非。就事物上看,是底定是是,非底定是非。到得所以是之,所以非之,却只在自家。"③依照林宏星老师的分析④,"事物上的是非"一般指的是"所当然之则",对"所当然之则"的认知就是对具体的道德规范的一般认知,即常知;而"心中体验到的是非"是指"所以然之故",是更高层次的知,即真知。而要实现由知"所当然"到知"所以然",就必须借助反省的认知。当达到知"所以然之故"时,就会真正明白是非的道理原本"却只在自家"。

---

① 黎靖德编:《朱子语类》卷第三十四,第 899—900 页。
② 黎靖德编:《朱子语类》卷第十五,第 284 页。
③ 黎靖德编:《朱子语类》卷第十五,第 285 页。
④ 参看东方朔:《"真知必能行"何以可能? ——朱子论"真知"的理论特征及其动机效力》,《哲学研究》,2017 年第 3 期。

依朱子之意,通过即物穷理来认识人心本具之理之所以可能,首先必须"因其已知之理"去格物,也就是穷理于善端之发见之后,而"不是凿空寻事物去格"①,如阳明之"亭前格竹"。其次,需要对四端之情背后的道理有精确的、完全的认知,因为仅仅凭借道德情感是不可靠的,也是不够的。只有对人本有之理获得了充分的认知,才能真正成就道德行为。不然的话,就会如齐宣王一样,不能推爱牛之心而爱百姓。再次,必须通过反省的认知方式,体察得外物之理即吾心之理。当然,还必须由知"所当然之则"过渡到知"所以然之故",即将常知转化为真知。在朱子看来,只有通过以上的方式来格物,"今日格一件,明日又格一件,积习既多,然后脱然有个贯通处"②,也就达到了"吾心之全体大用无不明"的境界。此"吾心之全体大用无不明"之境界即通过格物致知这种认知活动所达到的效验,也就是"知至"。而"知至"就是指"心之知识无不尽"③,也就是对心中本具之理获得了充分的认知。

由此可见,格物致知最主要的任务和最终目的都是反思省察自身内在的仁义礼智,以充分获得人心本有之真知。由此可见,朱子在《大学或问》中说格物致知"以反身穷理为主,而必究其本末是非之极至"真正的含义,即在于此。

三、小学与大学的关系:"只是一事"

从上文的讨论中我们知道,在朱子看来,在小学阶段,主要是接受"礼仪"的教育,通过对礼之"所当然之则"的了解,掌握为人处世的基本道理并践行礼仪的具体规范。而在大学阶段,就对"礼"的学习而言,主要任务是探究"礼义",通过格物致知的工夫而追求对礼之"所以然之理"的真知,以期在践礼之时自觉主动并真切自然。比如朱子说:"古者小学已自养得小儿子这里定,已自是圣贤坯璞了,但未有圣贤许多知见。及其长也,令入大学,使之格物、致知,长许多知见。"④朱子认为,在小学阶段只能养成个"圣贤坯璞",并没有圣贤的许多"知见"。由于在大学阶段格物致知工夫的目的是穷究"所以然之理",所以这里朱子所谓的"知见",不是指一般的认识,而是对"所以然之理"的真知灼见,是"圣贤知见"。

---

① 黎靖德编:《朱子语类》卷第十八,第 403 页。
② 黎靖德编:《朱子语类》卷第十八,第 391 页。
③ 黎靖德编:《朱子语类》卷十五,第 296 页。又见《四书章句集注》,第 4 页。
④ 黎靖德编:《朱子语类》卷七,第 124 页。

　　（一）大学工夫以小学工夫为基础

　　既然大学与小学的学习侧重点不同，那么二者有何关联呢？朱子认为，大学工夫是建立在小学基础之上的。朱子在《大学章句序》中说："若《曲礼》、《少仪》、《内则》、《弟子职》诸篇，固小学之支流余裔，而此篇者，则因小学之成功，以著大学之明法，外有以极其规模之大，而内有以尽其节目之详者也。"①朱子认为，《礼记》中的《曲礼》、《少仪》、《内则》、《弟子职》诸篇是在小学阶段的教材，而《大学》一书是建立在小学教育基础上的大学教材，其作用是"因小学之成功，以著大学之明法"。在《格物补传》中，朱子也说："是以大学始教，必使学者即凡天下之物，莫不因其（笔者按：指小学。）已知之理而益穷之，以求至乎其极。"②依据上文的讨论，在朱子看来，小学所学的是"所当然之则"（具体化为"礼仪"）；而大学所穷究的是"所以然之理"（包括"礼义"）。所以，这里的"已知之理"应该就是指在小学阶段所学到的"所当然之则"。但是这样断定的话，有人会很快提出疑问：朱子说的是"已知之理"，是一种"理"，而不是"所当然"的准则，所以"已知之理"更应该指"所以然之理"。其实，"所当然之则"也是"天理"的内涵之一，也可以说是"理"。③ 譬如，朱子说："是皆必有当然之则，而自不容已，所谓理也。"④

　　在朱子看来，小学教育作为大学工夫的基础，这就意味在小学阶段所养成的遵守礼仪规范的习惯对于大学工夫的展开有着重要的意义。朱子说："古人小学教之以事，便自养得他心，不知不觉自好了。到得渐长，渐更历通达事物，将无所不能。"⑤朱子认为，在小学阶段通过长时间的关于为人处世的基本礼仪规范的学习，小学工夫做到一定程度之后，就会使得人心中"存养已熟、根基已深厚"，这样就能够达到"不知不觉自好了"的效果。从"小学存养已熟、根基已深厚"到"不知不觉自好了"，这里便有"习惯成自然"之意味。而当在小学阶段已经养成良好的习惯，长大成年之后就比较容易做大学工夫。而随着阅历的增加，坚持做格物穷理的工夫，将必然会"无所不能"，担当得了大事业，此大事业即齐家、治国以及平天下。

_____

① 朱熹：《四书章句集注》，第 2 页。
② 朱熹：《四书章句集注》，第 7 页。
③ 按，杨立华教授有文章专门讨论了这一问题，可参见杨立华：《所以与必然：朱子天理观的再思考》，《深圳社会科学》，2019 年第 1 期；杨立华：《天理的内涵：朱子天理观的再思考》，《中国哲学史》，2014 年第 2 期。依据杨立华教授的分析，朱子的天理观既包括"所当然"，也包括"所以然"。
④ 朱熹：《四书或问》，第 23 页。
⑤ 黎靖德编：《朱子语类》卷七，第 125 页。

小学教育虽然是大学的基础,但在朱子看来,自三代以来,小学工夫早已失传了。朱子说:"古人便都从小学中学了,所以大来都不费力,如礼乐射御书数,大纲都学了。及至长大,也更不大段学,便只理会穷理、致知工夫。而今自小失了,要补填,实是难。但须庄敬诚实,立其基本,逐事逐物,理会道理。待此通透,意诚心正了,就切身处理会,旋旋去理会礼乐射御书数。今则无所用乎御。如礼乐射书数,也是合当理会底,皆是切用。但不先就切身处理会得道理,便教考究得些礼文制度,又干自家身己甚事!"①朱子认为,小学工夫虽然缺失,但可以用"敬"的工夫弥补,然后做"格物致知、诚意正心"等大学工夫。需要注意的是,朱子并不认为小学工夫缺失之后,用"敬"的工夫将其代替就可以了。因为小学工夫非常重要,所以朱子主张,"待此通透,意诚心正了,就切身处理会,旋旋去理会礼乐射书数"。也就是说,在大学工夫做成熟之后,再慢慢去学习在小学阶段所要学的"礼乐射书数"等内容。又如,朱子在教导学生时说:"某于《大学》中所以力言小学者,以古人于小学中已自把捉成了,故于大学之道无所不可。今人既无小学之功,却当以敬为本。"(《朱子语类》卷一百一十五,第页。《训门人三》,第 26 条。)在这段话中,"把捉",是掌握、把握的意思。② 在朱子看来,他之所以在《大学》一书中强调小学的作用,是因为在小学阶段,孩童通过接受"礼仪"的教育,对礼之"所当然之则"有了解,掌握了为人处世的基本道理并践行礼仪的具体规范。有了小学教育的基础之后,就比较容易做大学的工夫。但是现在的人缺失小学工夫,只能以"敬"为本来弥补小学教育。

(二)小学工夫与"敬"之工夫的关系

那么,朱子用"敬"的工夫为什么能够弥补小学工夫的缺失呢?换言之,"敬"作为一种工夫,其作用是什么?小学与"敬"的关系又是什么?朱子说:"古者,小学已自暗养成了,到长来,已自有圣贤坯模,只就上面加光饰。如今全失了小学工夫,只得教人且把敬为主,收敛身心,却方可下工夫。"③这段话中的"却方可下工夫",指做"格致诚正"等大学工夫。在朱子看来,在缺失小学工夫的情

---

① 黎靖德编:《朱子语类》卷七,第 125 页。

② 按,在《朱子语类》中,"把捉"一词的使用很常见,基本上都是掌握或把握的意思。比如:"未知止,固用做工夫,但费把捉。已知止,则为力也易。"(《朱子语类》卷,大学一,经上,第 65 条)又如:"表里如一便是。但所以要得表里如一,却难。今人当独处时,此心非是不诚,只是不奈何他。今人在静处非是此心要驰骛,但把捉他不住。此已是两般意思。至如见君子而后厌然诈善时,已是第二番罪过了。"(《朱子语类》卷,大学三,第 38 条)

③ 黎靖德编:《朱子语类》卷七,第 125 页。

况下，在做大学中的"格致诚正"工夫之前，先要有"敬"之工夫为基础，以"敬"为主，而"敬"的作用主要在于"收敛身心"。

关于小学与"敬"的关系问题，朱子认为，小学工夫体现了"敬"的要求，小学工夫有助于养成"敬"的习惯。朱子说："盖古人由小学而进于大学，其于洒扫应对进退之间持守坚定涵养纯熟，固已久矣。是以大学之序，特因小学已成之功，而以格物致知为始。"①朱子这里认为，古人之所以可以由小学而进于大学，就在于孩童在小学阶段接受了"洒扫应对进退"等具体礼仪的教育，通过较长时间的教育，其持守比较坚定、涵养比较纯熟。而"洒扫应对进退"等这些具体的礼仪对言行举止的规范是非常严格的，不容有丝毫偏差。因此，这样的小学工夫自然要求孩童的言行举止谨慎而得当，这也就体现了"敬"的要求，因为"敬"的工夫就要求"收敛身心"。朱子在回答吴晦叔的信中说："诚欲因夫小学之成以进乎大学之始，则非涵养履践之有素，亦岂能居然以其杂乱纷纠之心而格物以致其知哉？"②朱子认为，只有通过小学"礼仪"的严格教育，使其"涵养履践有素"，才能顺利地开始做大学工夫。而在朱子这里，小学阶段涵养和履践的就是为人处世的基本道理和礼仪的具体规范。通过小学工夫所获得的较高的道德素养，就容易去除"杂乱纷纠之心"，形成身心收敛的习惯。在朱子看来，小学工夫在帮助儿童养成良好的礼仪习惯之后，其心中的诚敬之"善端"就容易呈现。朱子说："古人小学养得小儿子诚敬善端发见了。"③如果儿童养成了良好的礼仪习惯，那么其言行举止就会比较谨慎而不放肆。比如在前文所举的"小童乱拨炭火"事例中，朱子批评了这种由于缺乏礼仪教育而产生的放肆行为。

在朱子看来，小学工夫虽然体现了"敬"的工夫要求，但是我们却不能将小学工夫与"敬"的工夫完全等同起来，因为"敬"的工夫更为根本、更为重要，甚至可以涵盖小学工夫。朱子云：

> 器远前夜说："敬当不得小学。"某看来，小学却未当得敬。敬已是包得小学。敬是彻上彻下工夫。虽做得圣人田地，也只放下这敬不得。如尧舜，也终始是一个敬。如说"钦明文思"，颂尧之德，四个字独将这个"敬"做瓣初头。如说"恭己正南面而已"，如说"笃恭而天下

---

① 朱熹：《答胡广仲》，《晦庵先生朱文公文集》卷四十二，《朱子全书》第 22 册，第 1894—1895 页。
② 朱熹：《答吴晦叔》，《晦庵先生朱文公文集》卷四十二，《朱子全书》第 22 册，第 1915 页。
③ 黎靖德编：《朱子语类》卷七，第 124 页。

平"，皆是。①

在这段话中，"当得"的意思是承受，而"承受"有承担的意思，所以，我们将这里的"当得"理解为"承担"，"当不得"也就是承担不下的意思。因此，这段语录中朱子的学生所谓的"敬当不得小学"，就是说"敬"的工夫承担不下小学工夫的任务，弥补不了小学工夫的缺失。朱子的学生这里实际想要表达的意思应该是，与"敬"的工夫相比，小学教育（小学工夫）更为重要，所以"敬当不得小学"。对于这一观点，朱子表示不能同意。与之相反，在朱子看来，"小学却未当得敬"，即小学工夫不能完全承担"敬"之工夫的重任，而且是属于"敬"之工夫的必然要求，"敬已是包得小学"。朱子这么说的理由何在？从朱子的整个工夫体系看，"敬"之工夫可以是说其他种种工夫的基础和依据，"敬是彻上彻下工夫"。即使道德修养工夫已经达到了圣人的境界，依然需要"敬"之工夫。

在朱子看来，"敬"的工夫之所以"包得小学"，就是因为"敬是彻上彻下工夫"。朱子说："'敬'之一字，万善根本，涵养省察，格物致知，种种工夫皆从出，方有依据。"②这就是说，在朱子工夫论中诸如"涵养省察"、"格物致知"等工夫都要以"敬"之工夫为基础和依据。正是在这一意义上，朱子才说："圣门之学别无要妙，彻头彻尾只是个'敬'字而已。"③那么，"敬"之工夫为什么是其他种种工夫的基础和依据呢？朱子云：

> 古人已自说了，言语多则愈支离。如公昨来所问涵养、致知、力行三者，便是以涵养做头，致知次之，力行次之。不涵养则无主宰。如做事须用人，才放下或困睡，这事便无人做主，都由别人，不由自家。既涵养，又须致知；既致知，又须力行。若致知而不力行，与不知同。亦须一时并了，非谓今日涵养，明日致知，后日力行也。要当皆以敬为本。敬却不是将来做一个事。今人多先安一个'敬'字在这里，如何做得？敬只是提起这心，莫教放散；恁地，则心便自明。这里便穷理、格物。见得当如此便是，不当如此便不是；既是了，便行将去。今且将

---

① 黎靖德编：《朱子语类》卷七，第 126 页。
② 朱熹：《答潘恭叔》，《晦庵先生朱文公文集》卷五十，《朱子全书》第 22 册，第 2313 页。
③ 朱熹：《答程允夫》，《晦庵先生朱文公文集》卷四十一，《朱子全书》第 22 册，第 1873 页。

《大学》来读，便见为学次第，初无许多屈曲。①

在这段语录中，朱子首先讨论了"涵养"、"致知"和"力行"三者之间的关系。在朱子的工夫论中，"涵养"工夫就是指"敬"的工夫，所谓"涵养须用敬"。朱子认为，在这三项工夫中，必须以"敬"之涵养工夫作为主宰。这里说的"主宰"究竟是什么意思呢？在上引的这段话中，朱子以一个"比方"来说明"敬"之"主宰"。比如要完成一项工作任务，就需要有人来做。如果做事的人因为各种原因不去做，那么这项工作就"无人做主"。"敬"之工夫在朱子的工夫论中就好比做事的人，是其他各项工夫的主人或者头脑。虽然"敬"之工夫是其他各项工夫的主人或者头脑，但是并不意味着先去做"敬"之工夫，然后再做"格物致知"、"诚意正心"等各项工夫。依照朱子的意思，"敬"之工夫与其他各项工夫应该是同时完成的，"须一时并了"，而不是先做"敬"之涵养工夫，然后再去做"格物致知"等工夫。朱子主张，在做"格物致知"等其他各项工夫的同时都要"以敬为本"。那么，"敬"之工夫与其他各项工夫应该怎样做才能同时完成呢？在朱子看来，在做与其他各项工夫的时候，必须同时要有"敬"之工夫为其提供基础和依据，而不是"先安一个'敬'字在这里"。可问题是，"敬"之工夫和其他各项工夫是有着不同具体要求的，如何可能同时完成呢？在朱子看来，虽然"敬"之工夫极为重要，"圣门之学彻头彻尾只是个'敬'字"，但说到底，"敬"之工夫也不如其他工夫复杂。朱子在这里认为，"敬"之工夫只是要求"提起这心，莫教放散"，这样做的话，心里自然透亮光明。上文提到过，"敬"之工夫的主要作用是"收敛身心"。所以，这里所谓的"提起这心，莫教放散"的意思实际上就是要求人们收敛心思、集中精神。② 既然"敬"之工夫是要求收敛心思、集中精神，那么"敬"之工夫与"格物致知"、"诚意正心"等各项工夫应该是可以同时完成的。

（三）大学工夫与"敬"之工夫的关系

在讨论完关于小学与"敬"的关系问题之后，我们来看作为大学工夫的"格物致知"工夫与"敬"之工夫的关系问题。从上文的讨论中，我们已经知道，在朱

---

① 《朱子语类》卷一百一十五，《训门人三》，第26条。
② 按，有人批评朱子的"敬"之涵养工夫是空头涵养，如果就"收敛心思、集中精神"这一层意思上来说，确实可能会存在这一问题。但是朱子的"敬"之工夫是要求"收敛身心"，认为"收敛身心"的习惯是在小学阶段已经涵养成功了，"古人直自小学中涵养成就"。所以就小学阶段而言，小学教育对言行举止的要求就肯定不是空头的，因为有其具体的礼仪规范。（关于"空头涵养"的问题，可以参看吴震的文章。）

子看来，"敬"之工夫与"格物致知"工夫是要求同时完成的。可是，由于《大学》一书的八条目是"格物"、"致知"、"诚意"、"正心"、"修身"、"齐家"、"治国"、"平天下"，其中"格物致知"又是最先开始要做的工夫，而朱子本人在对《大学》进行诠释时也是极为重视"格物致知"工夫的，所以就会有人由此而认为，作为大学工夫的"格物致知"工夫优先与"敬"之工夫。朱子在回答《答胡广仲》的书信中说："盖古人由小学而进于大学，其于洒扫应对进退之间持守坚定涵养纯熟，固已久矣。是以大学之序，特因小学已成之功，而以格物致知为始。今人未尝一日从事于小学，而曰必先致其知，然后敬有所施，则未知其以何为主而格物以致其知也。"①依照朱子的看法，古人之所以能够比较顺利地由小学工夫而进入大学工夫，就在于在小学阶段通过较长时间的具体礼仪规范教化和学习，其"敬"之涵养工夫比较纯熟。所以，大学工夫以"格物致知"为起始点，是以在小学阶段所以养成的"敬"之习惯为基础的。而现在的人由于小学工夫的缺失，就直接先去做"格物致知"的工夫，然后在"格物致知"工夫的基础上做"敬"之涵养工夫。对于这样一种先去"格物致知"、然后以"敬"涵养的工夫次序，朱子是明确反对的。朱子认为，如果以这种次序做工夫的话，就会造成"未知其以何为主"的困境。按照上文的分析，朱子所谓"未知其以何为主"，其意思应该是：不知道"格物致知"工夫要以"敬"之涵养工夫为基础和依据，因为"不涵养则无主宰"，其他各项工夫的都要"以敬为本"。而果真陷入"未知其以何为主"的困境的话，就不会明白"格物以致其知"的道理。从本节第二部分中对"格物致知"的讨论中，我们已经知道，朱子之所以强调"即物穷理"，其目的是获得对人心中本有的仁义礼智之理的真知。所以，如果"格物致知"没有以"敬"之涵养工夫作为基础和依据，而毫无由头地去盲目"格物"，其结果必然是失败的。譬如，阳明"格竹子"似乎就是朱子这里所批评的最具有代表性的例子，其结果只能是"劳思致疾"，徒劳无功，未知其所以然。

关于大学工夫中的"格物致知"与"敬"之工夫的关系，朱子还提出了更进一步的观点。朱子说："今且论涵养一节，疑古人直自小学中涵养成就，所以大学之道只从格物做起。今人从前无此工夫，但见《大学》以格物为先，便欲只以思虑知识求之，更不于操存处用力，纵使窥测得十分，亦无实地可据，大抵敬字是

___

① 朱熹：《答胡广仲》，《晦庵先生朱文公文集》卷四十二，《朱子全书》第 22 册，第 1894—1895 页。

彻上彻下之意,格物致知乃其间节次进步处耳。"①在这里,朱子所说的"涵养"就是指"敬"之涵养工夫。朱子认为,古人已经通过小学阶段的学习养成敬"之习惯,所以大学工夫是从"格物致知"工夫开始做起。现在的人并没有接受小学阶段的礼仪规范教育和学习,就直接凭借自己的聪明才智去做"格物致知"工夫,而忽略了"敬"之涵养工夫("更不于操存处用力")。这样做的话,即使有所成就("窥测得十分"),最终也不会使自己的为人处世方式有真凭实据可以依据。朱子最后得出结论认为,只有"敬"之工夫是"彻上彻下"的,是贯穿于整个工夫论体系的,而"格物致知"工夫只是整个工夫论体系中间一个具体的环节而已。所以,我们不能因为《大学》一书要求先做"格物致知"工夫,就过分重视"格物致知"工夫而忽视了"敬"之涵养工夫。

简言之,就作为大学工夫的"格物致知"与"敬"之工夫的关系而言,朱子提出了以下三点主张:(1)"敬"之工夫是"格物致知"的基础和依据;(2)在工夫实践过程中,"敬"之工夫贯穿于"格物致知"之中,两种工夫是同时完成的。(3)作为大学工夫中的"格物致知"工夫相对于小学工夫而言,确实是更进一步,但从朱子的完整的工夫论体系来看,"格物致知"工夫只是整个工夫论体系的一个环节。而由于朱子的整个工夫论中各项工夫环节都需要"敬"之涵养工夫,所以"敬"之工夫是贯通于大学与小学之中,亦贯通于朱子的整个工夫论体系之中。

(四)"大学与小学只是一事"探微

在讨论完小学与"敬"之工夫的关系问题以及大学工夫中的"格物致知"与"敬"之工夫的关系问题,我们可以来进一步探究大学与小学的关系问题。上文已经指出,在朱子看来,大学与小学的学习侧重点虽然不同,但是二者并不是毫无关联的,大学工夫是建立在小学工夫的基础之上的。在大学与小学的关系问题上,朱子提出了一个值得玩味的观点,即:大学与小学只是一事。《朱子语类》记载:

> 问:"大学与小学,不是截然为二。小学是学其事,大学是穷其理,以尽其事否?"
>
> 曰:"只是一个事。小学是学事亲,学事长,且直理会那事。大学是就上面委曲详究那理,其所以事亲是如何,所以事长是如何。古人

---

① 朱熹:《答林择之》,《晦庵先生朱文公文集》卷四十三,《朱子全书》第 22 册,第 1978—1979 页。

于小学存养已熟,根基已深厚,到大学,只就上面点化出些精彩。古人自能食能言,便已教了,一岁有一岁工夫。至二十时。圣人资质已自有十分。(宇作"三分")。大学只出治光彩。今都蹉过,不能转去做,只据而今当地头立定脚做去,补填前日欠阙,栽种后来合做底。(宇作"根株"。)如二十岁觉悟,便从二十岁立定脚力做去;三十岁觉悟,便从三十岁立定脚力做去。纵待八九十岁觉悟,也当据见定札住硬寨做去。"①

在这段对话中,朱子的学生认为,大学与小学不是截然二分的,二者是相互联系的,在大学阶段之所以要穷理,是为了更好地实践在小学阶段所学之事。朱子对他的学生的这一看法表示了肯定,并为了更加强调大学与小学之间的紧密联系而提出二者"只是一事"这一说法。依照上文的分析,小学阶段的主要任务是"礼仪"的养成,是对礼之"所当然之则"的掌握,而大学阶段的主要任务是穷究"礼义",是为了获得对礼之"所以然之理"的真知。既然二者的主要任务是不同的,那么朱子所谓"二者只是一事"是在何种意义上所说的呢?朱子认为,在小学阶段是学习事亲、事长等礼仪规范,而在大学阶段是学习内在于这些礼仪规范之中的道德原理,也就是详细探究礼之"所以然之理",以获得对道德原理的真知。在上古三代之时,人们在小学阶段已经通过礼仪规范的学习使得自己"存养已熟、根基已深厚",所以到了大学阶段只要在小学已经取得的成就基础上再加以"点化"就可以了。在朱子看来,古人自从小时候刚学会吃饭和说话之时便开始做小学工夫,等小学工夫坚持做到二十岁之时,其道德修养水平就已经和圣人差不多了,而大学工夫只是在此基础上稍加点化即可。但是自三代以来,小学工夫失传已久,如今之人在孩童之时并没有机会像上古之人那样去做小学工夫,那应该怎么办呢?朱子认为,时光不可倒流,长大成年之人已经不可能回到孩童之时去做小学工夫。如今之人只能从自己当前已经掌握的事亲、事长等礼仪规范(礼之"所当然之则")之中,穷究其内在于其中的"所以然之理",一旦"觉悟",获得对礼之"所以然之理"的真知,就应当坚定立场和意志去践行儒家所要求的礼仪道德规范。哪怕是年近将死之人,一旦"觉悟",也应当"据见

---

① 　黎靖德编:《朱子语类》卷七,第 125—126 页。

定札住硬寨做去"①。因此，朱子提出"大学与小学只是一事"这一主张，是针对已经缺失了接受上古时代的小学教育学习机会的现今之人说的。对于缺失了小学工夫的人来说，只能在对自己所掌握的礼之"所当然之则"中穷究其"所以然之理"，待其豁然贯通，使得心中本有之理可以自然地发用流行，自觉地遵守各种具体的道德礼仪规范。而礼之"所当然之则"是小学所学的"礼仪"规范，"所以然之理"是大学工夫所主要穷究的"礼义"。正是在这一意义上，朱子认为"大学与小学只是一事"，而如今的学者在做道德修养工夫时必须将大学工夫与小学工夫紧密结合在一起。

其实，关于"大学与小学只是一事"的内涵，朱子在《大学或问》中已经解释得非常清楚明白。在朱子看来，大学与小学虽然在学习的具体内容上有所不同，但两者在根本上是相通的。朱子说："学之大小，固有不同，然其为道则一而已。是以方其幼也，不习之于小学，则无以收其放心，养其德性，而为大学之基本。及其长也，不进之于大学，则无以察夫义理，措诸事业，而收小学之成功。是则学之大小所以不同，特以少长所习之异宜，而有高下浅深先后缓急之殊，非若古今之辨、义利之分，判然如薰莸冰炭之相反而不可以相入也。今使幼学之士必先有以自尽乎洒扫应对进退之间，礼乐射御书数之习，俟其既长，而后进乎明德、新民、以止于至善，是乃次第之当然，又何为而不可哉？"②

第二节　博文与约礼：知礼与行礼

一、"博文约礼"工夫之重要性

"博文约礼"的说法出自《论语》，本是孔子教育学生的为学之方。在《论语》中，这一说法一共出现了三次，分别是在《雍也》篇、《子罕》篇以及《颜渊》篇，其中《颜渊》篇为重出，与《雍也》篇相同。《雍也》篇记载："子曰：'君子博学于文，

---

①　按，这里的"札住"一词的意思是驻扎；"硬寨"的意思是指坚固的营垒，比喻坚定的立场与意志。朱子这里想表达的意思是：一个人不管年龄有多大，只要一日为人，就要在自己所掌握的道德规范之中穷究其内在于其中的道德原理，一旦真切地洞察内在于具体的道德规范之中的"所以然之理"，就要坚定立场和意志去践行这些道德规范。

②　朱熹：《四书或问》，第1页。

约之以礼,亦可以弗畔矣夫!'"此为孔子对学生的教诲。《子罕》篇记载:"颜渊喟然叹曰:'仰之弥高,钻之弥坚;瞻之在前,忽焉在后。夫子循循然善诱人,博我以文,约我以礼。欲罢不能,既竭吾才,如有所立卓尔。虽欲从之,末由也已。'"这是孔子最为器重的学生颜回(公元前 521 年—公元前 481 年,字子渊)的感慨之言。其大致的意思是说,依照孔子"博文约礼"的教诲,自己已然竭尽全力,想要达到老师的造诣,但孔子的境界已处于高山之巅,自己虽心向往之,而力有未逮。由此可见,"博文约礼"在儒家成德之教中是何等重要。

朱子继承了儒学的传统,同样认为,"博文约礼"工夫对于人的德性养成有着极大的作用。朱子甚至认为,在儒家修养工夫中,"博文约礼"工夫是最为重要的道德修养工夫,是"圣门之要法"①。在朱子看来,作为孔门七十二贤之首的颜回和孔子晚年的得意弟子曾参(前 505 年—前 435 年,字子舆)之所以得到了孔子的真传,就因为这两人依照孔子的教导,认真地做"博文约礼"工夫,而不是凭空乱想、师心自用。朱子说:"颜、曾所以独得圣学之传,正为其博文约礼,足目俱到,亦不是只如此空疏杜撰也。"②有意思的是,这句话是朱子在写给陆九渊(1139—1193,字子静,号存斋)的信中说的,而陆九渊的学问是以"发明本心"著称,并不是太在意"博文约礼"工夫。朱子在《四书或问》中批评"告子之学"时,甚至以"圣门博文约礼之教"与"异端坐禅入定之学"对言。③ 朱子说:"使告子专求名义,而不复求之于心,则固不可,今以其言推之,则其已得诸言者,固将求之于心也,而又何云此乎? 为是说者,求之文辞义理,而验以躬行之实,无一可者。若从其说,则是变圣门博文约礼之教,为异端坐禅入定之学也,岂不诬前哲而误后来之甚乎?"④在朱子看来,"告子之学"既无文辞义理上的依据,又无躬行之实,所以与异端坐禅入定之学相差无几。而朱子这里所谓"求之文辞义理",实际上是指"博文"工夫;"验以躬行之实"是指"约礼"工夫。由此可见,"博文约礼"的工夫在朱子心目中是之所以如此重要,是因为它既是孔门之要法,又是与朱子本人的工夫论体系内在一致的。同时,朱子重视"博文约礼"工夫,亦有针

---

① 朱子云:"'博文约礼',圣门之要法。博文所以验诸事,约礼所以体诸身。如此用工,则博者可以择中而居之不偏;约者可以应物而动皆有则。如此,则内外交相助,而博不至于泛滥无归,约不至于流遁失中矣。"(《朱子语类》卷三十三,第 833 页。)

② 朱熹:《答陆子静》,《晦庵先生朱文公文集》卷三十六 ,《朱子全书》第 21 册,第 1576 页。

③ 按,这段话实际上是朱子借批评"告子之学"来反对以陆九渊为代表的"心学"。因为朱子看来,陆九渊的学问正是"告子之学"之余裔,与禅学类似。

④ 朱熹:《四书或问》,第 429 页。

对象山"心学"之意,认为其学有空疏之病。

在朱子看来,"博文约礼"工夫对于一个人的道德修养的提高有着极大的作用。朱子说:"圣人之教循循有序,不过使人反而求之至近至小之中,博之以文,以开其讲学之端;约之以礼,以严其践履之实,使之得寸则守其寸,得尺则守其尺。如是久之,日滋月益,然后道之全体乃有所乡望而渐可识,有所循习而渐可能。"①朱子认为,圣人教人的方法是循序渐进的,只不过是要求人们从身边的细微之事中做"博文约礼"工夫。如此用力的话,其工夫才有实据可守,"得寸则守其寸,得尺则守其尺",而非空疏杜撰之工夫所能比。如果能坚持不懈地做"博文约礼"工夫的话,日滋月益,然后就有可能实现豁然贯通而见"道之全体"的工夫之效验。由此可见,朱子对"博文约礼"的工夫是何等的重视②。

二、"博文"与"约礼"释义

"博文约礼"工夫既然如此重要,那么我们就有必要来探究一下它是怎样的工夫。实际上,在朱子这里,"博文约礼"不是一项单独的工夫,而是分"博文"和"约礼"两项工夫。这两项工夫各自都有自身特殊的要求,不可混淆。

(一)"博文"即"知礼"

既然"博文约礼"分两项工夫,为了方便讨论那我们就先来看朱子对于"博文"的诠释。为了特显朱子的诠释与前人的差异,我们有必要先了解一下汉唐学者对于"博文"的理解。关于《论语·雍也》中的"博学于文",汉唐学者一般将其理解为"广学六籍之文"或者"博学于先王之遗文"。③而对于《论语·子罕》中颜渊所说的"博我以文",汉唐以来的学者将其理解为"夫子以文章开博我"。④

---

① 朱熹:《答王季和》,《晦庵先生朱文公文集》卷五十四,《朱子全书》第 23 册,第 2555 页。

② 按,在《朱子语类》中,关于朱子论述"博文约礼"工夫重要性的表述还有很多,譬如,朱子说:"博文约礼,就这上进去,只管是长进。盖根脚已是了,所以不畔道。"(见黎靖德编:《朱子语类》卷三十三,第 833 页)朱子这里所欲表达的意思是,既做"博文"工夫,又做"约礼",如此才有可能不去做违背道德的事情。

③ 譬如,《论语集解义疏》云:"言君子广学六籍之文,又用礼自约束,能如此者,亦可得不违背于道理也。"(何晏解,皇侃疏:《论语集解义疏》,中华书局 1985 年版,第 81 页。)邢昺疏云:"此章言君子若博学于先王之遗文,复用礼以自捡约,则不违道也。"(何晏注,邢昺疏:《论语注疏》,阮元校刻:《十三经注疏》,中华书局 1980 年版,第 2479 页。)

④ 譬如,西汉孔安国对此注曰:"言夫子既以文章开博我。"南北朝皇侃在《论语集解义疏》中说:"博,广也。文,文章也。"(何晏解,皇侃疏:《论语集解义疏》,第 121—122 页。)北宋邢昺《论语注疏》云:"言夫子既开博我以文章,又节约我以礼节,使我欲罢止而不能。"(何晏注,邢昺疏:《论语注疏》,《十三经注疏》,第 2490 页。)

简单地说,汉唐以来的学者对于"博文"的理解基本一致。"博文"中的"博"字就是广学、多学;而对于"博文"中的"文"字,虽然他们的说法各自不同,但实际上意思是一样的。所谓的"六籍之文"、"先王之遗文"或者"夫子之文章",就是指"六艺",即所谓的"六经":《诗》、《书》、《礼》、《乐》、《易》以及《春秋》。

1. 朱子对"博文"之"文"字之理解

与汉唐学者不同,朱子对于"博文"之"文"字的解释就没有如此简单直接。当然,朱子一方面还是继承了汉唐学者的理解。朱子在对《论语·学而》篇中的"行有余力,则以学文"的"文"字注释时说:"文,谓诗书六艺之文。"①在这里,朱子将"学文"之"文"注释为诗书六艺之文。需要说明的是,对于《论语》中出现的"博学于文"、"博我以文"以及"则以学文",朱子对不同说法中"文"字的诠释基本上没有太大的差别。所以,朱子对于"博文"中的"文"字的理解一方面是继承了汉唐以来的理解,将其理解为儒家经典文献。

但是,朱子对"文"的理解不仅止于此。《朱子语类》记载:

(1)问:"'博学于文',文谓《诗》《书》六艺之文否?"曰:"《诗》《书》六艺,固文之显然者。如眼前理会道理,及于所为所行处审别是否,皆是。"②

(2)因论"博我以文",曰:"固是要就书册上理会。然书册上所载者是许多,书册载不尽底又是多少,都要理会。"③

(3)"博学于文",又要得"习坎心亨"。如应事接物之类皆是文,但以事理切磨讲究,自是心亨。④

在第(1)段中,朱子明确地回答了学生的疑问,认为作为儒家经典的《诗》、《书》等"六经"当然属于"文"的范畴。但是,"文"的范畴不仅仅是包括记载在经典中的道理,也包括我们生活中做人做事的种种道理。在第(2)段语录中,朱子解释他这样说的理由。朱子认为,《诗》、《书》、《礼》、《易》以及《春秋》这些儒家经典虽然已经记载了很多做人做事的道理,但是也有许多道理没有而且也不可能都

---

① 朱熹:《四书章句集注》,第49页。
② 黎靖德编:《朱子语类》卷三十三,第833页。
③ 《朱子语类》卷三十六,第964页。
④ 《朱子语类》卷三十三,第836页。

记载在上面。换言之，书本上的知识是有限的，而现实生活中则充满了各种可能性，所以"博文"除了学书本上的道理，还要从现实生活中学习各种道理。如果不这样的话，当生活中遇到例外的情况时，书本并不提供的现成的解答方法，如此则不可能采取正确的方式应对。所以，朱子在第（3）段中认为，"应事接物之类皆是文"，就是说，凡是与做人做事相关的内容都属于"文"的范畴。在这一意义上，我们其实也可以将朱子的这一说法看成是对"文"的广义的界定。因为不管是儒家经典，还是生活中学到的种种道理，无一不是与"应事接物"相关的。

2. 朱子对"博文"的理解："反身穷理为主"的"为己之学"

讨论完朱子对于"博文"中的"文"字的解释之后，我们来看他对"博文"工夫的理解。从字面上看，"博文"的意思确实是指要多学关于"文"的内容。譬如，朱子自己也说过："博文是多闻，多见，多读。"①"博文"工夫看似如此简单，似无讨论的必要，但其实不然。在朱子看来，"博文"工夫并不是"博物洽闻"，不是泛然广览杂记，掇拾异闻，以读多取胜。譬如朱子说："博学，亦非谓欲求异闻杂学方谓之博"②；"然所谓博，非泛然广览杂记，掇拾异闻，以读多取胜之谓此又不可不知"③。

朱子认为，"博文"工夫是"为己之学"，而不是"博物洽闻"之"为人之学"。朱子在《大学或问》中谈"格物致知"与"博物洽闻"的区别时说道："然则所谓格物致知之学，与世之所谓博物洽闻者，奚以异？曰：此以反身穷理为主，而必究其本末是非之极至；彼以徇外夸多为务，而不觊其表里真妄之实。然必究其极，是以知愈博而心愈明；不觊其实，是以识愈多而心愈窒。此正为己为人之所以分，不可不察也。"④朱子在这里认为，"格物致知"是以"反身穷理为主"，是"为己之学"。而在朱子的工夫论体系中，"格物致知"工夫就是"博文"工夫。依据朱子的《与张敬夫论癸巳论语说》的信中记载，张栻在解释"约我以礼"时说："'约我以礼'，谓使之宅至理于隐微之极。"张栻虽然是朱子的好友，但是对于张栻的这一理解，朱子也不能表示赞同。朱子在回信中所点评的原话是，"侯氏曰：'博我以文，致知格物也。约我以礼，克己复礼也。'其说最善，此解说得幽深，却无

---

①　《朱子语类》卷三十三，第 834 页。

②　《朱子语类》卷三十三，第 834 页。按：此条为余大雅记戊戌（1178，朱子四十九岁）以后所闻。

③　朱熹：《答或人》，《晦庵先生朱文公文集》卷六十四，《朱子全书》第 23 册，2002 年，第 3141 页。

④　朱熹：《四书或问》，第 28 页。

意味也。"①朱子认为,张栻对"约我以礼"的理解虽然深奥,但是并无意味。对于"博我以文"和"约我以礼"的解释,朱子非常认同侯氏的解释,以为其说最善。在侯氏的解释中,是将"致知格物"与"博文"工夫等同看待,"克己复礼"工夫即是"约礼"工夫。既然朱子认同侯氏的这一理解,"致知格物"工夫与"博文"工夫的内在要求是一致的,那么我们就可以这样断定:"博文"工夫不是以"徇外夸多为务"的"为人之学",而是以"反身穷理为主"的"为己之学"。(按,这段中的文本在本章"小学与大学"一节有用过,可参看。)

那么,"博文"工夫作为"为己之学"究竟是什么意思呢?"为己"、"为人"的区分出自《论语》中的"宪问篇",孔子说:"古之学者为己,今之学者为人。"对于这一章的解释,朱子在《四书章句集注》中引用的伊川先生的两句话。这两句话分别是:(1)"为己,欲得之于己也。为人,欲见知于人也。"(2)"古之学者为己,其终至于成物。今之学者为人,其终至于丧己。"在伊川看来,所谓的"为己之学",是指学习是为了提高自己的道德修养和能力;而"为人之学"是说学习掌握了大量的知识是为了让外人知道,以获得博学的名声。伊川认为,"为己之学"既成就了自身的道德修养和能力,而最终可以为社会和国家做出自己应有的贡献,也就是"成物"。而现在的学者学习是为了获得外在的名声、荣誉和利益,实际上最终并没有实现自己的人生价值,也就是"丧己"。朱子在伊川的话后加了按语说道:"圣贤论学者用心得失之际,其说多矣,然未有如此言之切而要者。于此明辨而日省之,则庶乎其不昧于所从矣。"②朱子这里的意思是说,从古至今,很多人都讨论过学习的动机和目的问题,但是从来没有一个人(包括圣贤在内)说得像伊川这样真切而简要("切而要")。可以说,朱子对伊川的这两句话的赞许是无以复加的,这也意味着朱子本人是非常认同伊川关于"为己之学"和"为人之学"的论述。从朱子对"为己"、"为人"的理解来看,既然"博文"工夫是"为己之学",那么"博文"的动机和目的就是为了成就自身的道德修养和能力,从而能够为社会和国家做出自己应有的贡献。

3. "博文"的具体要求

了解了"博文"工夫作为"为己之学"的含义之后,我们来看"博文"工夫的具体要求。朱子在《答吕子约》的信中说:"大抵为学,只是博文、约礼两端而已。

---

① 朱熹:《与张敬夫论癸巳论语说》,《晦庵先生朱文公文集》卷三十一,《朱子全书》第 21 册,2002 年,第 1372 页。

② 朱熹:《四书章句集注》,第 155 页。

博文之事，则讲论思索要极精详，然后见得道理，巨细精粗无所不尽，不可容易草略放过。"①朱子认为，在做"博文"工夫时，无论是讲学讨论，还是思索义理，都要极为精密而翔实，然后才有可能见"道之全体"，即掌握"巨细精粗无所不尽"的道理。

　　在朱子看来，对"博文"工夫如此的严格要求，是"博文"工夫的内在要求，而并不是像陆象山所批评的那样，其工夫太过"支离"。因为"博文"工夫的最终目的是成己、成物，所以关于待人接物、为人处世的道理一旦有所欠缺，则有可能在现实生活中无法正确应对。在《答黄商伯》的书信中，朱子曾经以自己的切身事例来说明这一道理。朱子说："《仪礼·丧服传》'为君之祖父母、父母'条下疏中赵商问答极详分明，是画出今日事。往时妄论，亦未见此，归乃得之，始知学之不可不博如此，非细事也。"②在这封信中，朱子说自己曾经就丧礼中的丧服问题妄加议论过，后来才发现《仪礼·丧服传》中对此是有详细而明确的解说的。从这一切身事例中，朱子悟出了"博文"工夫的重要性，博文"非细事也"。

　　4."博文自是一事"

　　在朱子看来，"博文"工夫非常重要，并且在其工夫论体系中具有相对独立的地位，不可直接由其他工夫所替代。朱子在《答吕子约》的书信中说：

　　　　所喻博文约礼尽由操存中出，固是如此。但博文自是一事，若只务操存而坐待其中生出博文功夫，恐无是理。大抵学问功夫，看得规模定后，只一向著力，挨向前去，莫问如何若何，便是先难后获之意。若方讨得一个头绪，不曾做得半月十日，又却计较，以为未有效验，遂欲别作调度，则恐一生只得如此移东换西，终是不成家计也。③

朱子在这里认为，吕子约所谓的"博文约礼尽由操存中出"，固然有其道理。但是，我们不能因此而忽略了"博文"工夫本身的重要性。在这封信中，朱子明确提出了"博文自是一事"这一主张。在朱子看来，如果仅仅去做涵养操存的工夫，以期从中生出"博文"工夫，天底下恐怕没有这样的道理。也就是说，譬如像

---

　　①　朱熹：《答吕子约》，《晦庵先生朱文公文集》卷四十八，《朱子全书》第22册，第2238页。按，此书作于庆元三年（1197），朱子六十八岁。

　　②　朱熹：《答黄商伯》，《晦庵先生朱文公文集》卷四十六，《朱子全书》第22册，第2127页。

　　③　朱熹：《答吕子约》，《晦庵先生朱文公文集》卷四十八，《朱子全书》第22册，第2243页。

极为要紧的"敬"之涵养工夫,也不能取代"博文"工夫,因为"博文"工夫本身是一项具有独立地位的工夫,即"博文自是一事"。在这封信中,朱子还针对吕子约思想上所存在的问题,劝导他说,不要只是寄希望于以道德实践行动来提高自己的道德水平①。朱子认为,如果只是在短时间内做了"博文"的工夫,没有得到努力的效果或者说工夫之效验,就别作调度、移东换西,如此在道德水平的提高上则有可能一无所成。朱子劝说吕子约说,做道德修养工夫,一定要有"先难后获"之意。"博文"工夫的具体要求虽然严格而烦难,但是只要以正确的方式坚持做下去,终会有所成就。

5."博文"工夫的具体作用:"博文所以验诸事"

"博文"工夫对于成德来说既然如此重要,那么具体而言,它在成德中究竟有什么作用呢?在朱子看来,"博文"的具体作用在于"验诸事"。朱子说:"博文所以验诸事……如此用工,则博者可以择中而居之不偏"②。但是,朱子所谓的"博文所以验诸事"究竟是何意呢?

要回答这一问题,我们或许可以借助于朱子对"行有余力,则以学文"的诠释③。朱子在对这句话进行注释时,录用了洪氏的一段话,并亲自加了按语对洪氏的说进行了反驳或者补充说明。洪氏的原话是:"未有余力而学文,则文灭其质;有余力而不学文,则质胜而野。"朱子在其后加的按为:"愚谓力行而不学文,则无以考圣贤之成法,识事理之当然,而所行或出于私意,非但失之于野而已。"④在洪氏看来,孔子之所以说"行有余力,则以学文",是基于文、质关系考虑的。对于洪氏的这一解读,朱子表示并不完全同意。在朱子看来,如果只是依照孝悌等道德伦理规范做事,而不去学习儒家经典文献,则不能"考圣贤之成法,识事理之当然",而且其行为也可能是出于私心。也就是说,从表面上看似合乎孝悌等道德规范的行为,其动机亦有可能并不纯正,其具体行为的方式也可能并不正确而合宜。而"博文"的作用恰恰在于"考圣贤之成法,识事理之当然",也就是能够使自己的行为正确、动机纯正。"成法"一词出自《吕氏春秋·

---

① 按,关于朱子信中所说的"操存"的意思,依照陈来先生的分疏,应该是与"穷理"相对的。"穷理"属于"知"的范畴,而"操存"属于"行"的范畴。(参见陈来:《朱子哲学研究》,第316页。)所以,我们在正文中将吕子约所说的"博文约礼尽由操存中出"作如此解释。

② 黎靖德编:《朱子语类》卷三十三,第833页。

③ 按,"行有余力,则以学文"出自《论语·学而篇》,其原文是:子曰:"弟子入则孝,出则弟,谨而信,泛爱众,而亲仁。行有余力,则以学文。"

④ 朱熹:《四书章句集注》,第49页。

察令》，其意思是原先的法令制度、老规矩、老方法。而依据上文我们对"博文"之"文"的分析，朱子所谓的"成法"，其意应该是指圣人编撰的《诗》、《书》、《礼》、《易》等儒家经典。需要提及的是，关学创始人张载在论及"礼之本"时，也说过儒家礼学经典是"圣人之成法"①。由此，我们亦可以看出朱子的礼学思想与张载之礼学思想之间的某种渊源。

　　从朱子反驳洪氏的按语中来看，其所谓的"力行而不学文"，以"博文"和"约礼"来说，就是"约礼"而不"博文"。如果只做"约礼"工夫而不做"博文"工夫，其结果就是"无以考圣贤之成法，识事理之当然，而所行或出于私意，非但失之于野而已。"朱子如此说的理由是，"博文"就是做"考圣贤之成法，识事理之当然"的工夫，而儒家经典中记载了大量的历史事件，其中自然也包含以儒家之道德立场对历史事件作出的评论，蕴含了不少的真知灼见（即"事理"）。正是在这一意义上，朱子认为"博文"的作用就是可以"验诸事"。换成现在通俗易懂的话来说就是，"博文"就是要求我们去学习其内容来源于历史实践而又被历史检验的儒家经典典籍，与此同时，也要学习生活中与"应事接物"相关的各种道理。

　　从一定意义上说，朱子既然认为"博文"的作用在于"考圣贤之成法，识事理之当然"，那么我们也可以这样认为，"博文"就是要求我们通过学习儒家经典以及生活中为人处世的道理，以此来探索"礼"之"所当然之则"以及"所以然之理"。就此意义而言，我们可以将"博文"说成是"知礼"。譬如，上文已经提到过，朱子本人就曾经因为忽视了对儒家礼学经典《仪礼》的学习，而导致其在早年时曾对《仪礼·丧服传》中"为君之祖父母、父母"妄加议论。所以，如果朱子的"知行观"来划分，我们完全有理由认为，"博文"在朱子这里是属于"知"的范畴。而确认这一点，对于我们下文将要讨论的"博文"与"约礼"之间的关系非常要紧。

　　（二）"约礼"即"行礼"

　　1. 对"约礼"之"礼"字的理解："礼"非即是"理"

　　讨论完了"博文"工夫的内涵之后，我们现在来看朱子是如何理解"约礼"工夫的。首先，我们来看朱子对"约礼"中的"礼"字的理解。朱子说："'约之以

---

　　① 按，横渠先生云："礼非止见于外，亦有无体之礼，盖礼之原在心。礼者圣人之成法也，除了礼天下更无道矣。欲养民当自井田始，治民则教化刑罚俱不出于礼外。五常出于凡人之常情，五典人日日为，但不知耳。"参见张载著，林乐昌编校：《经学理窟·礼乐》，《张子全书》，第 73 页；又见《张载集》，第 264 页。

礼'，'礼'字作'理'字看不得，正是持守有节文处。'克己复礼'之"礼"亦然。"①在这里，朱子很明确地认为，"约之以礼"中的"礼"字不能直接理解成"理"或"天理"。不少学者也注意到了朱子的这句话，并经常用这句话来证明朱子反对"以理易礼"之主张。譬如，在《论语集释》中，程树德先生就曾经借用朱子的这句话而评论说："孔子一生言礼不言理，后来理学家凡《论语》中'礼'字均硬作'理'字解，不知朱子已早见及此，故特著之。"②本书以为，程树德先生的评论自然是符合朱子的本意。但是，我们在这里应当要更加关心朱子为何反对将"约之以礼"中的"礼"字直接理解成"理"。依照朱子在这里的意思，"约礼"工夫中的"礼"字之所以不能被直接理解成"天理"，是因为相对于"理"字而言，此"礼"字在这里更加强调了"持守有节文处"的作用，而"理"字却只是抽象的道德原理，并不是具体的道德规范或者说具体的礼仪规范。但是我们作这样的解读，并不意味朱子认为"约礼"之"礼"字与"天理"毫无关联，事实上恰恰相反。如果我们联系朱子对"礼"所下的经典定义，即"礼"是"天理之节文，人事之仪则"，那么我们就能比较容易地看出朱子的用心之所在。也就是说，朱子虽然反对以"天理"来直接理解或取代"约礼"之"礼"字，其用意在于更加强调具体的道德礼仪规范在道德实践中具有明确的准则之义，并不能说具体的道德礼仪规范与作为道德原理的"天理"毫无关系，因为在朱子看来，"礼"本来就是"天理之节文"。

2. 对"约"字的理解：皆为"约束"之意

那么，朱子对"约礼"中的"约"字又是如何理解的呢？朱子说："……但此'约'字与颜子所言'约'字，皆合只作约束之意耳。"③在朱子的这句话中，前面一个"约"字是指《论语·雍也》中孔子所说的"君子博学于文，约之以礼"中的"约"字，而后面一个"约"字是指《论语·子罕》中颜渊所说的"夫子循循然善诱人，博我以文，约我以礼"中的"约"字。在朱子看来，这两个"约"字虽然出现在不同的话中，但是其意思都是一样的，"皆合只作约束之意"。而"皆合只作约束之意"中的"合"字，其义是指"应当"。换言之，也就是说，朱子认为，上面两个"约"字都只能以"约束"的意思来解释，而不能用其他意思来解释。这里有一个问题需要交代一下，在《四书章句集注》中，朱子将《论语·雍也》中"博学于文，约之以

① 朱熹：《答张仁叔》，《晦庵先生朱文公文集》卷五十八，《朱子全书》第 23 册，第 2750 页。
② 程树德：《论语集释》，中华书局 1990 年版，第 418 页。
③ 黎靖德编：《朱子语类》卷三十三，第 837 页。

礼"中的"约"字注释为"要"①，似乎是"知要"的意思，在朱子后学中也有人如此理解。事实上，将"要"理解成"知要"是对朱子的误读，因为朱子直至晚年都是明确反对将"约礼"之"约"字理解成"知要"的。如果足够细心的话，朱子在《论语集注》中只是将"约"字训为"要"，并非"知要"。一字之差，霄壤之别。朱子这里的"要"字，其义当从古训，为"约束"之意，而非"知要"之意。

　　将"约礼"中的"约"字理解成"知要"，实际上是伊川的观点。《论孟精义》记载：

　　　　伊川《解》曰："博学而守礼，虽未知道，亦可以弗违畔于道矣。"或问："博我以文，约我以礼。"曰："此是颜子称圣人最切当处。圣人教人，只是如此，既博之以文，而后约之以礼，所谓博学而祥说之，将以反说约也。博与约相对，圣人教人，只此两字，博是博学多识多闻多见之谓，约是使之知要也。"又问："君子博学于文，约之以礼，与此同否？"曰："这个则是浅进说，言多闻见，而能约束以礼，所未能知道，庶几可以弗畔于道。此言善人君子多识前言往行而能不犯非礼者尔，非颜子所学于夫子之谓也。"又问："此莫非是小成否？"曰："亦未是小成，去知道甚远。如多闻择其善者而从之，多见而识之，知之此也。闻见与知之甚异，此只是闻见者也。"又曰："君子博学于文，约之以礼，亦可以弗畔矣夫！此非自得也，勉而能守也。多闻择其善者而从之，多见而识之，知之次也，以勉中人之学也。"②

上引的这段话比较长，但是伊川想要表达的意思还是清楚明白的。大致说来，伊川认为，《论语·雍也》中孔子所说的"博学于文，约之以礼"与《论语·子罕》中颜渊所谓的"博我以文，约我以礼"中的两个"约"字的意思是不一样的。在伊川看来，"博学于文，约之以礼"的意思是，如果能够努力地去学习更多的儒家典籍等知识并且能够遵守儒家的礼仪规范，那么这样做的话，即使尚未明白其中深奥的道理，但其为人处世的方式也不至于违背儒家之"道"。伊川认为，以"博学于文，约之以礼"这种方式获取的知识只是"闻见之知"，而非"自得"。所以，

---

　　① 朱熹：《四书章句集注》，第 91 页。
　　② 朱熹：《论语精义》卷第三下，《朱子全书》第 7 册，第 232 页。

"博学于文，约之以礼"是属于层次比较浅的工夫，只是适用于普通人（即"中人之学"），距离洞察儒家深奥的道理甚远，或者用道学的术语来说，即尚未体悟到"天理"。简言之，在伊川看来，"博学于文，约之以礼"中的"约"字是"约束"之意，"约之以礼"的意思就是能以礼仪规范约束自己的言行方式。而对于颜渊所说的"博我以文，约我以礼"，伊川认为，这种"博文约礼"工夫比较高级，与上一种工夫在性质上完全不同；同时这种工夫也是颜渊称赞孔子教人"最切当处"。在伊川看来，颜渊所谓的"博我以文，约我以礼"，意思是说孔子教育学生，首先教授各种知识学说，使学生多识、多闻、多见，同时进行详细的解说，其最终目的是使学生"知要"，即使其掌握要领、融会贯通，直至体悟"天道"。在这里，伊川对"博我以文，约我以礼"的诠释，实际上是以《孟子》的思想来诠释《论语》。孟子云："博学而详说之，将以反说约也"（《孟子·离娄下》）。质言之，伊川认为，"博我以文，约我以礼"中的"约"字是"知要"的意思，而此种高级的"约礼"工夫就是使学者"知要"，因此，"约我以礼"与"约之以礼"就有着质的区别，前者是"使之知要"，而后者则是"能约束以礼"。

　　与伊川的解读不同的是，在朱子看来，《论语》中的"博约"与《孟子》中的"博约"并不相同。《朱子语类》记载：

　　　　问："'博学于文，约之以礼'，与'博我以文，约我以礼'，固有浅深不同。如孟子'博学而详说之，将以反说约也'，似又一义，如何？"曰："《论语》中'博约'字，是'践履'两字对说。孟子中'博约'字，皆主见而言。且如学须要博，既博学，又详说之，所以如此者，将以反说约也。是如此后，自然却说得约。谓如博学详说，方有贯通处，下句当看'将以'字①。"

朱子认为，《论语》中"博"与"约"两个字，是"知"与"行"（践履）两字对说，而《孟子》之论"博"或"约"，都是在"知"的范围内加以讨论，不涉及"行"。在这样的前提下，朱子认为，在《论语》和《孟子》中虽然都有关于"博约"的说法，但其涵义有着较大的区别。实际上，朱子在中年所作的《四书或问》中就已经持这一观点。在《论语或问》中，朱子自问自答道：

----

　　①　黎靖德编：《朱子语类》卷三十三，第 835 页。

或问：程子以"约之以礼"为约束之意，而于颜子之叹，则又以约为知要，何也？曰：愚意二者之训不异，其义亦同，皆为约束之意，但在此章则为学者之分，而与颜子所至有不同耳。程子于此章之工夫次序地位浅深，盖深得之，独论颜子之说，则鄙意有未安耳。推孟子说约之云，是乃所谓知要者，而颜子之叹，则恐其指此也①。

朱子在这段自问自答中明确认为，《论语·雍也》中的"博学于文，约之以礼"与《论语·子罕》中的"博我以文，约我以礼"中的两个"约"字的意思是一样的，都是"约束"的意思。对于伊川的理解，朱子在这段话中只是碍于情面而没有作进一步的反驳罢了，仅仅说了一句"鄙意有未安"。

3. "约礼"工夫的具体作用："约礼所以体诸身"

我们现在已经清楚，在朱子看来，"约礼"中"约"字是"约束"的意思。那么，其约束的对象是什么呢？朱子说："又看颜子'博我以文，约我以礼'，既连著两'我'字，而此章'之'字亦但指其人而言，非指所学之文而言也。"②依照朱子的说法，"约之以礼"的"之"字是指人而言。换言之，也就是说，"约束"的对象是人。据程树德先生在《论语集释》中的说法，这一理解是朱子的发明，因为也有不少的学者是将"约之以礼"的"之"字理解成"博学于文"中的"文"字③。由于人有身、心之分，那么朱子认为"约束"的对象是人之身，抑或是人之心呢？朱子在谈到"约礼"工夫的具体作用时说："约礼所以体诸身。……约者可以应物而动皆有则。……约不至于流遁失中矣。"④根据朱子的这句话，我们可以知道，"约礼"工夫的具体作用就是"体诸身"。因此，在朱子看来，"约礼"工夫的直接对象是"人之身"，而非"人之心"。也就是说，所谓"约礼"工夫，就是要求学者以具体的道德礼仪规范来约束自己的言行举止，使自己的行为方式更加适宜而恰当，更加文明而非野蛮。当然，"约礼"工夫的直接对象虽然是"君子之身"，但也并不是说"约礼"工夫与人之内心毫无关系，因为传统礼学皆一致认为身与心是相

---

① 朱熹：《四书或问》，第231—232页。

② 黎靖德编：《朱子语类》卷三十三，第837页。

③ 按，依据程树德的按语："约之以礼"的"之"字指君子之身，这一说本于朱子。但也有学者不同意朱子的这一解释，比如黄式三认为，"约之以礼"的"之"字是指"博学于文"的"文"。参见程树德：《论语集释》，第418—419页。

④ 黎靖德编：《朱子语类》卷三十三，第833页。

互影响的。譬如,《礼记·乐记》曰:"致礼以治躬则庄敬,庄敬则严威。心中斯须不和不乐,而鄙诈之心入之矣。外貌斯须不庄不敬,而易慢之心入之矣。"在《礼记正义》中,郑玄对此注曰:"躬,身也。"因此,"治躬"就是修身的意思。《礼记·乐记》这段话的大致意思是说,以礼仪规范来修身,规范自己的一言一行,则外貌就会显得庄敬而有严威;如果不以礼仪规范来自得言行举止,"外貌斯须不庄不敬",则心中容易产生坏的想法。《乐记》所说的道理,实际上就是说,由于身与心本来就是相互影响的,所以绝不能忽视以各种礼仪来规范人们的视听言动。而依据上文的分析,朱子对"约礼"工夫的理解应该是与传统礼学思想一脉相承的,都是强调礼仪对人的外在的规范作用。

我们在上文讨论"博文"工夫时,依照朱子的"知行观"来划分,"博文"工夫属于"知"的范畴。那么,从"知行观"的角度看,在朱子看来,"约礼"工夫是属于"知行观"中的哪一种范畴呢? 朱子说:"博学是致知,约礼则非徒知而已,乃是践履之实。"[1]在朱子看来,"约礼"工夫当然需要"知"的引导,但是就其实质而言,还是属于"践履",是"躬行之实",也就是属于"行"的范畴。譬如,朱子在写给吕子约的信中说:"约礼之事,则但知得合要如此用功,即便著实如此下手,更莫思前算后、计较商量。"[2]在这段话中,朱子所谓的"知得合要如此用功,即便著实如此下手",其意思无非是说,做"约礼"工夫时,一旦知道应当如此去做,就应该立即将其付之于行动。因此,通过上文的分析,我们有充分的理由认为,在朱子看来,"约礼"工夫实际上就是"行礼"。这里所谓的"行礼",其意思是依礼而行,或者更为具体地说,人之言行举止(或者说"视听言动")都必须依照正确的礼仪规范而行。

(三)"博文约礼"工夫有深浅之分

在上文已经讨论论过,对《论语》中孔子所说的"博之以文,约之以礼"与颜子所谓的"博我以文,约我以礼"的理解,朱子与伊川不同。伊川认为,这两种工夫在性质上相异,所以对两个"约"字作了不同的解释。而朱子则认为,这两处"博文约礼"中的"约"字都只能是"约束"的意思,二者之义完全一样。但是,这并不意味着,在朱子看来,孔子所说的"博文约礼"与颜子所说的"博文约礼"就毫无差异。《朱子语类》记载:

---

① 黎靖德编:《朱子语类》卷三十三,第 836 页。
② 朱熹:《答吕子约》,《晦庵先生朱文公文集》卷四十八,《朱子全书》第 22 册,第 2238 页。按:此书作于庆元三年(1197),朱子六十八岁。

（1）或问："'博之以文，约之以礼，亦可以弗畔'，与颜子所谓'博我以文，约我以礼'，如何？"曰："此只是一个道理，但功夫有浅深耳。若自此做功夫到深处，则亦颜子矣。"①

（2）"君子博学于文，约之以礼"。圣人教人，只是说个大纲。颜子是就此上做得深，此处知说得浅。②

从以上这两段话中我们很容易看出，在朱子看来，孔子之"博之以文，约之以礼"工夫比较浅，而颜子所谓的"博我以文，约我以礼"工夫则比较深，但是这两者也"只是一个道理"。朱子在回答范伯崇的信中也说："圣人教人不过博文约礼，而学者所造自有浅深，此'喟然'、'弗畔'所以不同也。颜子见圣人接人处都从根本上发见，横渠所指是也。余人但能因圣人所示之方，博文以穷理，约礼以修身，如此立得定，则亦庶乎可以不为外物诱怵、异端迁惑矣。自今观之，颜子地位见处固未敢轻议，只'弗畔'一节，亦恐工夫未到此，不可容易看也。"③朱子在这段话中的意思是说，孔子教人的为学之方只有一个，即"博文约礼"之工夫。但是，"博我以文，约我以礼"是颜子之"喟然"而叹之言，认为孔子之待人接物，事事合宜，处处得当，其根本原因在于，孔子因其道德境界极高，可以做到"从心所欲而不逾矩"，凡事皆从"根本上发见"。而"博之以文，约之以礼"则是孔子教育学生学习的方法，如果一般学者能够依照此方法学习，则可以"弗畔"于道。在朱子看来，"喟然"而叹之言意味其工夫比较深，而"弗畔"于道则意味其工夫比较浅。其深浅之不同，原因在于学者自身所学之造诣有高低之分。在这段话中，朱子还主张，对于一般人而言，因既无颜子之资质，又不如颜子之勤奋，所以在初学之时，应当按照孔子的教诲，"博文以穷理，约礼以修身"，如此为学方能"立得定"，其根基才能牢固，从而不至于"为外物诱怵、异端"所迷惑。

然而，在朱子看来，虽然"人所造自有浅深"，但是这并不意味着"博文约礼"这种工夫本身在性质上有什么不同。朱子说："若'博学于文，约之以礼'，与'博我以文，约我以礼'，圣人之言本无甚轻重，但人所造自有浅深。若只是'博学于文'，能'约之以礼'，则可以弗畔于道，虽是浅底；及至颜子做到'欲罢不能'工

---

① 黎靖德编：《朱子语类》卷，第834—835页。
② 黎靖德编：《朱子语类》卷三十三，第833页。
③ 朱熹：《答范伯崇》，《晦庵先生朱文公文集》卷三十九，《朱子全书》第22册，第1769页。

夫,亦只是这个'博文约礼'。如梓匠轮舆但能斫削者,只是这斧斤规矩;及至削
鐻之神,斫轮之妙者,亦只是此斧斤规矩。"①在这段话中,朱子所得非常清楚,
在《论语》中出现的两处"博文约礼",其工夫要求本无差异,只是学者自身的工
夫有深有浅。颜回之所以到达贤人之境界,只是因为其"博文约礼"工夫做得深
而已。在上引的这段话中,朱子还打了一个比方,同样一把斧斤,不同水平的匠
人用它来做出来的作品,其质量与层次也会有天壤之别。所以,在朱子看来,只
是因为不同的人之工夫深浅不同,"博文约礼"工夫作为"为学之方"的手段或者
说工具,在方法上并无差别。

　　朱子之主张"博文约礼"有浅深之分而无性质之异,明显有针对伊川之意。
《朱子语类》记载:

　　　　问:"伊川言:'"博学于文,约之以礼",此言善人君子"多识前言往
　　行",而能不犯非礼者尔,非颜子所以学于孔子之谓也。'恐'博文约礼'
　　只是一般,未必有深浅。"
　　　　曰:"某晓他说不得,恐记录者之误。"
　　　　正叔曰:"此处须有浅深。"
　　　　曰:"毕竟博只是这博,约只是这约,文只是这文,礼只是这礼,安
　　得不同!"②

在这段师生问答的对话之中,朱子的学生对伊川关于《论语》中的"博文约礼"的
诠释表示了质疑。朱子的学生认为,《论语》中两处关于"博文约礼"的说法,恐
怕不像伊川所认为的两处"博文约礼"工夫有着很大的不同,而是同样的意思,
"未必有深浅"。面对学生的疑问,朱子的回答比较有意思,朱子的回答只是说
他自己也没有弄明白伊川的说法,伊川的这段话恐怕是其学生"记录之误"。本
书认为,朱子在这里只是采用一种委婉的表达方式来表明他自己不同意伊川的
见解。就上引这段对话而言,我们就能比较容易看出这一点。在这段对话中,
朱子的另一个学生紧接着朱子提出自己的看法,他认为《论语》中的两处关于
"博文约礼"的表述是有深浅之分的。而朱子对于这一理解立即表示了肯定,并

---

　　① 黎靖德编:《朱子语类》卷三十三,第 835 页。
　　② 黎靖德编:《朱子语类》卷三十三,第 836 页。

再次强调了自己的主张，即"毕竟博只是这博，约只是这约，文只是这文，礼只是这礼，安得不同！"

那么，朱子所谓的"'博文约礼'工夫有深浅之分"，其"深浅"之依据到底何所指呢？朱子说："夫子之教颜子，只是博文、约礼二事。至于'欲罢不能，既竭吾才，如有所立卓尔'处，只欠个熟。"①朱子在这里认为，孔子并没有教给颜回为学的其他奥妙之方，也就仅仅是让颜回去做"博文约礼"工夫。至于为何只有颜回才能够体悟到孔子极高的道德境界，那也只是因为颜回将"博文约礼"工夫做得熟，做得到位。关于这一点，在《朱子语类》中有一段比较详细的论述。朱子说："程子曰：'到此地位工夫尤难，直是峻绝，又大段著力不得。'所以著力不得，缘圣人'不勉而中，不思而得'了。贤者若著力要不勉不思，便是思勉了，此所以说"大段著力不得"。今日勉之，明日勉之，勉而至于不勉；今日思之，明日思之，思而至于不思。自生而至熟，正如写字一般。会写底，固是会；不会写底，须学他写。今日写，明日写，自生而至熟，自然写得。"②在这段话中，朱子首先引用了程子的一句话，其意是说当道德修养工夫做到颜回这种程度时，再继续做修养工夫就非常难了，"直是峻绝，又大段著力不得"。

朱子认为，此时之所以不能刻意去做工夫，是因为与圣人相比，颜回的道德修养境界所达到的地位只与其相差无几，而以圣人之道德境界来考量的话，则要求"不勉而中，不思而得"，而非刻意用力。在朱子看来，如果学者的道德工夫修养还没有达到像颜回这样工夫比较纯熟的境界时，只能一步一个脚印地做"博文约礼"的工夫，"自生而至熟"，就如学写字一样。

从上面的讨论中，我们已经知道，虽然朱子认为《论语》中出现在两处的"博文约礼"工夫在方法是相同的，但还是坚持主张认为这两处所展现的"博文约礼"工夫还是明显的深浅之分。笔者认为，朱子之所以持这样的主张，是有其良苦用心的。朱子云：

（1）大抵圣贤之教，不过"博文约礼"四字，博文则须多求博取，熟讲而精择之，乃可以浃洽而通贯；约礼则只"敬"之一字已是多了。日

---

① 黎靖德编：《朱子语类》卷三十六，第966页。
② 黎靖德编：《朱子语类》卷三十六，第968页。

用之间,只以此两端立定程课,不令间断,则久之自有进步处矣。[1]

（2）所论颜子之叹,大概得之,然亦觉有太烦杂处。约而言之,则高坚前后者,颜子始时之所见也;博文约礼者,中间用力之方也;欲罢不能以后者,后来得力之效验也。《中庸》所谓"得一善,则拳拳服膺而不失"者,正谓此博文约礼工夫不可间断耳。若能如此实用其力,久之自然见得此个道理无处不在,不是块然徒守一物而硬定差排,唤作心性也。若不如此,政使思索劳苦,说得相似,亦恐随手消散,不为吾有,况欲望其融会贯通而与己为一耶?[2]

在写给章季思的回信中,朱子以"博文约礼"工夫劝勉之,望其分别从"博文"工夫和"约礼"工夫两端入手,"立定程课,不令间断",如此坚持做下去,时间足够久之后,自然会能提高自己的道德修养水准。上引的第（2）段文字,是朱子写给廖子晦的信中的部分内容。依据信中所说,朱子虽然基本上同意廖子晦对"颜子之叹"的体悟之言,但还是觉得其言过于烦杂。所以,朱子自己接下来以"博文约礼"工夫为重点来解读"'颜子之叹'所谓何事"。在朱子的解读中,我们应该注意朱子关于"博文约礼"工夫的说法。朱子认为,"博文约礼"工夫是颜回为学的用力之方,而"欲罢不能"则是"博文约礼"工夫做久之后的效验。在此基础上,朱子明确地提出并强调"博文约礼"工夫之不可间断,并且比较自信地和廖子晦说:"若能如此实用其力,久之自然见得此个道理无处不在",以此劝勉他做"博文约礼"工夫,而不能"思索劳苦"、好高骛远而最终一无所得。从对上引的两段文字的解读中,我们应该能够得出这样的结论,即,朱子之所以坚持认为"博文约礼"工夫有深浅之分,是为了使学者能够以此自勉,毫不放松地、毫不间断地并自觉地做"博文"工夫和"约礼"工夫两项工夫。

三、"博先而约后"与"博、约两事交相为助"

（一）博先而约后:"博文"、"约礼"须作两途理会

那么,朱子是如何看待这两者之间的关系的。对于这一问题,朱子说:"博之与约,初学且只须作两途理会。一面博学,又自一面持敬守约,莫令两下相

---

[1]　朱熹:《答章季思》,《晦庵先生朱文公文集》卷六十,《朱子全书》第 23 册,第 2877 页。按:此书作于淳熙十六年(1189),朱子六十岁。

[2]　朱熹:《答廖子晦》,《晦庵先生朱文公文集》卷四十五,《朱子全书》第 22 册,第 2098—2099 页。

靠。作两路进前用工，塞断中间，莫令相通。将来成时，便自会有通处。若如此两下用工，成甚次第！"①这一条语录是朱子的学生余大雅所记载，闻于朱子四十九岁之后。关于应当如何正确地做"博文约礼"工夫，朱子在这里非常明确地提出，对于初学者而言，要将"博文"工夫与"约礼"工夫分开来做，"作两途理会"。既做博学于文的工夫，又做持敬守约的工夫，而且不绝能使这两项不同的工夫相互影响或者说干扰，即朱子所谓的"塞断中间，莫令相通"。在这段语录中，朱子还认为，初学者如果依照他说的方法分别来做"博文"工夫与"约礼"工夫，只要时间足够久，总有一日，这二者之间会自然实现相互贯通。朱子最后就此发出感慨，如果学者都能分两路做"博文"工夫和"约礼"工夫，将来在道德修养上所达到的成就，不可限量。

可是，令我们疑惑的是，为何朱子坚决主张初学者要将"博文"工夫和"约礼"工夫分成两项毫无关联的工夫来做呢？其理由究竟何在？对于这一疑惑，朱子说："博文约礼，学者之初，须作两般理会而各尽其力……若合下便要两相倚靠，互相推托，则彼此担阁，都不成次第矣。"②朱子在这里给出的理由是，如果不将"博文"工夫和"约礼"工夫分着两路独自去做，而将这两项混在一起，则有可能出现二者"互相推托"而"彼此担阁"的情况，从而会使"博文"和"约礼"这两项工夫都没有做好、做到位。朱子指出，如果真的这样的话，那么工夫的先后次第就打乱了，"不成次第"。

那么，在朱子看来，"博文"工夫和"约礼"工夫的先后次序应该是什么呢？朱子云：

> 博文工夫虽头项多，然于其中寻将去，自然有个约处。（按，不是刻意而为。）圣人教人有序，未有不先于博者。孔门三千，颜子固不须说，只曾子子贡得闻一贯之诲。谓其余人不善学固可罪。然夫子亦不叫来骂一顿，教便省悟；则夫子于门人，告之亦不忠矣！是夫子亦不善教人，致使宰我冉求之徒后来狼狈也！要之，无此理。只得且待他事事理会得了，方可就上面欠阙处告语之。如子贡亦不是许多时只教他多学，使它枉做工夫，直到后来方传以此秘妙。正是待它多学之功到

---

①　黎靖德编：《朱子语类》卷三十三，第 834 页。按，此条为余大雅记戊戌（1178，朱子四十九岁）以后所闻。

②　朱熹：《答或人》，《晦庵先生朱文公文集》卷六十四，《朱子全书》第 23 册，第 3141 页。

了,可以言此耳。①

在这段语录中,朱子所谓的"博文工夫虽头项多",其中的"头项"的意思本来是头领或首领。在这里,我们可以将朱子所说的"头项"理解成"要领"。在朱子看来,"博文"工夫的要领虽然很多,但是从其中慢慢去寻找,到了一定时候自然会找到正确的道德原则,然后再以建立正确的道德原则之上的礼仪规范来约束自己。朱子认为,这一过程是自然而然的,不是人为刻意为之,所以,孔子教授给学生的为学之方是有先后次序的,从来都是强调"博文"工夫在先。在上引的这段话中,朱子还以孔子的一些得意弟子为例,诸如颜子、曾子等皆是先做"博文"工夫。

行文至此,我们已经知道,关于"博文"工夫和"约礼"工夫的先后次序,在朱子看来,应该是"博文"工夫在先而"约礼"工夫在后,简言之,即"博先而约后"。与此同时,朱子强调,对于初学者来说,要将"博文"工夫与"约礼"工夫分作"两途理会",二者不可相混淆。必须强调的是,朱子主张"博文"在先而"约礼"在后,并不是意味着朱子只是要求学者只做"博文"工夫,而忽略"约礼"工夫,因为朱子之"博先而约后"的主张是与"博约分'两途理会'"联系在一起讲的。朱子甚至说过:"未博学而先守约,即程子'未有致知而不在敬'之意,亦切要之言也。"②

我们在上文已经分析过,在朱子看来,究其实质而言,"博文"工夫就是"知礼",而"约礼"工夫就是"行礼"。所以,为了更加深入地理解朱子之"博先而约后"这一独特的主张,而不是只知其然而不知其所以然,我们就有必要结合朱子的"知行观"来作进一步的解读。关于朱子的"知行观",学界对此已经有比较多的研究,在基本问题上,其看法也比较一致。概括地说,朱子的"知行观"主要包括以下三个方面的内容:①"知先而行后";②"行重于知";③"知行相资",或者

---

① 黎靖德编:《朱子语类》卷三十三,第 834 页。

② 按,在《答吴伯丰》中有这样一段话,是朱子与吴伯丰讨论"博文"与"约礼"关系的,很耐人玩味。现摘录如下:

(吴伯丰)云:"第十五章,横渠曰:'约者,天下至精至微之理也。'然曰'学者必先守其至约',又曰'不必待博学而后至于约,其先固守于约也'。必大谓精微之理必问辨攻索而后得之,决不容以径造,横渠之说,恐别有谓。"

(朱子云):"未博学而先守约,即程子'未有致知而不在敬'之意,亦切要之言也。"(朱熹:《答吴伯丰》,《晦庵先生朱文公文集》卷五十二,《朱子全书》第 22 册,第 2452 页。)

说成"知行互相发明"。在以上这三个方面的内容中，陈来先生认为，"知先而行后"是朱子关于"知行观"的最具有代表性的观点。总的来说，朱子之所以主张"知先而行后"，是从以下三个方面来加以考虑的。(1)从朱子的立场看，人只有事先知晓事物的"当然之则"，才有可能作出合乎"当然之则"的行为。如果在做事之前没有"知"的引导，则有可能如盲人走路，其行为极有可能会出错。陈来先生认为，此种认识是朱子讨论"知行关系"时的基本主张和问题意识，同时也是朱子的"为学之方"之基础所在。(2)朱子是在伦理学（或者道德哲学）的范围之内来讨论知行之先后关系问题的，而非泛论知识与实践之间的关系。也就是说，在朱子看来，人首先要领悟"人之所以为人"的道理，了解并掌握道德原理以及具体的道德规范，如此才能成就道德人格与道德行为。①(3)朱子所谓的"知先而行后"，是就"一事之中"而言。譬如，朱子说："夫泛论知行之理而就一事之中以论之，则知为先，行之为后，无可疑者。"②

　　了解了朱子的"知行观"的基本观点之后，我们现在结合其"知行观"来分析"博先而约后"这一饱受后人非议的主张。在本节第二部分内容中，我们已经对"博文"与"约礼"的含义作了比较细致的分析。通过分析，我们完全有理由认定，在朱子看来，"博文"即"知礼"；而"约礼"即"行礼"③。所谓"'博文'即'知礼'"，就是通过"博文"工夫来学习儒家经典以及生活中为人处世的道理，并以此来探索"礼"之"所当然之则"以及"所以然之理"。"约礼"即"行礼"，是指在做"约礼"工夫时，必须依"礼"而行，或者更为具体地说，人之视听言动的方式都必须在正确的礼仪规范的约束之下而付之于行动。依照朱子对"知先而行后"的思考，人只有事先知晓事物的"当然之则"，才有可能作出合乎"当然之则"的行为。如果没有"知"的引导，则其行为难免不会出错。既然"博文"工夫属于"知"的范畴，而"约礼"工夫属于"行"的范畴，所以从理论上来说，朱子必定会坚决主张"博先而约后"。而朱子如此主张的真实意图也很明显，即保证"约礼"工夫的正确性，而不是盲目地遵守儒家礼学经典中的每一条规定，或者不假思索地认同每一句"圣贤之言"。

---

　　①　按，以上对朱子之"知行观"的解读，主要参考了陈来先生的观点。有关更为具体的讨论。参见陈来：《朱子哲学研究》，第315—332页。

　　②　朱熹：《答吴晦叔》，《晦庵先生朱文公文集》卷四十二，《朱子全书》第22册，第1458页。

　　③　按，关于本书所得出的这一结论，《朱子语类》中记载的一段话最能支持和证明这一观点。朱子说："学礼中也有博文。如讲明制度文为，这都是文；那行处方是约礼也。"(黎靖德编：《朱子语类》卷三十六，第967页。)

最后必须强调的是,朱子之主张"博先而约后",并不是如同有些学者所认为的那样,在"博文"与"约礼"的关系问题上,朱子更加重视"博文",其理由是朱子的为学取向为"下学而上达"。此种论点乍看似乎合理,其实不然。关于知行之先后与轻重,朱子有一句非常著名的话。朱子说:"论先后,知为先;论轻重,行为重。"①如果我们化用朱子的这句话来论"博文"与"约礼"之先后与轻重,通过以上的分析,我们有充分的理由作这样的结论:论先后,"博文"工夫为先;论轻重,"约礼"工夫为重。

(二)博、约两事"交相为助"、"互相发明"

从上文的讨论中我们知道,在朱子看来,初学者在做工夫时要将"博文"与"约礼"分作"两途理会",不可将二者相互混淆或者相互取代,因为属于"知"的"博文"和属于"行"的"约礼"性质不同,各自有其独特的作用。既然如此,那么"博文"工夫与"约礼"工夫在理论上是否就没有任何关联呢?答案是否定的。

首先,朱子认为,"博文"工夫是正确地做"约礼"工夫的前提和必要条件。朱子说:"徒知要约而不博学,则所谓约者,未知是与不是,亦或不能不畔于道也。"②在这句话中,朱子认为,如果学者仅仅知道要去做"约礼"工夫,以礼仪规范约束自己的行为,而不去做"博文"工夫,那么就可能不知道自己所遵守的礼仪规范本身是正确的,还是有问题的。在朱子看来,这种一味地盲目去做"约礼"工夫,表面上是依照礼仪规范或者说道德规范而行动,实质上由于没有从事"博文"工夫,并不具有道德是非判断的能力,所以其行为是很有可能违背道德原理的。因此,我们可以这么说,"博文"工夫实际上就是正确地做"约礼"工夫的前提条件。譬如,朱子说:"孔子之教人,亦'博学于文',如何便约得?"③朱子这里借孔子之言所欲表达的意思是,想要提高道德修养,绝不能脱离"博文"工夫而只是去做"约礼"工夫。同时,如果只"约礼"而不"博文",还容易产生这样的弊端。朱子云:"博文上欠工夫,只管去约礼上求,易得生烦。"④朱子认为,如果在"博文"工夫没有做到一定火候,还没有获得对"礼"之"所当然之则"以及"所以然之理"的"真知",那么仅仅做"约礼"的实践工夫,这就是一种盲目的、非自觉的行动,也就不会心甘情愿,"易得生烦"。

---

① 黎靖德编:《朱子语类》卷九,第148页。
② 黎靖德编:《朱子语类》卷三十三,第833页。
③ 黎靖德编:《朱子语类》卷三十三,第834页。
④ 同上。

在朱子看来,"博文"工夫之于"约礼"工夫的重要性还不止于此。《朱子语类》记载:

> 或问"君子博学于文,约之以礼"。
>
> 曰:"此是古之学者常事,孔子教颜子亦只是如此。且如'行夏之时'以下,临时如何做得,须是平时曾理会来。若'非礼勿视'等处,方是约之以礼。及他成功,又自别有说处。"①

在《语类》的这段问答中,学生就"博文约礼"工夫请教于朱子。从朱子的回答中我们可以看出,在朱子看来,"博学于文,约之以礼"是古人为学的正常方法,孔子教育自己最优秀的学生也不过是以此种方法。在这段话中,最为要紧的莫过于"临时如何做得,须是平时曾理会来"这一句。"平时理会"是"博文"工夫,"临时去做"是"约礼"工夫。依照朱子的意思,如果平时没有做好"博文"工夫,那么遇到复杂难办的事情时,就极有可能不知如何下手。在答语中,朱子以"行夏之时"为例来说明这一道理。所谓"行夏之时",即"行夏小正之事"。

关于"行夏之时",朱子是这样解释的,他说:"夏时,人正也。此时方有人,向上人犹芒昧。子时,天正也。此时天方开。丑时,地正也,言地方萌。夫子以寅月人可施功,故从其时,此亦是后来自推度如此。如历家说,则以为子起于黄锺,寅起于太簇。"(《朱子语类》,《颜渊问为邦章》,第 2 条。)"行夏小正之事"非常复杂,以前的学者也有诸多不同解释,所以朱子对自己的解释也并非有十足的把握②。然而,在朱子看来,"行夏小正之事"却是比较重要的事情,此事看似虽与普通百姓的日常生活关系不大,其实不然,因为在任何时代,国家的任何一项制度之确立或政策之调整无不深刻地影响着当时的社会与百姓之日常生活。因此,在朱子看来,对于诸如"行夏之时"之类的事情,如果没有做好"博文"工

---

① 黎靖德编:《朱子语类》卷三十三,第 834 页。

② 譬如,朱子曾经这样说:"前辈说多不同,有说三代皆建寅,又说只是建子与寅,无建丑者。刘和夫书解又说自五帝以来,便迭建三正,不止于三代,其引证甚详。据皇极经世亦起于子。他以几万几千年为一会,第一会起于子,第二会起于丑,第三会起于寅,至寅上方始注一'开物'字。恐是天气肇于子,至丑上第二会处,地气方凝结;至寅上第三会,人物始生耳。盖十一月斗指于子,至十二月斗虽指于丑,而日月乃会于子,故商正、周正皆取于此。然以人事言之,终不若夏正之为善也。"(《朱子语类》卷 《论语二十七》《颜渊问为邦章》,第 3 条。) 按,从朱子解释的语气来看,他自己也不是十分肯定,最终只是以"人事言之",作了自己的判断或者说推断。

夫,那么到了"约礼"之时,恐怕也不知如何去做了。由此可见,"博文"工夫确实是正确地做"约礼"工夫必不可少的前提和条件。

其次,在朱子看来,"约礼"工夫是"博文"工夫的最终目的与"归宿"。《语类》记载:

> (1)行夫问"博文约礼"。曰:"博文条目多,事事著去理会。礼却只是一个道理,如视也是这个礼,听也是这个礼,言也是这个礼,动也是这个礼。若博文而不约之以礼,便是无归宿处。如读书,读诗,学易,学春秋,各自有一个头绪。若只去许多条目上做工夫,自家身己都无归著,便是离畔于道也。"①
>
> (2)问:"博文不约礼,必至于汗漫,如何?"曰:"博文而不约礼,只是徒看得许多,徒记得许多,无归宿处。"②
>
> (3)问"博学于文,约之以礼"。曰:"礼是归宿处。凡讲论问辨,亦只是要得个正当道理而有所归宿尔。"③
>
> (4)国秀问"博文约礼"。曰:"如讲明义理,礼乐射御书数之类,一一著去理会。学须博,求尽这个道理。若是约,则不用得许多说话,只守这一个礼。日用之间,礼者便是,非礼者便不是。"④

以上引用的四则语录,都是朱子关于"约礼"工夫与"博文"工夫之间的关系的论述。在第(1)则语录中,朱子认为,"博文"工夫虽然千头万绪,但最终只是获得正确的道理,而以此道理来做事便为"约礼"。如果通过"博文"工夫获取了许多为人处世的道理,而在自己在待人接物时却不按照礼仪规范(或者说,为人处世之种种道理的外化形式)来做,那么"博文"工夫就失去了存在的意义。换成朱子的话说,就是"若博文而不约之以礼,便是无归宿处。"在第(2)则语录中,学生所问的"博文不约礼,必至于汗漫"这一说法,是明道先生之语,但是只是取了前半句来问。朱子在回答中明确指出,"博文"而不"约礼",只是闻见之知多而已,这样做已经丧失了"博文"工夫的价值与目的,因为"约礼"是"博文"的唯一"归

---

① 黎靖德编:《朱子语类》卷三十三,第833页。
② 黎靖德编:《朱子语类》卷三十三,第835页。
③ 黎靖德编:《朱子语类》卷三十三,第833页。
④ 黎靖德编:《朱子语类》卷三十三,第833页。

宿处"。需要提及一下的是,虽然朱子在这里同意明道所谓的"博文不约礼,必至于汗漫"这一说法,但是对于明道关于"博文约礼"的不少诠释,朱子并不是完全同意的①。第(3)则语录与第(4)则语录可以合看,其基本意思是大致上相差无几。在朱子看来,"博文"属于"知","约礼"属于"行","知"服务于"行","知"才有其价值与意义。所以,属于"行"的"约礼"工夫在理论上必然是"博文"工夫的最终归属。更为重要的是,通过"博文"工夫而获得的"正当道理",为作为"行"的"约礼"工夫提供了正确的向导,使行动正确合宜。正是在这一意义上,朱子认为,如果已经由"博文"而获得了"正当道理",或者说,已经达到了对礼之"所当然之则"与"所以然之理"的亲切认知,那么在日常生活中的所有行为就要遵守作为"所当然之则"与"所以然之理"外化形式的具体的礼仪规范。如果其行为符合这些礼仪规范,那么这种行为动作就是正确的。否则,其行动就是错误的。此即朱子所谓的"日用之间,礼者便是,非礼者便不是"之具体涵义。换言之,"博文"工夫虽然重要,但最终必须为作为"行"的"约礼"规范服务并以其为归属,也就是说"博文"工夫必须落实为行动。关于这一点,如果我们结合上文对"博文"与"约礼"之轻重关系所作的结论,应该不会感到难以理解。在上文我们已经提出,以"博文"与"约礼"的轻重关系而言,"约礼"工夫为重,"博文"工夫为轻,因为道德实践肯定比道德认知更为重要。

最后,在朱子看来,对于学者而言,"博文"工夫与"约礼"工夫之间的关系是内外交相助、互相发明,同时也是相互依赖的。朱子云:

> 博文所以验诸事,约礼所以体诸身。如此用工,则博者可以择中而居之不偏;约者可以应物而动皆有则。如此,则内外交相助,而博不至于泛滥无归,约不至于流遁失中矣。②

---

① 按,《朱子语类》记载:

问:"明道言:'"博学于文",而不"约之以礼",必至于汗漫。所谓"约之以礼"者,能守礼而由于规矩也,未及知之也。'既能守礼而由规矩,谓之未及于知,何也?"曰:"某亦不爱如此说。程子说'博我以文,约我以礼'为已知,不须将知说,亦可。颜子亦只是这个博文约礼。但此说较粗,颜子所说又向上,然都从这工夫做来。学者只此两端,既能博文,又会约礼。"(黎靖德编:《朱子语类》卷三十三,第835页)

在这里,依朱子的看法,明道的说法似乎看轻了"约礼",只是"能守礼而由于规矩也而未及知之"。而在朱子看来,"约礼"是"博文"之归宿处,是极为重要的,所以自然不能同意明道的说法。

② 黎靖德编:《朱子语类》卷三十三,第833页。

在朱子的这段话中,"择中"之"中"与"流遁失中"之"中"都是指"礼"而言,其理由有二。第一,朱子在注释周敦颐的《通书》时,就直接以"礼"来解释"仁义中正"之"中"字。第二,依照传统儒家的一般看法,此处的"中"即是"中节"的意思,而合乎中节、"无过无不及"就是指"礼"而言。因此,朱子在这里想要表达的意思是,"博文"工夫要求通过学习儒家经典以及生活中待人接物的种种道理,从而在内心深处真正掌握"礼"之"所当然之则"与"所以然之理",此即朱子所谓的"择中而居之不偏"之涵义。而"约礼"工夫则要求人的言行举止都必须要依照作为"所当然之则"与"所以然之理"之外化形式的具体的礼仪规范而行,此即朱子所谓的"应物而动皆有则"之内涵。朱子认为,如果学者在分别做"博文"工夫与"约礼"工夫时能够符合上述要求,或者说,"博文"与"约礼"这两项工夫已经做得比较成熟、成效显著之时,则"博文"与"约礼"就不再是对初学者而言的截然两分的入手工夫,而是实现了相互促进、相互为资之效果,也就是朱子所说的"内外交相助,而博不至于泛滥无归,约不至于流遁失中。"譬如,朱子曾经这样说:"博文约礼,学者之初,须作两般理会而各尽其力,则久之见得功效,却能交相为助而打成一片。"[1]朱子在这里说得很清楚,"博文"工夫与"约礼"工夫,虽然刚开始做的时候必须"作两般理会而各尽其力",但是等到工夫成熟、"久之见得功效"之时,"博文"工夫与"约礼"工夫就能够"交相为助",从而自然使得这两项工夫水乳交融、"打成一片"。朱子这里所谓的"打成一片",就是指"博文"与"约礼"这两项工夫做得成熟之后所达到的工夫之效验。

与此同时,朱子认为"博文"与"约礼"这两项工夫之间也是相互依赖的。朱子说:"'博学于文',考究时自是头项多。到得行时,却只是一句,所以为约。若博学而不约之以礼,安知不畔于道?徒知要约而不博学,则所谓约者,未知是与不是,亦或不能不畔于道也。"[2]在这则语类中,朱子指出,如果学者只做"博文"工夫而不去做"约礼"工夫,没有将道德知识转化为道德实践,那么也就无从知晓其是否违背道德规范。相反,如果学者仅仅是做"约礼"工夫不去做"博文"的工夫,其所遵守的礼仪规范本身与道德原理符合与否,亦未可知,那么其道德实践就可能是盲目的,也许就与道德原则相违背。在上引的语录中,朱子所谓的"徒知要约而不博学,则所谓约者,未知是与不是,亦或不能不畔于道",即是要

---

① 朱熹:《答或人》,《晦庵先生朱文公文集》卷六十四,《朱子全书》第23册,第3141页。
② 黎靖德编:《朱子语类》卷三十三,第833页。

表达这一层意思。由此可见，在"博文"与"约礼"这两项工夫两者之间的关系问题上，朱子也特别强调二者之间的相互依赖性。

在探讨了"博文"工夫与"约礼"工夫的具体关系之后，我们有必要在这里再花费些笔墨来解释朱子所提出的"博文、约礼亦非二事"这一观点。"博文、约礼亦非二事"这一观点，是朱子在与其学生讨论为学工夫时提出的，当时朱子六十九岁。因此，我们可以将这一观点看作朱子晚年关于"博文约礼"工夫之最终主张，应当无疑。朱子在与其学生讨论的具体内容如下：

> （按，朱子的学生说）："燔窃谓颜子四勿，今人非不欲如此，只为不知其孰为礼，孰为非礼。颜子所以才闻克复之语，便知请问其目，才闻四勿之语，便承当去，虽是资质绝人，亦必是素于博文约礼上用功。今之学者，且先以博约为先，而四勿之戒随其所知施之应酬，渐渐望其贴近，庶有实效。"

> （按，朱子对此评论道）："既知如此，何不用力？然博文约礼亦非二事，而异时之深纯，亦不外乎今日之勉强也。"①

在这段师生讨论的内容中，朱子的学生首先谈论了自己对"博文约礼"工夫的理解，认为即便如颜回之"资质绝人"，平常也是努力地去做"博文约礼"工夫。而现在的学者由于没有颜回之聪明才智，不能如颜回一样，听闻了孔子"四勿"教诲之后立即以"礼"而行，因为普通人没有准确判断"孰为礼，孰为非礼"的能力与资质。所以，现在的学者在做"博文"工夫与"约礼"工夫时，必须以"博文"工夫为先。应该说，朱子的这位学生关于"博文约礼"的见解是符合朱子的有关主张的。所以，朱子在评价时直接以"既知如此，何不用力"答之，以表示认同，并鼓励他努力先做"博文"工夫。不过，朱子又紧接着提出了"博文约礼亦非二事"这一主张。朱子如此说，并不意味着博、约二者之先后与轻重关系可以相混淆，而只是为了防止学生错会了自己的意思，所以接着解释"博文约礼亦非二事"的详细含义，即"异时之深纯，亦不外乎今日之勉强"。在朱子看来，虽然现在勉强地将"博文"与"约礼"这两项工夫分开做，并以"博文"工夫为先而"约礼"工夫为

---

① 朱熹：《答李敬子 余国秀》，《晦庵先生朱文公文集》卷六十二，《朱子全书》第 23 册，第 3022 页。按：此书作于庆元四年（1198），朱子六十九岁。

后，但是等到工夫成熟、"异时之深纯"，这两项不同工夫之间就能"交相为助"、"互相发明"、"互相为资"，从而自然"打成一片"。本书认为，这才是朱子所谓的"博文约礼亦非二事"的真正含义。也正是在这一意义上，朱子才会认同这一主张。朱子的这一提法只是强调"博文"与"约礼"这两项工夫密不可分，不是判然不相干的两项工夫，但是绝不意味着朱子就认同初学者可以违背"博先而约后"的为学之方，从而使工夫之先后次序相混淆①。

四、阳明之《博约说》对"博先约后"说的批判

可以这么说，朱子关于"博文约礼"工夫的诠释与其根本的为学主张是一致的，与其工夫论体系亦有非常密切的关系。然而，自从朱子关于"博文约礼"工夫的主张提出以来，尤其是"博先而约后"这一极具特色的观点，在后世既产生了极大的影响，自然也受到了不小的非议。其中，最为有名的莫过于王阳明，他特地撰写了《博约说》一文，旗帜鲜明地反对"博先约后"说。虽然说，阳明的批判对象究竟是针对朱子还是朱子后学，这还有待我们作进一步探究。但是，"博先约后"说确是朱子首先提出并作了系统诠释的，所以，阳明之批判与朱子关于

---

① 　按：有学者曾撰写了文章专门讨论关于朱子如何看待"博文"工夫与"约礼"工夫之间的关系，尤其重点解读了朱子所谓的"博文约礼亦非二事"这一说法。这篇文章的基本观点是，汉唐对于"博文约礼"的解释通常是将"博文"工夫与"约礼"工夫分成"二事"，朱子在《论语集注》中对"博文约礼"进行诠释时也是持这一观点，而到了晚年朱子却又改变了这一看法，提出了"博文约礼亦非二事"。文章的作者认为，朱子晚年提出的这一观点，实际上是与阳明关于"博文约礼"的观点一致。在此文作者看来，阳明主张"博文"工夫与"约礼"工夫是体用一源，二者是统一体、不可分割。就具体内容而言，文章的作者认为：(1)朱子在《论语集注》中将"博文"工夫与"约礼"工夫分成"二事"，主要是想强调"博文"工夫是为学工夫的"下手处"。可问题是，既然将二者分成"二事"，就有可能被后人误解而将"博文"工夫与"约礼"工夫完全分为毫不相干的两项工夫看待。(2)对朱子晚年关于"博文约礼"的论说进行了考证与解读，并在此基础上得出结论认为，朱子在晚年不仅强调"博文"工夫与"约礼"工夫二者之间不可分割，对于这两项工夫而言，朱子更加重视"约礼"工夫。参见乐爱国：《"博文约礼"：朱熹的解读与王阳明的〈博约说〉》，《贵阳学院学报》(社会科学版)第十三卷，2018年第3期。

这篇文章中有不少观点很有见地，值得深思。譬如，作者认为，朱子将"博文"工夫与"约礼"工夫分成"二事"，强调"博文"是为学的"下手处"。这就容易被后人误解，从而只重视"博文"而忽视"约礼"。但是本书以为，这篇文章中的有些观点似乎也有商榷的余地。譬如，这篇文章将《论语集注》中关于"博文约礼"的诠释看成朱子中年的观点，认为朱子中年强调"博文"与"约礼"应该分成"二事"，但到了晚年朱子却又改变了这一看法，提出了"博文约礼亦非二事"的主张。可是我们应该知道，朱子的《论语集注》在成书之后是经过不断修改而直到晚年，所以不应该将《论语集注》中的观点看成朱子中年的观点。又譬如，这篇文章讨论的重点是放在关于朱子是将"博文"与"约礼"看成"二事"还是"亦非二事"。但是根据本书的具体研究，关于朱子对"博文约礼"工夫的诠释，其重点并不在于二者究竟是"一事"抑或"二事"，而在于朱子主张"博先而约后"的理由与用意何在，以及如何正确处理属于"知"这一范畴的"博文"工夫与属于"行"这一范畴的"约礼"工夫之间的关系，换言之，即如何正确处理"知礼"与"行礼"之间的关系。

"博文约礼"工夫的诠释肯定是脱离不了干系的。因此，本书在这里讨论阳明之《博约说》的目的就比较明显，也就是，本书想通过对阳明之批判的研究，从而倒逼我们去反思朱子之"博先约后"说是否真的存在某种问题或说隐患。

阳明的《博约说》一文比较长，但为了方便讨论，兹载全文如下：

> 阳明子曰："理，一而已矣；心，一而已矣。故圣人无二教，而学者无二学。博文以约礼，格物以致其良知，一也。故先后之说，后儒支缪之见也。夫礼也者，天理也。天命之性具于吾心，其浑然全体之中，而条理节目，森然毕具，是故谓之天理。天理之条理谓之礼。是礼也，其发见于外，则有五常百行，酬酢变化，语默动静，升降周旋，隆杀厚薄之属；宣之于言而成章，措之于为而成行，书之于册而成训，炳然蔚然，其条理节目之繁，至于不可穷诘，是皆所谓文也。是文也者，礼之见于外者也；礼也者，文之存于中者也。文，显而可见之礼也；礼，微而难见之文也。是所谓体用一源，而显微无间者也。是故君子之学也，于酬酢变化、语默动静之间而求尽其条理节目焉，非他也，求尽吾心之天理焉耳矣；于升降周旋、隆杀厚薄之间而求尽其条理节目焉，非他也，求尽吾心之天理焉耳矣。求尽其条理节目焉者，博文也；求尽吾心之天理焉者，约礼也。文散于事而万殊者也，故曰博；礼根于心而一本者也，故曰约。博文而非约之以礼，则其文为虚文，而后世功利辞章之学矣；约礼而非博学于文，则其礼为虚礼，而佛、老空寂之学矣。是故约礼必在于博文，而博文乃所以约礼。二之而分先后焉者，是圣学之不明，而功利异端之说乱之也。"①

关于阳明的《博约说》，我们首先要明确指出的是，其所欲反驳的主张是"博先约后"之说。在《博约说》一文中，阳明是这样说的："故先后之说，后儒支缪之见也"。阳明这里所谓的"先后之说"，即"博先约后"之说。至于阳明所谓的"后儒"到底暗指谁，本书在这里不宜先作论断，但上文已经说过，所谓的"后儒"肯定与朱子有关。其次，我们先要了解阳明为何要反对"博先约后"说，或者说，在阳明看来，"博先约后"说的危害是什么。依据《博约说》中的文字，我们可以知

---

① 　王守仁著，吴光等编校：《王阳明全集》，上海古籍出版社 1992 年版，第 297 页。

道,阳明之所以坚决反对"博先约后"说,是因为在阳明看来,这种"博先约后"说是将"博文"工夫与"约礼"工夫二者彻底割裂开来,其危害甚大。具体地说,如果只是做"博文"工夫而不做"约礼"工夫,那么其所学之"文"就是"虚文",此种"虚文"对于道德实践毫无意义,最终必然会落入"后世功利辞章之学"。如果仅仅去做"约礼"工夫而不做"博文"工夫,那么其所约之礼就是"虚礼",从而就会违背建立在儒家价值观基础之上的礼仪规范,最终就会成为"佛、老空寂之学"。简而言之,阳明认为,上面的这两种由于割裂了"博文"工夫与"约礼"工夫之间的联系而产生的危害,从根本上来说,都是因为"博先约后"这种"支缪之见"导致的。所以在《博约说》的结尾,阳明再次强调了"博先约后"说对于儒家价值之挺立危害巨大,此即阳明所谓的"二之而分先后焉者,是圣学之不明,而功利异端之说乱之也"。

　　以上说明了阳明反驳"博先约后"说的动机和目的,我们接下来就从理论上来探究阳明反驳"博先约后"说的理由究竟何在。关于"博文"与"约礼"的关系问题,与朱子相比较而言,阳明的主张并不是特别复杂。为了反驳"博先约后"说,阳明更为强调"博文"与"约礼"这两项工夫之间的紧密联系。就《博约说》中的内容来看,阳明的观点是:"约礼必在于博文;博文乃所以约礼"。从表面上看,阳明的这一观点与朱子的看法似乎也别无二致,因为朱子也主张"博、约两事交相为助、互相发明"。但实际上,这两种观点的理论依据与工夫进路有着较大的差异,不得不细加辨析。阳明所提出的"约礼必在于博文;博文乃所以约礼"这一主张,其理论基石是:"心"与"理"为一,或者说,"心即理"。在《博约说》中,阳明开头便说:"理,一而已矣;心,一而已矣。故圣人无二教,而学者无二学。博文以约礼,格物以致其良知,一也。"阳明这里所谓的"理,一而已矣;心,一而已矣",实际上就是作为阳明心学思想的标志性命题"心即理"的具体说法。关于"心即理"这一命题的具体内涵,学界已经基本上达成共识,并无太多的分歧意见。简单地说,阳明所提出的"心即理"这一命题是针对程朱之"性即理"的。"心即理"这一命题中所谓的"心",主要是指"心之本体"(或以"心体"简称,与孟子之"本心"概念相似),其基本的涵义是,道德之善是人心的本质,也是道德实践与道德意识的最终根据之所在。在这里需要说明的是,在阳明看来,"心即理"这一命题意味着,"心"与"理"的关系在本质上是同一的,无"理"便无此"心",无"心"便无此"理"。因此,"心即理"中的"即"字,其意思应该是"相即不离"、"浑然合一"。而"心外无理"、"心外无物"等说法,都是"心即理"这一阳明心学之标志性命题的反命题。

了解阳明反驳"博先约后"说的理论基石"心即理"这一命题的内涵之后，我们来讨论阳明反驳的具体内容。首先，我们来看阳明对"约礼"中的"礼"字以及"博文"之"文"是如何理解的。我们先看阳明对"礼"的理解，在《博约说》中，阳明说："夫礼也者，天理也。天命之性具于吾心，其浑然全体之中，而条理节目，森然毕具，是故谓之天理。天理之条理谓之礼。"阳明在这里明确指出，礼是"天理之条理"。而朱子也将礼定义成"天理之节文"，表面上看这两人对礼的理解似乎差不多，但其实完全不同。因为阳明主张"心即理"，也就是说，"心"与"理"的关系在本质上是同一的，所以阳明在《博约说》才这样说："天命之性具于吾心，其浑然全体之中，而条理节目，森然毕具，是故谓之天理。"阳明这里所谓的"天命之性"，其实就是指"天理"，所以"天命之性具于吾心"这一表述与"心即理"涵义一致，只是换个说法而已。因此，阳明将礼看成是"天理之条理"，究其实质而言，是将"礼"归摄于"心之本体"，或者更直接地说，在阳明看来，心即是礼。那么，阳明又是如何理解"文"的呢？阳明说："是礼也，其发见于外，则有五常百行，酬酢变化，语默动静，升降周旋，隆杀厚薄之属；宣之于言而成章，措之于为而成行，书之于册而成训，炳然蔚然，其条理节目之繁，至于不可穷诘，是皆所谓文也。"依据阳明的这一说，"心体"所具之"礼"发见于外者皆是"文"。譬如，五常百行、儒家典籍等都属于"文"的范畴。

其次，我们来看阳明是如何看待"礼"与"文"之间的关系。关于"礼"与"文"的关系，阳明说："是文也者，礼之见于外者也；礼也者，文之存于中者也。文，显而可见之礼也；礼，微而难见之文也。是所谓体用一源，而显微无间者也。"在阳明看来，"礼"与"文"之间是一种体用关系，"礼"为体，"文"为用，因为"礼"是"文之存于中者"、"微而难见之文"，而"文"是"礼之见于外者"、"显而可见之礼"。因此，阳明认为，"礼"与"文"之间的关系实际上就可以用宋儒所常用的"体用一源，显微无间"来概括。也正因为"礼"与"文"之间是"体用一源，显微无间"的关系，所以阳明在"博文"工夫与"约礼"的关系问题上才会主张"约礼必在于博文，博文乃所以约礼"，强调"博文"与"约礼"这两项工夫在根本上是一致的，二者紧密联系、密不可分,坚决反对"博约分先后"这种支缪之见①。

质言之,为了反驳"博先约后"说,阳明所提出的"约礼必在于博文,博文乃所以约礼"这一主张,其理论根基在于"心即理"这一阳明心学的标志性命题。而在阳明具体论证的过程中又在"心即理"这一命题的大前提下,提出"心即是礼"这一观点,由此才得以证成"约礼必在于博文,博文乃所以约礼"这一主张。

五、对阳明之批判的检讨与反思

我们在上文已经交代过,之所以探讨阳明对"博先约后"说的批判,是因为本书想通过阳明的批判,来反观朱子之"博先约后"说在理论上是否真的存在某种问题或者说在现实中会产生某些隐患。

从上文的研究中,我们知道,阳明坚决反对"博先约后"之说,首先针对的是这一主张在现实中所产生的危害。在阳明看来,正是因为"博先约后"之说的流行,才会导致现实中出现"博文而不约礼"或者"约礼而不博文"这两种将博约两项工夫完全割裂的乱象。阳明认为,"博文而不约礼"最终会落入"后世功利辞章之学";而"约礼而不博文"则会成为"佛、老空寂之学"。在这两种乱象中,本书认为,阳明主要反对的应该是"博文而不约礼",或者更明确地说,阳明主要针对的其实就是朱子后学。关于这一点,我们可以从明清之际的大思想家王船山那里找到证据。在《读四书大全说》中,船山花费不少笔墨来批判朱子后学对"博文约礼"工夫的理解。船山说:"博文、约礼,只《集注》解无破绽。小注所引

① 按,为了反对"博先约后"说,阳明在四十岁左右就提出"以'博文'为'约礼'功夫"之观点。据《传习录》记载,阳明的学生徐爱并不能完全理解这一观点,于是求教于阳明,而阳明也耐心地对其详细解释。为了方便参考,先将《传习录》的记载照抄如下:

爱问:"先生以'博文'为'约礼'功夫,深思之未能得,略请开示。"先生曰:"'礼'字即是'理'字。'理'之发见可见者谓之'文';'文'之隐微不可见者谓之'理':只是一物。'约礼'只是要此心纯是一个天理。要此心纯是天理,须就'理'之发见处用功。如发见于事亲时,就在事亲上学存此天理;发见于事君时,就在事君上学存此天理;发见于处富贵贫贱时,就在处富贵贫贱上学存此天理;发见于处患难、夷狄时,就在处患难、夷狄上学存此天理:至于作止语默,无处不然,随他发见处,即就那上面学个存天理。这便是'博学'之于文,便是'约礼'的功夫。'博文'即是'惟精','约礼'即是'惟一'。"(王守仁:《传习录上》,《王阳明全集》,第7—8页。)

笔者按,依据《年谱》,阳明与其学生关于"博文约礼"的这一段讨论发生在正德七年(1512年),此时阳明四十一岁。

朱子语，自多鹘突。"①依据这一段话，我们可以得知，关于朱子对"博文约礼"的诠释，船山只同意朱子在《论语集注》中的诠释，而对于"小注所引朱子语"，则基本上不能同意。但是船山这样说，并不意味船山就是直接反对朱子的诠释，因为我们都知道，船山所读的书是《四书大全》，而此书以类似于章句之学的方法任意隔离朱子的原话而选择性地硬塞到其中，致使朱子的思想体系与真实意图晦而不明，则是情有可原。所以，如果我们依据船山的这句话来作判断的话，船山所不同意的"小注所引朱子语"，其实就是朱子后学所采摘的"朱子语"。所以，我们有理由说，船山基本上是为了纠正朱子后学之流弊，而其所针对的对象就是朱子后学，从而也可以间接证明阳明所批评的对象也极有可能是堕落为"功利辞章之学"的朱子后学。更进一步说，阳明提出"约礼必在于博文，博文乃所以约礼"的主张，以此来反对"博先约后"之说，实际上是针对朱子后学中出现的"只博文而不约礼"这一流弊。如果从知行关系的角度来说，"只博文而不约礼"就意味着"重知轻行"、"知而不行"。对于朱子后学中出现的这一流弊，作为坚决主张"知行合一"的王阳明，是绝对不会容忍和姑息的。

　　以上所对阳明之批判的检讨，是就现实而言。那么从理论上来说，阳明反对"博先约后"之说的理论效力又如何呢？在回答这一问题之前，我们有必要先结合阳明的批判，简单总结一下朱子主张"博先而约后"的理由与意图。概括地说，朱子提出"博先而约后"这一关于"博文"与"约礼"这两项工夫的先后次序，是基于几点思考的。（1）"博文"工夫是"为己之学"，而不是"博物洽闻"之"为人之学"。阳明所谓的"功利辞章之学"，亦是朱子所坚决反对的。（2）"博文"工夫的作用在于"验诸事"。具体地说，如果只是"约礼而不博文"（即"力行而不学文"），只是一味地依照孝悌等具体的礼仪规范去做，而忽略儒家经典文献的学

---

① 王夫之：《读四书大全说》卷五，《船山全书》第六册，长沙：岳麓书社，2011 年，第 692 页。笔者按，其实，在《读四书大全说》中，船山虽然没有明确反对朱子，但是说了一句"博文、约礼，只《集注》解无破绽"，然后就在随文中对朱子后学进行了严厉的批判。而关于"博文"工夫与"约礼"工夫之间的关系问题，船山是反对将这两项工夫分开做的，对于"博、约分先后"之说更是不能同意。虽然船山与阳明的思想底色大相径庭，但关于"博文"与"约礼"这两项工夫应该如何做的问题，二人的具体主张则颇为类似。船山认为，"博文"工夫与"约礼"工夫本就是密不可分的，所以应该同时去完成，绝对不能"博文而不约礼"或者"约礼而不博文"。譬如，船山说："其云'前之博而今之约，以博对约，有一贯意'，皆狂解也。""学文愈博，则择理益精而自守益严，正相成，非相矫也。博文约礼是一齐事，原不可分今昔。如当读书时，正襟危坐，不散不乱，即此博文，即此便是约礼。而'孝弟谨信，泛爱亲仁，行有余力，则以学文'，缓急之序，尤自不诬，原不待前已博而今始约也。"（王夫之：《读四书大全说》卷五，《船山全书》第六册，长沙：岳麓书社，2011 年，第 692—694 页。）

习,那么就不能"考圣贤之成法,识事理之当然",其"约礼"之行为也可能是出于私心。也就是说,在表面上看似合乎孝悌等礼仪规范的行为,其行为的动机也有可能并不纯正,其具体行为的方式也可能并不正确而合宜。而在朱子看来,"博文"的作用恰恰是为了使自己的行为正确、动机纯正。因此,朱子与阳明对"约礼而不博文"同样都是持批判态度的,但是二人批评的侧重点不同。朱子所关心的是道德实践的对错问题以及道德动机的问题,而阳明所关心的则是儒家之核心价值观能否挺立的问题。在朱子看来,"博文"工夫可以保证作为道德实践的"约礼"工夫的正确性,反对盲目地遵守记载在典籍上的每一条具体的礼仪规范。而在阳明看来,"约礼而不博文"这种只做不学的方式,会削弱人们内心对儒家价值观的认同感从而最终有可能会堕落为"佛、老空寂之学"。(3)朱子主张"博先而约后",并不意味着在朱子那里"约礼"工夫不重要。在朱子看来,"博文"工夫是要求通过学习儒家经典以及生活中为人处世的道理,并以此来探索"礼"之"所当然之则"以及"所以然之理"。"博文"工夫做得成熟之后,就自然能够对道德原理有正确而亲切的认知,然后再以建立在正确的道德原理之上的礼仪规范来约束自己的行为。如果从朱子之"知行观"的角度来说,"博文"工夫属于"知",而"约礼"工夫属于"行",所以从知行关系来说,朱子必定会主张"博先而约后"。但是,如果就"博文"与"约礼"之先后与轻重的关系而言,朱子必然会坚持以下这一观点:论先后,"博文"工夫为先;论轻重,"约礼"工夫为重。(4)朱子所提出的"博先而约后"之说,并不是主张将"博文"与"约礼"这两项工夫彻底割裂开来。朱子所谓的"博先而约后"之工夫次序,是针对"初学者"而言。朱子认为,对于初学者来说,务必要遵守作为孔子传授给学生的为学之方,坚守"博文"在先而"约礼"在后的工夫次序。与此同时,朱子强调,初学者要将"博文"工夫与"约礼"工夫分作"两途理会",二者不可相混淆。如果这两项工夫混在一起做,则有可能出现二者"互相推托"而"彼此担阁"的情况,从而会使"博文"和"约礼"这两项工夫都做不好、做不到位。然而,在朱子看来,初学者虽然刚开始是勉强地将"博文"与"约礼"这两项工夫分开做,但是等到工夫成熟之时,"博文"与"约礼"这两项不同工夫之间就能"交相为助"、"互相发明"、"互相为资",从而自然 能够"打成一片"。

简而言之,依据上文对朱子主张"博先而约后"之理由与意图的总结,我们可以发现,阳明与朱子在对"博文"与"约礼"这两项工夫之间的关系上,虽然二人在具体理解上侧重点不同,但总的来说还是有相似之处的。譬如,二人皆认为"博文"工夫是"为己之学"；就"博文"与"约礼"之轻重关系而言，二人皆以"约礼"为重；二人皆主张"博文"与"约礼"这两项工夫紧密联系、不可分割。但是，在"博文"与"约礼"这两项工夫的先后关系问题上，阳明不但不会同意朱子之"博先约后"的工夫次序，而是特地撰写了《博约说》对"博先约后"进行了严厉的批判。如果我们一定要讨论阳明之批判的理论效力问题，依据本书的分析，我们只能这样说，阳明之批判并未深入到朱子关于"博文"与"约礼"的诠释系统之中去。换言之，阳明对"博先约后"说的批判，是以其心学思想（或者说"良知"）为核心的。如果我们将思想批判之有效性的标准限定为"深入思想内部的批判才是有效的批判"，那么我们只能作这样的判断：如果阳明对"博先约后"说的批判是针对朱子本人而非朱子后学，那么我们只能认为，阳明之批判的理论效力其实非常有限。

当然，本书在此作这一论断，并不是为朱子之"博先约后"说强作辩护。根据本书对朱子之"博先约后"说的研究，我们不得不说，朱子对"博文约礼"的诠释在理论上可谓是自洽圆融，其用心更可谓是良苦之至，令人心中钦佩之情油然而生。但关于朱子之"博先约后"说，也不是完全没有值得我们反思的地方，毕竟朱子后学之所以堕落为"功利辞章之学"，不能说与朱子之"博先约后"说毫无瓜葛。本书认为，朱子之"博先约后"说要避免堕落为功利、辞章等"为人之学"，其关键之处还在于：如何使学者真正意识到并从内心深处认可"博文"工夫是"为己之学"。虽然这也是朱子本人所强调的，但是要做到这一点，其实与很多因素有关，因为这不仅仅是一个理论问题。要彻底解决这一问题，需要更多人的努力与反思。譬如，就如阳明这样的天纵之才，虽然亲自撰写了《博约说》，从阳明后学的实际情况来看，事实上也没有解决这一问题。也正因为如此，我们不能因为朱子后学之堕落，从而以此质疑朱子之"博先约后"说在理论上有什么缺陷，因为理论上的问题必须通过理论上批判才能解决。

如果作更进一步地探讨，我们可以对"阳明之批判"进行简单的反思。我们知道，阳明为了反驳"博先约后"说而提出了"约礼必在于博文，博文乃所以约礼"这一主张。从根本上说，阳明的这一主张是以"心即理"、"心即是礼"这两个命题为基石的。就对"博文约礼"的诠释而言，阳明与朱子之差异的实质在于这一基本问题：如何处理好道德原理与具体的道德规范（礼仪规范）之间的统一性问题？总的来说，朱子已经意识到了这一问题，并进行了深入的思考与探索，试图将道德原理（天理）与具体的道德规范（礼仪规范）实现有机的统一。而在阳明这里,由于其以"心即理"、"心即是礼"这两个命题为基础,所以其所谓的"良知"就是道德原理,而具体的礼仪规范只是人人心中皆有的"良知"之外化形式。但问题是,仅仅依靠心中那么一点"良知",如何外化为丰富复杂的与待人接物处处相关的礼仪规范呢? 又何以能将"良知"作为判断礼仪规范之正当性的唯一标准呢? 如此,在理论上,就有以"良知"取代外在的礼仪规范的可能性,从而忽略作为外在的具有相对独立地位的礼仪规范。就现实而言,在阳明后学中出现了的不少肆意张狂、不守礼法的现象,这恐怕与阳明所提出的"心即是礼"这一主张撇清不了关系。关于阳明之"心即是礼"这一观点对于儒家礼仪文明可能会造成的伤害,陈来先生对此早有洞察。在《有无之境——王阳明哲学的精神》一书中,陈先生对阳明之"心即礼"的主张提出了如下质疑,他说:"'礼'并不仅仅限于人的道德及社会行为的规范,从而站在'心即礼'的立场上如何处理儒家传统礼学中政治礼仪、制度设置、天文历法、宗教祭祀等活动,都仍是问题。如果这些也仅被视为人心的自然发现,而忽略其间的讲论研究,那么政治礼仪或天文历法在形式上的连续性、结构上的统一性都无法保持。放弃经典的研讨,文明的积累也就成为空谈,这些问题在阳明的伦理中心立场上似未能加以注意。"①

第三节 成德"以礼为准":以朱子对 "克己复礼"的诠释为讨论中心

一、非"礼"即"私欲"

对朱子之"克己复礼"工夫的讨论,学界多有研究②。然而,以"礼"与"成德"工夫之间的关系为视角的专门研究,还比较罕见。因此,本书在这里准备以这

---

① 陈来:《有无之境——王阳明哲学的精神》,北京大学出版社 2006 年版,第 27 页。

② 按,关于对朱子之"克己复礼"工夫的研究,可以参看钱穆:《朱子论克己》,《朱子新学案》,第441—470 页;张崑将:《朱子对〈论语颜渊〉"克己复礼"章的诠释及其争议》,台大历史学报第 27 期,2001年 6 月,第 83—124 页;牟坚:《朱子对"克己复礼"的诠释与辨析——论朱子对"以理易礼"说的批评》,《中国哲学史》,2009 年第 1 期;许家星:《仁的工夫论诠释——以朱子"克己复礼"章解为中心》,《孔子研究》,2012 年第 3 期;孔凡青:《朱熹"克己复礼"之解辨证——兼论"理"与"礼"的关系》,《牡丹江大学学报》,2012 年第 4 期。

二者之间的关系为视角，探究"礼"在"克己复礼"工夫中的作用与地位。

"克己复礼"的说法出自《论语》①，为了方便讨论，兹录全文如下：

> 颜渊问仁。子曰："克己复礼为仁。一日克己复礼，天下归仁焉。为仁由己，而由人乎哉？"颜渊曰："请问其目。"子曰："非礼勿视，非礼勿听，非礼勿言，非礼勿动。"颜渊曰："回虽不敏，请事此语矣。"《论语·颜渊篇》

对于《论语》中的这一章内容，朱子非常重视。通常说来，朱子注释《论语》往往惜字如金，从不胡乱多下一个字。而在这一章底下，朱子的注释、按语以及所引用的伊川等人的解释，总计八百多字，其重要性不言而喻。在朱子看来，颜渊之所以成为仅次于孔子的贤人，就是因为孔子所教诲的"克己复礼"四个字②。而从朱子的工夫论角度来说，钱穆先生认为，相对于主"敬"、"格物致知"等工夫，朱子晚年尤其重视"克己复礼"工夫，这一工夫在朱子的工夫论体系中是"一枝独秀"③。在《论语集注》中，朱子本人也加了按语说："此章问答，乃传授心法切要之言。非至明不能察其几，非至健不能致其决。故惟颜子得闻之，而凡学者亦不可以不勉也。"④在朱子看来，孔子在这一章中对颜渊所说的内容是"传授心法切要之言"，希望学者以此自勉。

虽然朱子对《论语·颜渊篇》中的"颜渊问仁"章极为重视，也花费不少的精力来注释这一章，但是后来的学者对于朱子的诠释也有不少的非议。譬如，程树德先生说："此章为汉学宋学之争点，详见《汉学商兑》，兹不具述。"⑤程树德先生这里所谓的《汉学商兑》，是清人方东树（1772—1851）所撰写，全书共三卷。一般认为，方东树先生写此书的目的是反驳江藩的《汉学师承记》，从而纠正清

---

① 按，依照刘宝楠在《论语正义》中的注释，"克己复礼"是孔子引用的"古成语"，并非孔子的发明。《论语正义》曰：《左》昭十二年《传》言楚右尹子革，讽灵王以《祈招》之诗，"王揖而入，馈不食，寝不寐，不能自克，以及于难。仲尼曰：'古也有志："克己复礼，仁也。"信善哉！楚灵王若能如是，岂其辱于乾谿？'"是"克己复礼为仁"乃古成语，而夫子引之。参见刘宝楠：《论语正义》卷十五，中华书局 1990 年版，第 483 页。

② 按，譬如，朱子云："颜子生平，只是受用'克己复礼'四个字。"见黎靖德编：《朱子语类》卷四十一，第 1042 页。

③ 参见钱穆：《朱子新学案》，第 441 页。

④ 朱熹：《四书章句集注》，第 132 页。

⑤ 程树德：《论语集释》，第 818 页。

代汉学之失。换言之,江藩在《汉学师承记》中以所谓的"汉学"自居而批判以朱子为代表的"宋学",而方东树先生则为"宋学"辩护,以为"宋学"亦有所长,"汉学"亦有所短,不必有门户之见。质言之,江藩等人实际上是以"章句之学"来批判朱子对"颜渊问仁"章的诠释。除了来自"章句之学"的批判,还有不少学者是从"义理之学"的角度来批判朱子的诠释。譬如,阳明后学中的邹守益、王龙溪、罗近溪,以及清初的颜元、李塨、戴震等人。① 以上两种批判者的意见虽然其角度不同,但所针对的对象却基本一致,都不同意朱子对"克己复礼"中的"己"字与"礼"字的诠释。

在《论语集注》中,朱子将"克己复礼"中的每个字注释为:"克,胜也。己,谓身之私欲也。复,反也。礼者,天理之节文也。"②仅仅依照朱子对这四个字的注释,我们就可以看出,朱子是将"己"与"礼"看成完全相对立的双方,犹如敌我,这也是后来的学者最不满意的地方。③ 但问题是,朱子对"克己复礼"章的注释不是随意或任意的,而是经过深思熟虑的,之所以如此注解,自有其良苦用心。所以,本书接下来分别讨论朱子对"己"和"礼"的诠释究竟是何义? 又有何深意?

我们先来看朱子对"己"的注解,朱子将"克己复礼"中的"己"字解释为"身之私欲"。"身之私欲"到底是什么意思? 以前人们有一种看法,认为以朱子为代表的宋儒是完全反对人的自然欲望的,并以戴震之"以理杀人"作证。而这里朱子以"身之私欲"解释"己",将其看成"天理之节文"(礼)的对立面,这似乎也印证了上文所述的这一看法。但如果我们仔细看朱子的注释的话,朱子说的是"私欲",而并非所有的"欲"。为了更清楚地说明这一点,我们来看朱子对"欲"的理解。关于对"欲"的总体看法,朱子是将其置于心、性、情的理论架构中来理

① 按,关于从"义理之学"的角度来批判朱子"克己复礼"的诠释的具体情况,参见黄俊杰:《东亚儒学史的新视野》,台湾大学出版中心2004年版,第26页;林月惠:《阳明后学的"克己复礼"解及其工夫论之意涵》,《法鼓人文学报》第二期,2005年12月,第161—202页;吴震:《罗近溪的经典诠释及其思想史意义——就"克己复礼"的诠释而谈》,《复旦学报》(社会科学版),2006年第5期,第72—79页。

② 朱熹:《四书章句集注》,第131页。

③ 按,清人刘宝楠在《论语正义》中说:"《尔雅·释诂》:'克,胜也。'又'胜,克也'。转相训。此训'约'者,引申之义。颜子言夫子'博我以文,约我以礼','约'如'约束'之约,'约身'犹言修身也。《后汉书·安帝纪》:'夙夜克己,虑心京京。'《邓皇后纪》:'接抚同列,常克己以下之。'《祭遵传》:'克己奉公。'《何敞传》:'宜当克己,以酬四海之心。'凡言"克己",皆如约身之训。《法言》谓'胜己之私之谓克',此又一义。刘炫援以解《左传》'克己复礼'之文,意指楚灵王多嗜欲,夸功伐而言。乃邢《疏》即援以解《论语》,朱子《集注》又直训'己'为'私',并失之矣。"见刘宝楠:《论语正义》,第485页。

解的。朱子云:

> 性是未动,情是已动,心包得已动未动。盖心之未动则为性,已动
> 则为情,所谓'心统性情'也。欲是情发出来底。心如水,性犹水之静,
> 情则水之流,欲则水之波澜,但波澜有好底,有不好底。欲之好底,如
> '我欲仁'之类;不好底则一向奔驰出去,若波涛翻浪;大段不好底欲则
> 灭却天理,如水之壅决,无所不害。[①]

在这段语录中,朱子认为,"欲"是"情"发出来的,而"情"又是"心"之已动,"心"之未动则是"性"。其中,"性"是"心"之"体","情"是"心"之"用","性"与"情"是一种体用关系。而依照朱子对体用关系的论述,体用关系在逻辑上是先后关系,即"体"在先而"用"在"后"。所以,按照朱子的这一思路,从逻辑上是先后关系来看,在人心中,"性"是"心"之本然状态,应该排在最先的位置,其次是"情",然后才是"欲"。因此,从根本上来说,"欲"也是从人之"性"中派生而来的。而我们都知道,包括朱子在内的道学家,无一不是坚持"性善论"的。所以,既然"欲"在根源上来自于人之"善性",那么就其本原而言,"欲"本身也应当是善的,而不是像人们通常所认为的那样,朱子是将人的欲望看成是恶的,应该坚决消灭之。其实,关于这一点,朱子在《语类》中说得非常清楚。朱子说:"人生都是天理,人欲都是后来没巴鼻生底。"[②]朱子这里所谓的"人欲",并不是指人的所有欲望,而是指"私欲"。在朱子看来,就人之本性而言,人性皆善,"人生都是天理";而"私欲"("人欲")是后天派生的,并非先天就有的,"都是后来没巴鼻生底"。也正因为如此,在上引的这则语录中,朱子将人之"欲"比喻成"水之波澜","情"比喻成"水之流","性"则是"水之静",而"心"就是"水"。在朱子看来,作为"水之波澜"的"欲",有"好底"与"不好底"之分。所谓"欲之好底",应该就是指人对道德的追求、成就自身道德的欲望,譬如孔子所说的"我欲仁"中的"欲"。而"欲之不好底",是指不加以节制、任其发展的欲望。"欲"本来只是"水之波澜",但任其"一向奔驰出去",就会"波涛翻浪",而水之"波涛翻浪",则极可能对人造成危害,"无所不害"。所以,在上引的语录中,朱子才会说"大段不好

---

①　黎靖德编:《朱子语类》卷五,第93—94页。
②　黎靖德编:《朱子语类》卷十三,第224页。

底欲则灭却天理",而并非说人的所有欲望都是不好的,皆处于"天理"的对立面,应该否定和消灭。

其实,对于人的"食色"等自然欲望,朱子是明确表示肯定的。朱子说:"若是饥而欲食,渴而欲饮,则此欲亦岂能无?"[1]在这里,朱子非常确定地认为,人的"食色"等基本生理欲望是人本有的自然属性。在这一意义上,朱子是将人的自然欲望看成人的"天职"。《语类》记载:

> 问:"'饥食渴饮,冬裘夏葛',何以谓之天职?"
> 曰:"这是天教我如此。饥便食,渴便饮,只得顺他。"[2]

很明显,朱子认为,人的"食色"等自然欲望是"天教我如此",是人的"天职",其本身并没有是非对错之分,而作为生物性存在的人,"只得顺他"。

但是,与其他道学家一样,朱子认为,人的"食色"等欲望只是人的自然属性,而人不仅仅是作为生物性的存在。其理由很简单,如果仅以"食色"等自然欲望来界定人的本质,而动物与人一样,也有这些自然欲望,那么人与动物也就没有什么区别了,此即儒家常说的"与禽兽无异"。朱子说:"'口之于味,目之于色,耳之于声,鼻之于臭,四肢之于安佚',这虽说道性,其实这已不是性之本原。"[3]朱子在这里的意思是说,耳目口鼻等自然欲望虽然也能称之为"性",但是这种自然属性已经不是"性之本原"。那么,在朱子看来,"性之本原"(或者说人的"本性")到底是什么呢?朱子云:

> 论来,"口之于味,目之于色,耳之于声,鼻之于臭,四肢之于安佚",固是性,然亦便是合下赋予之命。仁之于父子,义之于君臣,礼之于宾主,智之于贤者,圣人之于天道,固是命,然亦是各得其所受之理,便是性,孟子恐人只见得一边,故就其所主而言。[4]

在这一段话中,朱子是在解释孟子的"性命之辩"。在朱子看来,耳目口鼻等欲

---

[1]　黎靖德编:《朱子语类》卷九十四,第2381页。
[2]　黎靖德编:《朱子语类》卷九十六,第2469页。
[3]　黎靖德编:《朱子语类》卷六十一,第1463页。
[4]　黎靖德编:《朱子语类》卷六十一,第1462页。

望当然是人天生的自然属性，是天赋予人的"命"，或者说，是人的"天职"。但是，朱子认为，"仁义礼智"也是上天赋予人的"命"，是"天理"在人身上的体现，此即朱子所认为的"'仁义礼智'亦是各得其所受之理"。因此，在这一意义上，朱子是将"仁义礼智"看成人的"天命之性"。在上引的这段话中，朱子最后特别强调说："孟子恐人只见得一边，故就其所主而言"。朱子的这句话极为重要，很值得我们重视。根据我们上文的分析，人天生既有"食色"等自然属性，又有"天命之性"。因此，朱子所谓的"恐人只见得一边"，其意是指，孟子是担心人们只能看到人身上的自然属性，或者仅仅看到人身上的道德属性，即"仁义礼智"之"天命之性"。在朱子看来，孟子是"就其所主而言"。关于孟子的人性论思想，大家都应该熟知，孟子是主张"性善论"的，认为人之异于禽兽的本质在于人的道德属性，即"仁义礼智"之性，而非人之"食色"等自然属性。因此，朱子所谓的"就其所主而言"，准确的意思是说，人的自然属性与道德属性虽然都是先天的，但是如果人们不是将自己仅仅看成与禽兽无异的生物性存在，那么就应当以人之"天命之性"为主，而应该将人之"食色"等自然属性安排在从属地位。由此可见，在朱子看来，人的"本性"（"性之本原"）应该是"仁义礼智"之道德属性，而非人的自然感性欲望。

简而言之，关于朱子对人之自然感性欲望的基本态度，我们可以作这样一个小结。在朱子看来，自然感性欲望是人所不能无的，是人天生就有的，所以对其应当给予肯定，"只得顺他"。但是，人不仅仅是一个生物性的存在，人之所以为人的根本在于人的道德属性，即仁义礼智之"天命之性"。因而，人们应该将"食色"等自然欲望安排在从属地位，其主宰者当为作为人之道德属性的"天命之性"。

上文已经说过，朱子对"克己复礼"章的诠释之所以遭到后人的反对，原因之一就在于其将"克己复礼"中的"己"字解释为"身之私欲"。而现在我们已经知道，朱子对人的自然感性欲望并不是直接予以否定的，而是在一定的条件下予以肯定的。那么，人之自然欲望与朱子所谓的"身之私欲"之间有何关系呢？换言之，在朱子看来，人的自然欲望是如何转变成"私欲"的呢？在《朱子语类》中，有一段师生之间的对话，我们可以将其看成朱子对这一问题的概括性的回答。《语类》记载：

或问："克己之私有三：气禀、耳目口鼻之欲，及人我是也。不知那个是夫子所指者?"

　　曰:"三者皆在里,然非礼勿视听言动,则耳目口鼻之欲较多。"[1]

在这段师生的对话中,朱子的学生问朱子,"克己"的对象有三个,不知道朱子所指的应该是哪一个,而朱子的回答十分干脆,其所说的三个方面都是朱子所强调的,只不过在"克己复礼"章中所谓的"非礼勿视听言动",对"耳目口鼻之欲"强调得多一些。具体来说,在朱子看来,"私欲"之所以产生,有以下三个方面的原因:(一)气禀之清浊;(二)耳目口鼻等自然欲望"多而不节";(三)人我之分。以下分别来论述这三个方面的原因。

　　(一)气禀之清浊。朱子说:"性便是理。人之所以有善有不善,只缘气质之禀各有清浊。"[2]朱子这句话的意思是说,人之本性是仁义礼智之"天命之性",是"天理"在人身上的体现,此即朱子所谓的"性便是理"之内涵。但是,人所禀于天的除了"天命之性"之外,还有"气质",而每个人天生的"气质"并不相同,有清有浊。"气质之禀"比较清的人就不太容易有恶念、做坏事,而"气质之禀"比较浊的人则容易产生坏的念头,甚至去做恶事。因此,人之善恶之分,根源在于"气禀"之不同。当然,朱子如此说,并不代表其主张"气禀"比较差的人就注定天生是个恶人。事实恰恰相反,朱子认为,对于"气禀"比较浊的人,更加需要努力去做道德修养工夫,"变化气质",而非自暴自弃,甘愿一生在道德上毫无成就。

　　(二)自然欲望"多而不节"。朱子云:

　　　　(1)穷口腹之欲,便不是。盖天知教我饥则食,渴则饮。何曾教我穷口腹之欲?[3]

　　　　(2)有是身,则有耳、目、口、四肢之欲,而或不能无害夫仁。[4]

　　　　(3)欲,如口鼻耳目四支之欲,虽人之所不能无。然多而不节,未有不失其本心者,学者所宜当深戒也。程子曰:"所欲不必沉溺,只有

　　① 黎靖德编:《朱子语类》卷四十一,第1044页。
　　② 黎靖德编:《朱子语类》卷四,第68页。
　　③ 黎靖德编:《朱子语类》卷九十六,第2473页。
　　④ 朱熹:《克斋记》,《朱熹集》卷七十七,四川教育出版社1996年版,第4034页。

所向便是欲。"①

（4）人心如"口之于味,目之于色,耳之于听,鼻之于臭,四肢之于安佚"。若以物性所当然,一向惟意所欲,却不可。盖有命存焉。须着安于定分,不敢少过始得。道心如仁之于父子,义之于君臣,礼之于宾主,智之于贤者,圣人之于天道,若以为命已前定,任其如何,更不尽心,却不可。盖有性存焉,须着尽此心以求合乎理始得。"②

从第（1）段话中我们可以得知,在朱子看来,饮食等生理需求虽然是人天生的欲望,但是人也不应该活着就仅仅是为了不断地满足这些欲望,"穷口腹之欲"。这就好比我们在生活中经常说的,"人吃饭是为了活着,但人活着不仅仅是为了吃饭"。何况"口腹"等欲望,如果不加以节制的话,任其膨胀,有何尽头,恐怕终其一生也无法满足,只能自寻烦恼。这就如西方哲人叔本华所说的那样,人之所以痛苦,就是因为无穷无尽的欲望无法得到满足。在第（2）段话中,朱子认为,人一方面作为一种生物性的存在,必然有"耳、目、口、四肢"等方面的欲望,但是如果"多而不节",则有可能损害到人之所以为人的根本,而这一根本就是"仁",因为在朱子看来,人在本质上是道德的存在。上引的第（3）段话出现在《孟子集注·尽心下》第三十五章中,是朱子的对此章的注释,比较重要。《孟子》此章的原文是:"孟子曰:'养心莫善于寡欲。其为人也寡欲,虽有不存焉者,寡矣;其为人也多欲,虽有存焉者,寡矣。'"在这段话中,朱子明确地指出,如果人的自然欲望"多而不节",则"未有不失其本心",所以"学者所宜当深戒"。朱子这里所谓的"本心",就是指人的道德本心,或者说"道心"、"仁心",是人的道德本质。我们在这里需要注意的是,与第（2）段话相比较,朱子在这里的语气更加肯定,因为第（2）段中只是说"或",而第（3）段中却说"未有不",双重否定即表示肯定。由此可见,朱子是非常确定地反对那种不对人的自然欲望加以节制的,因为任其沉溺,必然会阻碍人的道德水平提高,甚至会使人沦落为与"禽兽"无异的存在,如行尸走肉一般。在《孟子集注·尽心下》第三十五章的注释中,朱子还引用其表示赞同的伊川的话。伊川说:"所欲不必沉溺,只有所向便是欲。"其实,伊川的这句话是很值得我们玩味的。伊川此语虽短,但我们也能容

---

① 朱熹:《四书章句集注》,第 374 页。
② 黎靖德编:《朱子语类》卷六十一,第 1462 页。

易从中看出,伊川无疑是反对人的欲望"多而不节"的。只不过伊川在"所欲不必沉溺"一语之后,又加了一句"只有所向便是欲"。我们应该如何理解伊川所谓的"只有所向便是欲"这一说法呢? 当然,如果孤立地看的话,我们也可以对这句话作正面的理解。也就是,依照伊川此语,我们可以用孔子所说的"我欲仁,斯仁至矣"来解读,"仁"是心之所向往的对象,那么这也是一种要求达到或实现"仁"的欲望,此种对道德的要求肯定是属于好的欲望。但是,伊川完整的话是"所欲不必沉溺,只有所向便是欲",并且这一说法是用来诠释《孟子集注·尽心下》之"养心莫善于寡欲"章的。因此,从尊重文本与联系语境的角度来说,伊川之"只有所向便是欲"一语,本书以为,实际上是对有志于成圣成贤的学者提出来更高的要求,而非仅仅是要求其节制自己的自然欲望。具体地说,"只有所向便是欲"一语,其实质是要求学者在人的道德属性与自然属性之中作一抉择。依伊川,当然是应该选择作为人之所以为人的内在根据,即人的道德属性。如果学者之心还总是惦记着自己的自然属性,特别是在自己的基本生存资料都无法得到保障的时候,伊川也依然主张,此时学者还是应当将心放在自己的道德性上,即使处于饥寒交迫、衣不蔽体的境地,也千万不能丧失自己的道德良心,因为人之尊严是以其道德为基础的。正是在这一意义上,我们大概才能领会伊川所谓的"饿死事小,失节事大"这一句饱受后人诟病的"名言"其背后之深意。通过对朱子的前三段话的解读,我们就能比较容易理解在上引的第(4)段话中朱子所欲表达的思想。在第(4)段话中,朱子是从"人心"与"道心"之间的关系来反对自然欲望"多而不节"的。在朱子看来,"人心"就如"口腹"等自然欲望,虽然是人天生就具有的,是"物性所当然",但是如果对"人心"不加制约,"一向惟意所欲",则万万不可,因为人除了具有"物性"(即"自然属性")之外,还具有"天命之性"。而朱子在这里所说的"道心",就好比父子之仁、君臣之义、宾主之礼、贤者之智、圣人之于天道,这些都是"天命之性"在人身上展现的具体内容,是人之"本性"的外化,因此"道心"就是符合以上这些"天命之性"外化之具体内容 的人之"本心"。所以,朱子对与人之自然欲望密切相关的"人心"的基本态度是:"须着安于定分,不敢少过始得"。换言之,就是要严格限制"人心"之欲望过度膨胀,因为人心本来是具有"天命之性"的,所以一定要通过节制人心之欲望,从而使其"合乎理始得"。

　　(三)人我之分。关于"私欲"产生的这一原因,朱子是从"形气"与"形气之私"的角度来论述的。《朱子语类》记载:

（1）问："先生说，人心是'形气之私'，形气则是口耳鼻目四肢之属。"曰："固是。"问："如此，则未可便谓之私？"曰："但此数件物事属自家体段上，便是私有底物；不比道，便公共。故上面便有个私底根本。且如危，亦未便是不好，只是有个不好底根本。"①

（2）问："或生于形气之私"。曰："如饥饱寒暖之类，皆生于吾身血气形体，而他人无与，所谓私也。亦未能便是不好，但不可一向狗之耳。"②

（3）季通以书问《中庸序》所云"人心形气"。先生曰："形气非皆不善，只是靠不得。季通云：'形气亦皆有善。'不知形气之有善，皆自道心出。由道心，则形气善；不由道心，一付于形气，则为恶。形气犹船也，道心犹柁也。船无柁，纵之行，有时入于波涛，有时入于安流，不可一定。惟有一柁以运之，则虽入波涛无害。故曰：'天生烝民，有物有则。'物乃形气，则乃理也。"③

从第（1）段话中我们可以得知，在朱子看来，所谓"形气"，是指人的感性器官，譬如"口耳鼻目四肢"等；而所谓的"形气之私"，则是指与"道心"相对的"人心"。关于朱子对"形气之私"的说法，朱子的学生对此有所疑问，其意大致是说，既然"形气"是指"口耳鼻目四肢之属"，那么何以将这些人人本有的感性器官称之为"私"呢？朱子的理由是，口耳鼻目四肢这些感性器官都长在每个人自己的身上，"属自家体段上"，所以这些感性器官当然是"私有底物"，与"道"（或者说"天理"）不同，因为"道"是公共的。因此，朱子认为，作为"自家体段上"的"形气"，并不是说人天生具有的感性器官本身有问题，而是说，这些属于每个人自己的感性器官所产生的欲望则是造成"私欲"产生的根本原因之所在。因此，朱子认为，人之"形气"属于"自家体段"，所以"便有个私底根本"。也正是在这一意义上，朱子将"人心"称之为"形气之私"，正所谓"人心惟危"（《尚书·大禹谟》）。所以在这段话中，朱子就以"危"字为例来说明这一道理。关于"危"字的意思，东汉的许慎在《说文解字》中说："危，在高而惧也。"这也就是说，站在高处不一

---

① 黎靖德编：《朱子语类》卷六十二，第 1468 页。
② 黎靖德编：《朱子语类》卷六十二，第 1468 页。
③ 黎靖德编：《朱子语类》卷六十二，第 1468 页。

定是危险的事情，其前提是必须谨慎小心，但由于依然是在高处，所以潜在的危险始终是存在的。同理，作为"形气之私"的"人心"并不必然产生"私欲"（或者说"恶"），但始终是造成"恶"的根源之所在，"只是有个不好底根本"，对于道德修养水平的提升始终是潜在的威胁，在第（2）段师生对话中，朱子强调，人的生理欲望是自己的身体所产生的，自家冷暖自家知，"而他人无与"，所以称之为"私"。人的自然欲望并不是本身就不好，但是不能一味地顺从这种欲望，"不可一向狥之"。譬如，由于天灾，一大家子人都在挨饿，但每个人能够真切感知的只有自己的饥饿感，此时如果家里只有一个馒头。如果其中一人仅仅顺从"形气之私"，仅仅想填饱自己的肚子而将这一个馒头独吞，那么，这在朱子看来，就是由顺从"形气之私"而产生的"私欲"或者说"恶念"。第（3）段对话虽然比较长，但其意思并不难理解。朱子指出，作为感性器官的"形气"并非皆不善，只是不可靠，所以"形气"必须由"道心"作主宰。"形气"只有在"道心"的主宰下，其感性自然欲望才可能是善。而如果"形气"不由"道心"作主宰，任凭感性欲望膨胀，"一付于形气"，就会产生"私欲"。

　　简而言之，朱子将"克己复礼"中的"己"字解释为"身之私欲"，并不意味着朱子对人的自然感性欲望直接予以否定，事实恰恰相反，朱子是在一定的条件下对其予以肯定的。然而，对于那种对自然欲望不加以节制而任其膨胀的态度，朱子则是明确表示反对的。在朱子看来，人天生有一个属于自己的皮囊（身体），所以感性欲望也是圣人所不能无的，但是人既然有身体或者朱子所谓的"形气之私"，那么人身上始终存在着造成"恶"的根源，人的感性自然欲望对于道德修养水平的提高始终是一个潜在的威胁。本书在这里还必须要提及的是，朱子是将"己"字注释为"身之私欲"，而不是将"己"字注释为"心之私欲"。按照常理来说，做"克己复礼"的道德修养工夫应该主要在"心"上做工夫，为何朱子更强调"身"呢？本书以为，朱子强调"克己复礼"工夫要在"身"上做，实际上是为了强调礼仪对"身"所具有的规范作用。当然，对于儒家来说，当然也包括朱子在内，一般都主张"身"与"心"密不可分，所以朱子虽然将"己"字解释为"身之私欲"，并不代表在朱子这里"心之私欲"无须战胜。

　　讨论完朱子对"克己复礼"中的"己"字的诠释，我们现在来看其对"克己复礼"之"礼"字的诠释。在《论语集注》中，朱子将"礼"字注释为"天理之节文"。一般认为，宋儒喜言"理"而轻视"礼"，后世有些学者甚至也以这一看来批评朱子。客观地说，确实有不少的道学家存在这种倾向，但是朱子确实不属于其中之一。程树德先生早就看到了这一点，他说："孔子一生言礼不言理，后来理学家凡《论语》中'礼'字均硬作'理'字解，不知朱子已早见及此，故特著之。"①在《论语集释》中，程树德先生所录的朱子的原话是："'礼'字作'理'字看不得，正是持守有节文处。'克己复礼'之'礼'亦然。"②其实，朱子早在中年就反对直接以"理"字来解释"礼"字。朱子说："'克己复礼'，不可将'理'字来训'礼'字。克去己私，固即能复天理。不成克己后，便都没事。惟是克去己私了，到这里恰好著精细底工夫，故必又复礼，方是仁。圣人却不只说克己为仁，须说'克己复礼为仁'。见得礼，便事事有个自然底规矩准则。"③在这段话中，朱子之所以反对直接以"理"字来解释"礼"字，其理由是：战胜私欲之后，固然复归"天理"，但是"克己"之后依然有事要做，此时"恰好著精细底工夫"，而此工夫即"复礼"工夫。在朱子看来，只有做好"复礼"工夫，才能真正知道在生活中待人接物之种种事件都自然有"规矩准则"需要遵守。譬如，朱子云："'克己复礼'。所以言礼者，谓有规矩则防范自严，更不透漏。"④这就是说，"克己复礼"之所以言"礼"而非言"理"，是强调在道德实践中必须遵守"规矩准则"，如此才能对自己严格要求，不至于僭越礼仪规范，使得言行举止得体合宜、滴水不漏。

朱子之所以反对"以理易礼"，还在于理"虚"而礼"实"。朱子说："某之意，不欲其只说复理而不说'礼'字。盖说复礼，即说得著实；若说作理，则悬空，是个甚物事？"⑤朱子认为，其之所以不愿意"只说复理而不说'礼'字"，是因为如果说复"礼"，则有"节文"可以持守，"说得著实"；而如果只是说"复理"，则太过于"悬空"，会使人的言行举止失去具体的"规矩准则"。需要注意的是，朱子在这里只是不同意"只说复理而不说'礼'字"，从而强调"礼之节文"具有规矩准则的作用，但这并不是说朱子就认为"克己"之后就不能"复理"，因为在朱子看来，"礼"与"天理"不是截然二分的，"礼"是"天理"外化的具体形式。譬如，在《论语集注》中，朱子就将"克己复礼"中的"礼"字注释为"天理之节文"。也正因为如此，朱子明确反对"自然合礼"之说。朱子在《论语或问》中说："然必以理易礼，而又有（循理而天、以我视听、以斯视听）自然合礼之说焉，亦未免失之过高，而

① 程树德：《论语集释》卷十二，第418页。

② 朱熹：《答张仁叔》，《晦庵先生朱文公文集》卷五十八，《朱子全书》第23册，2750页。

③ 黎靖德编：《朱子语类》卷四十一，第1045页。按，据钱穆先生考证，此条语录是金去伪所记，此时朱子四十六岁。

④ 黎靖德编：《朱子语类》卷四十一，第1043页。

⑤ 黎靖德编：《朱子语类》卷四十一，第1065页。

无可持循之实。盖圣人所谓礼者,正以礼文而言,其所以为操存持守之地者密矣。"① 所谓"自然合礼"说,就是认为其生活实践只要依照心中之"天理"而行动则自然合于外在的礼仪规范,即"循理而天、以我视听、以斯视听"则自然"合礼"。朱子认为,"自然合礼"说的缺陷在于"失之过高而无可持循之实",所以孔子所说的"克己复礼"中的"礼"字是指"礼文"而言,而不是直接与"天理"等同。必须重点强调的是,对"克己复礼"中的"礼"字,朱子尤为看重。朱子的学生问他说:"这'礼'字怎地重看?"朱子回答说:"只是这个道理,有说得开朗底,有说得细密底。'复礼'之'礼',说得较细密。'博文、约礼','知崇、礼卑','礼'字都说得细密。知崇是见得开朗,礼卑是要确守得底。"②朱子在这里认为,不但"克己复礼"中的"礼"字重要,"博文约礼"和"知崇礼卑"中的"礼"也非常重要,因为在这些说法中"礼"字都"说得细密"。所谓"说得细密",与上文所谓的"说得著实"意思基本相当,应该是说这里的"礼"字意味着有"节文"可以持守,使人的言行举止有具体的礼仪之"规矩准则"可以遵守。而如果这些说法中的"礼"字直接以"理"来解释,就会显得空疏无物、太过"悬空",使学者无所适从。关于这一点,朱子的这一句话已经说得很清楚,其曰:"只说理,都空去了。这个礼,是那天理节文,教人有准则处。"③

　　在讨论了朱子对"克己复礼"中的"己"字以及"礼"字的具体内涵之后,我们现在来看朱子是如何理解这二者之间的关系的。在朱子看来,"己"与"礼"是相对立的两个概念。④ 朱子说:"己者,人欲之私也,礼者,天理之公也。"⑤这就是说,"己"是指"人欲之私",而"礼"则是"天理之公"。关于"天理"与"人欲"的关系,本书在此不宜展开讨论,但是朱子对这两个概念的基本看法是很明确的。在朱子看来,"天理"与"人欲"是完全相对立的两个概念。朱子所谓的"存天理,去人欲",也是广为人知的"名言",而仅从这看似简单的六个字中,我们也完全可以看出,"天理"与"人欲"是相对立的。譬如,朱子说:"人只有天理、人欲两途,不是天理,便是人欲。即无不属天理,又不属人欲底一节。"⑥朱子在这里说得很明白,人的心思与行为只有两种情况,要么符合"天理",要么属于"人欲",

①　朱熹:《四书或问》,第 297 页。
②　黎靖德编:《朱子语类》卷四十一,第 1049 页。
③　黎靖德编:《朱子语类》卷四十一,第 1045 页。
④　按,譬如,朱子云:"'己'与'礼'对立。"见黎靖德编:《朱子语类》卷四十一,第 1046 页。
⑤　朱熹:《四书或问》,第 294 页。
⑥　黎靖德编:《朱子语类》卷四十一,中华书局,1986 年,第 1047 页。

没有第三种情况存在。一言以蔽之，在朱子看来，人之所思所行，非善即恶。而且，朱子认为，人心之中，"天理"与"人欲"之间只是处于"交界处"，而不是人们通常所认为的，二者是截然相分的。① 正是在这一意义上，朱子说："一心之中，二者不容并立，而其相去之间，不能以毫发，出乎此则入乎彼，出于彼则入于此矣。"②因此，既然朱子将"己"理解成"人欲之私"，"礼"理解成"天理之公"，那么这两者的关系当然就是相对立的，并且其间的界线是极其细微的，一线之间，"不能以毫发"。譬如，朱子说："'己'字与'礼'字正相对说。礼，便有规矩准绳。且以坐立言之：己便是箕踞，礼便是'坐如尸'；己便是跛倚，礼便是'立如斋'。"③质言之，关于"克己复礼"中的"己"与"礼"之间的关系，朱子认为，二者不容并立，非"礼"即"私欲"。

二、"克己"与"复礼"是合掌说底："克己便是复礼"释义

关于"克己"工夫与"复礼"工夫之间的关系，朱子四十三岁时在其所撰写的《克斋记》中认为，"克己"与"复礼"虽然看起来是不同的事，但实际上是同一项工夫之两面。《克斋记》曰："予惟'克'、'复'之云，虽若各为一事，其实天理人欲

---

① 按，譬如，《朱子语类》记载：

舜功问："人多要去人欲，不若于天理上理会。理会得天理，人欲自退。"

曰："尧舜说不如此。天理人欲是交界处，不是两个。人心不成都流，只是占得多；道心不成十全，亦是占得多。须是在天理则存天理，在人欲则去人欲。尝爱五峰云：'天理人欲同行而异情'，此语甚好。"

舜功云："陆子静说人心混混未别。"

曰："此说亦不妨。大抵人心、道心只是交界，不是两个物，观下文'惟精惟一'可见。"（黎靖德编：《朱子语类》卷七十八，第 2015 页。）

② 朱熹：《四书或问》，第 294 页。

③ 黎靖德编：《朱子语类》卷四十一，第 1045 页。

相为消长，故克己者乃所以复礼，而非克己之外别有复礼之功也。"①不过，根据钱穆先生的研究，朱子在四十六岁时曾将"克己"与"复礼"分作两项不同的工夫。② 钱穆先生作出这一论断所依据的文本依据是《朱子语类》中的一段话，朱子的原话是："'克己复礼'，不可将'理'字来训'礼'字。克去己私，固即能复天理。不成克己后，便都没事。惟是克去己私了，到这里恰好著精细底工夫，故必又复礼，方是仁。圣人却不只说克己为仁，须说'克己复礼为仁'。见得礼，便事事有个自然底规矩准则。"③在这段话中，朱子认为战胜私欲之后，固然复归"天理"，但是"克己"之后依然有事要做，此时"恰好著精细底工夫"，而此工夫即"复礼"工夫。依照朱子的这一说法，在这段语录中，"克己"工夫与"复礼"工夫确实是被分成了两项不同的工夫。在朱子看来，虽然通过"克己"工夫战胜了私欲，但是只有在此基础上做好"复礼"工夫，才能使其言行举止与具体的礼仪规范若

---

① 朱熹：《克斋记》，《朱熹集》卷七十七，成都：四川教育出版社，1996 年，第 4035 页。按，为了方便参考，现将《克斋记》全文摘录如下：

性情之德无所不备，而一言足以尽其妙，曰"仁"而已。所以求仁者盖亦多术，而一言足以举其要，曰"克己复礼"而已。盖仁也者，天地所以生物之心，而人物之所得以为心者也。惟其得夫天地生物之心以为心，是以未发之前，四德具焉，曰仁、义、礼、智，而仁无不统。已发之际，四端著焉，曰恻隐、羞恶、辞让、是非，而恻隐之心无所不通。此仁之体用所以涵育浑全、周流贯澈，专一心之妙而为众善之长也。然人有是身，则有耳、目、口、四肢之欲，而或不能无害夫仁。人既不仁，则其所以灭天理而穷人欲者，将益无所不至。此君子之学所以汲汲于求仁，而求仁之要亦曰去其所以害仁者而已。盖非礼而视，人欲之害仁也；非礼而听，人欲之害仁也；非礼而言且动焉，人欲之害仁也。知人欲之所以害仁者在是，于是乎有以拔其本、塞其源，克之克之而又克之，以至于一旦豁然欲尽而理纯，则其胸中之所存者，岂不粹然天地生物之心，而蔼然其若春阳之温哉？默而成之，固无一理之不具而无一物之不该也。感而通焉，则无事之不得于理而无物之不被其爱矣。呜呼！此仁之为德，所以一言而可以尽性情之妙，而其所以求之之要，则夫子之所以告颜渊者，亦可谓一言而举也与。

然自圣贤既远，此学不传。及程氏两先生出，而后学者始得复闻其说，顾有志焉者或寡矣。若吾友会稽石君子重，则闻其说而有志焉者也。故偿以"克"名斋而属予记之。予惟"克"、"复"之云，虽若各为一事，其实天理人欲相为消长，故克己者乃所以复礼，而非克己之外别有复礼之功也。今子重择于斯言而独以"克"名其室，则其于所以求仁之要，又可谓知其要矣。是尚奚以予言为哉？（朱熹：《克斋记》，《朱熹集》卷七十七，第 4034—4035 页。）

② 按，钱穆先生认为，虽然朱子在中年曾将"克己"与"复礼"分作两项不同的工夫，但是在晚年却坚决认为"克己与复礼本属一项工夫，不得分作两项说"。但是，钱先生主张，"克己"和"复礼"工夫本属"一项工夫"，而"不得分作两项说"，我们对此必须有正确的理解。钱先生如此说道："克己、复礼不用做两节看，但工夫自有高下深浅，故谓以克己便复礼，则说得忒快。如谓克己了自能复礼，则又说得忒高。《克斋记》谓克己者所以复礼，非克己之外别有所谓复礼之功，似乎语意明确，今谓之说得忒快者？盖因恐人因克己外非别有所谓复礼之语，而误入释氏之空。"与此同时，钱先生认为，在朱子看来，"仅知克己私，只是在反面消极做工夫，必要知复礼，始是正面积极的。儒家克己以复礼为规，释氏则仅克己而无礼可复，于是逐落于空寂。此谓儒释克己有辨，非谓克己与复礼有辨。"参见钱穆：《朱子新学案》，第 451 页。

③ 黎靖德编：《朱子语类》卷四十一，第 1045 页。

合符节,恰当得体。本书认为,联系朱子整段话的语境,其之所以这样说,最主要的目的是反对"以理易礼",所以朱子这段话的重点在于:只是想强调"复礼"工夫和"克己"工夫密不可分,而做"复礼"工夫就必须遵守外在的礼仪规范。在朱子看来,一般的学者绝对不可能在战胜私欲之后,仅仅凭借其心中所谓的"天理"来待人接物,就能"自然合礼"。而且,按照常理来说,朱子在三年前所写的《克斋记》中已经明确主张,"克己"与"复礼"是同一项工夫之两面,三年之后不太可能改变这一主张,其实朱子只是想强调外在的礼仪规范("礼文")对于"克己"工夫具有重要的作用。

　　虽然我们基本可以肯定,朱子晚年主张"克己"工夫与"复礼"工夫是同一项工夫之两面,但是朱子为何如此主张,其间曲折,颇为复杂。现节录《朱子语类》中一段对话如下:

　　　　亚夫问:"'克己复礼',疑若克己后便已是仁,不知复礼还又是一重工夫否?"

　　　　曰:"己与礼对立。克去己后,必复于礼,然后为仁。若克去己私便无一事,则克之后,须落空去了。且如坐当如尸,立当如齐,此礼也。坐而倨傲,立而跛倚,此己私也。克去己私,则不容倨傲而跛倚;然必使之如尸如齐,方合礼也。故克己者必须复此身于规矩准绳之中,乃所以为仁也。"

　　　　……

　　　　时举曰:"先生向作《克斋记》云:'克己者,所以复礼;非克己之外,别有所谓复礼之功。'是如何?"

　　　　曰:"便是当时也说得忒快了。明道谓:'克己则私心去,自能复礼;虽不必学礼文,而礼意已得。'如此等语,也说得忒高了。孔子说'克己复礼',便都是实。"

　　　　曰:"如此,则'克己复礼',分明是两节工夫。"

　　　　曰:"也不用做两节看。但不会做工夫底,克己了,犹未能复礼;会做工夫底,才克己,便复礼也。"①

---

① 黎靖德编:《朱子语类》卷四十一,第1046—1047页。

以上这段对话是朱子的学生潘时举所记,当时朱子六十四岁。朱子的学生亚夫的疑问是,"克己"工夫做好之后,是否还有一节"复礼"工夫。换言之,"克己"工夫与"复礼"工夫到底是同一项工夫之两面,还是两节不同的工夫? 在这段对话中,对于亚夫的疑问,朱子并没有给予一个直接简单明了的回答,而是循循善诱,详加解释。朱子首先明确地指出,因为"己"与"礼"是完全相对立的,所以战胜私欲之后,其行为必然与礼仪规范相符合,"必复于礼"。如果战胜心中的私欲之后,并没有使自己的言行举止得到规范,则所谓的"克己"实际上是"落空去了"。譬如,傲慢不恭地坐着,倚靠着东西、歪斜不正地站着,这当然符合人的自然生理需求,如此坐着、站着自我感觉肯定很舒服、很爽,但是在绝大多数场合下,如果只是一味地为了满足身体的自然欲望而如此坐着、站着,这在朱子看来,就是"己私"。中外古今,只要是文明社会,恐怕都不会认同人们在公共场合"坐而倨傲,立而跛倚"。因此,朱子将"坐而倨傲"与"立而跛倚"看成是"私欲",这一点我们应该也不难理解。按照儒家的礼仪传统,坐当"如尸",立当"如齐",这一礼仪规范出自《礼记·曲礼》。其意大致是,坐应当端正地坐,就如祭祀中装扮的受祭人那样坐着;站就得恭敬地站,就如祭祀前斋戒时那样站着。所以,朱子认为,战胜这种"倨傲而跛倚"的"己私"之后,必然会符合"坐如尸"、"立如齐"这些礼仪规范。因此,在朱子看来,"克己者必须复此身于规矩准绳之中",这才是真正的"克己"。而如果能够通过"克己"工夫使"此身于规矩准绳之中",那么必然是"克去己后,必复于礼",即"克己"工夫与"复礼"工夫是同一项工夫之两面,或者说,"克己"与"复礼"是"一体之两面"。

在上引的比较长的语录中,朱子的学生继续向其请教关于《克斋记》中对"克己"工夫与"复礼"工夫之间关系的论述。朱子的学生不明白的是《克斋记》中的这一句话,其曰:"克己者,所以复礼;非克己之外,别有所谓复礼之功。"对这一疑问,朱子立即说,此语是"便是当时也说得忒快了"。上文我们已经对《克斋记》中的这一句话作了解读,其意就是主张"克己"工夫与"复礼"工夫是"一体之两面"。那么,在这里,朱子为什么说当时"说得忒快了"了呢? 朱子是以明道的一句话为例,来说明《克斋记》中的这句话为何是"说得忒快了"。明道云:'克己则私心去,自能复礼;虽不必学礼文,而礼意已得。"在朱子看来,明道此语"说得忒高了",与孔子所说的"克己复礼"不同,孔子之言"说得细密"、"说得著实",使人的行为动作有礼仪规范可以遵守。至于朱子不同意明道这句话的具体理由,我们下文再分析。那么,朱子自认为《克斋记》中的话"说得忒快"究竟是什么意思呢？从朱子所说的"孔子说'克己复礼'，便都是实"一语来看，其意应该是说，《克斋记》中主张"克己"与"复礼"是同一项工夫之两面，这一观点并没有改变，但是在《克斋记》中没有详细解释其理由，容易引起误解，尤其是没有强调外在的礼仪规范对于"克己复礼"工夫的重要作用。① 在上引的"亚夫问"的那段语录最后部分，朱子的学生听了他作出以上的解释之后，便以为如此重视外在礼仪对于人的行为动作所具有的规范作用，就是将"克己"与"复礼"分成两节工夫。朱子的回应则是，"也不用做两节看"，关键在于是否懂得如何做"克己复礼"工夫。如果善于做"克己复礼"工夫，则"才'克己'便是'复礼'"；如果不会做工夫，即使"克己"了，犹未能"复礼"。

解读完上面引用的"亚夫问"那段语录之后，我们必须再看一条与其关系密切的语录，因为以下引用的语录与上文引用的应该发生同一天，看来是朱子意犹未尽。《朱子语类》记载：

> 又曰："早间与亚夫说得那'克己复礼'，是克己便是复礼，不是克己了，方待复礼，不是做两截工夫。就这里克将去，这上面便复得来。明道说那'克己则私心去，自能复礼；虽不学礼文，而礼意已得'。这个说得不相似。"
> 又曰："'克己复礼'，是合掌说底。"②

在这段话中，朱子首先强调了早晨与亚夫讨论"克己"与"复礼"之间关系的重点。朱子明确地指出，"克己便是复礼"，"克己"与"复礼"同一项工夫，而不是做完"克己"工夫之后，再去做"复礼"工夫，"不是做两截工夫"。朱子紧接着"不是做两截工夫"之后说的这一句话特别重要，即"就这里克将去，这上面便复得来"一句。在朱子的这句话中，所谓的"就这里"与"这上面"是什么意思呢？乍看起来，朱子的这句话似乎并无深意，很容易被人忽略。但是，如果我们结合朱子在

---

① 按，在《朱子新学案》中，钱穆先生也解释了朱子为何说他在《克斋记》中的观点"说得忒快了"。钱先生说："《克斋记》谓克己者所以复礼，非克己之外别有所谓复礼之功，似乎语意明确。今谓之说得忒快者，盖因恐人因克己外非别有所谓复礼之语，而误入释氏之空，故有此条之云云也。"（参见钱穆：《朱子新学案》，第451页。）钱先生认为，朱子是因为担心人们以为"克己"工夫之外还单独存在着另一项"复礼"工夫，从而容易误入"空门"，所以才认为《克斋记》中的观点"说得忒快了"。笔者以为，钱先生的这一解释，在某种意义上亦可成立。

② 黎靖德编：《朱子语类》卷四十一，第1049页。

这一段话中所欲表达的主题来分析的话，其实也不难理解。上文已经说过，朱子的这段话是在强调"克己便是复礼"的观点。所以，"就这里克将去"是说"克己"，而"这上面便复得来"是指"复礼"。由此可知，所谓的"就这里"，是指"心"而言；而"这上面"，是指"身"而说。因此，"就这里克将去"的意思就是战胜"私心"；而"这上面便复得来"是指人的行为动作受到礼仪规范的约束。一内一外，身心皆得以节制，这就是朱子主张"克己便是复礼"的真实涵义和意图。也正是因为朱子持这样的主张，所以才批判明道关于"克己复礼"的诠释，认为明道"说得不相似"、"也说得忒高了"。关于"克己复礼"的诠释，明道的说法是："克己则私心去，自能复礼；虽不必学礼文，而礼意已得。"在《朱子新学案》中，钱穆先生认为，朱子之所以明确批判"明道之说"，主要是为了强调"克己"与"复礼"不当分两截说。① 本书认为，钱先生的这一解读不能算错，但还不够具体。依照我们在上文的分析，明道所谓的"克己则私心去，自能复礼"，就字面而言，朱子对此应当不会反对，因为朱子也说"克己便是复礼"。朱子对明道的批评，恐怕主要是指后半句，即所谓的"虽不必学礼文，而礼意已得"。"明道之说"的意思大致是，只要战胜私心杂念，即使不去了解礼仪规范（"礼文"），也已经获得了"礼意"，其行为动作自然"合礼"。而在朱子看来，所谓的"克己便是复礼"，是要求身与心皆要受礼仪规范的约束。而要以礼仪规范来约束自己，则不可能不去学习"礼文"或者说礼仪规范。正是在这一意义上，明道所谓的"虽不必学礼文，而礼意已得"，朱子是不会同意的。也正因为此，在上引那段话的最后，朱子再一次强调，"'克己复礼'，是合掌说底。"其实，朱子的这句话就是"克己便是复礼"的另一个说法而已，其意思相同，只是在修辞上更加形象易懂。根据上文的分析，朱子所谓的"合掌说底"，其意是说，"克己"工夫与"复礼"工夫是同一项工夫

① 参见钱穆：《朱子新学案》，第 453 页。

之两面,或曰,"克己"与"复礼"是"一体之两面"。① 与此同时,从朱子强调"克己便是复礼"的真实涵义和意图来看,此"合掌说底",还应该是指在做"克己复礼"工夫时,"身"与"心"必须同时受礼仪规范的约束。既要战胜自己的"私心";又要使自己的言行举止与具体的礼仪规范相符合。

实际上,朱子主张"克己便是复礼",在理论上也是有其依据的。朱子说:"礼是自家本有底,所以说个'复',不是待克了己,方去复礼。克得那一分人欲去,便复得这一分天理来;克得那二分己去,便复得这二分礼来。"②在朱子看来,正因为"礼是自家本有底",所以孔子才说个"复"字,因而"克己便是复礼"。在朱子的礼学思想中,礼是人的内在德性。譬如,朱子在《四书或问》中说:"礼则专主于敬,而心之所以为规矩者也。……夫子特以克己复礼告之,盖欲其克去有己之私欲,而复于规矩之本然。"朱子接着又说:"盖礼为心之规矩,而其用无所不在。"③可问题是,既然礼是人自家心中本有底,那么我们为什么不能像孔子那样"纵心所欲,不逾矩"(随心所欲)呢?谢良佐就有类似的看法,即"循理而天、随心所欲"而"自然合礼"之说。朱子在《论语或问》中对谢良佐的"自然合礼"说进行了反驳。朱子说:"谢氏以礼为摄心之规矩,善矣。然必以理易礼,而又有(循理而天、以我视听、以斯视听)自然合礼之说焉,亦未免失之过高,而无可持循之实。盖圣人所谓礼者,正以礼文而言,其所以为操存持守之地者密矣。若曰'循理而天,自然合理',则又何规矩之可言哉?其言克己之效,则又但曰'克己之私,则心虚见理',则是其所以用力于此者,不以修身践履之当然,特以求夫知之而已矣也。"④由此可见,朱子虽然认为礼是人心本有底,但是坚决反对师心自用而"自然合礼"之说,强调"克己复礼"中的"礼"字是指"礼文"而言。也

---

① 按,在《语类》中,朱子晚年强调"克己便是复礼"的说法比较多。譬如,朱子云:"克己是大做工夫,复礼是事事皆落腔窠。克己便能复礼,步步皆合规矩准绳,非是克己之外别有复礼工夫也。"(《语类》卷四十一,第1046页。此条语录为郑南升所记,此时朱子六十四岁。)又如,朱子云:"克己,则礼自复;闲邪,则诚自存。非克己外别有复礼,闲邪外别有存诚。(此非定说。)"(《语类》卷四十一,第1042页。此条语录为叶贺孙所记,此时朱子六十四岁。)需要注意的是,这一条语录最后有一个小注,即"此非定说"。在《朱子新学案》中,钱穆先生对此作了解释,他说:"此云'克己,则礼自复',若承明道'克己自能复礼'之意,嫌于分克己复礼为两截。虽下面即云'非克己外别有复礼',要之,谓'克己则礼自复',则于明道说有混。故曰'非定说'。小注之意或如此。"(参见钱穆:《朱子新学案》,第453页。)钱穆先生这里所谓的"小注之意"即语录中的"此非定说",其所谓"小注之意或如此",表明只是推断之言,"或许如此、可能如此",并未加以论证。依据本书的分析,我们认为,钱先生的这一解读是与朱子的想法相吻合的。

② 黎靖德编:《朱子语类》卷四十一,第1047页。

③ 朱熹:《四书或问》,第294页。

④ 朱熹:《四书或问》,第297页。

就是说,朱子强调礼仪的对人之身心的约束作用,重视"礼文"之规范作用与准则意义。

朱子之所以主张"克己便是复礼",在现实上也是有所指的。朱子说:"缘本来只有此礼,所以克己是要复得此礼。若是佛家,尽有能克己者,虽谓之无己私可也,然却不曾复得礼也。圣人之教,所以以复礼为主。若但知克己,则下梢必堕于空寂,如释氏之为矣。"①从这条语录我们可以看出,朱子主张"克己便是复礼",是为了反对那种只是知道做"克己"工夫而不做"复礼"的为学方法。因为在朱子看来,仅仅做"克己"工夫而不做"复礼"工夫,其结果必然"堕于空寂,如释氏之为"。因此,朱子认为,正因为礼是人本有的内在德性,所以"克己是要复得此礼"。必须要注意的是,朱子这里所谓的"此礼"是有确定涵义的。由于在这段话中,朱子又以"佛家"为反面典型,来论证其观点,所以我们可以肯定的是,所谓的"此礼",首先是指儒家的道德礼仪规范,如孝悌之类。其次,根据上文的分析,朱子所谓的"此礼",不仅指人心中本有的"规矩",更加侧重于对行为动作作出具体规定的外在礼仪规范。也正是在这一意义上,朱子认为,对于孔子之"克己复礼"的教诲,我们应该更加注重"复礼",而不仅仅是战胜内心中的私欲。在上文引用的这段话在《朱子新学案》中,朱子所谓的"圣人之教,所以以复礼为主",其意就是为了强调这一层涵义,而不只是认为"克己"是反面消极的工夫,"复礼"是正面积极的工夫。②

上文已经说过,在朱子看来,"克己"工夫与"复礼"工夫是同一项工夫之两面,而能否做到"克己便是复礼",关键在于是否善于做"克己复礼"工夫。如果会做"克己复礼"工夫,则"才'克己'便是'复礼'";如果不会做工夫,即使"克己"

---

①　黎靖德编:《朱子语类》卷四十一,第 1045 页。按,此条语录为叶贺孙所记,时间是在朱子六十二岁以后。

②　按,在《朱子新学案》中,钱穆先生对这段语录也作了解释。钱穆先生说:"仅知克己私,只是在反面消极做工夫,必要知复礼,始是正面积极的。儒家克己以复礼为归,释氏则仅克己而无礼可复,于是逐落于空寂。此谓儒家克己有辨,非谓克己与复礼有辨。"(参见钱穆:《朱子新学案》,第 449 页。)本书认为,钱先生所谓的"儒家克己以复礼为规",与朱子所说的"圣人之教,所以以复礼为主"意思相合,有其道理。但是,钱先生又认为朱子的这段话是在强调"儒释克己有辨",而不是"克己与复礼有辨"。依据本书的分析,朱子的这段话的重点在于反对那种仅"克己"而不做"复礼"工夫的为学方法,所以朱子才会明确提出"以复礼为主"这一说法。因此本书认为,在朱子看来,不但"儒释克己有辨",就儒家内部的学者而言,"克己与复礼"亦"有辨"。当然,必须指出的是,钱先生在文中所谓的"克己与复礼有辨",依据其语境,应当是指"克己"与"复礼"是否应该分为两截工夫。可能正是因为关注的视角不同,所以钱先生没有意识到朱子所说的"圣人之教,所以以复礼为主"这句话的真实内涵。

了，仍然不能"复礼"。那么，在朱子看来，如何正确地做工夫才能"克己便是复礼"呢？

　　我们先来讨论朱子是如何理解"克己"工夫的。在《论语集注》中，朱子将"克己"中的"克"字注释为"胜"。朱子以"胜"来训"克"字有何用意呢？有一个学生曾经问朱子，其以为，与其以"胜"来训"克"字，还不如以"治"训"克"字较为稳妥。朱子回答说：："治字缓了。且如捱得一分，也是治；捱得二分，也是治。胜，便是打叠杀了他。"①钱穆先生认为，在这一段师生对话中，学生"以'治'训'克'"的意见自有渊源。钱先生说："或人不欲训克字作胜字，正为怕犯手脚，不愿着力做。《遗书》卷二韩持国问明道，'克却不是道'，又言'道则不须克'，可见此一意见远有渊源。朱子则谓克己务要彻底，把来打叠杀了他，不作丝毫含糊容藏。与明道答韩持国，谓'克便是克之道'者，亦迥然有别。"②由此可见，朱子以"胜"训"克"是有其深意的，不是任意为之。朱子下一个"胜"字，如钱穆先生所言，其用意在于强调做"克己"工夫要果决、要彻底。譬如，朱子说："克己亦别无巧法，譬如孤军猝遇强敌，只得尽力舍死向前而已，尚何问哉！"③很明显，孤军突然遇到强敌，没有退路可言，必须尽力舍死向前，拼杀个你死我亡。所以，朱子说："圣人所以下个'克'字，譬如相杀相似，定要克胜得他！"④此外，朱子又将

　　　　───────────

①　黎靖德编：《朱子语类》卷四十一，第 1044—1055 页。按，此条语录为林学蒙所记，在朱子六十五岁以后。

②　钱穆：《朱子新学案》，第 448 页。

③　黎靖德编：《朱子语类》卷四十一，第 1042 页。按，此条语录为周谟记己亥以后所闻，在朱子五十岁以后。

④　黎靖德编：《朱子语类》卷四十一，第 1044 页。

"克己"工夫比喻成"除恶草"、"拒强盗"、"服药去病"等。① 朱子的这些比喻虽又不同,但强调的重点是一样的。在朱子看来,对待"私欲",不能有所迟疑,务必彻底除之,除恶要尽。

虽然朱子强调做"克己"工夫要果决、要彻底,但是"克去己私,最是难事"。《语类》记载:

> 因论"克己复礼",洽叹曰:"为学之艰,未能如私欲之难克也!"
> 先生曰:"有奈他不何时,有与他做一片时。"②

在这段对话中,对学生所谓的"为学之艰,未能如私欲之难克"感叹之言,朱子表示认同。在朱子看来,"克己"工夫之所以难做,有两个原因:一是"私欲"本身就难以去除;二是难以判断何为"私欲",甚至有时认"私欲"为"天理","有与他做一片时"。

"克己"工夫既然如此难做,又不得不做,那么到底应该如何做呢? 首先,在朱子看来,应当先从"日用间只就事上仔细思量体认"何为"私欲"、何为"天理",然后用力战胜"私欲"。《语类》记载:

---

① 按,譬如,朱子云:"敬如治田而灌溉之功;克己,则是去其恶草也。"(《语类》卷十二,第 214 页。按,此条语录为程端蒙记己亥以后所闻,在朱子五十岁以后。)

又如,朱子将"克己"与"致知"以及"敬"进行比较时说:

致知、敬、克己,此三事,以一家譬之:敬是守门户之人,克己则是拒盗,致知却是去推察自家与外来的事。伊川言:"涵养须用敬,进学则在致知。"不言克己。盖敬胜百邪,如诚则便不消言闲邪之意。犹善守门户,则与拒盗便是一等事,不消更言别有拒盗底。若以涵养对克己言之,则各作一事亦可。涵养,则譬如将息;克己则譬如服药去病。盖将息不到,然后服药。将息则自然无病,何消服药。能纯于敬,则自无邪僻,何用克己。若有邪僻,只是敬心不纯,只可责敬。故敬则无己可克,乃敬之效。若初学,则须是功夫都到,无所不用其极。(《语类》卷九,第 151—152 页。按,此条语录为程端蒙所记,在朱子五十岁以后。)

由于这条语录本身比较重要,故将钱穆先生对此语录的解读摘录如下,以便参考。钱先生说:"此条以克己与敬与致知并列为三,而必先言伊川所以言涵养不言克己之意,然后始言涵养克己亦可各作一事。在朱子心中,固不见自己有与伊川相违处。又谓涵养如将息,克己如服药去病,服药固是去病之主要条件,然人在病中,及其服药前后,固宜有将息,故将息乃是去病之必要条件。抑且将息得宜,自可无病,则不消服药。故人日常可以不服药,但不能不将息。惟为初学者,则应兼用敬与克己工夫。及其持敬工夫深,则不烦再言克己。所谓'敬则无己可克',此亦二程语。则朱子此条虽提出'克己'二字,其意中固不觉与二程有异,亦似此时对'克己'二字尚不甚郑重视之。"(参见钱穆:《朱子新学案》,第 444 页。)

② 黎靖德编:《朱子语类》卷四十一,第 1050 页。按,《语类》中的这段对话,谦之录云:"有言私欲难去。曰:'难。有时忘了他,有时便与他为一片了!'"

元翰问:"克去己私,最是难事。如今且于日用间每事寻个是处。只就心上验之,觉得是时,此心便安。此莫是仁否?"

曰:"此又似说义,却未见得仁。又况做事只要靠著心。但恐己私未克时,此心亦有时解错认了。不若日用间只就事上仔细思量体认,那个是天理,那个是人欲。著力除去了私底,不要做,一味就理上去做,次第渐渐见得,道理自然纯熟,仁亦可见。且为圣贤千言万语虽不同,都只是说这道理。且将圣贤说底看,一句如此说,一句如彼说,逐句把来凑看,次第合得,都是这道理。"

或说:"如今一等非理事,固不敢做。只是在书院中时,亦自有一般私意难识。所谓'孜孜为善,孜孜为利',于善利之中,却解错认。"

曰:"且做得一重,又做一重,大概且要得界限分明。"

遂以手画扇中间云:"这一边是善,这一边是利。认得善利底界限了,又却就这一边体认纤悉不是处克将去。"①

在这段对话中,朱子的学生认为,"克己"工夫虽然难做,但是可以从日常生活中找出正确的做事方式,然后"只就心上验之",只要心里觉得是正确的,"此心便安",这也就是"仁"。朱子却认为,学生的这种做法完全依靠"心"来判断对错,只能说与作为是非之心的"义"相似,还算不上"仁"。更为重要的是,做事仅仅依靠自己的"心"来作判断,如果心中的"私意"并未去除,那么此"心"也就没有资格来判断是非,"此心亦有时解错认了"。朱子主张,"不若日用间只就事上仔细思量体认,那个是天理,那个是人欲"。要注意的是,朱子的这句话中包含着两个要求:一是"日用间";二是"只就事上"。换言之,朱子认为,要做好"克己"工夫,一是要求不能脱离自己的日常生活,要在生活的细节中战胜"私欲";二是要求在人事中做"克己"工夫,而不能脱离"人事",尤其是不能仅仅依靠"心"来体认"天理"。通过对日常生活的各种人事进行"仔细思量体认",如果能够分辨出"私欲"(即"人欲")与"天理",那就要努力去战胜这种"私欲",不要去作恶,应该坚决地依照符合"天理"的方式(即"正确的方式")去行动。在朱子看来,如果能一直坚持按照这样的要求来做"克己"工夫,则"次第渐渐见得,道理自然纯

---

① 黎靖德编:《朱子语类》卷四十一,第 1044 页。按,此条语录为周明作所记,在朱子六十三岁以后。

熟，仁亦可见"。

　　在上面引用的语录中，另外一个学生又提了一个问题。其大致的意思是，对于通常的事情，比较容易判断是非对错，自己也不敢为了满足自己的私欲而去做那些错事、恶事。但是，在这位学生看来，有一种"私意"最难识别，即在"善"与"利"之间，不容易分辨出自己的想法或做法究竟是出于"私意"，还是与"天理"相符合。这位学生所说的"孜孜为善，孜孜为利"一语，出自《孟子》。孟子云："鸡鸣而起，孜孜为善者，舜之徒也；鸡鸣而起，孜孜为利者，跖之徒也。"（《孟子·尽心上》）结合孟子这里所表达的意思，这位学生比较困惑的实际上是，他很难判断自己的所作所为究竟为了利益，还是为了追求"善"（或者说成就自我的道德品质）。譬如，在上面引用的语录中，这位学生所说的"只是在书院中时，亦自有一般私意难识"这样一句话，其意应该是说，他自己确实难以判断自己在书院读书学习，究竟是为了提高自己的道德修养，还是为了功名利禄。[①]面对这一疑问，朱子并没有给出明确的答复，只是提了一个总的建议。如何解决"善"与"利"的冲突，朱子认为，首先分清楚"善"与"利"之间的界限，然后再结合自己的实际情况来"体认"与辨别其思想或行为是属于"善"这一边，还是属于"利"这一边。如果找出"纤悉不是处"，那么就应该努力将这些与"利益"相关的"私意"、"私欲"一点一点地战胜，"且做得一重，又做一重"。

　　实际上，"克己"工夫之所以如此难做，其原因之一就是难以判断何为"私欲"。那么，在朱子看来，这一难题如何解决呢？《语类》记载：

　　　　因说克己，或曰："若是人欲则易见。但恐自说是天理处，却是人欲，所以为难。"

　　　　曰："固是如此。且从易见底克去，又却理会难见底。如剥百合，

---

　　①　按，在这里，有人可能会立即指出本书在这里诠释过度了，其理由大概是：只要是对宋儒（尤其是道学家）的为学为人略知一二，都知道他们读书学习是为了"成己"，即提高自身的道德修养、完善自己的道德人格，怎么可能会将"读书"与"利益"联系起来思考。本书认为，这一理由当然符合事实。尤其是对于宋代道学家而言，这些人读书学习，其动机肯定不是像司马迁所形容的那些人一样，即"天下熙熙，皆为利来；天下攘攘，皆为利往"。但是我们不要忘记，儒者的追求除了"成己"，还有"成物"。"成己"与"成物"，即通常所谓的"修己"与"治人"，或者"内圣"与"外王"，这二者都是儒者的人生目的。当然，"成物"是建立在"成己"的基础之上，这自不必多言。既然儒者读书的目的还有"成物"这一方面，那么要达到"成物"的目的，就必须入世做事，对儒生而言，通常就是通过考取功名才能得到一官半职，才能为百姓做些实事。而对于真正的儒者来说，此时就有可能怀疑自己读书的动机是否纯正是否为了功名利禄。因此，正文部分对这位学生的困惑所作的解读，应该是可以成立的。

须去了一重,方始去那第二重。今且将'义利'两字分个界限,紧紧走从这边来。其间细碎工夫,又一面理会。如做屋柱一般,且去了一重粗皮,又慢慢出细。今人不曾做得第一重,便要做第二重工夫去。如《中庸》说'戒慎乎其所不睹,恐惧乎其所不闻。莫见乎隐,莫显乎微,故君子慎其独'。此是寻常工夫都做了,故又说出向上一层工夫,以见义理之无穷耳。不成'十目所视,十手所指'处不慎,便只去慎独! 无此理也。"①

在朱子看来,正因为"天理"与"人欲"难以分辨,所以做"克己"工夫时,应当先从"易见底克去",再去"理会难见底"。这就如同剥百合一样,必须先剥了第一重,才能去剥第二重。在这段话中,朱子还特别强调了"义利之辨",做"克己"工夫,必须分得清楚何为"义"、何为"利",必须先要战胜唯利是图的欲望,然后再理会"其间细碎工夫"。为了说明这一道理,朱子又举了《中庸》中"慎独"的例子,如果"目所视,十手所指"处都没有做到"慎独",就去做心间隐微处的"慎独"工夫,这显然是不对的。在朱子看来,做"克己"工夫,必须就自己已经知道的"私欲"逐件地克服。朱子说:"随其所知者,渐渐克去。"②并且,因为人的"私欲"随时都有可能产生,所以必须坚持不懈地做"克己"工夫。朱子云:"今日'克己复礼',是今日事;明日'克己复礼',是明日事。'克己复礼'有几多工夫在,须日日用工。"③正因为"克己"最是难事,所以朱子才会要求学生必须"日日用工"。

关于如何做"克己"工夫,朱子主张"先易后难",这自然很有道理。但是,不管是"易见底"的私意,还是"难见底"的私意,都属于"已发",那么这是否意味着"克己"工夫仅仅是针对"已发"用力呢?《语类》记载:

林安卿问:"克复工夫,全在'克'字上。盖是就发动处克将去,必因有动,而后天理、人欲之几始分,方知所抉择而用力也。"

曰:"如此,则未动以前不消得用力,只消动处用力便得。如此得否? 且更仔细。"

次早问:"看得如何?"

① 黎靖德编:《朱子语类》卷四十一,第 1043 页。按:此条语录为吴雉所记,在朱子六十三岁以后。
② 黎靖德编:《朱子语类》卷四十一,第 1045 页。
③ 黎靖德编:《朱子语类》卷四十一,第 1055 页。

林举《注》中程子所言"'克己复礼'乾道,主敬行恕坤道"为对。

曰:"这个也只是微有些如此分。若论敬,则自是彻头彻尾要底。如公昨夜之说,只是发动方用克,则未发时,不成只在这里打瞌睡懵懂,等有私欲来时,旋捉来克!如此得否?"

又曰:"若待发见而后克,不亦晚乎!发时固是用克,未发时也须致其精明,如烈火之不可犯,始得。"①

这段对话虽然比较长,但其意并不复杂。本书之所以照抄全录原文,主要是为了凸显朱子对这一问题的重视程度。在这段对话中,林安卿的意思是,"克己"就是从私意"发动处"来做工夫,也就是从心之"已发"处下"克"的工夫,其理由在于,只有当心处于"已发"时,"天理、人欲之几"才开始分为二途,此时"方知所抉择而用力",克去"己私"。按照上文的分析,朱子主张做"克己"工夫时"先易后难",皆是从心之可"见"处用功,也就是从心之"已发"处用力。如果这样来看,林安卿的想法应该是与朱子的意思相符合的,并没有违背朱子之意。然而,朱子却不同意林安卿的看法。第一天,朱子只是对林安卿说:"如此,则未动以前不消得用力,只消动处用力便得。如此得否?且更仔细。"到了第二天早晨,朱子又追着林安卿问其是否相通这一问题。林安卿以伊川关于"克己"与"敬"之关系的论述回答。根据语气推测,朱子对这一回答似乎并不是十分满意,并再一次强调了"克己"工夫不能仅在"已发"处用力,心处于"未发"状态时,也必须"致其精明,如烈火之不可犯",将"私欲"看成强敌,严阵以待。客观地说,朱子对此并没有给予理论上的说明。但是,我们可以肯定的是,在朱子看来,"克己"工夫不仅是针对心之"已发"状态,亦针对心之"未发"状态。

关于"克己"工夫,朱子还强调这一工夫是自家事,"在我不在人"。朱子说:"大率克己工夫,是自著力做底事,与他人殊不相干。紧紧闭门,自就身上仔细体认,觉得才有私意,便克去,故:'为仁由己,而由人乎哉!'夫子说得大段分晓。吕与叔《克己铭》却有病。他说须于与物相对时克。若此,则是并物亦克也。已私可克,物如何克得去!已私是自家身上事,与物未相干在。"②在朱子看来,"己私"是"自家身上事",与他人或它物并不直接相关。譬如,金钱与美女,其自身

---

① 黎靖德编:《朱子语类》卷四十一,第 1044 页。
② 黎靖德编:《朱子语类》卷四十一,第 1044 页。

何错之有，错就错在人心对这些所产生的"过分"的贪念。因此，"克己"工夫，与他人或者它物"殊不相干"，是"自著力做底事"。只有从自家身上仔细体认，才觉得自己心里对诸如金钱、美女等产生"私意"，便着力克去。所以，朱子认为，"克己"工夫，"在我而不在人"，犹如刀在自己身上，当心里稍有"私意"、"贪欲"之时，便一刀砍去，而此刀本就是自己的，非他人之刀。① 也正是在这一意义上，朱子对吕大临的《克己铭》进行了批判。朱子认为，《克己铭》中所谓的"须于与物相对时克"这一说法有问题。如果依照此说，则"私意"、"贪欲"之错就不全在自己身上，似乎诸如金钱、美女等这些"身外之物"亦有错。本书以为，朱子之所以要批评《克己铭》中的这一说法，重点在于强调，"私意"、"贪欲"等"一己之私"产生的责任全在自己身上，因而"克己"工夫，"在我而不在人"，绝对不可推卸责任。

在朱子看来，要真正意识到"克己"工夫是"自家事"、"在我不在人"，就必须要充分认识到"克己"工夫之重，功名利禄之轻。朱子云：

> 公且未谓要理会颜子如何"克己复礼"，且要理会自家身己如何须著"克己复礼"。这也有时须曾思量到这里，颜子如何若死要"克己复礼"？ 自家如何不要"克己复礼"？ 如今说时，也自说得尽通，只是不曾关自家事。也有被别人只管说，说来说去，无奈何去克己，少间又忘了。这里须思量颜子如何心肯意肯要"克己复礼"？ 自家因何不心肯意肯去"克己复礼"。这处须有病根，先要理会这路头，方好理会所以克之之方。须是识得这病处，须是见得些小功名利达真个是轻，"克己复礼"事真个是重！ 真个是不恁地不得！②

从这段话中我们可以看出，在朱子看来，如果想要知道如何在自家身上做"克己"工夫，就必须向颜回学习，思考颜回为何"死要"做"克己"工夫、为何"心肯意肯"地做"克己"工夫。只有思考明白其中的道理，反思自己为何不能心甘情愿地去做"克己"工夫，找出"病根"之所在，然后才能研究具体的"克己"之方。而

---

① 按，譬如，朱子云："'为仁由己，而由人乎哉'！是言'克己复礼'工夫处，在我而不在人。"（《语类》卷四十一，第1053页。）又云："只'克己复礼'，如以刀割物。刀是自己刀，就此便割物，不须更借别人刀也。"见黎靖德编：《朱子语类》，第1051页。

② 黎靖德编：《朱子语类》卷四十一，第1045页。

在朱子看来,如果真的找出了"病根",并真切地认识到这一"病根"确实是阻碍自己提高道德修养的根本原因,那么就会真正地"见得些小功名利达真个是轻,'克己复礼'事真个是重!"只有如此,才能在自己的"私欲"产生之时,勇敢果决,将其一刀斩断。

朱子认为,如果要学习颜回做"克己复礼"工夫,就必须做到"本末精粗"无所不到。朱子说:"仲弓方始是养在这里,中间未见得如何。颜子'克己复礼',便规模大,精粗本末,一齐该贯在这里。"①需要说明的是,朱子的这两句话是在回答学生所问"克己复礼"与"主敬行恕"之间的区别时说的。在朱子看来,冉雍(前 531 年—?,字仲弓)的为学之方主要是"主敬行恕",而颜渊则主要是"克己复礼"。因此,朱子所谓"仲弓方始是养在这里"中的"在这里",其意应该是"在心里",因为"主敬行恕"工夫主要在"心"上用功。因而,颜渊的"克己复礼"工夫之所以"规模大",就是因为其"精粗本末"皆要贯通于此"心",而不仅仅是注重内心的修养。那么,"克己复礼"工夫如何分"精粗"呢?朱子说:"若以克去己私言之,便克己是精底工夫,到礼之节文有所欠阙,便是粗者未尽。然克己又只是克去私意,若未能有细密工夫,一一入他规矩准绳之中,便未是复礼。如此,则复礼却乃是精处。"②在朱子看来,"克己"工夫与"复礼"工夫分"精粗",是相对而言的。如果做工夫从"克己"入手,那么"克己"就是"精底"工夫,至于"礼之节文有所欠阙"处,这就是"粗者"的工夫还没有做完。然而,"克己"工夫只是要求战胜心中之"私意",如果还没有做"细密工夫",是自己的言行举止"一一入他规矩准绳之中",这就是尚未完成"复礼"工夫。如果从这一角度看,"复礼"工夫那是"精底"工夫。由此可见,朱子主张"克己便是复礼",将"克己"与"复礼"分"精粗",实际上都是强调外在的礼仪规范对于"克己复礼"工夫的重要性,具体的道德礼仪对于规范人的行为动作是不可或缺的。譬如,朱子在写给潘叔昌的回信中说:"细读来喻,足见为己之力。但学者须先置身于法度规矩中,使持于此者足以胜乎彼,则自然有进步处。如孔子之告颜渊,以非礼勿视、听、言、动为克己之目,亦可见矣。若自无措足之地,而欲搜罗决剔于思虑隐微之中,以求所谓人欲之难克者而克之,则亦代翕代张、没世穷年而不能有以立矣。"③很明显,在朱子看来,学者只有先将自己"置身于法度规矩中",以礼仪规范来约束自己的言

---

① 黎靖德编:《朱子语类》卷四十一,第 1046 页。
② 黎靖德编:《朱子语类》卷四十一,第 1046—1047 页。
③ 朱熹:《答潘叔昌》,《晦庵先生朱文公文集》卷四十六,《朱子全书》第 22 册,第 2141 页。

行，这样才有助于战胜"私意"，才会有进步。

也正是因为具体的道德礼仪对于规范人的行为动作具有不可或缺性，所以朱子强调，克己者必须复此身于规矩准绳之中，才能真正实现"克己便是复礼"。朱子说："克去己后，必复于礼，然后为仁。若克去己私便无一事，则克之后，须落空去了。且如坐当如尸，立当如齐，此礼也。坐而倨傲，立而跛倚，此己私也。克去己私，则不容倨傲而跛倚；然必使之如尸如齐，方合礼也。故克己者必须复此身于规矩准绳之中，乃所以为仁也。"①上文我们已经分析过朱子的这一段话，现在再将这段话拿过来，是因为这段话比较能够说明朱子所主张的"克己便是复礼"的真正含义。简单地说，在这段话中，朱子认为，"坐而倨傲，立而跛倚"就是"私欲"（或者说"己私"），因为这种行为方式只是一味地为了满足身体的自然欲望而不顾其他。而依照儒家的礼仪传统，坐当"如尸"，立当"如齐"。在朱子看来，只要是能够战胜这种"倨傲而跛倚"的"私欲"，就必然会符合"坐如尸"、"立如齐"这些礼仪规范。因此，朱子认为，克己者只有将"此身于规矩准绳之中"，这才算是真正完成了"克己"，而此时的"克己"便是"复礼"，二者是同时完成、相互成就的。

在这里，可能有人对朱子的论证思路提出质疑，因为在一定的情况下，"坐而倨傲，立而跛倚"也未必就一定是"私欲"，譬如一个人独处时，或者如老庄之自然主义者，总不能说其心中一定有私心杂念。事实上，对于这一质疑，朱子是有所思考的。朱子说："跛倚倨傲，亦未必尽是私意，亦有性自坦率者。伊川所谓'人虽无邪心，苟不合正理，乃邪心也。'"②本书认为，在这段话中，朱子只是点到为止，但如果略加引申的话，其意亦不难明白。具体地说，朱子所引用的伊川之语中的"正理"，应该是指"儒者之道"，因为这句话是就紧接着"亦有性自坦率者"（与老庄之徒类似）讲的。而所谓"儒者之道"，通常包括儒家思想以及具体的道德规范、礼仪规范。依照传统儒家的一般要求，道德品行与规范不仅是对人之内心提出的要求，而且对人的视听言动、一言一行皆有严格的礼仪规范。因此，从这一意义上看，朱子虽然承认"亦有性自坦率者"，但其引用伊川的话，就说明朱子是以儒家的立场来看的，自然反对那种"跛倚倨傲"的行为方式。如果是就那些想要"成圣成贤"的人或者以儒者自居的人而言，"坐而倨傲，立而跛

---

① 黎靖德编：《朱子语类》卷四十一，第 1046 页。
② 黎靖德编：《朱子语类》卷四十一，第 1047 页。

倚"就是一种"私欲",此应当无疑。朱子认为,正是由于这一理由,所以孔子在教授给颜渊"克己复礼"工夫之后,立即告诉颜渊"非礼勿视听言动"。朱子说:"'非礼勿视',《说文》谓'勿'字似旗脚。此旗一麾,三军尽退,工夫只在'勿'字上。才见非礼来,则以'勿'字禁止之;才禁止,便克己;才克去,便能复礼。"①因此,本书认为,朱子提出"克己便是复礼"的主张,其最为重要的内涵就是:"未能至于复礼以前,皆是己私未尽克去"②。

关于朱子所提出"克己便是复礼"主张,人们对其还有一个方面的质疑,即"佛家如何不能'克己便是复礼'"的疑问。《语类》记载:

> 时举因问:"夜来先生谓'坐如尸,立如齐'是礼,倨傲跛倚是己。有知倨傲跛倚为非礼而克之,然乃未能'如尸如齐'者,便是虽已克己而未能复礼也。"
>
> (朱子)曰:"跛倚倨傲,亦未必尽是私意,亦有性自坦率者。伊川所谓'人虽无邪心,苟不合正理,乃邪心也'。佛氏之学,超出世故,无足以累其心,不可谓之有私意。然只见他空底,不见实理,所以都无规矩准绳。"
>
> (时举)曰:"佛氏虽无私意,然源头是自私其身,便是有个大私意了。"
>
> (朱子)曰:"他初间也未便尽是私意,但只是见得偏了。"③

在这段对话中,学生时举向朱子提出疑问,大概是对朱子所说的"未能'如尸如齐'者,便是虽已克己而未能复礼"这一句话的意思还不是太明白,又或者表示怀疑。朱子认为,"坐而倨傲,立而跛倚",不一定都是"私意"。譬如佛氏之学,超然出世,无足以累其心,因而不能说佛教之僧人的行为方式就是"私意"。但是,在朱子看来,释氏之根本见解便错了,因其只见得个"空",而不见"实理"。何谓"实理"? 朱子的何谓"实理",应该与伊川所谓的"人虽无邪心,苟不合正理,乃邪心也"中的"正理"涵义一致。上文已经分析过,这里的"正理"应该是指

---

① 黎靖德编:《朱子语类》卷四十一,第 1052 页。

② 黎靖德编:《朱子语类》卷四十一,第 1048 页。

③ 黎靖德编:《朱子语类》卷四十一,第 1047 页。按,为了方便阅读和分析,引文中的小括号中的人名为笔者所加。

"儒者之道"，或者说得更加直白一些，就是儒家的"核心价值观"。朱子认为，正因为释氏既没有真正理解"儒者之道"，又不能认同儒家的"核心价值观"，所以释氏之徒即使已经"克己"，心中不惹一点尘埃，但也不可能使自己置身于儒家的规矩准绳之中，即"虽已克己而未能复礼"。譬如，朱子说："佛老只为原无这礼，克来克去，空了。"①朱子这里所谓的"这礼"，就是指建立在儒家的道德原理之上的礼仪规范。佛老本就不认同儒家的道德原理，所以不可能认为"克己"便是复"儒家之礼"。在上引师生对话的最后部分，朱子的学生以为，释氏之徒虽然心中没有"私意"，然而释氏之学的动机或最终目的依然是"自私其身"，这便是有个"大私意"。耐人寻味的是，向来以反佛自居的朱子，此时竟然为释氏辩护，认为释氏"初间也未便尽是私意"，只是在根本见解上有问题，"见得偏了"，以为万有皆"空"，甚至包括自己的亲人，亦是"空"。②

　　行文至此，本书已经花了比较长的篇幅来讨论朱子之"克己便是复礼"的内涵与深意，在这里应该做一个小结了。客观地说，"克己便是复礼"这一观点本身所涉及的问题确实比较多，三言两语实在难以交代清楚。朱子之用心之深、心思之细，确实让人汗颜。古人之心意，可以不赞成，但绝不可污蔑。因此，本书在此还有必要再多说几句。朱子有一句为后人所熟知的话，即："饮食者，天理也。要求美味，人欲也。"③朱子的这句话虽然被不少当代学者引用和解读过，但大多数学者在分析这句话时，其目的仅仅是用这句话用来说明朱子所谓"存天理，去人欲"这一说法的真实涵义。也就是说，"存天理，去人欲"所要表达的是，人们的自然欲望应该要有所节制，不能任其膨胀，否则，欲望过多就极可能使人心变坏，对个人的道德水平之提高有着极大的阻碍作用。"存天理，去人欲"这一说法，并不是反对人的自然欲望，或者主张消灭人的自然欲望。学者们如此解读这句话的意涵，当然是与朱子之本意相符合的，因为从儒家的基本立

---

　　①　黎靖德编：《朱子语类》卷四十一，第 1045 页。
　　②　按，譬如，朱子云："儒、释之异，正为吾以心与理为一，而彼以心与理为二耳。然近世一种学问，虽说心与理一，而不察乎气禀物欲之私，故其发亦不合理，却与释氏同病，又不可不察。"（朱熹：《答郑子上》，《晦庵先生朱文公文集》卷五十六，《朱子全书》，上海：上海古籍出版社，合肥：安徽教育出版社，2002年，第 2689 页。）又云："吾以心与理为一，彼以心与理为二，亦非固欲如此，乃是其所见处不同。彼见得心空而无理，此见得心虽空而万物咸备也。虽说心与理一，而不察乎气禀物欲之私，亦是见得不真，故有此病。此《大学》所以贵格物也。"（朱熹：《答郑子上》，《晦庵先生朱文公文集》卷五十六，《朱子全书》第 23 册，第 2691 页。）
　　③　黎靖德编：《朱子语类》卷十三，第 224 页。

场来看,任何一位儒者都不会也不应该主张消灭人的自然欲望,儒家毕竟与释氏不同。实际上,不少学者如此解释朱子的这句话,其针对的对象乃是用"以理杀人"来批判朱子的戴震,当然,同时也可能针对在一定的特殊历史时期那些对朱子学说所作的任意解读和曲解的"学者"。如此,我们也能够理解学者们借用"饮食者,天理也。要求美味,人欲也"这句话来说明"存天理,去人欲"的真正涵义,其用心亦可谓良苦。但是,如果我们以 "克己便是复礼"这一观点来体味朱子所说的这句话,似乎尚有余韵。为了方便理解,我们在这里可以假设一下这样一种情况:譬如,一家人坐在餐桌前,有老人、中年人以及小孩。此时,桌子上没有其他食物,仅有一只刚出炉的烤鸡,极其美味。其中某一个人直接把这只烤鸡拿过来,独自将其吃掉,而其他人只能眼巴巴地看着。譬如,他们各自都有独吞烤鸡的理由:小孩说自己要长身体;中年人说自己干了一整天体力活,需要补充营养;而老年人说自己好久没有吃肉了,写文章需要用脑,也需要吃肉。然而,这在朱子看来,这些理由都是自家躯壳上起念,而没有先考虑他人的感受和需求,所以这些皆是"私意"或者说"私欲",应当坚决克去。如果能战胜这些"私意",那么上文所假设的情景立即会变得不同:人们首先是相互谦让,然后再依照一定道德规范或礼仪规范,并结合具体的实际情况,将这仅有的一只烤鸡分成几份,大家一起分享。此时,大家都战胜了自己的"私欲"而有序地分着吃这只烤鸡,这就是朱子所谓的"'克己'便是'复礼'"的真实写照。

三、"一于礼之谓仁":为仁"以礼为准"

在朱子看来,儒家之所以能够"克己便复礼",是因为工夫精细,"克己"工夫与"复礼"工夫都要"以礼为准"。朱子说:"吾儒克己便复礼,见得工夫精细。圣人说得来本末精粗具举。下面四个'勿'字,便克与复工夫皆以礼为准也。'克己复礼',便是捉得病根,对症下药。"[①]朱子认为,孔子之所以说"非礼勿视,非礼勿听,非礼勿言,非礼勿动",就是因为所说的"克己复礼"工夫是"本末精粗具举",要求"克与复工夫皆以礼为准",惟其如此,才能捉得病根,对症下药。而且,朱子认为,具体的礼仪规范是判断其行为动作是否属于"私欲"(即"人欲")的标准。朱子这样说:"且如'坐如尸'是天理,跛倚是人欲。克去跛倚而未能如尸,即是克得未尽;却不是未能如尸之时,不系人欲也。须是立个界限,将那未

---

① 　黎靖德编:《朱子语类》卷四十一,第 1046 页。

能复礼时底都把做人欲断定。"①依照朱子在这里的说法，如果"克去跛倚而未能如尸"，那么就是"私欲"尚未克尽；如果通过做"克己"工夫，仍然做不到"坐如尸"，那么此时其行为动作依然属于"私欲"。因此，朱子认为，必须立个"界限"，"将那未能复礼时底都把做人欲断定"。因为这里所说的"坐如尸"是儒家的礼仪规范所要求的，所以我们可以认为，朱子是将外在的礼仪规范看成人们的行为动作的标准，如果其言行举止与礼仪规范不相符合，就是没有做好"克己复礼"的工夫，其所作所为还没有达到"仁"的标准。《语类》记载：

> 又问："若以礼与己对看，当从礼说去。礼者，天理之节文，起居动作，莫非天理。起居动作之间，莫不浑全是礼，则是仁。若皆不合节文，便是私意，不可谓仁。"
>
> 曰："不必皆不合节文。但才有一处不合节文，便是欠阙。若克去己私，而安顿不著，便是不入他腔窠。且如父子自是父子之礼，君臣自是君臣之礼。若把君臣做父子，父子做君臣，便不是礼。"②

在这段对话中，朱子的学生认为，如果人的起居动作之方式与礼仪规范完全相符合，才可以算得上是"仁"；如果与礼仪规范完全不相符合，则不能算得上是"仁"。对于学生的这一看法，朱子是不能完全同意的。朱子认为，人的行为动作只要有一处与礼仪规范不相符合，"便是欠阙"，就不能说真正实现了"仁"。如果已经克去"私欲"，其行为动作却没有完全遵守礼仪规范，则说明其"克己复礼"的工夫并没有做好，没有抓住病根，对症下药。

既然朱子认为"克己"工夫与"复礼"工夫皆要"以礼为准"，那么"克己复礼"工夫与"仁"之间的关系又是如何呢？在《论语·颜渊篇》中，孔子说："克己复礼为仁。一日克己复礼，天下归仁焉。为仁由己，而由人乎哉？"朱子认为，"克己复礼为仁"中的"为"字是"谓之"的意思。朱子说："'克己复礼为仁'，与'可以为仁矣'之'为'，如'谓之'相似；与'孝悌为仁之本'，'为仁由己'之'为'不同。"③那么，"谓之"是什么意思呢？据学者研究，在中国古代的言辞表达中，"谓之"与"之谓"是有所区别的。在清代学者戴震看来，"谓之"，是"以下所称之名辨上之

---

① 黎靖德编：《朱子语类》卷四十一，第 1047 页。
② 黎靖德编：《朱子语类》卷四十一，第 1046 页。
③ 黎靖德编：《朱子语类》卷四十一，第 1043 页。

实"；"之谓"，是"以上所称解下"。① 依照戴震对"谓之"的解释，在朱子看来，"克己复礼"工夫与"仁"之间的关系应该就是："克己复礼"工夫是"实"，而"仁"只是"名"。事实上，朱子也确实这样理解二者之间关系的。朱子说："所以'克己复礼'者，是先有为仁之实，而后人以仁之名归之也。"②既然"克己复礼"工夫是"为仁之实"，"仁"只是"名"，那么在二者之中，与作为"名"的"仁"相比较，"克己复礼"工夫应该更为重要，因为"名"与"实"必须相符合。其实，如果我们换个角度说，就能更加容易理解朱子想要表达的意思。朱子说："盖克去己私，便是天理，'克己复礼'所以为仁也。仁是地头，'克己复礼'是工夫，所以到那地头底。"③在这里，朱子将"仁"比喻成"地头"，而"克己复礼"是工夫，只有通过认真努力地做好"克己复礼"工夫，才有可能到达"仁"之"地头"。换言之，如果从"工夫"与"效验"之间关系的角度来说，"克己复礼"是"工夫"，而"仁"则是这一工夫的"效验"。正是在这一意义上，朱子将"克己复礼"称之为"做仁"的工夫。朱子说："圣人只说做仁，如'克己复礼为仁'，是做得这个模样，便是仁。上蔡却说'知仁'、'识仁'，煞有病。"④朱子在这里认为，孔子所谓"克己复礼为仁"，其意是指"做得这个模样，便是仁"因此，朱子认为，谢上蔡的"知仁"、"识仁"工夫是有问题的，实际上也包括明道之"识仁"工夫，只是朱子在这里不愿明说而已。譬如，朱子说："孔子告颜渊，只说'克己复礼'，若是克得己，复得礼，便自见仁分晓。如往长安，元不曾说与长安有甚物事如何。但向说向西去，少间他到长安，自见得。"⑤在这段话中，朱子作了一个比喻，将"仁"比喻成作为目的地的"长安"，而"克己复礼"工夫则是到长安去的路。朱子认为，只有坚持走完去长安的漫漫路途，到达长安之后，才能真正知道长安城是什么样子。而不是连去长安的路都

---

① 按，关于"谓之"与"之谓"之间的区别，可参陈赟：《形而上与形而下：后形而上学的解读——王船山的道器之辨及其哲学意蕴》，《复旦学报》（社会科学版），2002 年第 4 期。为了方便参考，现将此文引用的戴震原话摘录如下：

古人言辞，"之谓""谓之"有异：凡曰"之谓"，以上所称解下，如中庸"天命之谓性，率性之谓道，修道之谓教"，此为性、道、教言之，若曰性也者天命之谓也，道也者率性之谓也，教也者修道之谓也；《易》"一阴一阳之谓道"，则为天道言之，若曰道也者一阴一阳之谓也。凡"谓之"者，以下所称之名辨上之实，如《中庸》"自诚明谓之性，自明诚谓之教"，此非为性教言之，以性教区别"自诚明""自明诚"二者耳。《易》"形而上者谓之道，形而下者谓之器"，本非为道言之，以道器区别其形而上形而下耳。（戴震：《孟子字义疏证卷中·天道四条》）

② 黎靖德编：《朱子语类》卷四十一，第 1051 页。
③ 黎靖德编：《朱子语类》卷四十一，第 1058 页。
④ 黎靖德编：《朱子语类》卷四十一，第 1066 页。
⑤ 黎靖德编：《朱子语类》卷四十一，第 1050 页。

没走完，甚至自己的脚连一步都没迈开，就凭空臆测长安城里到底有什么好玩的东西。从朱子所作的这个比喻看，很明显，朱子是反对那些连"克己复礼"的工夫没有做好的人，就异想天开地去凭心中想象去"知仁"或者"识仁"。对于这一为学方法，朱子是不能认同的。在朱子看来，只有踏踏实实地做好"克己复礼"工夫，最终才能到达目的地，也就是顺利地完成"做仁"、"为仁"的任务。

　　在朱子看来，"仁"是通过"克己复礼"工夫"做"出来的，而不是反求内心体悟出来的。为了进一步理解朱子的这一观点，本书在这里必须指出，如果以朱子的"知行观"来划分，朱子所理解的"克己复礼"工夫，是属于"行"的范畴，而不属于"知"的范畴。在本章的"博文与约礼"一节中，我们已经指出过，在朱子看来，"克己复礼"工夫就是"约礼"工夫。在《与张敬夫论癸巳论语说》中，朱子说："侯氏曰：'博我以文，致知格物也。约我以礼，克己复礼也。'其说最善，此解说得幽深，却无意味也。"①在这封信中，朱子不满意张栻对"博文约礼"的解读，却非常认同侯氏所谓"博我以文，致知格物也。约我以礼，克己复礼也"这一理解。由此可见，朱子是同意将"克己复礼"工夫看成是"约礼"工夫的。在本章上一节对"约礼"工夫的研究中，我们得出的结论是，在朱子看来，"约礼"工夫要求人们的行为动作必须受建立在德道原理之上的具体礼仪规范的约束，也就是要"以礼为准"。而本书在这里也已经指出，"克己"工夫与"复礼"工夫都要"以礼为准"。因此，在朱子这里，"克己复礼"工夫实际上就是"约礼"工夫，应当没有疑问。而根据我们在上一节的研究，从朱子的"知行观"来说，"博文"工夫属于"知"的范畴，而"约礼"工夫则属于"行"的范畴。既然朱子认为"克己复礼"工夫

---

　　① 朱熹：《与张敬夫论癸巳论语说》，《晦庵先生朱文公文集》卷三十一，《朱子全书》第 21 册，2002 年，第 1372 页。

与"约礼"工夫等同,那么"克己复礼"工夫也一定是属于"行"的范畴。① 因此,"克己复礼"工夫就"做仁"的工夫,或者说,是"为仁"的工夫。在《四书章句集注》中,朱子对"克己复礼为仁"中的"为仁"作了这样的解释:"为仁者,所以全其心之德也。盖心之全德,莫非天理,而亦不能不坏于人欲。故为仁者必有以胜私欲而复于礼,则事皆天理,而本心之德复全于我矣。"②这就是说,"仁"是"本心之全德",原本皆是"天理"的体现,但是由于受"人欲"的影响,使得"本心"之"明德"不能自然呈现。因此,人们必须通过"克己复礼"工夫,战胜心中的"私欲",使自己的言行举止皆与具体的礼仪规范完全相符合,则其所作所为皆与"天理"相合,从而作为此心本有之全德的"仁"又再次回到自己身上。简言之,在朱子看来,"克己复礼"工夫是成就"仁"德最为重要的手段。

上文已经说过,在朱子看来,"克己"工夫与"复礼"工夫皆要"以礼为准",而"克己复礼"工夫又是成就"仁"德最为重要的手段。那么,要成就自我心中本有之"仁"德,其行为动作就必须要做到"以礼为准"。朱子说:"一于礼之谓仁。只是仁在内,为人欲所蔽,如一重膜遮了。克去己私,复礼乃见仁。仁、礼非是二物。"③在朱子看来,只有通过"克己复礼"工夫,克去"己私",使其言行举止与礼仪规范完全相吻合,如此才能成就"仁"德,"一于礼之谓仁"。朱子这样说的理由在于,"仁"与"礼"本来就不是两个截然相分的事物,"仁、礼非是二物"。在《答陈器之》的书信中,朱子说:"然仁实贯通乎四者之中。盖偏言则一事,专言

---

① 按,牟坚教授在《朱子对"克己复礼"的诠释与辨析——论朱子对"以理易礼"说的批评》一文中,通过论述朱子对北宋学者关于"克己复礼"的诠释的批判,从而认为,朱子批判的焦点在于批评"以理易礼"说,因为如果离开了具体的"礼文",那么"天理"就无法外化,只能"落空",而"礼"恰恰是"天理"之外化的具体内容。在这篇文章的结语部分,牟教授还借朱子对"以理易礼"说的批判,来反省当前时代的学术状况。牟教授认为,现今的学术思想界,过分重视理论和思辩,而忽略了"下学"工夫,将"下学"与"上达"割裂,此种现状必须改变。牟教授主张,学术思想应当更加注重对现实生活秩序或制度的关心,而"礼"正是作为制度化而对生活的具体安排。作为学术思想研究者,有责任担当起对传统中关于"礼"的丰富资源的损益因革之任务。(参见牟坚:《朱子对"克己复礼"的诠释与辨析——论朱子对"以理易礼"说的批评》,《中国哲学史》,2009 年第 1 期。)

在笔者看来,牟教授基本上是将朱子的"克己复礼"工夫看成是"下学"工夫,而这一工夫包括对礼文制度等知识的学习、研究与思考。牟教授由此提倡,学界应该更加关心现实生活之秩序的重建,要重视礼文制度的学习与研究。但是,以朱子的"知行观"来划分,"克己复礼"工夫是属于"行"的范畴,而非"知"的范畴。如果真的要提倡学界重视对传统儒家的礼文制度的研究,与其说是要从朱子对"克己复礼"的诠释中获得某种启示,那还不如通过研究朱子关于"博文"工夫的诠释而从中获取启发,因为"博文"工夫才是属于"知"的范畴,其主要任务是对礼文制度的学习与研究。

② 朱熹:《四书章句集注》,第 131 页。

③ 黎靖德编:《朱子语类》卷四十一,第 1043 页。

则包四者。故仁者，仁之本体；礼者，仁之节文……"①而在《玉山讲义》中，朱子也说："于此见得分明，然后就此又自见得仁字是个生底意思，通贯周流于四者之中。仁，固仁之本体也；义，则仁之断制也；礼，则仁之节文也；智，则仁之分别也。正如春之生气，贯彻四时，春则生之生也，夏则生之长也，秋则生之收也，冬则生之藏也。故程子谓四德之元犹五常之仁，偏言则一事，专言则包四者，正谓此也。"②综合以上两段话，在朱子看来，礼是"仁之节文"，或者说，具体的礼仪规范制度是人心本有之"仁"德的客观化。从另一方面看，作为"生意"底"仁"又贯通周流于"礼"之中。换言之，作为外在的具体礼仪规范制度，其存在的正当性在于：这些规范制度必须体现"仁"之"生意"。因此，从根本上说，在朱子看来，具体的礼仪规范绝对不是不可变通的僵硬制度，更不是以此"杀人"的死"礼"。

如果人们通过做"克己复礼"工夫，能够战胜心中的"私欲"，从而使自己的言行举止与具体的礼仪规范完全相符合，一切行动皆是"以礼为准"，在朱子看来，此刻便是成就"仁"德之时。在《论语·颜渊篇》中，孔子说："一日克己复礼，天下归仁焉。"在《论语集注》中，朱子对这句话的注释是："又言一日克己复礼，则天下之人皆与其仁，极言其效之甚速而至大也。"③在朱子看来，孔子此言是在说明"克己复礼"工夫之"效验"是"甚速而至大"的。换言之，朱子认为，只要在一日之内真正做到"克己复礼"，使自己的一言一行皆"以礼为准"，那么天下之人都会称赞其是有"仁"德的，因为其当日之言行皆与作为"仁之节文"的礼仪规范完全相符合。朱子说："'一日克己复礼'，使天下于此皆称其仁。"朱子的学生对朱子的这一解释有所质疑，其问曰："一日之间，安能如此？"而朱子的回答则是："非是一日便能如此，只是有此理。"④朱子认为，"一日克己复礼，则天下之人皆与其仁"，这只是在理论上应该如此，不是说在现实生活中真的会发生这种情况。就理论上而言，朱子认为，只要做到"一日克己复礼"，则"当下便是仁"。朱子说："'克己复礼'当下便是仁，非复礼之外别有仁也。此间不容发。无私便是仁，所以谓'一日克己复礼，天下归仁'。若真个一日打并得净洁，便是仁。如昨日病，今日愈，便不是病。"⑤朱子认为，"复礼"工夫完成之时即是成就"仁"德之

---

① 朱熹：《答陈器之》，《晦庵先生朱文公文集》卷五十八，《朱子全书》第 23 册，第 2780 页。

② 朱熹：《玉山讲义》，《晦庵先生朱文公文集》卷七十四，《朱子全书》第 24 册，第 3589 页。

③ 朱熹：《四书章句集注》，第 131 页。

④ 黎靖德编：《朱子语类》卷四十一，第 1050 页。

⑤ 同上。

时,二者是同时完成的,"此间不容发",并非"复礼"之外还存在其他所谓的"仁"。如果真的能在一日之内将自己的"私欲"克尽,使内心净洁、光明,而言行举止皆与"礼"合,则当下便是成就了"仁"德。

虽然朱子认为,只要做到"一日克己复礼",则"当下便是仁",这只是在理论上才能成立,而在现实生活则未必如此,但是,本书以为,朱子之所以强调"'克己复礼'当下便是仁",其用心则在于强调"克己复礼"工夫必须日日做,时刻不能忘,更不能因"克己"工夫难做而自暴自弃。譬如,在《论语集注》中,朱子这样说:"日日克之,不以为难,则私欲净尽,天理流行,而仁不可胜用矣。"①在朱子看来,如果一日不做"克己复礼"工夫的话,则在这一日之内就不能使其内心本有之"仁"德光明与呈现,而天下之人也不会称赞其言行符合"仁"德。朱子说:"今一日克己复礼,天下人来点检他,一日内都是仁底事,则天下都以仁与之;一月能克己复礼,天下人来点检他,一月内无不仁底事,则一月以仁与之。若今日如此,明日不如此,便不会以仁与之也。"②因此,朱子认为,只有坚持每日做"克己复礼"工夫,才能在每一天成就"仁"德。朱子说:"'一日存此心,则一日有此德'。'一日克己复礼,天下归仁',不是恁地略用工夫,便一日自能如此,须是积工夫到这里。若道是'一日克己复礼',天下便一向归其仁,也不得。若'一日克己复礼',则天下归其仁;明日若不'克己复礼',天下又不归仁。"③在这段话中,最为重要的一句话莫过于"一日存此心,则一日有此德"。④ 在朱子看来,要做到"存此心"以拥有"此德",则必须通过做"克己复礼"工夫才能实现,而"克己"工夫与"复礼"工夫皆要"以礼为准"。因此,我们可以说,在朱子看来,要想成就"仁"德就必须"以礼为准"。一言以蔽之,朱子主张,成德必须"以礼为准"。本书认为,朱子的这一主张既符合孔孟之道,又影响了后人。正因为此,民国学者谢幼伟先生才会这样说:"孔孟教人,亦首重礼,……一切莫不以礼为根据,以礼为天理之节文,所以成德之准。"⑤

---

① 朱熹:《四书章句集注》,第 131 页。

② 黎靖德编:《朱子语类》卷四十一,第 1050 页。

③ 黎靖德编:《朱子语类》卷四十一,第 1051 页。

④ 按,譬如,朱子说:"吕氏说得两句最好,云:'一日有是心,则一日有是德。'盖一日真个能克己复礼,则天下之人须道我这个是仁,始得。若一日之内事事皆仁,安得天下不以仁归之!"(黎靖德编:《朱子语类》卷四十一,第 1050 页。)

⑤ 转引自蔡尚思:《中国礼教思想史》,第 293 页。

小　结

本章通过研究礼与成德的关系，主要得出了以下几个方面的结论。

第一，关于"小学与大学的关系问题"。（1）在朱子看来，小学工夫是大学工夫的基础。朱子认为，小学工夫是学习为人处世的基本道理和践行具体的礼仪规范。小学教育对人的德性养成非常重要，朱子本人也非常重视小学阶段的教育。由于朱子认为"小学是学其事"，而依据朱子对"礼"的定义，礼是"人事之仪则"，是人们的日常行为准则，因此我们可以说，在小学阶段主要就是学习礼之"所当然之则"。（2）在朱子看来，在大学阶段要做穷理工夫，也就是穷究"所以然之理"。由于在小学阶段所学的是为人处世的基本道理和礼仪规范，而在大学阶段是要"学其小学所学之事之所以"，所以我们可以认为，大学工夫就是对礼仪规范的"所以然之理"的探究，或者说，是对礼仪规范背后"礼义"的追寻。（3）朱子提出"大学与小学只是一事"这一主张，是针对已经缺失了接受上古时代的小学教育学习机会的现今之人说的。对于缺失了小学工夫的人来说，只能在对自己所掌握的礼之"所当然之则"中穷究其"所以然之理"，待其豁然贯通，使得心中本有之理可以自然地发用流行，自觉地遵守各种具体的道德礼仪规范。而礼之"所当然之则"是小学所学的"礼仪"规范，"所以然之理"是大学工夫所主要穷究的"礼义"。正是在这一意义上，朱子认为"大学与小学只是一事"，而如今的学者在做道德修养工夫时必须将大学工夫与小学工夫紧密结合在一起。

第二，关于"博文"与"约礼"的关系问题。（1）在朱子看来，"博文"相当于"格物致知"，而"约礼"与"克己复礼"同义。在朱子看来，"博文约礼"工夫是"圣门之要法"，非常重要性。朱子认为，"博文"工夫是"为己之学"，而不是"博物洽闻"之"为人之学"。从朱子对"为己"、"为人"的理解来看，既然"博文"工夫是"为己之学"，那么"博文"的动机和目的就是为了成就自身的道德修养和能力，从而能够为社会和国家做出自己应有的贡献。（2）在朱子看来，"博文"的作用在于"考圣贤之成法，识事理之当然"。"博文"就是要求我们通过学习儒家经典以及生活中为人处世的道理，以此来探索"礼"之"所当然之则"以及"所以然之理"。就此意义而言，我们可以将"博文"说成是"知礼"。（3）依照朱子的"知行观"来划分,"博文"工夫属于"知"的范畴;而"约礼"工夫虽然需要"知"的引导,但是就其实质而言,还是属于"践履",是"躬行之实",也就是属于"行"的范畴。(4)关于"博文"工夫和"约礼"工夫的先后次序,在朱子看来,应该是"博文"工夫在先而"约礼"工夫在后,简言之,即"博先而约后"。与此同时,朱子强调,对于初学者来说,要将"博文"工夫与"约礼"工夫分作"两途理会",二者不可相混淆。必须强调的是,朱子主张"博文"在先而"约礼"在后,并不是意味着朱子只是要求学者只做"博文"工夫,而忽略"约礼"工夫,因为朱子之"博先而约后"的主张是与"博约分'两途理会'"联系在一起讲的。(5)朱子之主张"博先而约后",并不是如同有些学者所认为的那样,在"博文"与"约礼"的关系问题上,朱子更加重视"博文",其理由是朱子的为学取向为"下学而上达"。此种论点乍看似乎合理,其实不然。关于知行之先后与轻重,朱子有一句非常著名的话。朱子说:"论先后,知为先;论轻重,行为重。"①如果我们化用朱子的这句话来论"博文"与"约礼"之先后与轻重,通过以上的分析,我们有充分的理由作这样的结论:论先后,"博文"工夫为先;论轻重,"约礼"工夫为重。(6)关于"博文"与"约礼"之间的联系。首先,朱子认为,"博文"工夫是正确地做"约礼"工夫的前提和必要条件。其次,在朱子看来,"约礼"工夫是"博文"工夫的最终目的与"归宿"。最后,在朱子看来,对于学者而言,"博文"工夫与"约礼"工夫之间的关系是内外交相助、互相发明,同时也是相互依赖的。(7)朱子认为,"博文约礼亦非二事"。朱子如此主张,并不意味着博、约二者之先后与轻重关系可以相混淆。在朱子看来,虽然现在勉强地将"博文"与"约礼"这两项工夫分开做,并以"博文"工夫为先而"约礼"工夫为后,但是等到工夫成熟、"异时之深纯",这两项不同工夫之间就能"交相为助"、"互相发明"、"互相为资",从而自然"打成一片"。本书认为,这才是朱子所谓的"博文约礼亦非二事"的真正含义。也正是在这一意义上,朱子才会认同这一主张。朱子的这一提法只是强调"博文"与"约礼"这两项工夫密不可分,不是判然不相干的两项工夫,但是绝不意味着朱子就认同初学者可以违背"博先而约后"的为学之方,从而使工夫之先后次序相混淆。

第三,通过对朱子诠释"克己复礼"的讨论,本章得出如下结论。(1)在朱子看来,自然感性欲望是人所不能无的,是人天生就有的,所以对其应当给予肯定,"只得顺他"。但是,人不仅仅是一个生物性的存在,人之所以为人的根本在

---

① 　黎靖德编:《朱子语类》卷九,第148页。

于人的道德属性，即仁义礼智之"天命之性"。因而，人们应该将"食色"等自然欲望安排在从属地位，其主宰者当为作为人之道德属性的"天命之性"。（2）在朱子看来，人的自然欲望转变成"私欲"，有以下三个方面的原因：（一）气禀之清浊；（二）耳目口鼻等自然欲望"多而不节"；（三）人我之分。朱子将"克己复礼"中的"己"字解释为"身之私欲"，并不意味着朱子对人的自然感性欲望直接予以否定，事实恰恰相反，朱子是在一定的条件下对其予以肯定的。然而，对于那种对自然欲望不加以节制而任其膨胀的态度，朱子则是明确表示反对的。（3）本章指出，朱子是将"己"字注释为"身之私欲"，而不是将"己"字注释为"心之私欲"。本章以为，朱子强调"克己复礼"工夫要在"身"上做，实际上为了强调礼仪对"身"所具有的规范作用。当然朱子也主张"身"与"心"密不可分，所以其虽然将"己"字解释为"身之私欲"，并不代表在朱子这里"心之私欲"无须战胜。（4）本书认为，朱子提出"克己便是复礼"这一观点，主要是强调具体的道德礼仪对于规范人的行为动作具有不可或缺性。朱子认为，克己者必须复此身于规矩准绳之中，才能真正实现"克己便是复礼"。（5）在朱子看来，"克己"工夫与"复礼"工夫皆要"以礼为准"。朱子认为，要想成就"仁"德就必须"以礼为准"。如果人们通过做"克己复礼"工夫，能够战胜心中的"私欲"，从而使自己的言行举止与具体的礼仪规范完全相符合，一切行动皆是"以礼为准"，在朱子看来，此刻便是成就"仁"德之时。一言以蔽之，朱子主张，成德必须"以礼为准"。

结　语

　　关于朱子的礼学思想，虽然学界已经有了不少的研究，但是很少有人能够将朱子的礼学思想放在其整个思想体系背景中加以考察。而朱子的整个思想体系，一般说来，大致可以分为"天理观"、"心性论"以及"工夫论"这三个方面的主要内容。因此，本书为了弥补学界研究之不足，从而紧扣朱子的整个思想背景，对其礼学思想进行研究。同时，本书以《家礼》之"事亲"礼仪、《通解》之"冠礼"为例，探究践行礼仪之原则以及礼仪之功能。通过本书的具体研究，主要得出以下几个方面的结论。

　　第一章以"礼之本"为视角，分析了朱子如何理解礼与天理之间的关系问题。朱子对"礼"所作的定义是："礼者，天理之节文，人事之仪则也"。其中朱子将"节"解释为"等差"，"文"解释为"文采"。朱子认为，先有"节"（等差），然后才有"文"，文饰是为了体现等差尊卑的。朱子以"天理之节文"诠释"礼"，反对直接以"天理"解释"礼"，是因为在朱子看来，"礼"既本源于"天理"，但又不完全与天理等同，"礼"是依据"天理"制作而成的具体规范制度。朱子之所以反对"以理代礼"，是因为"礼实而理虚"。"理"是隐而无形的，而"礼"是实实在在的具体规范。"礼"是依据天理制定的，能够体现人伦之等差关系，并且通过针对不同身份的人作各项具体的礼仪规定而加以文饰。如此，"礼"之中蕴含了"天理"所要求的道德原理，或者说，"天理"内在于和贯穿于礼之中。朱子之所以以"天理之节文"来诠释"礼"，其重点在于强调"礼"必须"恰到好处"。朱子本人就说："礼正在恰好处。"作为"天理之节文"的"礼"，其"文"与"质"之间的关系达到了一种平衡，无过亦无不及，恰到好处，与天理完全相符合。本章通过对"礼乃天理之自然"的分析，得出以下三个方面的结论。（1）就本体论上而言，礼是源于

"天理之自然"，是天理之自然流行。朱子所说的"天理之自然"，是包含人的自然欲望的，朱子也是认可这些自然欲望的。但是，朱子所主张的"礼乃天理之自然"不是从人的自然属性这一角度说的，而是就"天命之性"而言。礼仪的繁文末节虽然非常多，但其实只是一个"天理"贯通于其中，是天理自然发用流行而散见在礼文之中。（2）就礼文的制作而言，礼文虽然是圣人制作的，但是由于圣人之心与"天理"合一，其所撰写出来的礼也就与"天理"合一，其繁文末节莫不恰到好处。正是在这一意义上，朱子认为，由圣人制作的礼文是符合"天理之自然"的。（3）就工夫论上而言，践礼时能达到自然而和的境界，是由于人们对礼的"自然之理"获得了"真知"，然后就会自然心甘情愿地按照礼的具体规范标准来做，而不是刻意为之。

第二章首先从"心性论"的角度，讨论了朱子对"情"的理解。在朱子看来，"四端"与"七情"皆有善有恶。在礼与人情的关系上，对于"礼顺人情"和"以礼治情"两个观点，和大多数儒者过于强调其中的一个方面不同，朱子对两个观点都予以认可，并试图在二者之间找到平衡。而且，朱子对这个观点的认同是有条件的，即"礼顺人情"是顺人情之正，"以礼治情"是要求以礼治人情之偏。在朱子看来，"礼之情"既包含人的情感这一层涵义，也指礼所处的当时社会的实际情况。在"礼之情"与"礼之文"的关系上，朱子主张情文相称，这也是其重视《仪礼》的原因之一。在朱子看来，圣人不是预先凭空制定《仪礼》的，而是在现实生活中先有礼的仪式存在，当这些礼仪在代代因袭后，以至成熟，圣人就把这些成熟的礼仪记录下来而成《仪礼》一书。这些礼仪成熟的标志是"情文极细密，极周经处"，即礼之"情文相称"。一般我们都以为，朱子是主张复归"古礼"的，但是如果有些"古礼"的具体规定与现实完全不相称，那么就不能依照这些"古礼"实践。朱子是明确反对"硬欲行古礼"的这种不合时宜的做法。朱子认为，"三纲五常"是礼之大体，万世不可易。在朱子看来，具体的礼仪制度应当随时损益，其最终目的还是为了"世道人心"，使社会形成良好的风俗，使人们提高自身的道德水准。

本书第三章通过对《家礼》相关问题的研究，得出了以下几点结论。（1）本书认为，关于《家礼》作为"士庶通礼"出现的背景，"士庶通礼"在唐代已出现而在北宋逐步发展，是与当时许多志在复兴儒学的儒者（尤其是道学家）的努力是分不开的。虽然"士庶通礼"的发展在北宋也出现了一些曲折，但是我们也可以看出，在此期间，道学家们是强烈地期望并努力地构建以其道学思想与理想追求(如"圣人可学而至")为基础的新的"士庶通礼",以此规范士大夫和普通庶民家族的日常生活行为,从而实现"修身"与"齐家"的统一。而从历史上看,这一项艰巨而重要的任务与使命是由朱子所编撰的《家礼》才最终得以完成。(2)关于《家礼》对司马光《书仪》的损益问题,本书认为,《家礼》除了继承司马光《书仪》大部分内容之外,还参考并采用了《仪礼》、《礼记》、《唐开元礼》以及当时社会的"俗礼"。但是,《家礼》虽然混有当时已经渗入了佛教与道教礼仪的"俗礼",但其根本思想还是源自《仪礼》。换言之,朱子编撰《家礼》的意图最终是要复归"古礼",或者说,是追求其心目中的理想"礼仪",以此规范家族的生活实践,实现"齐家"乃至于"治国"的目的。质言之,司马光的《书仪》与朱子的《家礼》作为以士人和庶人为对象的"士庶通礼"的出现,尤其是《家礼》的出现,不仅在儒家礼仪发展史上具有划时代的意义,而且对近世中国乃至于东亚文明都造成深远的影响。(3)在朱子看来,"礼"是可以分成"礼之本"与"礼之文"。而就"家礼"而言,"礼之本"是"名分之守"与"爱敬之实",这主要是通过家族的"日用之常礼"体现出来的,此"日用之常礼"是每天都必须践行的,"固不可以一日而不修"。而家族之礼的"礼之文",是指"冠、婚、丧、祭"四种礼仪,以及具体的"仪章度数"。朱子虽然将家族之礼分成"礼之本"与"礼之文",但朱子是更加重视"礼之本"的,也就是更加重视通过家族的"日用之常礼"所体现出来的"名分之守"与"爱敬之实"。当然,关乎人生大事的作为"礼之文"的"冠、婚、丧、祭"这四种礼仪也不可以忽略,对于学者而言,平常也需要学习这四种礼仪。但是,学习作为"礼之文"的"冠、婚、丧、祭"这四种礼仪,其最终目的还是为作为家族之礼的根本宗旨服务的,即为作为"礼之本"的"名分之守"与"爱敬之实"服务的。就其根本而言,朱子编撰《家礼》的目的,亦在于此。(4)《家礼》卷首的《通礼》之中所记载的十一条具体的"事亲"礼仪,既然朱子是将《司马氏居家杂仪》中的原文一字不改地全文摘录,表明朱子应该是认同这些"事亲"礼仪的。《家礼》中的这十一条具体的"事亲"礼仪,与《家礼》之"谨名分、崇爱敬"的宗旨是相符合的,其制定的出发点与目的都是要求子女对父母既要有"孝敬"之心,又要付诸行动。(5)本书通过对《家礼》中的如何劝谏父母这一条"事亲"礼仪的分析与讨论,本书认为,在朱子看来,践行儒家礼仪时应该如何既要坚持原则性,同时又要保持一定的灵活性。朱子主张,劝谏父母应该"不违几谏之初心"。在朱子看来,天下父母都是爱自己子女的,"父母爱子之心未尝少置"。而作为子女,无论遇到何种情况,包括父母有过错而坚决不听从其劝谏时,真正孝顺的子女是不会也不该忘记自己的"爱亲"之"初心"。朱子对"得乎亲"与"顺乎亲"的诠释，实际上就是要求，"子孝父慈，各止其所"。作为子女，应该做好自己的本分，"尽事亲之道，其为子职，不见父母之非而已"。

本书第四章通过对《仪礼经传通解》的研究，得出了以下两点结论。（1）朱子之所以编纂《通解》，有三个方面的理由。第一，朱子编纂《通解》是由于《仪礼》本身的重要性。第二，朱子编纂《通解》是其学术内圣外王的一贯性之要求。第三，朱子编纂《通解》是为"考圣贤之成法，识事理之当然"，从而使人们能够以正确合宜的方式去行动。朱子编纂《通解》的工作，实际上属于"博文"工夫。而在朱子看来，"博文"工夫的要求之一就是，去学习其内容来源于历史实践而又被历史检验的儒家经典典籍。从一定意义上说，朱子既然认为"博文"的作用在于"考圣贤之成法，识事理之当然"。而"博文"不是最终目的，"博文"工夫虽然是正确地做"约礼"工夫必不可少的前提和条件。在朱子看来，"约礼"工夫才是"博文"工夫的最终目的与"归宿"。（2）通过对《通解》之"冠礼"的研究，我们认为，关于"冠礼"，朱子所看重的是其教化功能，即"教以成人"。朱子希望人们通过践行这一礼仪，而使自己明白并主动去承担的其道德义务与社会责任。在朱子看来，"冠礼"是"自家事，由己而已"，在"四礼"中"冠礼"是最易行的。这说明，"冠礼"在朱子心目中何等重要，而且主张人们践行这一礼仪。

本书第五章通过研究礼与成德的关系，主要得出了以下几个方面的结论。

（1）关于"小学与大学的关系问题"。①在朱子看来，小学工夫是大学工夫的基础。朱子认为，小学工夫是学习为人处世的基本道理和践行具体的礼仪规范。小学教育对人的德性养成非常重要，朱子本人也非常重视小学阶段的教育。由于朱子认为"小学是学其事"，而依据朱子对"礼"的定义，礼是"人事之仪则"，是人们的日常行为准则，因此我们可以说，在小学阶段主要就是学习礼之"所当然之则"。②在朱子看来，在大学阶段要做穷理工夫，也就是穷究"所以然之理"。由于在小学阶段所学的是为人处世的基本道理和礼仪规范，而在大学阶段是要"学其小学所学之事之所以"，所以我们可以认为，大学工夫就是对礼仪规范的"所以然之理"的探究，或者说，是对礼仪规范背后"礼义"的追寻。③朱子提出"大学与小学只是一事"这一主张，是针对已经缺失了接受上古时代的小学教育学习机会的现今之人说的。对于缺失了小学工夫的人来说，只能在对自己所掌握的礼之"所当然之则"中穷究其"所以然之理"，待其豁然贯通，使得心中本有之理可以自然地发用流行，自觉地遵守各种具体的道德礼仪规范。而礼之"所当然之则"是小学所学的"礼仪"规范,"所以然之理"是大学工夫所主要穷究的"礼义"。正是在这一意义上,朱子认为"大学与小学只是一事",而如今的学者在做道德修养工夫时必须将大学工夫与小学工夫紧密结合在一起。

　　(2)关于"博文"与"约礼"的关系问题。①在朱子看来,"博文"相当于"格物致知",而"约礼"与"克己复礼"同义。在朱子看来,"博文约礼"工夫是"圣门之要法",非常重要。朱子认为,"博文"工夫是"为己之学",而不是"博物洽闻"之"为人之学"。从朱子对"为己"、"为人"的理解来看,既然"博文"工夫是"为己之学",那么"博文"的动机和目的就是为了成就自身的道德修养和能力,从而能够为社会和国家做出自己应有的贡献。②在朱子看来,"博文"的作用在于"考圣贤之成法,识事理之当然"。"博文"就是要求我们通过学习儒家经典以及生活中为人处世的道理,以此来探索"礼"之"所当然之则"以及"所以然之理"。就此意义而言,我们可以将"博文"说成是"知礼"。③依照朱子的"知行观"来划分,"博文"工夫属于"知"的范畴;而"约礼"工夫虽然需要"知"的引导,但是就其实质而言,还是属于"践履",是"躬行之实",也就是属于"行"的范畴。④关于"博文"工夫和"约礼"工夫的先后次序,在朱子看来,应该是"博文"工夫在先而"约礼"工夫在后,简言之,即"博先而约后"。与此同时,朱子强调,对于初学者来说,要将"博文"工夫与"约礼"工夫分作"两途理会",二者不可相混淆。必须强调的是,朱子主张"博文"在先而"约礼"在后,并不是意味着朱子只是要求学者只做"博文"工夫,而忽略"约礼"工夫,因为朱子之"博先而约后"的主张是与"博约分'两途理会'"联系在一起讲的。⑤朱子之主张"博先而约后",并不是如同有些学者所认为的那样,在"博文"与"约礼"的关系问题上,朱子更加重视"博文",其理由是朱子的为学取向为"下学而上达"。此种论点乍看似乎合理,其实不然。关于知行之先后与轻重,朱子有一句非常著名的话。朱子说:"论先后,知为先;论轻重,行为重。"①如果我们化用朱子的这句话来论"博文"与"约礼"之先后与轻重,通过以上的分析,我们有充分的理由作这样的结论:论先后,"博文"工夫为先;论轻重,"约礼"工夫为重。⑥关于"博文"与"约礼"之间的联系。首先,朱子认为,"博文"工夫是正确地做"约礼"工夫的前提和必要条件。其次,在朱子看来,"约礼"工夫是"博文"工夫的最终目的与"归宿"。最后,在朱子看来,对于学者而言,"博文"工夫与"约礼"工夫之间的关系是内外交相助、互相发

---

　　①　黎靖德编:《朱子语类》卷九,第148页。

明,同时也是相互依赖的。⑦朱子认为,"博文约礼亦非二事"。朱子如此主张,并不意味着博、约二者之先后与轻重关系可以相混淆。在朱子看来,虽然现在勉强地将"博文"与"约礼"这两项工夫分开做,并以"博文"工夫为先而"约礼"工夫为后,但是等到工夫成熟、"异时之深纯",这两项不同工夫之间就能"交相为助"、"互相发明"、"互相为资",从而自然"打成一片"。本书认为,这才是朱子所谓的"博文约礼亦非二事"的真正含义。也正是在这一意义上,朱子才会认同这一主张。朱子的这一提法只是强调"博文"与"约礼"这两项工夫密不可分,不是判然不相干的两项工夫,但是绝不意味着朱子就认同初学者可以违背"博先而约后"的为学之方,从而使工夫之先后次序相混淆。

　　(3)通过对朱子诠释"克己复礼"的讨论,本书得出如下结论。①在朱子看来,自然感性欲望是人所不能无的,是人天生就有的,所以对其应当给予肯定,"只得顺他"。但是,人不仅仅是一个生物性的存在,人之所以为人的根本在于人的道德属性,即仁义礼智之"天命之性"。因而,人们应该将"食色"等自然欲望安排在从属地位,其主宰者当为作为人之道德属性的"天命之性"。②在朱子看来,人的自然欲望转变成"私欲",有以下三个方面的原因:(一)气禀之清浊;(二)耳目口鼻等自然欲望"多而不节";(三)人我之分。朱子将"克己复礼"中的"己"字解释为"身之私欲",并不意味着朱子对人的自然感性欲望直接予以否定,事实恰恰相反,朱子是在一定的条件下对其予以肯定的。然而,对于那种对自然欲望不加以节制而任其膨胀的态度,朱子则是明确表示反对的。③朱子是将"己"字注释为"身之私欲",而不是将"己"字注释为"心之私欲"。朱子强调"克己复礼"工夫要在"身"上做,实际上为了强调礼仪对"身"所具有的规范作用。当然朱子也主张"身"与"心"密不可分,所以其虽然将"己"字解释为"身之私欲",并不代表在朱子这里"心之私欲"无须战胜。④朱子提出"克己便是复礼"这一观点,主要是强调具体的道德礼仪对于规范人的行为动作具有不可或缺性。朱子认为,克己者必须复此身于规矩准绳之中,才能真正实现"克己便是复礼"。⑤在朱子看来,"克己"工夫与"复礼"工夫皆要"以礼为准"。朱子认为,要想成就"仁"德就必须"以礼为准"。如果人们通过做"克己复礼"工夫,能够战胜心中的"私欲",从而使自己的言行举止与具体的礼仪规范完全相符合,一切行动皆是"以礼为准",在朱子看来,此刻便是成就"仁"德之时。一言以蔽之,朱子主张,成德必须"以礼为准"。

　　本书认为,如果说朱子的礼学思想对于当今社会构建新的文明礼仪确实还具有某种启示作用的话,那么我们认为, 依照朱子的礼学思想,当今社会所欲重建的礼仪文明规范,必须合乎天道、合乎人性、合乎人心、合乎人情、合乎时宜;并且建立在每个人都能够真正知晓"为己之学"之于"人之所以为人"的重要性的基础之上。换言之,只有当每个人都能积极主动地提高自身的道德水平时,新构建的文明礼仪才能发挥其应有之功能,方能"恰到好处"。

主要参考文献

一、古籍

[1]朱熹.朱子全书[M].上海:上海古籍出版社,合肥:安徽教育出版社,2002.

[2]朱熹.四书章句集注[M].北京:中华书局,1986.

[3]朱熹.四书或问[M].上海:上海古籍出版社,合肥:安徽教育出版社,2001.

[4]黎靖德编.朱子语类[M].北京:中华书局,1986.

[5]朱熹.朱熹集[M].成都:四川教育出版社,1996.

[6]周敦颐.周敦颐集[M].北京:中华书局,1990.

[7]程颢、程颐.二程集[M].北京:中华书局,1981.

[8]张载.张载集[M].北京:中华书局,1978.

[9]张载著,林乐昌编校.张子全书[M].西安:西北大学出版社,2015.

[10]邵雍.邵雍集[M].北京:中华书局,2010.

[11]韩愈著,刘真伦、岳珍校注.韩愈文集汇校笺注[M].北京:中华书局,2010.

[12]苏洵.嘉祐集[M]//文渊阁四库全书(第1104册).上海:上海古籍出版社,1987.

[13]苏轼.苏轼文集[M].北京:中华书局,1990.

[14]苏辙.苏辙文集[M].北京:中华书局,1990.

[15]范祖禹.范太史集[M]//文渊阁四库全书(第1100册).上海:上海古籍出版社,1987.

[16]魏徵.隋书[M].北京:中华书局,1973.

[17]王安石.王安石全集[M].上海:上海古籍出版社,1999.

[18]陆淳.春秋集传纂例[M]//文渊阁四库全书(第146册).上海:上海古籍出版社,1987.

[19]司马光.书仪[M]//文渊阁四库全书(第142册).上海:上海古籍出版社,1987.

[20]司马光.传家集[M]//文渊阁四库全书(第1094册).上海:上海古籍出版社,1987.

[21]吕祖谦.东莱集[M]//文渊阁四库全书(第1150册).上海:上海古籍出版社,1987.

[22]吕祖谦.少仪外传[M]//文渊阁四库全书(第703册).上海:上海古籍出版社,1987.

[23]郑居中等.政和五礼新仪[M]//文渊阁四库全书(第647册).上海:上海古籍出版社,1987.

[24]韩愈.韩愈集[M].长沙:岳麓书社,2000.

[25]欧阳修.欧阳修全集[M].北京:中华书局,2001.

[26]李觏.李觏集[M].北京:中华书局,2011.

[27]胡瑗.洪范口义[M].文渊阁四库全书本.

[28]曾巩.元丰类稿[M].文渊阁四库全书本.

[29]吕大临.蓝田吕氏遗著辑校[M].北京:中华书局,1993.

[30]吕大临等著.蓝田吕氏集[M].西安:西北大学出版社,2015.

[31]陆九渊.陆九渊集[M].北京:中华书局,1980.

[32]胡宏.胡宏集[M].北京:中华书局,1987.

[33]石介.徂徕先生文集[M].北京:中华书局,1984.

[34]张栻.张栻集[M].长沙:岳麓书社,2010.

[35]张栻.新刊南轩先生文集[M].北京:中华书局,2015.

[36]杨时.杨时集[M].北京:中华书局,2018.

[37]杨时.龟山集[M]//文渊阁四库全书(第1125册).上海:上海古籍出版社,1987.

[38]袁采.袁氏世范[M]//文渊阁四库全书(第698册).上海:上海古籍出版社,1987.

[39]杜佑.通典[M].北京:中华书局,1988.

[40]杨万里撰,辛更儒笺校.杨万里集笺校[M].北京:中华书局,2007.

[41]陆游.家世旧闻[M].北京:中华书局,1993.

[42]陆游.老学庵笔记[M].北京:中华书局,1979.

[43]陆游.渭南文集[M]//文渊阁四库全书(第1163册).上海:上海古籍出版社,1987.

[44]刘子翚.屏山集[M]//文渊阁四库全书(第1134册).上海:上海古籍出版社,1987.

[45]谢良佐.上蔡语录[M].文渊阁四库全书本.

[46]汪应辰.文定集[M]//文渊阁四库全书(第1138册).上海:上海古籍出版社,1987.

[47]张九成.横浦集[M]//文渊阁四库全书(第1138册).上海:上海古籍出版社,1987.

[48]王得臣.麈史[M].//文渊阁四库全书(第862册).上海:上海古籍出版社,1987.

[49]李侗.李延平集[M].丛书集成初编,北京:中华书局,1985.

[50]李侗.延平答问[M]//朱子全书.上海:上海古籍出版社,合肥:安徽教育出版社,2002.

[51]蔡沈.书集传[M].南京:凤凰出版社,2010.

[52]黄榦.勉斋先生黄文肃公文集[M]//文渊阁四库全书(第1168册).上海:上海古籍出版社,1987;北京图书馆古籍珍本丛刊(第九十册).北京:书目文献出版社,1988.

[53]陈淳.北溪字义[M].北京:中华书局,1983.

[54]陈淳.北溪大全集[M]//文渊阁四库全书(第1168册).上海:上海古籍出版社,1987.

[55]洪迈.容斋随笔[M].北京:中华书局,2005.

[56]薛季宣.浪语集[M]//文渊阁四库全书(第1159册).上海:上海古籍出版社,1987.

[57]楼钥.攻媿集[M]//文渊阁四库全书(第1152、1153册).上海:上海古籍出版社,1987.

[58]罗钦顺.困知记[M].北京:中华书局,2013.

[59]王廷相.王廷相集[M].北京:中华书局,1989.

[60]吴廷翰.吴廷翰集[M].北京:中华书局,1984.

[61]陈傅良.止斋集[M]//文渊阁四库全书(第 1150 册).上海:上海古籍出版社,1987.

[62]叶适.叶适集[M].北京:中华书局,1961.

[63]叶适.习学纪言序目[M].北京:中华书局,1977.

[64]陈亮.陈亮集[M].北京:中华书局,1987.

[65]周必大.文忠集[M]//文渊阁四库全书(第 1149 册).上海:上海古籍出版社,1987.

[66]王先谦.荀子集解[M].北京:中华书局,1988.

[67]程树德.论语集释[M].北京:中华书局,1990.

[68]刘宝楠.论语正义[M].北京:中华书局,1990.

[69]董仲舒.春秋繁露[M].上海:上海古籍出版社,1986.

[70]阮元校刻.十三经注疏[M].北京:中华书局,2009.

[71]阮元.揅经室集[M].北京:中华书局,1993.

[72]孙希旦.礼记集解[M].北京:中华书局,1989.

[73]卫湜.礼记集说[M]//文渊阁四库全书(第 117、118 册).上海:上海古籍出版社,1987 年.

[74]李心传.建炎以来朝野杂记[M].北京:中华书局,2000.

[75]李心传.建炎以来系年要录[M]//文渊阁四库全书(第 325－327 册).上海:上海古籍出版社,1987.

[76]晁公武撰,孙猛校正.郡斋读书志校正[M].上海:上海古籍出版社,1990.

[77]黄震.黄氏日抄[M]//文渊阁四库全书(第 706 册).上海:上海古籍出版社,1987.

[78]刘克庄.后村集[M]//文渊阁四库全书(第 1180 册).上海:上海古籍出版社,1987.

[79]两朝纲目备要[M]//文渊阁四库全书(第 329 册).上海:上海古籍出版社,1987.

[80]梁克家.淳熙三山志[M]//文渊阁四库全书(第 484 册).上海:上海古籍出版社,1987.

[81]黄仲元.四如集[M]//文渊阁四库全书(第 1188 册).上海:上海古籍出版社,1987.

[82]魏了翁.鹤山集[M]//文渊阁四库全书(第 1172 册).上海:上海古籍出版

社,1987.

[83]章如愚.群书考索[M]//文渊阁四库全书(第936—938册).上海:上海古籍出版社,1987.

[84]罗大经.鹤林玉露[M].北京:中华书局,1983.

[85]邵伯温.邵氏闻见录[M].北京:中华书局,1983.

[86]李焘.续资治通鉴长编[M].北京:中华书局,2004.

[87]叶梦得.石林燕语[M].北京:中华书局,1984.

[88]赵彦卫.云麓漫钞[M].北京:中华书局,1996.

[89]脱脱等.宋史[M].北京:中华书局,1985.

[90]马端临.文献通考[M].北京:中华书局,2011.

[91]虞集.道园学古录[M]//文渊阁四库全书(第1207册).上海:上海古籍出版社,1987.

[92]邵宝.学史[M]//文渊阁四库全书(第688册).上海:上海古籍出版社,1987.

[93]张四维辑.名公书判清明集[M].北京:中华书局,1987.

[94]陈邦瞻.宋史纪事本末[M].北京:中华书局,2015.

[95]李贽.焚书[M].北京:中华书局,2009.

[96]穆修.河南穆公集[M].四部丛刊初编本.

[97]王与之.周礼定义[M]//文渊阁四库全书(第93册).上海:上海古籍出版社,1987.

[98]郑玄注,贾公彦疏.仪礼注疏[M].上海:上海古籍出版社,2008.

[99]杨天宇.仪礼译注[M].上海:上海古籍出版社,2008.

[100]彭林.仪礼译注[M].北京:中华书局,2012.

[101]郑玄注、孔颖达疏.礼记正义[M].上海:上海古籍出版社,2008.

[102]郑玄传、贾公彦疏.周礼注疏[M].上海:上海古籍出版社,2007.

[103]孔安国传、孔颖达疏.尚书正义[M].上海:上海古籍出版社,2007.

[104]国语[M].上海:上海古籍出版社,1978.

[105]姚际恒.仪礼通论[M].北京:中国社会科学出版社,1998.

[106]黄宗羲、全祖望.宋元学案[M].北京:中华书局,1986.

[107]黄宗羲.明儒学案[M].北京:中华书局,1985.

[108]黄宗羲.黄梨洲文集[M].北京:中华书局,2009.

[109]胡广、杨荣、金幼孜等纂修,周群、王玉琴校注.四书大全校注[M].湖北:
　　武汉大学出版社,2009.

[110]王夫之.宋论[M].北京:中华书局,1964.

[111]王夫之.船山全书[M].长沙:岳麓书社,2011.

[112]真德秀.大学衍义[M].上海:华东师范大学出版社,2010.

[113]真德秀.西山读书记[M]//文渊阁四库全书(第706册).上海:上海古籍
　　出版社,1987年.

[114]王守仁.王阳明全集[M].上海:上海古籍出版社,1992.

[115]王懋竑.朱熹年谱[M].北京:中华书局,1998.

[116]王懋竑.白田杂著[M]//文渊阁四库全书(第859册).上海:上海古籍出
　　版社,1987.

[117]陈确.陈确集[M].北京:中华书局,1979.

[118]颜元.颜元集[M].北京:中华书局,1987.

[119]李绂.朱子晚年全论[M].北京:中华书局,2000.

[120]许慎.说文解字[M].北京:中华书局,1963.

[121]郑樵.礼经奥旨[M].丛书集成初编(第243册).上海:商务印书馆,1936.

[122]戴震.孟子字义疏证[M].北京:中华书局,1982.

[123]陆陇其.读礼志疑[M]//文渊阁四库全书(第129册).上海:上海古籍出
　　版社,1987.

[124]汪绂.参读礼志疑[M]//文渊阁四库全书(第129册).上海:上海古籍出
　　版社,1987.

[126]秦蕙田.五礼通考[M]//文渊阁四库全书(第137－142册).上海:上海古
　　籍出版社,1987.

[127]徐松.宋会要辑稿[M].上海:上海古籍出版社,2014.

[128]毕沅.续资治通鉴[M].北京:中华书局,1957.

[129]朱彝尊.经义考[M].北京:中华书局,1998.

[130]凌廷堪.校礼堂文集[M].北京:中华书局,1998.

[131]方东树.汉学商兑[M]//续修四库全书(第951册).上海:上海古籍出版
　　社,2002.

[132]夏炘.述朱质疑[M]//续修四库全书(第952册).上海:上海古籍出版
　　社,2002.

[133]魏源.魏源全集[M].长沙:岳麓书社,2004.

[134]皮锡瑞.经学通论[M].北京:中华书局,1954.

[135]黎翔凤.管子校注[M].北京:中华书局,2004.

[136]陈澧.东塾读书记[M].北京:生活·读书·新知三联书店,1998.

[137]永瑢等.四库全书总目[M].北京:中华书局,1965.

[138]王国维.王国维手定观堂集林[M].杭州:浙江教育出版社,2014.

[139]丁传靖.宋人轶事汇编[M].北京:中华书局,2003年.

二、研究专著

[1]陈来.朱子哲学研究[M].上海:华东师范大学出版社,2000.

[2]陈来.朱子书信编年考证(增订本)[M].北京:生活·读书·新知三联书店,2007.

[3]陈来.宋明理学[M].沈阳:辽宁教育出版社,1991.

[4]陈来.有无之境——王阳明哲学的精神[M].北京:北京大学出版社,2006.

[5]陈来.仁学本体论[M].北京:生活·读书·新知三联书店,2014.

[6]陈来.古代宗教与伦理——儒家思想的根源[M].北京:生活·读书·新知三联书店,1996.

[7]陈来、朱汉明主编.传承与开拓:朱子学新论[M].上海:华东师范大学出版社,2014.

[8]吴震.朱子思想再读[M].北京:生活·读书·新知三联书店,2018.

[9]徐洪兴.思想的转型:理学发生过程研究[M].上海:上海人民出版社,1996.

[10]徐洪兴.唐宋之际儒学转型研究[M].上海:上海人民出版社,2018.

[11]何俊.南宋儒学建构[M].上海:上海人民出版社,2004.

[12]郭晓东.识仁与定性——工夫论视域下的程明道哲学研究[M].上海:复旦大学出版社,2006.

[13]曾亦.本体与工夫——湖湘学派研究[M].上海:上海人民出版社,2007.

[14]曾亦、郭晓东.宋明理学[M].南京:南京大学出版社,2009.

[15]束景南.朱熹年谱长编[M].上海:华东师范大学出版社,2014.

[16]束景南.朱子大传[M].福建:福建教育出版社,1992.

[17]束景南.朱熹佚文辑考[M].上海:江苏古籍出版社,1991.

[18]刘述先.朱子哲学思想的发展与完成[M].长春:吉林出版集团,2015;台

北：台湾学生书局,1995.

[19]蔡仁厚.宋明理学·南宋篇[M].台北：台湾学生书局,1983.

[20]叶纯芳、乔秀岩编.朱熹礼学基本问题研究[M].北京：中华书局,2015.

[21]殷慧.礼理双彰：朱熹礼学思想探微[M].北京：中华书局,2019.

[22]杨柱才.道学宗主：周敦颐哲学思想研究[M].北京：人民出版社,2004.

[23]蔡方鹿.朱熹经学与中国经学[M].北京：人民出版社,2004.

[24]四川大学古籍整理所、四川大学宋代文化研究中心编.宋代文化研究[M].
第十五辑,成都：四川大学出版社,2008.

[25]高明士编.东亚传统家礼、教育与国法（一）·家族、家礼与教育[M].台北：
台湾大学出版中心,2005 年；上海：华东师范大学出版社,2008.

[26]高明士编.东亚传统家礼、教育与国法（二）·家内秩序与国法[M].台北：
台湾大学出版中心,2005 年；上海：华东师范大学出版社,2008.

[27]马恺之、林维杰主编.主体、工夫与行动：朱熹哲学的新探索[M].台北：政
大出版社,2019.

[28]汪慧敏.宋代经学之研究[M].台北：师大书苑出版社,1989.

[29]陈其泰、郭伟川、周少川.二十世纪中国礼学研究论集[M].北京：学苑出版
社,1998.

[30]王启发.礼学思想体系探源[M].郑州：中州古籍出版社,2005.

[31]吴万居.宋代三礼学[M].台北：编译馆,1999.

[32]萧永明.北宋新学与理学[M].西安：陕西人民出版社,2001.

[33]金春峰.朱熹哲学思想[M].台北：东大图书公司,1986.

[34]张立文.朱熹思想研究[M].北京：中国社会科学出版社,1994.

[35]蔚利工.朱子经典诠释思想研究[M].北京：中国社会科学出版社,2013.

[36]邓庆平.朱子门人与朱子学[M].北京：中国社会科学出版社,2017.

[37]杨立华.气本与神化：张载哲学述论[M].北京：北京大学出版社,2008.

[38]林乐昌.张载理学与文献探研[M].北京：人民出版社,2016.

[39]黄进兴.圣贤与圣徒[M].北京：北京大学出版社,2005.

[40]姜广辉.理学与中国文化[M].上海：上海人民出版社,1994.

[41]杨国荣.伦理与存在——道德哲学研究[M].上海：上海人民出版社,2002.

[42]常建华.宗族制[M].上海：上海人民出版社,1998.

[43]皮庆生.宋代民众祠神信仰研究[M].上海：上海古籍出版社,2008.

[44]钱钟书.管锥编[M].北京：生活·读书·新知三联书店,2001.

[45]侯外庐等主编.宋明理学史[M].北京：人民出版社,1984.

[46]侯外庐.中国思想通史[M].北京：人民出版社,1992.

[47]蒙培元.理学范畴系统[M].北京：人民出版社,1997.

[48]沈文倬.宗周礼乐文明考论(增补版)[M].杭州：浙江大学出版社,2006.

[49]沈文倬.菿闇文存——宗周礼乐文明与中国文化考论[M].北京：商务印书馆,2006.

[50]牟宗三.心体与性体[M].上海：上海古籍出版社,1999 年；台北：正中书局,1995.

[52]牟宗三.从陆象山到刘蕺山 [M].上海：上海古籍出版社,2001.

[53]牟宗三.宋明儒学的问题与发展 [M].上海：华东师范大学出版社,2004.

[54]唐君毅.中国哲学原论·原道篇[M].北京：中国社会科学出版社,2006.

[55]唐君毅.中国哲学原论·原性篇[M].北京：中国社会科学出版社,2005.

[56]唐君毅.中国哲学原论·原教篇[M].北京：中国社会科学出版社,2006.

[57]邵凤丽.朱子《家礼》与传统社会民间祭祖礼仪实践[M].北京：中国社会科学出版社,2019.

[58]徐复观.中国人性论史· 先秦篇[M].北京：九州出版社,2014.

[59]徐复观.中国思想史论集[M].上海：上海书店出版社,2004.

[60]钱穆.朱子新学案[M].台北：三民书局,1971 年；北京：九州出版社,2011 年；成都：巴蜀书社,1986.

[61]钱穆.中国近三百年学术史[M].北京：商务印书馆,1971.

[62]钱穆.灵魂与心[M].桂林：广西师范大学出版社,2004.

[63]张岂之主编.中国思想学说史·宋元卷[M].桂林：广西师范大学出版社,2007.

[64]郑春主编.朱子《家礼》与人文关怀[M].福州：福建教育出版社,2010.

[65]李泽厚.新版中国古代思想史论[M].天津：天津社会科学院出版社,2008.

[66]熊十力.体用论[M].北京：中华书局,1994.

[67]李明辉.中国经典诠释传统[M].台湾：喜玛拉雅研究发展基金会,2002.

[68]李志忠.宋版书叙录[M].北京：书目文献出版社,1994.

[69]梁庚尧.南宋的农村经济[M].北京：新星出版社,2006.

[70]梁启超.中国近三百年学术史[M].上海：东方出版社,1996.

[71]孟淑慧.朱熹及其门人的教化理念与实践[M].台北:台湾大学出版委员会,2003.

[72]吴启超.朱子的穷理工夫论[M].台北:台湾大学出版中心,2017.

[73]黄俊杰.东亚儒学史的新视野[M].台北:台湾大学出版中心,2004;上海:华东师范大学出版社,2008.

[74]吴丽娱主编.礼与中国古代社会·隋唐五代宋元卷[M].北京:中国社会科学出版社,2016.

[75]彭林、单周尧、张颂仁主编.礼乐中国:首届礼学国际学术研讨会论文集[C].上海:上海书店出版社,2013.

[76]彭林.中国礼学在古代朝鲜的传播[M].北京:北京大学出版社,2005.

[77]于述胜.朱熹与南宋教育思潮[M].济南:山东大学出版社,2005.

[78]龚鹏程.儒学反思录[M].台北:台湾学生书局,2001.

[79]陈荣捷.朱子门人[M].台北:台湾学生书局,1982.

[80]陈荣捷.近思录详注集评[M].上海:华东师范大学出版社,2007年;台北:台湾学生书局,1992.

[81]陈荣捷.朱学论集[M].上海:华东师范大学出版社,2007.

[82]陈荣捷.朱子学新探索[M].台北:台湾学生书局,1988年;上海:华东师范大学出版社,2007.

[83]戴君仁.梅园论学集[M].台北:开明书店,1970.

[84]戴君仁.戴静山先生全集[M].台北:戴顾志鹍,1980.

[85]林素英.古代祭礼中之政教观[M].台北:文津出版社有限公司,1997.

[86]杜海军.吕祖谦年谱[M].北京:中华书局,2007.

[87]顾栋高.司马光年谱[M].北京:中华书局,1990.

[88]杨新勋.宋代疑经研究[M].北京:中华书局,2007.

[89]杨志刚.中国礼仪制度研究[M].上海:华东师范大学出版社,2001.

[90]陈戍国.中国礼制史·宋辽金夏卷[M].长沙:湖南教育出版社,2001.

[91]陈戍国.中国礼制史·先秦卷[M].长沙:湖南教育出版社,2002.

[92]冯友兰.中国哲学史[M].上海:华东师范大学出版社,2000.

[93]冯友兰.中国哲学史新编[M].北京:人民出版社,1988.

[94]冯友兰.三松堂全集[M].郑州:河南人民出版社,2000.

[95]复旦大学哲学系中国哲学教研室编著.中国古代哲学史[M].上海:上海古

籍出版社,2006.

[96]徐扬杰.宋明家族制度论[M].北京:中华书局 ,1995.

[97]催大华.儒学引论[M].北京:人民出版社,2000.

[98]冯尔康.中国古代的宗族与祠堂[M].北京:商务印书馆国际有限公司 ,1996.

[99]孔凡青.朱熹《家礼》制度伦理研究[M].北京:人民出版社,2019.

[100]徐公喜.礼学视域下的朱子学研究[M].南昌:江西人民出版社,2016.

[101]刘佩芝.朱熹德育思想研究[M].南昌:江西人民出版社,2018.

[102]朱杰人主编.迈入 21 世纪的朱子学——纪念朱熹诞辰 870 周年、逝世 800 周年论文集[M].上海:华东师范大学出版社,2001.

[103]陈来、朱杰人主编.人文与价值——朱子学国际学术研讨会暨朱子诞辰 880 周年纪念会议论文集[M].上海:华东师范大学出版社,2011 年;

[104]张寿安.以礼代理——凌延堪与清中叶儒家思想之转变[M].台北:"中央研究院"近代史研究所,1994.

[105]张寿安.十八世纪礼学考证的思想活力——礼教之争与秩序重省[M].台北:"中央研究院"近代史研究所,2001.

[106]余英时.朱熹的历史世界:宋代士大夫政治文化的研究[M].北京:生活·读书·新知三联书店,2004.

[107]余英时.士与中国文化[M].上海:上海人民出版社,2003.

[108]邹昌林.中国古代国家宗教研究[M].北京:学习出版社,2003.

[109]冯茜.唐宋之际礼学思想的转型[M].北京:生活·读书·新知三联书店,2020.

[110]甘怀真.唐代家庙礼制研究[M].台北:商务印书馆,2006.

[111]甘怀真.皇权、礼仪与经典诠释:中国古代政治史研究[M].台北:台大出版中心,2004.

[112]丁四新编.经学视域下的朱子学研究[M].北京:社会科学文献出版社,2020.

[113]蔡尚思.中国礼教思想史[M].香港:香港中华书局,1991.

[114]黄宽重.宋代家族与社会[M].台北:东大图书股份有限公司,2006.

[115]金春峰.周官之成书及其反映的文化与时代新考[M].台北:东大图书股份有限公司,1993.

[116]胡戟.礼仪志[M].上海:上海人民出版社,1998.

[117]陈壁生.经学、制度与生活[M].上海:华东师范大学出版社,2009.

[118]陈晓杰.朱熹思想诠释的多重可能性及其展开[M].北京:商务印书馆,2019.

[119]彭卫民.礼法与天理:朱熹《家礼》思想研究[M].成都:巴蜀书社,2018.

[120]彭卫民.朱熹《家礼》思想的朝鲜化[M].成都:巴蜀书社,2019.

[121]王志阳.《仪礼经传通解》研究[M].北京:社会科学文献出版社,2018.

[122]吾妻重二著、吴震编.朱熹《家礼》实证研究[M].上海:华东师范大学出版社,2012.

[123]吾妻重二.朱子学的新研究——近世士大夫思想的展开[M].上海:商务印书馆,2017.

[124]岛田虔次撰、蒋国保译.朱子学与阳明学[M].西安:陕西师大出版社,1986.

[125]沟口雄三、小岛毅主编,孙哥等译.中国的思维世界[M].南京:江苏人民出版社,2006.

[126]山根三芳.朱子伦理思想研究[M].东海大学出版社,1983.

[127]山根三芳.宋代礼说研究[M].广岛株式会社溪水社,1995.

[128]宇野精一.宇野精一著作集[M].东京明治书院,1987.

[129]卢仁淑.朱子家礼与韩国之礼学[M].北京:人民文学出版社,2000.

[130]田浩.朱熹的思维世界[M].西安:陕西师大出版社,2002.

[131]田浩编,杨立华等译.宋代思想史论[M].北京:社会科学文献出版社,2003.

[132]艾尔曼著,赵刚译.经学、政治和宗教——中华帝国晚期常州今文学派研究[M].南京:江苏人民出版社,1998.

[133]赫伯特·芬格莱特著,彭国翔译.孔子:即凡而圣[M].南京:江苏人民出版社,2002.

[134]贾志扬.宋代科举[M].台北:东大图书股份有限公司,1995.

[135]贾志扬著,赵冬梅译.天潢贵胄:宋代宗族史[M].南京:江苏人民出版社,2005.

[136]刘子健著,赵冬梅译.中国转向内在——两宋之际的文化内向[M].南京:江苏人民出版社,2002.

[137] 杜维明著,钱文忠、盛勤译.道、学、政:论儒家知识分子[M].上海:上海人民出版社,2000.

[138] 韩森著,包伟民译.变迁之神:南宋时期的民间信仰[M].杭州:浙江人民出版社,1999.

[139] 柯林武德著,何兆武、张文杰译.历史的观念[M].北京:商务印书馆,2009.

[140] 谢和耐著,黄建华、黄迅余译.中国社会文化史[M].长沙:湖南教育出版社,1994.

[141] 马克斯·韦伯著,王容芬译.儒教与道教[M].北京:商务印书馆,1995.

[142] 秦家懿著、曹剑波译.朱熹的宗教思想[M].厦门:厦门大学出版社,2010.

三、学术论文

(一)期刊论文

[1] 陈来.朱子《家礼》真伪考议报[J].北京大学学(哲学社会科学版),1989(3).

[2] 陈来.儒家"礼"的观念与现代世界[J].孔子研究,2001(1).

[3] 陈来.论宋代道学话语的形成和转变[J].中国学术第四辑,2001.

[4] 陈来.论古典儒学中"义"的观念——以朱子论"义"为中心[J].文史哲,2020(6).

[5] 杨立华.所以与必然:朱子天理观的再思考[J].深圳社会科学,2019(1).

[6] 杨立华.天理的内涵:朱子天理观的再思考[J].中国哲学史,2014(2).

[7] 谢遐龄.从〈仪礼经传通解·祭礼〉看朱子学的宗教维度[J].复旦学报(社会科学版),2019(2).

[8] 徐洪兴.二程论"仁"和"礼乐"[J].云南大学学报(社会科学版)第5卷,2006(4).

[9] 徐洪兴.论二程思想之异同[J].复旦学报(社会科学版),2006(5).

[10] 吴震.略论朱熹"敬论".湖南大学学报[J].2011(1).

[11] 吴震.敬只是此心自做主宰处——关于朱熹"敬论"的几个问题[J].哲学门,2011.

[12] 吴震.论朱子仁学思想[J].中山大学学报,2017(1).

[13] 吴震."心是做工夫处"——关于朱熹"心论"的几个问题[C]//吴震主编.宋代新儒学的精神世界——以朱子学为中心.上海:华东师范大学出版

社,2009.

[14]何俊.由礼转理抑或以礼合理:唐宋思想转型的一个视角[J].北京大学学报(哲学社会科学版),2007,44(6).

[15]东方朔."反其本而推之"——朱子对《孟子·梁惠王上》"推恩"问题的理解[J].复旦学报(社会科学版),2019(3).

[16]东方朔."真知必能行"何以可能？——朱子论"真知"的理论特征及其动机效力[J].哲学研究,2017(3).

[17]郭晓东.因小学之成以进乎大学之始——浅谈朱子之"小学"对于理解其《大学》工夫的意义[J].中国哲学史,2019(4).

[18]郭晓东.善与至善:论朱子对《大学》阐释的一个向度[J].台大历史学报,2001(28).

[19]曾亦.《大学》中的"功夫—效验"问题与朱子的工夫论学说.载陈来、朱汉明主编.传承与开拓:朱子学新论[M].上海:华东师范大学出版社,2014.

[20]朱人求.下学而上达—朱子小学与大学的贯通[C]//陈来、朱汉明主编.传承与开拓:朱子学新论.上海:华东师范大学出版社,2014.

[21]束景南.朱熹《家礼》真伪辩[J].朱子学刊,第5辑.合肥:黄山书社,1993.

[22]杨志刚.论《朱子家礼》及其影响[J].朱子学刊,第6辑.合肥:黄山书社,1994.

[23]杨志刚.《司马氏书仪》和《朱子家礼》研究[J].浙江学刊,1993(1).

[24]杨志刚.朱子《家礼》民间通用礼[J].传统文化与现代化,1994(4).

[25]彭林.儒家人生礼仪中的教化意涵[J].广西大学学报(哲学社会科学版)第39卷,2017(2).

[26]彭林.朱熹礼学与朝鲜时代乡风民俗的儒家化[J].国际学术研究(第十一辑),2001.

[27]彭林.论《朱子家礼》在朝鲜时代的播迁[J].华学,2001(5).

[28]彭林.始者近情 终者近义——子思学派对礼的理论诠释[J].中国史研究,2001(3).

[29]彭林.礼学的哲学诠释[J].哲学门,第八卷第二册,2007.

[30]陈卫平.儒学传统的当代价值如何可能[J].上海师范大学学报,2006(6).

[31]吴飞.祭及高祖——宋代理学家论士大夫庙数[J].中国哲学史 2012(4).

[32]池田温.《文公家礼》管见[C]//高明士编.东亚传统家礼、教育与国法(一):

家族、家礼与教育. 台北:台湾大学出版中心,2005;上海:华东师范大学出版社,2008.

[33]牟坚.朱子对"克己复礼"的诠释与辨析——论朱子对"以理易礼"说的批评[J].中国哲学史,2009(1).

[34]许家星.仁的工夫论诠释——以朱子"克己复礼"章解为中心[J].孔子研究,2012(3).

[35]孔凡青.朱熹"克己复礼"之解辨证——兼论"理"与"礼"的关系[J].牡丹江大学学报,2012(4).

[36]李明辉.朱子论恶之根源[C]//钟彩钧主编.国际朱子学会议论文集.台北:"中央研究院"中国文哲研究所筹备处,1993.

[37]李明辉.朱子对"道心""人心"的诠释(上)[J].鹅湖月刊第三十三卷第3期.台北:财团法人东方人文学术研究基金会,2007.

[38]罗伯特·恰德(Roberd Chard)撰、王鸯嘉译.朱子学派礼学中的祭礼——对美德伦理学的启迪[C]//叶纯芳、乔秀岩编.朱熹礼学基本问题研究.北京:中华书局 ,2015.

[39]杨祖汉.从朱子的"敬"论看朱子思想的归属[C]//吴震主编.宋代新儒学的精神世界——以朱子学为中心.上海:华东师范大学出版社,2009.

[40]杨祖汉.程伊川、朱子"真知"说新诠——从康德道德哲学的观点看[J].台湾东亚文明研究学刊,第8卷,2011(2).

[41]张子立.论道德与知识的两种辩证关系——朱子格物致知说重探[J].中正汉学研究,2016(1).

[42]赖柯助.从"常知"进至"真知"证朱子"格物致知"是"反省型态"的实践工夫[J].中正汉学研究,2016(28):49—75.

[43]梁奋程.论朱子伦理学中"真知"的证成意涵[C]//马恺之、林维杰主编.主体、工夫与行动:朱熹哲学的新探索,台北:政大出版社,2019.

[44]陈赟.形而上与形而下:后形而上学的解读——王船山的道器之辨及其哲学意蕴[J].复旦学报(社会科学版),2002(4).

[45]谢晓东.朱熹与"四端亦有不中节"问题——兼论侧隐之心、情境与两种伦理学的分野[J].哲学研究,2017(4).

[46]刘原池.朱熹对张载"心统性情"说的开展[J].哲学与文化,2005(7).

[47]陈飞龙.孔子之礼论[J].孔孟学报,1983(45).

[48]杨柱才.李觏的礼论及其现实意义——兼论对王安石的影响[J].中国哲学史,2002(1).

[49]张国风.《家礼》新考[J].北京图书馆馆刊,1992(1).

[50]顾仁毅.从仪礼到文公家礼谈丧礼中的"饭"与"含"[J].国民教育,1991(7—8).

[51]王贻梁.《仪礼经传通解》与朱熹的礼学思想体系[C]//迈入 21 世纪的朱子学——纪念朱熹诞辰 870 周年,逝世 800 周年论文集.上海:华东师范大学出版社,2001.

[52]林乐昌.张载礼学论纲[J].哲学研究,2007(12).

[53]林乐昌.张载礼学三论[J].唐都学刊,2009(3).

[54]肖永明.书院祭祀中的道统意识[J].哲学与文化,2008(9).

[55]肖永明、殷慧.朱熹礼学研究综述[J].朱子学刊,2010(1).

[56]殷慧.宋儒以理释礼的思想历程及其困境[J].中国哲学史,2013(2).

[57]殷慧.朱熹礼学思想建设的启示[J].湖南大学学报(社会科学版),2011(1).

[58]殷慧.宋代儒学重建视野中的朱熹《仪礼》学[C]//传承与开拓:朱子学新论.上海:华东师范大学出版社,2014.

[59]黄勇.二程的新儒家的政治哲学:礼之政治学、心理学和形上学的层面[J].复旦哲学评论,第 4 辑.上海:上海人民出版社,2008 年 8 月.

[60]董晨.朱熹《小学》自注考[J].朱子学研究(第三十五辑),2019 .

[61]戴君仁.朱子《仪礼经传通解》与修门人及修书年岁考[J].文史哲学报,第 16 期,1967 年;又载台大文史哲学报,第 16 期,1978.

[62]戴君仁.书朱子《仪礼经传通解》后[J].孔孟学报,第 14 期,1967.

[63]安国楼.朱熹的礼仪观与《朱子家礼》[J].郑州大学学报(哲学社会科学版),2005(1).

[64]杨建宏.论张载的礼学思想及其实践[J].湖南大学学报(社会科学版),2006(2).

[65]杨建宏.略论司马光的礼学思想与实践[J].长沙大学学报,2005(1).

金顺今、全锦子合著.试论金长生礼学思想的特点[J].延边大学学报(社会科学版),2005(2).

[66]魏涛.张载"以礼为教"思想体系刍议[J].宝鸡文理学院学报(社会科学

版），2006(5).

[67]王启发.朱熹《仪礼经传通解》的编纂及其礼学价值[J].炎黄文化研究，2005(3).

[68]蔡家和.王船山对于孝亲伦理的省思——以《论语·事父母章》为例[J].哲学与文化，2016(10).

[69]乐爱国."博文约礼"：朱熹的解读与王阳明的《博约说》[J].贵阳学院学报（社会科学版），2018(3).

[70]焕力.宋代君权强相权盛.人文杂志[J]，2005(6).

王美华.官方礼制的庶民化倾向与唐宋礼制的下移[J].济南大学学报（社会科学版），2006(1).

[71]张焕君.宋代太庙中的始祖之争——以绍熙五年为中心[J].中国文化研究，2006(2).

[72]郭善兵.略论宋儒对周天子宗庙礼制的诠释——以宗庙庙数、祭祀礼制为考察中心[J].东方论坛，2006(5).

[73]方旭东.道学的无鬼神论：以朱熹为中心的研究[J].哲学研究，2006(8).

[74]潘斌.王安石《礼记》学探论[J].社会科学辑刊，2008(1).

[75]刘复生.理想与现实之间——宋人的井田梦以及均田、限田和正经界[J].四川大学学报，（哲学社会科学版），2006(6).

[76]赵旭.唐宋时期私家祖考祭祀礼制考论[J].中国史研究，2008(3).

[77]陈彩云.朱子《家礼》中的禁奢思想及对后世的影响[J].孔子研究，2008(4).

[78]孙显军.朱熹的《大戴礼记》研究[J].苏州大学学报，（哲学社会科学版），2009(1).

[79]蔡方鹿.朱子之礼学[J].朱子学刊（第8辑）.合肥：黄山书社，1996.

[80]沈时凯.朱熹理想政治制度在其《礼》经编纂中的体现——以《仪礼集传集注·王制篇》为考察文本[J].朱子学刊，2017(1).

[81]曾军."四书之《大学》《中庸》，非《礼记》之《大学》《中庸》"考释[J].重庆邮电大学学报（社会科学版），2008(5).

[82]惠吉兴.仪式的意义——宋代学者论礼的起源与内涵[J].现代哲学，2003.

[83]张学智.王夫之对礼的本质的阐释[J].北京大学学报（哲学社会科学版）第43卷，2006(6).

[84]林存阳.李塨礼学思想探析[J].中国社会科学院研究生院学报,2003(4).

[85]张再林.论礼的精神[J].西北大学学报(哲学社会科学版),1998(3).

[86]韩凤鸣."礼"的产生和文明的起源[J].河海大学学报(哲学社会科学版),
2005(3).

[87]艾冬景."礼"的人文关怀[J].学海,2004(1).

[88]蔡仁厚.从礼的常与变看仁心之不安不忍[J].南昌大学学报(社会科学
版),2000(2).

[89]熊开发.论儒家礼教思想中的天人观[J].新东方,2001(3).

[90]杨一峰.孔子言礼浅测[J].孔孟学报,1970(13).

[91]金春峰.朱熹《仁说》剖析[J].求索,1995(4).

[92]汤勤.孔子礼学探析[J].复旦学报(社会科学版),1992(2).

[93]伍振动.荀子的"身、礼一体"观——从"自然的身体"到"礼义的身体"[J].
中国文哲研究集刊,2001(9).

[94]顾史考.从礼教与刑罚之辩看先秦诸子的诠释传统[J].台大文史哲学报,
2000(11).

[95]陈鼓应.先秦道家之礼观[J].汉学研究,2000(1).

[96]甘怀真.中国古代君臣间的敬礼及经典诠释[J].台大历史学报,2003(6).

[97]阎步克."礼治"秩序与上大夫政治的渊源[J].北大国学研究集刊,1993.

[98]阎步克.宗经、复古与尊君、实用(中)——《周礼》六冕制度的兴衰变异[J].
北京大学学报(哲学社会科学版),2006(1).

[99]江荣海.儒家不主张君主独裁专制[J].北大国学研究集刊,1998年.

[100]杨贞德.自由与限制——梁启超思想中的个人、礼与法[J].台大历史学
报,2004(12).

[101]周昌龙.传统礼治秩序与五四反礼教思潮——以周作人为例之研究[J].
汉学研究,1991(1).

[102]冯友兰.儒家关于丧祭礼的看法[M].三松堂学术论文集.北京:北京大学
出版社,1984.

[103]白寿彝.《仪礼经传通解》考证[J].国立北平研究院院务汇报,1936(4).

[104]钱穆.论宋代相权[J].中国文化研究汇刊,1942(2).

[105]高明.朱子的礼学[J].辅仁学刊,(文学院之部),1982(11).

[106]张全明.社仓制与青苗法比较刍议[J].史学月刊,1994(1).

[107]杨世文、李国玲.宋儒对仪礼的注解与辨疑[J].四川大学学报（哲学社会科学版），2004（4）.

[108]姜广辉.论宋明理学与经学的关系[J].湖南大学学报（社会科学版），2004（5）.

[109]张邦炜.论宋代的皇权与相权[J].四川师范大学学报（社会科学版），1994（2）.

[110]皮庆生.宋代的"车驾临奠"[J].台大历史学报，2004（6）.

[111]陈安金.论永嘉学派与朱子学派的分歧[J].江汉论坛，2004（7）.

[112]李衡眉.宋代宗庙中的昭穆制度问题[J].河南大学学报（社会科学版），1994（4）.

[113]李衡眉.历代昭穆制度中"史祖"称呼之误厘正[J].求是学刊，1995（3）.

[114]赖文华.朱子礼学中的妇女[J].中国文化月刊，1997（205）.

[115]李华瑞.南宋时期新学与理学的消长[J].史林，2002（4）.

[116]章启辉.王夫之与程朱陆王格致论比较[J].船山学刊，2002（4）.

[117]颜炳罡.依仁以成礼，还是设礼以显仁——从儒家的仁礼观看儒学发展的两种方式[J].文史哲，2002（3）.

[118]王维先、宫云维.朱子《家礼》对日本近世丧葬礼俗的影响[J].浙江大学学报（人文社会科学版），2004（6）.

[119]李景林.儒家丧祭理论与终极关怀[J].中国社会科学，2004（2）.

[120]王志阳.《仪礼经传通解》编撰缘起新论[J].朱子学刊，2017（1）.

[121]王志阳.论《仪礼经传通解》对后世礼书编撰的影响[J].天中学刊，2017（2）.

[122]邓声国.试论朱熹《通解》对清代礼经研究的影响[J].朱子学刊，2017（1）.

[123]邓声国.《仪礼经传通解》"今按"之文献学面面观——朱熹整理《仪礼》及《注疏》之检讨[J].齐鲁文化研究，2009（8）.

[124]李少鹏.庆元以后朱熹学风转变析论——《仪礼经传通解》为视角[J].孔子研究，2018（6）.

[125]冯兵.我国近年来朱子礼乐思想研究评述[J].渭南师范学院学报，2011（5）.

[126]冯兵.朱熹礼学诠释思想的两个特征[J].中州学刊，2018（10）.

[127]王瑞来.论宋代相权[J].历史研究，1985（2）.

[128]方芳.朱子礼学管窥——以《仪礼经传通解·祭礼》《家礼·冠礼》为例[J].切磋七集.2018.

[129]后藤俊瑞.朱子的礼论[J].台北帝国大学文政学部哲学科研究年报,1941(7).

[130]浦川源吾.朱子的礼说[J].哲学研究,1922(3).

[131]牧野巽.《文公家礼》的宗法意义[J].斯文,1943(2).

[132]兼永芳之.《朱文公家礼》的一次考察[J].中国学研究(广岛中国学会),1985(11).

[133]友枝龙太郎.朱子祭田疑义[J.东方古代研究],1959(9).

[134]户川芳郎.《(和刻本)仪礼经传通解》"解题"[J]//长泽规矩也、户川芳郎.(和刻本)仪礼经传通解(东京古典研究会),1980(3).

[135]上山春平.朱子的《家礼》与《仪礼经传通解》[J].东方学报,1982(54).

[136]李范稷.朱子家礼普及与性理学的理解[J].建国大教育论丛,1999(32).

[137]郑景姬.朱子礼学的形成与《家礼》[J].汉城大韩国史论,1998(39).

[138]李丞涓.国与家:以在《朱子礼学》中的出现为中心[J].东洋社会思想,2000(3).

[139]郑一均.《朱子礼学》与礼的精神[J].韩国学报,2001(27).

[140]李吉杓、金仁玉.《朱子礼学》与《四礼便览》中所出现之祭礼的文献之比较考察[J].生活文化研究,2001(15).

[141]李吉杓、催培英.朱子《家礼》与对其中所出现之婚礼的考察:仪婚、纳采、纳币[J].大韩家庭学会志,1998(121).

[142]尹用男.朱子礼说的体用理论分析[J].东洋哲学,1996(7).

[143]张哲洙.以朱子家礼与四礼便览的丧礼为中心[J].韩国文化人类学,1973(16).

[144]琴章泰.传统礼学的本质与现代价值上的研究之第四章:朱子家礼的形成过程[J].东洋哲学,1993(14).

[145]朴美拉.《仪礼经传通解》的体制中出现之朱子礼学思想[J].东洋哲学,1996(7).

[146]包弼德.唐宋转型的反思:以思想的变化为主[J].中国学术,2000(3).

[147]田浩.所谓"朱子的社仓"与当代道学社群和政府里的士大夫的关系[J].黄山学院学报,2004(4).

[148]罗秉祥.儒礼之宗教意涵——以朱子《家礼》为中心[J].兰州大学学报（社会科学版）,2008(2).

　　（二）会议论文

[1]王贻樑.《仪礼经传通解》与朱熹礼学思想体系[C]//迈入21世纪的朱子学——纪念朱熹诞辰870周年、逝世800周年论文集.

[2]张汝伦."其事虽述,而功则倍于作矣"——论朱熹的释义学."朱熹理学与晋江文化学术研讨会"论文,2007.

[3]彭林.朱熹的礼学观"宋代经学国际研讨会"（台北"中央研究院"中国文哲研究所主办）论文,2002.

[4]殷慧.论朱熹《仪礼经传通解》的特点[C]//哲学与时代:朱子学国际学术研讨会论文集.2011.

[5]许家星."克己最难"——略析程子克己工夫论之内涵及其意义[C]//"二程与宋学——首届宋学暨程颢程颐国际学术研讨会"论文,2012.

[6]孙以楷.朱子理学——礼学的本体提升与普世效应[C]//"朱熹与武夷山学术研讨会"论文,2004.

[7]龚鹏程.生活儒学的重建:以朱熹礼学为礼[C]//淡江大学中国文学系主编.台湾儒学与现代生活国际学术研讨会论文集.台北市文化局,2000.

[8]蒋义斌.朱熹对宗教礼俗的探讨——以塑像、画像为例[C]//第二届宋史学术研讨会论文集,1996.

[9]蒋义斌.朱熹的乐论[C]//钟彩钧主编.国际朱子学会议论文集.台北:"中央研究院"中国文哲研究所筹备处,1993.

[10]催根德.《朱子家礼》在韩国之受容与展开[C]//钟彩钧主编.国际朱子学会议论文集.台北:"中央研究院"中国文哲研究所筹备处,1993.

[11]吴震.宋代新儒学与经典世界的重建[C]//东亚礼学与经学国际研讨会会议论文集.上海:复旦大学上海儒学院,2019.

　　（三）学位论文

（1）博士论文

[1]王启发.礼义新探[D].中国社会科学院研究生院博士学位论文,2001.

[2]梅珍生.晚周礼的文质论[D].武汉大学博士学位论文,2003.

[3]孙致文.《仪礼经传通解》研究[D]."中央大学"中国文学研究所博士论文,2003.

［4］白华. 儒家礼学价值观研究［D］. 郑州大学博士学位论文,2004.

［5］李方泽. 朱子礼学思想研究［D］. 中国人民大学博士学位论文,2007.

［6］殷慧. 朱熹礼学思想研究［D］. 湖南大学岳麓书院博士论文,2009.

［7］张凯作. 朱子礼学思想研究［D］. 北京大学博士学位论文,2012.

［8］王志阳.《仪礼经传通解》研究［D］. 南京大学博士学位论文,2014.

［9］杨治平. 朱熹的礼教世界［D］. 台湾大学文学院中国文学研究所博士论文,
　　2015 年.

［10］李旭. 朱子晚岁修礼考［D］. 清华大学博士学位论文,2016.

（2）硕士论文

［1］张经科.《仪礼经传通解》之家礼研究［D］. 台湾政治大学中国文学研究所硕
　　士学位论文,1989.

［2］林美惠. 朱子学礼研究［D］. 高雄师范学院国文研究所硕士学位论文,1985.

［3］孔志明. 朱子《家礼》对台湾婚礼、丧礼的影响［D］. 高雄师范学院国文研究所
　　硕士学位论文,1997.

［4］师琼珮. 朱子《家礼》对家的理解——以祠堂为探讨中心［D］. 台北中国文化
　　大学史学研究所硕士学位论文,2002.

［5］高玉娜. 从《朱子家礼》看朱熹的孝道主张［D］. 安徽大学硕士学位论
　　文,2012.

［6］宋在伦. 朱熹礼学思想的形成:《家礼》、《小学》、《仪礼经传通解》的阶段性发
　　展［D］. 高丽大学文学院硕士学位论文,1999.

［7］权利顺. 随着朱子家礼的固定化丧服变化之研究［D］. 釜山东亚大学教育学
　　院硕士学位论文,2002.